Lk 55

STATISTIQUE

DE

L'ARRONDISSEMENT

DE FALAISE.

DE L'IMPRIMERIE DE BRÉE L'AINÉ, IMPRIMEUR
DU ROI, PLACE TRINITÉ, A FALAISE.

STATISTIQUE

DE

L'ARRONDISSEMENT

DE FALAISE,

Par MM. Fréd. GALERON, Alph. DE BRÉBISSON,
Jules DESNOYERS, etc.,

Avec des Dessins lithographiés,

Par MM. Charles DE VAUQUELIN, Albert D'OILLIAMSON,
Alph. DE BRÉBISSON, DE BELLY, DULOMBOY, etc.

TOME SECOND.

A FALAISE,

Chez BRÉE l'aîné, Éditeur.

A CAEN, chez MANCEL, Libraire, rue St.-Jean.
A ROUEN, chez FRÈRE, Libraire, rue Grand- ont, n.o 45.
Et à PARIS, chez LANCE, Lib., rue Croix-des-Petits-Champs,
n.° 5o.

1828.

STATISTIQUE

DE

L'ARRONDISSEMENT DE FALAISE.

TROISIÈME PARTIE.

DESCRIPTION DES DEUX CANTONS DE FALAISE.
(*Première et deuxième Division.*)

Nous réunissons ces deux cantons dans une même section, et nous commencerons notre travail aux rives de l'Orne, à Ouilly-le-Basset ; la seconde division sera ainsi décrite la première, mais nous y trouverons l'avantage de pouvoir procéder avec ordre pour tout le reste de cet ouvrage. Nous ferons successivement le tour de l'arrondissement, et la dernière de nos communes rurales, dans l'ordre de description, sera celle de Saint-Marc-d'Ouilly, placée sur la rive de l'Orne, opposée à notre point de départ. On pourra suivre ainsi, par degrés, sur la carte du département, les observations que nous présenterons sur chaque point du territoire.

Les communes rurales des deux cantons sont au nombre de quarante, savoir :

Deuxième Division. — Ouilly-le-Basset, Saint-Christophe, Pierrefitte, Boncœuil, Saint-Germain-Langot, Tréperel, Pierrepont, le Détroit, le Mesnilvillement, Rapilly, les Ils-Bardel, les Loges-

Saulces, Fourneaux, Corday, St.-Pierre-du-Bû,
St.-Martin-du-Bû, St.-Vigor-de-Mieux, Noron,
Martigny, Leffard, Villers-Canivet; Ussy, Sous-
mont, Pôtigny, Bons, Torps, Soulangy, St.-Loup-
Canivet, St.-Pierre-Canivet, Aubigny.

Première Division.—Versainville, Eraines, Damblainville, Villy, Évesqueville, la Hoguette, Fresné-
la-Mère, Angloischeville, Ners et Perteville.

La ville de Falaise, comme nous l'avons déjà
observé, est entre les deux cantons, et appartient
inégalement à l'un et à l'autre. Quoiqu'elle ait été
décrite séparément, les résultats qu'elle nous a
offerts feront partie du résumé que nous présenterons à la fin de cette description partielle des différentes communes que nous venons de nommer.

TOPOGRAPHIE PHYSIQUE.

Les cantons de Falaise sont situés entre la 51.e
et la 59.e minute du 49.e degré de latitude nord,
et entre la 20.e et la 48.e minute du 2.e degré de
longitude occidentale de Paris. Leur forme irrégulière offre une étendue de deux myriamètres quatre
kilomètres (environ cinq lieues) au moins, dans
leur plus grande longueur de l'ouest à l'est, et d'un
myriamètre sept kilomètres (environ trois lieues
et demie) dans leur plus grande largeur du nord
au sud. Leur surface n'est point cadastrée, mais
nous en présenterons plus tard l'évaluation approxi-
mative, d'après les états partiels de section, que
nous trouverons dans chaque commune.

Les cantons de Falaise sont bornés à l'ouest par
le canton d'Harcourt (Calvados); au nord-ouest

et au nord par les cantons de Bretteville-sur-Laise (Calvados), et de Coulibœuf (Calvados); à l'est, par le canton de Trun (Orne); et enfin, au midi, par celui de Putanges (Orne).

La rivière d'Orne borde les communes des Ils-Bardel, de Rapilly, du Mesnilvillement, d'Ouilly-le-Basset, de St.-Christophe et de Pierrefitte, dans une étendue de deux lieues et demie environ. La Baise arrose et traverse les communes de Corday, Fourneaux, les Loges-Saulces, les Ils-Bardel, et va se jeter dans l'Orne, à Rapilly. L'Ante, qui prend sa source à St.-Vigor, parcourt les communes de Noron, Falaise, Versainville, Eraines et Damblainville ; enfin, Laise, le ruisseau de Cassy, celui de Traînefeuille et quelques autres peu importans, se montrent sur différens points que nous indiquerons successivement. Ce pays est en général suffisamment arrosé pour les besoins de la culture et des habitans. Sur un grand nombre de points du territoire, il se trouve une multitude de sources qui forment de très-petits ruisseaux fort limpides, que l'on ne voit presque jamais tarir.

« Les cantons de Falaise, situés sur la ligne de
» jonction des terrains anciens du Bocage avec les
» terrains secondaires de la plaine de Caen et de
» la partie nord orientale de la Basse-Normandie,
» empruntent à cette position remarquable les ca-
» ractères variés de leur sol, de leur végétation, de
» leurs cultures, de leurs paysages. Aussi offrent-ils,
» quoique dans un espace très-borné, plusieurs
» petites régions naturelles, non moins distinctes
« par ces circonstances, que par la nature géolo-

» gique des terrains qui les produisent en grande
» partie[1].

» La limite que nous venons d'indiquer, se di-
» rigeant à-peu-près du S. E. au N. O., en tra-
» versant Falaise, la plupart des communes situées
» à l'ouest, au S. O. et au N. O. de cette ville[2], sont
» comprises dans l'une de ces régions physiques,
» c'est celle des *terrains anciens* ou *terrains de tran-*
» *sition*, dont les roches prédominantes sont les
» schistes argileux et les grauwackes avec leurs
» nombreuses variétés, le granite, la diorite, le
» calcaire - marbre, les conglomérats et les grès
» quartzeux et feldspathiques, etc. Plus on se rap-
» proche de la ligne de jonction, et par conséquent
» de Falaise, dans la même direction, aussi bien
» que vers le sud et le S. E., plus les grès quartzeux
» prédominent, et plus ils modifient la physio-
» nomie du pays par leurs sommets élevés, par
» leurs chaînes continues (*Noron, Corday, Saint-*
» *André, la Hoguette*, etc.) Ces roches s'étendent
» même assez loin vers le nord, en avant des li-
» mites de cet ancien rivage, jusque dans la plaine

[1] « Le plan adopté dans la rédaction de cette Statistique,
» plan qui nous a déterminé à renvoyer à la dernière livraison
» la description géologique de l'arrondissement, ne nous
» permet de présenter ici qu'un aperçu très-succinct de celle
» des cantons. Nous ne l'envisagerons donc en ce moment
» que dans ses rapports les plus généraux avec la topographie,
» renvoyant au travail complet tous les détails spéciaux de
» localité, de stratification, de roches, de minéraux, de
» fossiles. »

[2] *Ouilly-le-Basset, le Détroit, Rapilly, Fourneaux, Pierre-*
fitte, Bonœuil, Leffard, etc.

» calcaire, où elles se présentent sous forme de
» caps et d'îlots, plus ou moins isolés (*Val du*
» *Laison*, *Potigny*, etc.) ; d'autres fois, elles n'ont
» été mises à découvert que par des dénudations
» postérieures, ainsi qu'on l'observe dans la plu-
» part des vallons situés au midi de Falaise.

» Cette partie des cantons, comprise au milieu
» des terrains anciens, offre en miniature l'aspect
» physique des pays de montagnes. Le plus sou-
» vent, les pentes des coteaux sont abruptes, les
» vallons étroits et profonds. Leurs flancs sont par-
» fois hérissés de rochers dont les bancs sont très-
» inclinés ou brisés en blocs de formes variées. Les
» sources y sont abondantes, et donnent naissance
» à la plupart des ruisseaux de l'arrondissement ;
» le cours des eaux y est rapide. Les bois, les
» bruyères, les terrains communs et en friche
» forment une grande partie du sol ; la culture du
» seigle, du sarrasin, de l'ajonc épineux, y est
» plus habituelle ; enfin, le paysage en est plus
» agreste et plus varié.

» On prévoit bien néanmoins que ce résultat
» général souffre plus d'une exception locale ; et
» sous les rapports agricoles, par exemple, on
» verra des alluvions argileuses déposées à la sur-
» face des grès stériles, une décomposition plus
» facile des roches granitiques et schisteuses, une
» culture mieux entendue, etc., modifier l'in-
» fluence habituelle du sol sur la végétation.

» Si nous quittons la région de ces terrains an-
» ciens, et si du rivage, pour ainsi dire, nous
» nous avançons au nord et à l'est, vers la contrée

» calcaire, qui jadis était à ses pieds l'océan, nous
» voyons le sol changer presque entièrement de
» nature, le pays perdre les caractères qui nous
» avaient précédemment frappé, et prendre peu-
» à-peu la physionomie des terrains secondaires
» des pays de plaine où nous allons entrer. Mais
» comme nous avons vu les roches anciennes former
» quelques îles dans le grand bassin secondaire,
» nous remarquerons aussi que les terrains de cette
» dernière époque, non-seulement s'appuient sur
» les pentes des roches antérieures, mais s'élèvent
» quelquefois jusqu'à leurs sommets, dont ils rem-
» plissent çà et là des inégalités. (*Saint-Vigor*,
» *Guibray*, etc., au sud de la ville.)

» Les terrains secondaires les plus anciens, ou
» seulement peut-être les plus voisins de ces an-
» tiques rivages, sont en général des sables, des
» galets, des argiles, déposés avec trouble, et re-
» présentant l'époque de sédimens, à laquelle les
» géologues donnent le nom de *nouveau grès rouge*.
» Au-dessus d'eux, et plus loin, des bancs calcaires
» horizontaux leur succèdent, devenant plus épais,
» plus homogènes, à mesure qu'ils s'éloignent da-
» vantage des bords. Ces calcaires, entremêlés de
» silex, et riches en corps organisés fossiles, appar-
» tiennent, comme nous essaierons de le prouver,
» aux systèmes inférieur et moyen du terrain im-
» portant qui a reçu le nom de *calcaire oolithique*,
» ou *du Jura*. Ils forment, dans les communes
» situées au nord de Falaise, soit des plaines vastes
» et nues, d'un aspect uniforme, particulièrement
» appropriées à la culture des céréales. (*Aubigny*,

» *Ussy*, etc.), soit des coteaux assez élevés, irré-
» gulièrement arrondis, presque dénués de terre
» végétale, et ayant besoin, pour perdre leur sté-
» rilité, de toutes les ressources de l'agriculture la
» plus rationelle. (*Mont d'Éraines*, etc.)

   » Cette différence, si frappante entre deux sys-
» têmes d'un même terrain, formant, l'un des
» plaines, l'autre des coteaux, tient à des causes
» évidentes qu'on tâchera d'apprécier dans la des-
» cription géologique générale, à laquelle nous
» renvoyons, répétons-le de nouveau, pour tous les
» développemens de cette section essentielle d'une
» bonne Statistique. 1 »

COMMUNE D'OUILLY-LE-BASSET.

HISTORIQUE.

LE nom d'*Ouilly* est particulier à ce pays ; il sert
à distinguer trois de nos communes rurales que
nous décrirons successivement.

L'étymologie de ce mot *Ouilly* ne nous est pas
connue. Voici celle qui nous paraît être la plus
vraisemblable :

Oule, Oulle, dans le moyen âge, voulait dire
torrent d'eau rapide, canal, gouttière ; *Ouillier*
voulait dire fouir, creuser ; et enfin, *Olle, Olla*,
signifiait vase creux, bassin, etc. 2

---

1 Tout le passage marqué de guillemets, que l'on vient de
lire, est l'ouvrage de M. Jules DESNOYERS. M. Desnoyers
s'est chargé de tout le travail géologique de cette Statistique.

2 Roquefort. Dict. de la langue romane, tom. 2, page 279.

Les lieux qui portent le nom d'*Ouilly*, dans cet
arrondissement, offrent des vallées au milieu desquelles coulent des rivières, et qu'entourent de tous
côtés des montagnes plus ou moins escarpées. La
vallée de l'Orne, au pont d'Ouilly, est surtout remarquable par les escarpemens qui la resserrent
des deux côtés ; la rivière semble y avoir creusé son
canal entre deux masses qui se joignaient jadis.
A Ouilly-le-Tesson, la vallée est également pressée
entre deux coteaux, et le ruisseau de Laison coule au
milieu d'une étroite prairie, où se trouvent semées
les habitations. *Ouilly* voudrait donc exprimer, dans
ce cas, à-peu-près la même chose que *vallée* profonde occupée par les eaux. Il y a une vallée en
Oysans qui porte le nom de *Vallée de l'Olle*, et
Cambry pense aussi que son nom lui est venu du
latin *Olla*, à cause de sa forme et de sa profondeur[1].
Nous ne recourrons pas à d'autres recherches sur
ce mot.

Le nom de *Basset* vient, dit-on, d'un seigneur
de ce nom, qui possédait un domaine dans *Ouilly*,
il y a plusieurs siècles. Ces Basset étaient seigneurs
de Montreuil sous Trun, et l'un d'eux figure sur
les listes de la conquête[2]. Un autre fut comblé de
biens par Henri I.er[3] Nous trouvons un Fouques
Basset dans Duchesne, qui possédait trois parties
de fief au *pont d'Ouilly*, sous Philippe-Auguste. Le
roi possédait la quatrième partie[4]. Le nom de ces

1 Monumens celtiques, page 257.
2 Duchesne, page 1023.
3 Ordéric Vital, dans Duchesne, page 805.
4 Duchesne, page 1039.

seigneurs s'est uni au nom de la commune où ils possédaient des domaines.

Quant au nom des seigneurs d'Ouilly, il se trouve dans toutes nos chroniques normandes, et dans les écrits qui sont destinés à conserver les noms des braves qui se partagèrent les fiefs de l'Angleterre, après la conquête. Le premier qui soit cité, était également un des compagnons de Guillaume. Il s'établit dans le comté d'Oxford, où sa race subsiste encore de nos jours. Ses descendans sont fréquemment cités dans les recueils de vieilles chartes, pour les emplois qu'ils occupèrent auprès des rois de race normande, ou pour les nombreuses libéralités qu'ils répandirent sur des établissemens religieux.

Le nom des *Sires d'Ouilly* est diversement écrit dans les différens auteurs. Ordéric Vital se sert du mot latin *oillei*[1]. Le *Gallia Christiana* emploie le même mot et l'écrit de la même manière[2]; dans des chartes de 1253 et 1256, en faveur des Cordeliers de Falaise[3], on mentionne à plusieurs reprises un Pierre de *Ponte Ollei* ou *Olleii*; un manuscrit, sur le diocèse de Séez[4], emploie le mot *Ouilleium*; et enfin, dans Duchesne, on trouve tantôt *Olleium*[5], tantôt *Ollie*[6], et une fois *Oli*[7]. Tous ces noms désignent des individus de la même famille.

Les livres anglais écrivent quelquefois *Oilleio*,

[1] Collection de Duchesne, page 475.
[2] Tome XI, page 70 du Supplément.
[3] Grande liasse de l'hôtel-de-ville de Falaise, n.° 10.
[4] Manuscrit de l'abbé Hébert, in-folio, page 42.
[5] Page 1038 de la collection des Historiens normands.
[6] Page 1040 du même ouvrage.
[7] Page 953, *Gesta Stephani regis*, etc.

Oilli, *Oilley*, *Oiley*, *Oilla*[1], et quelquefois *Oily*, et même *Olgi*[2]. Le nom le plus commun dans les chartes anglaises est celui d'*Oiley*.

Les prénoms de seigneurs d'Ouilly étaient Robert, *Robertus* ; Richard, *Ricardus* ; Néel, *Nigellus* ; Fouques, *Fulco*, et Gui, *Wido*. Le chef de la famille portait celui de Robert.

Après la conquête, Robert d'Oillie[3] reçut de Guillaume le titre de connétable du comté d'Oxford. Il fit bâtir le château de cette ville, en 1074.

Au pied des chartes des rois Guillaume-le-Roux et Henri Ier, en faveur d'abbayes naissantes, on trouve fréquemment la signature de *Néel d'Oiley*, de *Gui d'Oiley* et de *Robert d'Oiley*.

En 1101 notamment, Robert et Néel, son frère, donnent à l'abbaye de Glocester la dîme de Cestrotone, Serlon étant abbé[4].

En 1138, un de leurs successeurs, également du nom de *Robert*, étant connétable du roi Étienne, *Constabularius regis*, se signala par des libéralités en faveur de l'abbaye de Buckingham. Ce Robert d'Oiley avait épousé *Édithe Forne*, maîtresse de Henri Ier, qui l'avait comblée de grands biens. Les chartes de donation sont signées par Édithe, aussi bien que par son noble époux. *Robertus Oilly et Editha uxor ejus*[5].

1 *Monasticon Anglicum*, dans le cours des trois volumes et dans les tables.
2 Domesday Book et Duchesne, page 1030.
3 Voir le Roman de Rou, vers 13,659. tome 2, édition de M. Pluquet, et la note qui est au bas de la page.
4 *Monasticon Anglicum*, tome 2, page 802.
5 *Idem*, tome 3.

Dans l'auteur inconnu des *Gestes du roi Étienne*, ce Robert d'*Oiley* ou d'*Oli* [1], gouverneur de la ville d'Oxford, *Oxenefordiæ præceptor*, est traité d'homme mou, sans caractère, et plongé dans les délices. Le choix qu'il avait fait d'Édithe pour sa compagne, prouvait d'ailleurs en lui peu de délicatesse; il paraît en effet qu'elle avait eu un fils du roi avant son mariage. Cette branche de la famille anglaise d'Ouilly, qui était l'aînée, disparut dès le 12.e siècle.

C'est par une branche cadette que le nom de ces barons normands s'est perpétué en Angleterre; « leur postérité subsiste encore de nos jours dans » les baronnets d'Oily de Chislcampton (Oxford), et d'Oyley de Shotisham (Norfolk) [2]. »

Parmi les *Ouilly* qui restèrent en Normandie, on en trouve un qui accompagna le duc Robert Courte-Heuze, fils de Guillaume, à la conquête de Jérusalem. Il se nommait Richard d'Ouilly.

Un autre Richard d'Ouilly est cité parmi les plus illustres Normands qui vécurent dans cette province, vers le temps de Philippe-Auguste. Il devait le service au roi, comme duc de Normandie, pour les fiefs qu'il possédait dans le bailliage de Falaise [3].

Nous trouvons un Pierre du Pont-d'Ouilly, *Petrus de ponte Ollei*, fils de Pierre, seigneur d'Ouilly, qui donne aux Frères mineurs de Falaise, en 1253, l'emplacement où se voient les débris de l'église des Cordeliers, et du cloître de ces religieux. Il spécifie, comme faisant partie de ce don, *la porte Ogise* et

1 Duchesne, page 953.

2 Note de M. Aug. Leprévost, Robert Wace, tome 2, page 252, et *Nobiliaire de Normandie*, page 181.

3 Duchesne, page 1148.

la tour de son frère *Raoul*, de pieuse mémoire. La donation est faite entre les mains du seigneur Louis, illustre roi de France (saint Louis), pour obtenir miséricorde et rémission des péchés commis par le donateur et les siens[1].

En mai 1256, saint Louis confirma la donation, et y ajouta, en faveur des Frères, un terrain qui se trouvait en dehors des murs. Dans sa charte, le nom d'*Olleii* est écrit par deux *i*, tandis que dans la première il ne s'en trouve qu'une seule[2].

Un Pierre du Pont-d'Ouilly, peut-être le même, fut maire de Falaise, dans le cours du 13.e siècle[3].

Enfin, le dernier Ouilly que nous trouvions cité dans nos histoires, est un capitaine de l'armée de Matignon, pendant nos guerres civiles de la fin du 16.e siècle. Il fut tué au siège de Lisieux, en 1574[4].

Voilà à-peu-près tout ce que nous avons trouvé épars dans un grand nombre de livres sur la famille ancienne des seigneurs d'Ouilly. Leurs armes étaient d'argent, à une bande de gueules[5].

A ces *Ouilly*, qui n'ont laissé aucun souvenir dans le pays, succéda, dans le 16.e siècle, une famille d'Oilliamson, ou plutôt de Williamson, qui a occupé le manoir ou *logis* d'Ouilly jusqu'en 1778. Ces Williamson étaient originaires d'Écosse. Thomas, l'un d'eux, entré au service de France sous le

1 Duchesne, page 953.
2 Grande liasse de l'hôtel-de-ville, pièce 9.
2 *Idem*, pièce 10.
3 Tome I.er de cet ouvrage, page 76.
4. Masseville, tome 5, page 211.
5 Dumoulin, *Histoire de Normandie*, page 1c du catalogue, et *Nobiliaire de Normandie*, par St.-Alais, page 181.

règne

règne de Charles VIII, acquit la terre seigneuriale d'Ouilly en 1514 ; en 1539, le roi lui accorda les droits de treizième sur la paroisse d'Ouilly. Pendant deux siècles et demi, cette branche des Williamson s'est maintenue dans la seigneurie du lieu. Le dernier, marié à une de Cheux, n'ayant point laissé d'enfans, la terre a passé, depuis cinquante ans, en de nouvelles mains[1].

Nous avons recherché s'il ne se trouvait point sur la commune d'Ouilly-le-Basset l'emplacement de quelque château fort, qui rappelât la puissance des anciens seigneurs du lieu. Le *logis* d'Ouilly est une gentilhommière de deux cents ans peut-être de construction ; on n'y observe plus aucune trace de travaux de défense. Ceux qui ont pu exister, ont entièrement disparu. Mais à mille pas environ de distance du parc, on trouve un petit bois fourré que l'on appelle le bois *Maillot*[2]. Là se remarque l'emplacement de constructions qui purent être assez considérables. Les récits du pays disent que c'était la résidence de *Maillot*, guerrier contemporain de *Gann. Le château,* ou plutôt *la salle Maillot* (car

[1] Ces notes nous ont été communiquées par le marquis d'OILLIAMSON, par M. MONTIER et par M. PRÉPETIT. Le dernier, propriétaire actuel de la terre d'Ouilly, a entre les mains le contrat d'acquisition fait par Thomas de Williamson, en 1514.

[2] Le nom de *Maillot* ou *Mailloc* n'est pas inconnu en Normandie. Il existe trois communes qui le portent dans l'arrondissement de Lisieux, et la race des seigneurs, qui fut long-temps renommée, subsiste encore dans le pays. Nous ne savons au reste s'ils se rattachent au guerrier dont il est ici parlé.

c'est ainsi qu'on désigne aujourd'hui le lieu), correspondait, assure-t-on, par des souterrains, avec le *château Gann*, situé sur l'autre côte, où nous le retrouverons plus tard. Les deux seigneurs faisaient, dans leur temps, trembler tous les alentours. Voilà la tradition à laquelle ne se rattache aucunement le nom des seigneurs d'Ouilly. Ainsi, *Maillot* aurait été le plus ancien maître connu de ce pays, vers le temps de *Gann*, dans le 9.e siècle. Ensuite seraient venus, pendant plusieurs siècles, les sires d'Ouilly ; et enfin, dans les derniers temps, les seigneurs d'Oilliamson ou de Williamson. L'église et le *logis* se touchent pour ainsi dire. Comme ils ne sont anciens ni l'un ni l'autre, il est probable qu'ils ont été reconstruits sur l'emplacement d'édifices tombés en ruine [1].

DESCRIPTION.

Toutes les communes situées sur les bords de l'Orne, offrent des points de vue plus ou moins

---

[1] M. Aug. Leprévost semble croire, dans la note sur la famille d'Ouilly, qu'il a insérée dans Robert Wace (tome 2, page 252), que ce n'est pas d'*Ouilly*, mais d'*Ailly* que sont partis les sires d'Oillie, qui allèrent à la conquête avec Guillaume. Cette opinion ne nous semble aucunement probable. Les sires d'*Oillie* ou d'*Ouillye* étaient certainement partis des lieux qui portent encore leur nom aujourd'hui, et leur résidence était même sans doute sur les hauteurs de la commune qui nous occupe en ce moment. Ils dominaient de-là sur une immense contrée ; le *logis* d'Ouilly, modeste demeure d'un châtelain, aura remplacé le château crénelé des barons puissans dont la race avait disparu. Nous trouverons plus tard des seigneurs d'*Ailly*. Leur manoir, situé dans la plaine, ne put jamais être comparé, pour la position, à celui d'Ouilly-le-Basset.

pittoresques. Il n'en est pas, sous ce rapport, de plus remarquable que celle d'Ouilly-le-Basset.

En arrivant de Falaise, au point où la route commence à descendre, au-dessous de l'église, on découvre tout-à-coup devant soi un vaste horizon de montagnes. Les hauteurs de Saint-Clair, celles de Clécy, celles d'Athis se montrent dans l'éloignement, à quatre et cinq lieues. Le sol paraît partout tourmenté et bizarre. Une partie est souvent dans l'ombre, et l'autre éclairée par une vive lumière. Les nuages courent, en se jouant, au milieu de ce large tableau. C'est une petite Suisse pour les habitans de Falaise, qui n'ont jamais vu le soleil se coucher que derrière le rocher de Noron. Aussi les voit-on quelquefois se diriger vers les hauteurs du Pont-d'Ouilly, quand ils veulent admirer un peu en grand les effets de la nature.

A mesure que l'on descend vers la vallée, l'horizon se rétrécit, mais le paysage devient plus gracieux, et l'on entend le murmure de la rivière d'Orne au point où le Noireau vient se mêler avec elle. Un vaste *barrage* cherche à contenir leurs eaux, qui font effort pour s'élever au-dessus, d'où elles descendent ensuite dans un lit plus spacieux, pour s'écouler ensemble vers la mer. Ce spectacle, vu le soir, du milieu du pont, charme et arrête involontairement pendant quelques instans.

En suivant la vallée du côté du Mesnilvillement, ou plutôt encore vers Saint-Christophe, on peut passer une ou deux heures de la plus agréable promenade. Tantôt dans la prairie, et tantôt sur de petites collines, on rencontre à chaque pas quelques sites nouveaux et rians[1].

La commune d'Ouilly-le-Basset est bornée à l'ouest par la rivière d'Orne, au sud par le Mesnil-villement, à l'est par le Détroit, et au nord par Pierrefitte, St.-Christophe et Tréperel.

Plusieurs villages ou hameaux composent cette commune. Le principal, que l'on appelle le *bourg d'Ouilly* ou le *Pont-d'Ouilly*, est dans le vallon, à droite du pont et de la rivière; il est traversé dans toute sa longueur par la grande route de Falaise à Vire, et l'on y arrive en descendant cette espèce de montagne, d'où la vue, comme nous l'avons observé, s'étend sur tout le pays voisin. Depuis l'endroit où se trouve l'église, jusqu'aux premières maisons du bourg, il y a près d'une demi-lieue de marche; il est vrai que la route décrit une courbe autour de la colline.

On nomme *Haut-d'Ouilly* le hameau où se trouvent l'église et le château : le Haut d'Ouilly est bien moins considérable que le bourg.

Les autres hameaux épars sur l'étendue du territoire, sont : « le Valhobert, le Hameau, la Berterie, les Landes, le grand St.-Georges, le petit St.-Georges, le Valcorbet, les Minières, les Ilsd'Ouilly, le Quemin, le Valley, Glatigny, le Parc, les Courciers, la Goubinière, la Guérardière et la Valette. » La plupart de ces hameaux

[1] C'est d'un de ces points, un peu au-dessus du moulin neuf, situé sur St.-Christophe, qu'a été prise la jolie *Vue de la Vallée de l'Orne, au pont d'Ouilly*, qu'a donnée Monsieur Ch. de Vauquelin.

ne se composent que d'une ou deux fermes, ou de quelques maisons.

« L'Orne borde la commune dans une longueur
» d'environ huit cents toises ; le ruisseau des Vaux
» la sépare de Pierrefitte dans une longueur d'en-
» viron six cents toises, et de Tréperel, dans une
» étendue d'environ trois cents. Ce ruisseau reste
» à sec pendant l'été. »

« Il n'y a ni étangs ni fontaines permanentes
» sur le territoire d'Ouilly-le-Basset ; les cultiva-
» teurs font rouir leur chanvre et viennent abreuver
» leurs troupeaux dans l'Orne. »

Les terres sont très-légères dans cette commune, et se refusent à une forte culture. Sur la pente des coteaux, les pluies dégradent le sol au point qu'il y reste à peine une couche végétale suffisante pour faire croître quelques produits. Des agriculteurs in- telligens ont semé sur les croupes les plus rapides des *vignons* (ajoncs marins), qui, sans être vigou- reux, croissent cependant, et soutiennent les terres. Les bourrées de *vignons* se vendent très-bien dans ce pays, où se trouvent un grand nombre de fours à chaux.

Quand des orages surviennent sur ce point, ils y causent des dégâts affreux. « Ils entraînent au
» fond des vallons la terre, les récoltes et d'énormes
» monceaux de pierres. » Heureusement on n'en cite de ce genre qu'à quinze ou vingt ans de dis- tance les uns des autres. Les cultivateurs remontent leurs terres, à grands frais, avec des banneaux.

Il y a 1550 arpens à-peu-près de terres labourables à Ouilly-le-Basset (530 hectares); 139 arpens

(47 hect.) de prairies, cours, vergers, jardins, etc.;
52 arpens (18 hect.) de bruyères et de terres entièrement incultes, et 94 arpens (32 hect.) de bois
taillis. En tout, 1836 arpens, ou 628 hect. environ.

La terre labourable se cultive ainsi :

Avant le blé on fait d'ordinaire une levée de sarrasin. La terre est bien préparée, bien fumée pour
recevoir cette espèce de céréale, qu'on lui confie
au mois de juin, et que l'on récolte en septembre;
le sarrasin ne demande que cent jours depuis l'instant de la semence jusqu'à celui de la moisson.

Après le sarrasin on retourne la terre, on lui
donne une *demi-fumure*, et l'on sème le blé. Au blé
succède l'avoine l'année suivante ; mais d'ordinaire
on sème en même-tems du trèfle, qui occupe le sol la
quatrième année, et qui la change ainsi et la repose.
Beaucoup de laboureurs reprennent ensuite, sans
interruption, leurs quatre années de culture, sans
jamais laisser leurs champs en jachères. D'autres,
tous les cinq ou tous les neuf ans, laissent une
saison de *warech gras*, c'est-à-dire, qu'après une
récolte d'avoine, par exemple, ils laisseront l'herbe
pousser pendant l'hiver et le printemps, pour la
nourriture des bestiaux, et surtout des moutons.
Au mois d'août, ils retournent le *warech*, fument
copieusement, et sèment le blé. Quelques-uns de
ceux qui font du trèfle, sont dans l'usage de le
retourner et de l'enfouir quinze jours après la première coupe, et lorsqu'il commence à repousser
fortement. Ils sont convaincus que ce fourrage en-
foui est un excellent engrais; on fait le blé par-dessus.

« Il y a une espèce de trèfle que l'on a essayée

» depuis quelque temps, » et qui, selon toute apparence, réussira fort bien sur ces terres légères. C'est le *trèfle d'abondance*, recommandé par quelques sociétés d'agriculture.

L'acre commune du pays (160 perches) produit d'ordinaire 150 à 200 gerbes d'un très-bon grain. Sur ces hauteurs, la paille est faible, mais le grain est très-rempli, et fournit beaucoup de farine. Dans les disettes, les boulangers de Falaise allaient acheter leurs blés dans ce pays, parce qu'il rapportait, disaient-ils, 20 livres de plus par somme que ceux de la plaine. Maintenant encore, ils sont plus estimés, et se paient plus cher aux halles que les autres grains du voisinage de la ville.

L'acre de terre se loue de 20 à 40 fr., et se vend 800 fr., 1,000 fr. ou 1,200 fr. au plus. Les champs les plus rapprochés du bourg et de la route, se paient plus cher, à cause de la convenance.

On cultive, tous les ans, un quart de la terre à-peu-près en sarrasin. Il vient bien, mais il est souvent brûlé par le soleil ; on compte qu'il en périt ainsi près de la moitié. La récolte de cette céréale est consommée en partie sur les lieux, et en partie envoyée aux halles de Falaise.

L'orge, le colza, la rabette ne prospèrent point dans ces terres légères. On ne les y cultive point, à l'exception de quelques arpens d'orge ; on n'y plante les pommes de terre que pour l'usage des habitans.

La chaux est le principal engrais. Elle entre pour deux tiers dans la culture, et le fumier pour un tiers seulement. Pendant l'été, on a l'usage de porter au haut des champs une certaine quantité de terre végétale que l'on remplit de chaux vive ; la chaux fermente à l'humidité, échauffe la terre, se mêle avec elle, et lorsque cette espèce de compost est bien mélangé et réduit en poussière, on le sème avec le fumier sur le champ, et l'on donne le dernier labour. La chaux commune se tire de Martigny, et ne dure que deux ans. La chaux de marbre, que l'on extrait du Val-Lahère, est plus difficile à cuire, mais son effet est plus durable ; elle se fait encore sentir après quatre et cinq ans.

Il y a dix fours à chaux dans la commune d'Ouilly-le-Basset, qui cuisent peut-être ensemble une cinquantaine de fournées par année. On en construit un nouveau dans ce moment, à l'entrée du bourg, qui sera, dit-on, occupé continuellement. Du reste, la situation de cette commune, sur les deux côtés d'une route très-fréquentée, et au milieu d'un pays où l'on fait maintenant un usage général de la chaux, favorisera singulièrement toutes les tentatives que l'on fera pour multiplier, sur ce point, ces sortes d'établissemens. Les bois nécessaires à l'exploitation des fours, se tirent en grande partie du Mesnillmbert (Orne.)

Les chevaux employés à la culture sont au nombre de cent ; il y a environ 300 bêtes à cornes et 200 bêtes à laine. Tous ces animaux sont d'une petite espèce, et le sol ne semble pas propre à en nourrir d'une race plus élevée. Les essais que l'on a faits pour introduire dans la campagne d'Ouilly des vaches ou des moutons de forte nature, ont été infructueux. On les a toujours vu dépérir en peu de temps, et l'on a été obligé de se contenter de l'espèce indigène, dont la chair ne laisse pas d'être d'une assez bonne qualité. Parmi les bestiaux, il n'y a ni bœufs ni mérinos. « Une soixantaine de ruches d'abeilles ne » donnent qu'un faible produit, à cause de l'aridité » du sol. »

Les principaux propriétaires sont MM. Prépetit, notaire à Condé ; Faucillon-Duparc, de Falaise, et Cornet-Lavallée, père. Le premier possède le *logis* d'Ouilly et les terres qui en dépendent ; les fermes du second sont aux Minières et au Valcorbet ; et enfin, les propriétés du troisième s'étendent vers le mont Putois. Ce dernier propriétaire est celui qui cultive avec le plus de soin et de succès ; il a tiré des produits des champs les plus ingrats, et il a défriché une partie du mont Putois, colline aride et brûlée, où « les pins et l'ajonc croissent parfai- » tement aujourd'hui. »

« Six mille arbres fruitiers, répandus sur le sol, » ne suffisent pas aux besoins des habitans. La » terre est trop maigre, et le pommier chétif ne » donne du fruit que tous les quatre ou cinq ans. » Son cidre est d'une qualité médiocre. Il y a peut- » être 1500 poiriers, dont la récolte sert à la boisson » des ouvriers. »

Les chênes, les ormeaux et les frênes ne s'élèvent pas à une grande hauteur. On en remarque ce- pendant quelques-uns assez beaux dans le parc, ainsi que des châtaigniers et des sapins ; ils viennent passablement aussi sur le bord des ruisseaux, au Valcorbet et vers Pierrefitte.

Le prix des plus fortes fermes est de 2,400 fr. ; les plus ordinaires sont de 12 à 1500 fr. C'est un pays de bocage, où les propriétés sont extrêmement divisées.

Outre la grande route départementale de Falaise
à Vire, qui traverse la commune dans presque
toute sa longueur, il y a deux grands chemins vicinaux à Ouilly-le-Basset. « Le premier part du
» bourg d'Ouilly, au sud, et se rend au Pont-des-
» Vers, entre l'Orne et les montagnes qui l'avoi-
» sinent. Il n'a que neuf à dix pieds de largeur, et,
» depuis quelques années, il est très-fréquenté,
» parce que la grande route tracée au travers du
» Mesnilvillement, est impraticable presque en
» toute saison. Les voitures du côté d'Athis, et de
» Ste.-Honorine, viennent prendre, par ce chemin,
» la grande route du Pont-d'Ouilly. Le deuxième
» des chemins vicinaux, venant de Pierrefitte à
» Ouilly, commence aux carrières de pierres à
» chaux, à l'endroit dit *le Val-Lahère*, traverse la
» commune, du nord-est au sud-est, dans une
» longueur de près d'une lieue, et va finir au Pont-
» des-Vers. Il a environ dix pieds de largeur, et est
» très-montueux à ses extrémités. Ces chemins sont
» entretenus *par corvée, c'est-à-dire, très-mal.* »
La grande route, au contraire, a été fort bien entretenue jusqu'ici, de ce côté, par le département.

Le pont jeté sur l'Orne, à Ouilly-le-Basset, offre
une masse très-solide, soutenue par sept arches
suffisamment ouvertes pour l'écoulement des eaux.
Les trois arches du milieu sont à ogives, et celles
des côtés plus basses et à plein cintre. Il en résulte
que le milieu du pont est plus élevé que les extrémités ; ce qui en rend le passage extrêmement pé-
nible pour les voitures pesamment chargées. Il est
d'ailleurs fort étroit, et n'offre strictement que la

largeur nécessaire pour le roulage. Mais comme
il est très-solidement construit, il subsistera bien
long-temps encore tel que nous le voyons. On ignore
l'époque à laquelle il fut élevé.

Le pont d'Ouilly sert de passage à la grande
route, et sépare la commune d'Ouilly-le-Basset de
celle de Saint-Marc-d'Ouilly, que l'on trouve au-
delà. Les maisons de St.-Marc, situées sur l'autre
rive, et pour ainsi dire à la suite du pont, semblent
faire partie du bourg d'Ouilly, quoiqu'elles ne dépendent ni d'une même commune, ni d'un même
canton. Nous les retrouverons aux dernières pages
de notre ouvrage, en achevant de décrire le canton
d'Harcourt.

Le bourg d'Ouilly acquiert chaque jour de l'accroissement. L'ouverture de la nouvelle route y
amène tous les habitans du Bocage, que leurs affaires
appellent des environs de Vire, d'Avranches, de
Saint-Brieux, vers Paris ou la Haute-Normandie.
Situé entre Condé et Falaise, ce point sert de relais
obligé aux voyageurs, et surtout aux rouliers, qui
ne pourraient faire six lieues sans se reposer, au
milieu de ce pays de montagnes. Dans les temps de
foire de Guibray, on a compté jusqu'à quatre-vingts
voitures de roulage arrêtées, pendant la nuit, dans
cet endroit. Aussi le nombre des auberges y est-il
considérable, en raison de la population. On y en
compte trois grandes, douze cabarets, trois cafés et
un billard. La population entière de la commune
n'est cependant que de 800 habitans au plus, et le
nombre des maisons de 197.

Tous les lundis il y a un marché au bourg

d'Ouilly, outre quatre foires aux bestiaux qui se
tiennent au printemps et en automne. La halle aux
grains y est assez importante. Voici le relevé de ce
qui s'y est trouvé vendu, en toutes espèces de grains,
pendant le cours de l'année 1827 :

Froment, 4,378 hectolitr. — Méteil (blé mêlé),
2,637 hectolit. — Seigle pur, 108 hectolit. — Orge,
322 hectol. — Sarrasin, 2,467 hectolit. — Avoine,
2,272 hectol. — Total, 12,184 hectol., ou 6092 sacs.
C'est le tiers à-peu-près de ce que l'on a vu figurer
dans les halles de Falaise, pendant le même espace
de temps.

L'ancienne halle fut brûlée, par accident, il y
a deux ans. On en a reconstruit une autre sur le
même emplacement, mais sur un meilleur plan.
Elle a cent pieds de long, sur quarante de large, et
la moitié est consacrée aux grains, tandis que
l'autre partie sert aux étalages des bouchers. La
construction en est fort simple et bien entendue
pour une petite localité : un mur à hauteur d'appui
supporte, à dix pieds de distance les uns des autres,
sur toutes les faces, des piliers de maçonnerie, qui
soutiennent eux-mêmes le toit, dont la charpente
est très-bien faite. Cette halle n'a coûté que 8,000 fr.
à la commune. Le produit de sa location annuelle,
ainsi que du marché et des échoppes qui l'entourent,
s'élève à 2,500 fr. au moins.

La foire de la Toussaint est la plus considérable;
on y compte ordinairement, en bestiaux : porcs,
60 à 80. — Moutons, 4,000. — Vaches, 2 à 300. —
Bœufs, 5 à 6 seulement. Aux foires ordinaires, on
voit beaucoup moins de moutons.

·La boucherie est ordinairement fort bien fournie aux foires et aux marchés d'Ouilly. Outre les bouchers, on y voit fréquemment des cultivateurs étaler en vente des bestiaux qu'ils ont tués eux-mêmes, dans l'espoir d'en tirer plus d'avantage. La livre de viande, qui s'y vend quelquefois 3o et 35 cent., s'y donne aussi souvent pour 20 ou 25. Le gibier s'y trouve assez facilement, surtout le lièvre et la perdrix rouge, communs sur ces coteaux. La rivière d'Orne fournit du poisson en abondance, et principalement de l'anguille, de la truite et des poissons blancs. On y pêche aussi, tous les ans, quelques saumons qui remontent jusqu'à ce point, à douze lieues de la mer, malgré les nombreuses écluses que l'on rencontre de toutes parts depuis la ville de Caen.

Il y a une poste aux lettres et une poste aux chevaux dans le bourg d'Ouilly. Elles sont dirigées l'une et l'autre par le sieur Mallet, aubergiste près le pont. On compte aussi dans cette commune un médecin, un pharmacien, un notaire et un huissier. Il y a une douzaine de merciers et d'autres petits marchands de détail. Du reste, le commerce est entièrement nul sur ce point, ainsi que l'industrie. Il n'y a même ni moulins ni usines d'aucune espèce. Une douzaine d'individus travaillent à la toile pendant l'hiver, et dès le printemps retournent aux travaux de l'agriculture.

Les habitans de la campagne d'Ouilly sont en général buveurs, querelleurs et chicaneurs. Les hommes, et même beaucoup de femmes, fréquentent habituellement le cabaret ; ils s'y livrent à l'ivrognerie qui amène les autres excès. L'esprit de chicane semble surtout leur être naturel, et l'on a l'exemple de procès entrepris pour des objets de la plus mince valeur, et uniquement dans l'intention de se nuire les uns aux autres. Aussi le seul huissier établi dans leur bourg, étant loin de leur suffire, on y en voit arriver cinq ou six du dehors, les jours de foires et de marchés ; ils y ont tous leur cabinet et leur clientelle.

Il serait à désirer qu'au milieu de cette population tracassière, et dans ce bourg très-fréquenté, le Gouvernement se déterminât à établir une brigade de gendarmerie à pied. Ce sont les gendarmes d'Harcourt, éloignés de quatre lieues, qui sont chargés de la surveillance sur ce point, et l'on conçoit qu'ils ne puissent y maintenir l'ordre convenablement. Si un crime ou un délit grave s'y commettait, il faudrait une demi-journée avant qu'ils en fussent informés et qu'ils arrivassent sur les lieux. Les malfaiteurs auraient le temps de se soustraire aux recherches et aux poursuites au milieu de ces montagnes, et sur la limite de deux départemens. Des gendarmes résidans en imposeraient aux habitans, dont ils calmeraient les querelles, et ils rendraient les routes plus sûres pour les voyageurs. Le Gouvernement rendrait un service à cet arrondissement en lui accordant ce supplément de force armée qu'il réclame depuis long-temps. Il ne lui en coûterait pas plus de 5 à 6,000 fr. par année. Le conseil général en a déjà fait plusieurs fois la demande comme un des besoins les plus urgens du pays.

Lors de l'institution des justices de paix, Ouilly-le-Basset devint le chef-lieu d'un canton. On le supprima quelques années après, et on réunit cette commune à Falaise, dont elle est éloignée d'un myriamètre cinq kilomètres (trois lieues et demie environ).

Les villageois d'Ouilly on un accent assez remarquable. Ils prononcent en *in* tous les mots en *an*, et en *er* tous ceux en *ar*. Ainsi, ils diront toujours : Le diable *m'importe* pour *m'emporte* ; M. *Permintier* pour M. *Parmantier* ; *j'm'in vas rintrer*, pour *je m'en vais rentrer* ; *j'avons vindu pour d'lergint*, au lieu de : *Nous avons vendu pour de l'argent*. Voici encore quelques-unes de leurs phrases fidèlement recueillies : *Il s'est venut à perler ; t'est un fripon ; j'vas t'assiner d'vant l'juge de peis ; t'en as minti ; j'ai rintré au commincemint d'la querelle*, etc., etc. Ces exemples peuvent donner une idée de tout le reste.

Le costume des hommes consiste dans un chapeau rond, avec une blouse bleue, un pantalon d'étoffe de laine ou de coutil, avec des guêtres et de gros souliers ; les femmes ont le bonnet normand, mais peu élevé, une taille longue, une jupe de laine, des bas de laine bleue et des sabots. Dans l'hiver, elles se couvrent les épaules d'une espèce de tablier de grosse étoffe, qui ne se joint pas sur le devant et qui n'a point de capuchon. Elles donnent en général, dans tout le pays, à ce singulier manteau, le nom d'*afflubas*.

Il n'y a point d'usage particulier à cette contrée. Tous les plaisirs y sont renfermés dans le cabaret. La fête du village (St.-Jean-Baptiste) se célèbre

» avec la plus grande simplicité. Le jour où elle
» tombe, un énorme pain bénit, porté une année
» par les filles, l'autre par les garçons, en fait tout
» l'ornement. » Il n'y a point de réunion ni de
danse à la suite.

L'église, située sur la hauteur, n'est pas ancienne.
Elle n'offre aucune trace d'architecture remarquable ; le portail est de 1752. Dans l'intérieur sont
des pierres tumulaires, sur lesquelles on lit le nom
d'un *d'Oilliamson*, mort en 1572 ; celui d'un *Gi-
gon*, mort en 1636, et d'autres noms de seigneurs
d'Oilliamson ou de divers particuliers décédés dans
le dernier siècle. Le plus récent est un *Lautour*,
curé, mort en 1769, âgé de 84 ans.

Dans le cimetière, sont encore deux tombes de
curés, et quatre à cinq petites pierres tumulaires
sur des tombeaux de particuliers. Nous y avons
remarqué des rameaux sur les fosses, qu'y avaient
déposés des parens et des amis, dans les fêtes de la
semaine sainte. Cet usage est commun à toute la
contrée.

L'if, cet arbre éternel, placé presque partout sur
les débris des morts, se retrouve là avec un intérêt
particulier. Le tronc est tellement miné par le
temps, que l'écorce seule semble soutenir encore
les rameaux toujours verts. Que de générations se
sont endormies à l'ombre de ce doyen de la contrée!
Il a vu tomber et se renouveller les hommes et les
monumens qui l'entouraient. Sa vue ajoute encore
à la vénération que l'on ressent toujours au milieu
des champs consacrés à la sépulture des hommes.

Deux petits pavillons à toits pointus, avec un
corps-de-logis

corps-de-logis peu important, composent l'ancienne
gentilhommière des d'Oilliamson. Le parc est attenant, et renferme une douzaine d'arpens, entourés
d'un mur à hauteur d'appui. Cette propriété est
maintenant inhabitée. Les constructions des fermes,
et en général celles de toutes les maisons du pays,
sont en schistes noirs d'un aspect assez triste. Une
partie des toits est en chaume, et le reste en tuile.

Il y a un instituteur peu suivi dans la commune.
Il n'a qu'une cinquantaine d'enfans pendant l'hiver,
et vingt peut-être dans l'été.

Le maire actuel est M. Meldon; son adjoint est
M. Lesquier.

Le garde champêtre, le sieur Lamare, est chargé
de la police des foires et des marchés, ainsi que de
la conservation des propriétés rurales.

Le notaire, qui réside au bourg d'Ouilly, est
M. Ballière; le desservant est M. l'abbé Picot. Le
percepteur, qui exerce aussi sur sept ou huit autres
communes, est M. Picot de Magny.

Les impôts directs payés par Ouilly-le-Basset,
s'élèvent annuellement à 9,634 fr. 71 c.

Dans les cinq dernières années (de 1821 à 1826),
les naissances se sont élevées à 68, et les décès à 71.
Malgré ce faible excédent de décès, on doit regarder
comme très-sain l'air de cette commune. Il y a plus
de soixante ans qu'on n'y a vu aucune espèce d'épi-
démie. « Le terme moyen de la vie des vieillards
» est entre 72 et 78 ans. Il y en a deux maintenant
» âgés de quatre-vingts. »

Nous terminerons la description de cette commune en faisant connaître un projet dont les habi-

tans appeleraient l'exécution dans l'intérêt du bourg
d'Ouilly. Mais cet établissement devant causer un
préjudice considérable à l'une des communes voisines, nous nous bornerons à transcrire ici le passage de notre correspondant, qui a rapport à cet
objet. Plus tard nous exposerons notre opinion sur
ce que nous croirons être le plus avantageux pour
le pays en général.

« Deux chemins vicinaux, l'un venant de Pier-
» refitte, l'autre du Pont-des-Vers, coupent la
» grande route, du nord au sud, au bourg d'Ouilly.
» mais il manque un accès du côté du sud-ouest,
» pour venir d'Athis en ligne droite, parce qu'il
» n'existe pas de pont sur le Noireau. La construc-
» tion de ce pont, au bateau de la Cranière, environ
» à cent toises du pont d'Ouilly, fournirait, à peu
» de frais, un passage, dont les communes du
» Menilhubert, Berjou, Athis, Ste.-Honorine et
» autres, profiteraient pour se rendre dans notre
» bourg. Ainsi, sa prospérité irait toujours croi-
» sant, etc., etc. »

Nous devons une partie des renseignemens que nous avons
donnés sur Ouilly-le-Basset, à MM. Meldon, maire actuel,
Jouyin, ancien maire, et Montier. M. Montier, ancien principal du collége de Vire, maintenant retiré sur une jolie terre
aux bords de l'Orne, s'y consacre à l'agriculture, et rêve au
bien de son pays. Ses communications obligeantes nous ont
été d'un grand secours. M. Jouvin, médecin, a rempli pendant plus de vingt ans les fonctions de maire de la commune,
et il n'a cessé de travailler à accroître sa prospérité. Les habitans conserveront long-temps le souvenir de son administration.

Nous avons donné des détails étendus sur Ouilly le-Basset,
à cause de la situation du bourg, et de la nécessité où nous

COMMUNE DE SAINT-CHRISTOPHE.

CETTE commune est bornée à l'est et au sud par Ouilly-le-Basset, à l'ouest par la rivière d'Orne, et au nord par Pierrefitte, dont elle est séparée par le ruisseau des Vaux. Sa longueur est d'un quart de lieue, sur un peu moins de largeur.

Elle est presqu'en entier située dans la vallée, sur le cours de l'Orne ; ses coteaux brûlés supportent quelques champs de peu de valeur, où la meilleure terre produit à peine 150 gerbes par acre. La culture est la même qu'à Ouilly-le-Basset, et l'on y emploie 14 chevaux, 20 vaches et 50 moutons communs.

La matrice des rôles porte 90 acres de terre de labour, 12 acres de prairie, 6 de bois taillis, et 12 de rochers ; en tout 120 acres, ou près de 100 hectares. Les rochers se composent de schistes-ardoises, dont on fait usage pour paver les maisons ou le devant des portes, et pour construire des murs à sec. On en détache des fragmens de 5 à 6 pieds de longueur, et d'un très-beau poli.

Les douze acres de prairie sont assez bonnes. Elles s'avancent jusqu'aux premières maisons du bourg d'Ouilly.

Il existe trois hameaux dans la commune : celui de St.-Christophe, celui de la Valette, et celui du

étions de faire connaître un pays remarquable sous bien des rapports. Dans la description des autres communes, nous serons beaucoup plus sobres de détails, et nous renverrons aux traits généraux que nous venons d'esquisser, et qui sont pour la plupart communs à tout ce côté du Bocage.

Moulin-Neuf. Le nombre des feux est de 18, et celui des habitans de 89. Dans les cinq dernières années il n'y a eu que 3 naissances et 3 décès.

La commune renferme un moulin à blé, sur l'Orne, et un petit moulin à huile, mu par un cheval. On y compte trois tisserands fabricant des retors, et deux tailleurs d'habits. Autrefois on pêchait sur ce point un grand nombre de saumons, dans la rivière d'Orne ; mais maintenant on n'y en trouve que rarement.

Il y a trois chemins d'exploitation et un chemin vicinal. On leur donne fort peu de soins.

Les maisons sont mal bâties, couvertes en chaume, et présentent l'aspect de la misère. Le village principal est fort mal tenu.

L'église de St.-Christophe est abandonnée. On la trouve désignée dans le *Livre Pelut* du diocèse de Bayeux, sous le nom de *Ecliâ sti Christophori*. Elle relevait du doyenné de Cinglais. Sa construction mesquine est dans le style gothique. Derrière le chœur est une fenêtre à haute ogive et à rosace. Une autre fenêtre présente un saint Christophe peint sur verre, avec quelques caractères à l'entour. On présume qu'une plus ancienne église aura été incendiée, parce que dans le cimetière on trouve du charbon et de la cendre, en fouillant à une certaine profondeur. Dans ce cimetière est une petite pierre plate sur une tombe ; on lit sur d'autres pierres, dans l'intérieur de l'église, les noms d'un seigneur et d'une dame d'*Omeville*, morts il y a un siècle, et celui d'un *Daniel*, curé, décédé en 1673.

Depuis que cet ouvrage est commencé, la commune de St.-Christophe a été réunie à celle d'Ouilly-le-Basset. Elle était trop peu importante pour avoir une administration particulière, et nous tenons du dernier maire, M. Cornet, que ses revenus municipaux ne se montaient annuellement qu'à 29 fr. Il ne pouvait exécuter aucuns travaux, ni réparer son église. C'est à lui que nous devons une partie des détails que nous venons d'offrir.

Les impôts directs payés par St.-Christophe, se trouvent confondus avec ceux d'Ouilly-le-Basset.

COMMUNE DE PIERREFITTE-EN-CINGLAIS.

PIERREFITTE, *Petraficta*, pierre fichée, pierre dressée; ce nom semble destiné à rappeler quelque souvenir de la religion des druides.

« L'abbé Courtépée, dit Laureau, dans son in-
» troduction à l'Histoire de France [1], remarque
» judicieusement qu'en Bourgogne, plusieurs en-
» droits ont pris les noms de *Pierrepointe, Pierre-*
» *levée, Pierrefitte,* d'un rocher ou d'une espèce de
» pyramide élevée sur un tombeau gaulois. *Petra*
» signifie, selon lui, *monument sépulchral sur la*
» *hauteur.* »

« Dans les environs d'Autun, dit Cambry [2], on
» trouve encore beaucoup de pierres longues, de
» *menhir,* de *Peulvan,* et plusieurs villages ont pris
» leur nom de ces pierres monumentales : *Pierre,*
» *Pierrepointe, Pierrefitte, Pierre écrite,* etc. »

[1] Tome premier, page 119.
[2] *Monumens celtiques,* page 234.

Frappés de ce nom, nous avons recherché et fait rechercher sur le territoire de la commune qui nous occupe, s'il ne s'y trouvait point quelques monumens de ce genre, et nous n'en avons pas découvert. Ils auront disparu, si toutefois il y en a jamais existé. Du reste, nous nous sommes convaincus, en examinant la disposition et l'élévation de la montagne principale où se trouve placé le petit bourg de Pierrefitte, que peu de lieux étaient plus favorablement disposés que celui-là pour la célébration du culte druidique. Des bois et des bruyères sauvages sont à l'entour; un ruisseau coule au bas dans une vallée profonde, et un vaste horizon se montre de toutes parts. Le soleil sort le matin du milieu de quelques bocages peu éloignés; il s'élève par degrés presque perpendiculairement, et il va se perdre au loin derrière de très-hautes montagnes. C'est un des points les plus remarquables, et peut-être le plus pittoresque de toute cette contrée.

Le mot de Cinglais, *Cingueleis, Chingueleiz,* d'après Robert Wace[1], et *Cingalis*[2], *Singlois*[3], suivant d'autres écrivains, est le nom générique d'un petit pays que nous décrirons successivement, parce qu'il se trouve en entier dans notre arrondissement. Thury-Harcourt en était le point principal, et il était gouverné, du temps de Guillaume, par un guerrier fameux, dont nous aurons occasion de reparler plus d'une fois. Il se nommait *Raoul Tesson*, et s'était rendu célèbre par sa piété autant

1 Tome I.er, page 174, et tome II, pag. 29, 30, 74, etc.
2 *Livre Pelut de Bayeux.*
3 Masseville, tome 7, page 123.

que par son courage. Raoul Tesson joignait à son nom celui de *Cingueleis*, contrée, dit Masseville, située « entre Falaise et la rivière d'Orne, et dont » on a fait le titre d'un des dix-sept doyennez ru- » raux du diocèse de Bayeux, qui comprend plus » de quarante paroisses ; les principales sont *Tury-* » *Harcourt, Barbery, Cesny, Combray et Pierrefitte.* » Nous ignorons l'origine du mot *Cinglais*. Nous avons encore une forêt qui porte ce nom.

La commune de Pierrefitte-en-Cinglais est bornée au sud par Ouilly-le-Basset ; à l'ouest et au nord-ouest par St.-Christophe, la rivière d'Orne, Cosses-seville, le Bô et St.-Clair-la-Pommeraie ; au nord, par St.-Omer, Donnay et Bonœuil ; et enfin, à l'est, par Tréperel. Elle a deux myriamètres cinq kilomètres de circonférence (environ cinq lieues et demie). « N'ayant point été cadastrée, on ne peut » savoir qu'à-peu-près son étendue, qui est, d'après » les états de section, de 1,700 acres (1,390 hect.), » dont une grande partie en coteaux, roches, bois » et terres incultes. »

Indépendamment de l'Orne, qui baigne Pierre-fitte, vers Saint-Christophe, on trouve encore sur cette commune le ruisseau d'Orival et celui des Vaux, qui vont se perdre dans la grande rivière. Le ruisseau d'Orival coule au nord-ouest, et celui des Vaux au sud-est. Il y a un moulin à blé sur la rivière d'Orne, et un sur le ruisseau des Vaux ; ces moulins ont chacun deux tournans.

Le bourg de Pierrefitte, situé sur une montagne escarpée, forme une enceinte au milieu de laquelle est située l'église. Les habitans désireraient beaucoup que l'on y établit au moins deux foires aux bestiaux chaque année, et ils pensent qu'elles seraient très-fréquentées par les cultivateurs des environs. Il se faisait autrefois un peu de commerce dans cette commune, et l'institution des foires, en appelant les étrangers sur ce point, pourrait y réveiller l'industrie. Le voisinage d'Ouilly-le-Basset et la difficulté des accès du côté du sud et de l'ouest, s'opposeront peut-être à ce que les vœux des habitans de Pierrefitte ne soient accomplis.

Après le bourg, les villages ou hameaux sont : le But, Plainville, Cauville, Saint-Christophe, la Vallée, la Canet, le Hameau au Bœuf, la Mignonière, la Mélière, St.-Clair, le Tilleul, la Lévrardière et la Boissée. Les principales fermes détachées sont : Mathan, les Cours, la Forestelle, la Goujardière, la Millevaudière ; il y a aussi des maisons aux Jonquis et au Val-Lahère. C'est en ce dernier endroit que se trouve le calcaire marbre si estimé pour la culture des terres.

Le nombre total des habitations est de 178 ; le nombre des habitans est de 682. Il y a eu 69 naissances et 90 décès pendant les cinq dernières années. L'excédant de mortalité est assez considérable, et ferait présumer des causes d'insalubrité qui ne nous sont pas connues.

Les chemins vicinaux sont au nombre de cinq :

Celui de Falaise, par Tréperel ; celui de la route de Bretagne, par le Val-Lahère ; celui du Pont-d'Ouilly, par Saint-Christophe ; celui d'Harcourt, par St.-Clair-la-Pommeraie ; celui du Boishalbout (Cesny-en-Cinglais), par Bonœuil. Ces cinq chemins viennent tous aboutir, de différens côtés, sur la place du bourg de Pierrefitte. « On ne cesse de les » aggrandir et de les entretenir, chaque année, par » des prestations en nature. »

L'agriculture est à-peu-près la même qu'à Ouilly-le-Basset. Les terres y sont un peu moins mauvaises sur certains points, sans être d'une bonne qualité. Elles produisent du blé, du seigle, de l'avoine, du sarrasin, un peu d'orge et du trèfle. Les engrais que l'on y emploie sont la chaux et le fumier. Dans quelques champs de trèfle on fait usage du plâtre. Il y a 90 chevaux employés à la culture, 236 vaches et 326 moutons communs. On n'y voit ni bœufs ni mérinos ; la terre n'est pas assez forte pour les nourrir.

Le penchant des coteaux est couvert d'ajoncs marins ou de bois. Dans les vallons, on voit des ormeaux, des frênes et des chênes d'une assez belle hauteur. Ils sont entremêlés d'arbres verts, de sapins, d'ifs, de houx, qui ajoutent à l'agrément de ces bosquets, dans toutes les saisons. Les pommiers épars dans les champs, donnent un cidre d'une qualité délicate et recherchée.

La chaux se tire du Val-Lahère et d'une autre carrière moins estimée. Outre celle que l'on enlève du dehors, il y a six fours dans la commune pour la cuire et la préparer.

On compte quarante-une fontaines sur le territoire de Pierrefitte, et quatre étangs peu considérables. L'eau manque cependant sur quelques-uns des points les plus élevés.

La population est uniquement adonnée à la culture. On ne compte qu'une douzaine d'individus occupés à d'autres travaux : six tisserands, deux meuniers, trois cabaretiers, un cordier et un maréchal.

Il y a de plus un instituteur, qui réunit dans l'hiver quatre-vingt-cinq élèves environ, et dans l'été une soixantaine.

L'église de Pierrefitte est grande, bien entretenue, mais d'une construction peu ancienne. La grosse tour carrée, placée à l'entrée, et en général toutes les murailles de l'édifice sont sans ornemens d'architecture. Dans l'intérieur est un autel assez riche pour une campagne, entouré de colonnes en cintre; il y fut apporté de l'abbaye du Val, qui était peu éloignée de-là. Dans le cimetière sont trois beaux ifs et des tombeaux, sur l'un desquels on lit le nom d'un *Brossard*, écuyer, mort il y a une centaine d'années. Une inscription sur marbre, placée près du portail, rappelle un *Faucillon-Duparc*, décédé dernièrement, après avoir rempli pendant quarante-cinq années les fonctions de desservant.

Ce fut en 1759 que fut reconstruite l'église de Pierrefitte ; elle avait alors deux curés et deux presbytères, et relevait du doyenné de Cinglais. Elle est sous l'invocation de St.-Pierre, « dont on célèbre » la fête avec toute la solennité possible. »

Il y a deux châteaux ou *logis* à Pierrefitte. Le principal est situé à quelques pas du bourg, et est encore habité par une famille qui porte le nom de la commune. C'est une gentilhommière assez simple. Le second *logis* est un peu au-dessous, vers le midi, et on le désigne sous le nom de *Mathan*. Il est habité par M. *Mauny*, dont le nom national rapelle un beau fait d'armes de l'histoire de Falaise [1]. Sous le *logis* de Mathan existent des restes de souterrain qui indiqueraient que ce point aurait anciennement servi de place de défense. On ne nous a rien communiqué qui puisse éclaircir nos doutes à cet égard.

Le maire actuel est M. Lelievre ; son adjoint est M. Philippe Denys, et le desservant est M. Chrétien. C'est à l'obligeance de M. Lelievre que nous devons presque tous les renseignemens que nous venons de présenter.

Les impôts directs payés par la commune de Pierrefitte, s'élevent, en 1828, à 8,358 fr. 80 c.

COMMUNE DE BONŒUIL.

BONŒUIL, Bonœil, Bos-Nœil, en latin *Bonolium* ou *Bosnolium*. Ce mot, qui s'écrit de différentes manières, peut s'interpréter aussi diversement. Peut-être, dérivé de *nœil* et de *bos* ou *bosc*, veut-il exprimer centre ou noyau des bois ; peut-être aussi *olium*, comme à Ouilly, veut-il indiquer la configuration du sol, qui présente en effet un petit vallon entouré de collines couvertes de bocages ? Nous émettons ces diverses opinions sans prétendre que l'on doive s'y arrêter.

Bonœuil est borné au midi par Pierrefitte ; à l'ouest et au nord-ouest par Donnay et Angoville ;

---

[1] Voir le siége de cette ville par Henri V, en 1417, tome premier, page 85.

au nord par Martainville ; à l'est et au sud-est par St.-Germain-Langot et Tréperel. Son étendue est d'une demi-lieue de long, sur autant de large.

Les états de section présentent 494 acres de terres labourées, 203 acres de bois, 15 acres de bruyères, 50 acres d'ajoncs marins, et 59 acres de prairies ; en tout 821 acres ou 671 hectares.

La terre labourée est froide, aquatique ; dans les hivers rigoureux, les blés y sont coupés ou déracinés par les gelées, et ils périssent dans l'humidité, à la suite des dégels. Les prairies sont médiocres, et il y croît beaucoup de joncs ; les bois sont d'une qualité un peu supérieure, et le meilleur produit est celui des champs plantés en *vignons*. L'acre de terre ne vaut guère que 7 à 800 fr., et l'acre de prairie que 1,200 fr. On compte sur la commune six mille arbres à fruits ; le poiré est de bonne qualité, et le cidre inférieur.

On fait ordinairement une année de blé, ensuite une d'avoine, et la troisième on cultive le sarrasin, ou on laisse la terre en jachère. L'agriculture est peu avancée, quoique les habitans travaillent beaucoup pour arracher quelques produits à leur sol. Il est tellement ingrat, qu'ils ne sont pas toujours récompensés de leurs soins. Ils fument fortement, et font usage de chaux qu'ils tirent d'Angoville.

Il y a sur la commune 40 chevaux, 50 vaches et une trentaine de moutons seulement. Quelques ruches d'abeilles donnent un produit peu considérable.

A Bonœuil il n'y a point d'industrie autre que la culture des champs. Seulement, dans l'hiver, une partie des habitans sont occupés à la *bourra-chérie* dans les bois de Saint-Clair, où ils gagnent 1 fr. par journée. Ceux qui émigrent au mois d'août, pour faire la moisson au-dehors, sont au nombre de trente, et n'en rapportent dans leur intérieur que 20 ou 30 fr. ordinairement par tête.

Le nombre des maisons est de 79, et celui des habitans de 334. « L'air est sain, et l'on ne périt » guère que de vieillesse ou de travail. » Le nombre des naissances a été de 26 dans les cinq dernières années, et celui des décès de 20. Il y a quatre vieillards âgés de plus de quatre-vingts ans.

Le territoire de Bonœuil offre une petite vallée, au milieu de laquelle se trouve l'église et le village principal. Cinq fontaines, partant de différens points des hauteurs, vers l'ouest et le midi, se réunissent au centre du vallon, et forment un ruisseau qui est la source de la rivière de Laise. Il sort de-là pour entrer dans la commune de Saint-Germain. Une des cinq fontaines porte le nom *du bon Henri*. Elle est située à l'entrée des bois de St.-Clair, et la tradition rapporte que Henri IV, étant allé chasser dans ces bois, pendant le siége de Falaise, vint se désaltérer dans cette source. C'est en effet à ce point que l'on forçait les cerfs. Nous sommes heureux de pouvoir recueillir ici ce souvenir historique, le seul qui existe dans la commune.

Les villages ou hameaux sont au nombre de quatorze : le Village de l'Église, la Cour Gourdelle, le Bas de Bonœuil, le Longmesnil, la Valaisière, Launay, la Claircière, le Valdante, la Girardière, la Mare, Rousse-Coudray, la Ferme des Bosquis, la Ferme de la Boulaye, et la Ferme de la Noë.

Les chemins vicinaux sont au nombre de quatre, « qui forment la croix au centre de la commune. » On les désigne sous les noms de *chemins d'Harcourt, de Falaise, de Tréperel et de Pierrefitte.* Ils sont mal entretenus, comme tous ceux de ce pays. Les chemins d'exploitation sont encore plus mauvais.

L'église est moderne, et fut reconstruite dans le dernier siècle. Le portail de l'ancienne existe encore. Il est de forme ogive, très-simple, à quatre colonnes plates sans ornemens. L'ogive est pointue. Dans le cimetière est un if extrêmement ancien et de vingt pieds de tour. Ses branches s'étendaient autrefois majestueusement tout à l'entour ; mais il fut émondé dans la révolution pour chauffer les villageois qui avaient établi un corps-de-garde dans cet endroit. Deux pierres, placées sur des tombes, avec inscription, rappellent le souvenir d'une dame *Boisbaron*, et d'un de ses fils [1].

L'église est dédiée à la Vierge, et la fête se célèbre le jour de l'Assomption. Ce sont les jeunes gens qui font et portent le pain bénit ce jour-là.

Il n'y a pas de curé dans ce moment dans la paroisse de Bonœuil. Le maire est M. Turpin [2], et

---

[1] Un jeune homme de ce nom, parti de cette commune, vient de publier, à Paris, sous le titre d'*Ode aux Grecs*, une pièce de vers qui n'est qu'une déclamation contre ce peuple infortuné. Les vers sont quelquefois un peu moins mauvais que les sentimens.

[2] M. Turpin est un ancien militaire extrêmement obligeant. Il nous a adressé, à deux reprises, des tableaux détaillés de sa commune, et il y a joint un plan figuré du sol. Quand nous avons visité Bonœuil, il nous a accompagné avec une grande complaisance sur tous les points. Nous le remercions ici bien sincèrement.

l'adjoint M. Guibert. Ce dernier remplit en même-temps les fonctions d'instituteur. Il a dans l'hiver 60 élèves environ.

Les habitans de Bonœuil, laborieux et actifs, sont enclins à la chicane. Nous avons été témoins, au milieu d'eux, d'une scène très-animée pour un très-modique intérêt. On avait plaidé longuement; les frais s'étaient élevés bien au-delà de la valeur de l'objet en litige, et l'on ne pouvait pas encore engager les parties à s'accorder. Les femmes surtout montraient beaucoup d'emportement. *T'en as minti*, disait l'une d'elles tout en colère, à son voisin, *sauf le respect que j'dois à ces mes-sieux*.

Les impôts payés par la commune, s'élèvent à 3,412 fr. 88 c. Le percepteur est M. Crespin.

COMMUNE DE St.-GERMAIN-LANGOT.

LE nom de *Saint-Germain* est commun à plus de quarante paroisses en Normandie, dit Masseville. Quant à celui de *Langot* ou d'*Angot*, qui sert à distinguer la commune que nous décrivons, il est venu de quelque homme du nord, compagnon de Rollon, qui se sera emparé du pays lors de l'invasion de ce conquérant. Une autre commune limitrophe se nomme *Angoville*, ou *la demeure d'Angot*; un des ruisseaux porte aussi le même nom. Nous trouvons dans Ordéric Vital, un moine hospitalier nommé *Angot*, qui, après avoir combattu vaillamment sous les ducs Richard et Robert, quitta la Normandie, et alla se renfermer dans un monastère

sur les terres des Bavarrois. « Il était cousin de
» Roger de Toëni, » et célèbre parmi ses compa-
triotes. Il appartenait peut-être à la famille de ceux
qui occupaient le pays de St.-Germain.

On trouve des sires de Saint-Germain sur la liste
des seigneurs qui suivirent le fils de Guillaume à
la première croisade, et sur celle des 119 vaillans
gentilshommes qui défendirent si intrépidement le
mont Saint-Michel contre les Anglais, en 1424. Le
même nom se retrouve encore honorablement cité en
Normandie, sous les rois Philippe IV et Louis XI.
Nous ne pourrions affirmer que tous ces seigneurs
fussent partis de cet arrondissement ; mais l'emplacement fortifié de l'ancien château de Saint-
Germain-Langot indique qu'il était habité par des
hommes puissans. « Il était entouré de fossés et de
» pont-levis, » dont les traces se remarquent encore
à un quart de lieue du château actuel ; il n'y a que
quatre-vingts ans qu'il fut démoli. Le dernier Saint-
Germain mourut sans postérité mâle, vers 1540.
« Une de ses filles avait épousé, en 1532, François
» d'Oilliamson ou de Williamson, officier de la
» garde écossaise du roi, et lui avait apporté la
» terre de St.-Germain. Depuis ce temps ce domaine
» est resté dans les mains des d'Oilliamson, qui le
» firent ériger en marquisat de St.-Germain dans
» l'année 1570, et plus tard en marquisat d'Oil-
» liamson, vers 1739. » Tel est à-peu-près l'historique de cette commune.

Nous laisserons maintenant parler M. le marquis
actuel d'Oilliamson, maire de St.-Germain, qui
a bien voulu rédiger lui-même la description statistique de sa commune :   « La

« La commune de Saint-Germain-Langot est
située à l'est par Ussy et Leffard ; au midi par
Martigny, Pierrepont et Tréperel ; à l'ouest, par
Bonœuil et Martainville ; au nord par Tournebû.
Sa circonférence est de 16,000 mètres ; sa plus
grande longueur, de Martigny à Martainville, est
de 5,500 mèt. ; sa plus grande largeur, de Leffard
à Bonœuil, est de 2,800 mètres ; sa superficie, de
1,034 hectares 16 ares 47 cent. ; sa population, de
575 habitans ; le nombre de ses feux, de 150.

» Les 1,034 hectares 16 ares 47 centiares (1,276
acres) se divisent ainsi :

» Terres labourables, 625 hect. 28 ares 28 cent.
— Prairies, vergers, herbages, 94 hect. 17 ares
32 cent. — Bois taillis, futaies, bruyères, 239 hect.
16 ares 50 cent. — Pâtures, 11 hect. 76 ares 25 cent.
— Jardins, 7 hectares 2 ares 63 centiares. — Objets
d'agrément, 22 hect. 57 ares 20 cent. — Propriétés
bâties, 5 hect. 9 ares 79 cent. — Chemins, rivières,
29 hect. 14 ares 50 cent.

» La commune est formée de plusieurs hameaux
séparés ; savoir : la Rue, le Mesnil, la Goubinière,
le Bisson, la Rivière, le grand et le petit Tuepot,
le Moulin-Foulon et Lazénie. L'église et le château
sont situés entre les hameaux de la Rue et du Mesnil,
qui sont les principaux.

» La rivière de Laise traverse la commune de
l'ouest à l'est ; elle y entre à un endroit nommé la
Fontaine la Coudre, où elle prend quelque accroissement. En remontant un peu sur Bonœuil, on
trouve sa source dans des aunes et des marécages.
Laise quitte St.-Germain au pré de Launay, vers

Tome 2.   4

Ussy, après avoir été grossie par le Langot, le ruisseau de la Renardière, et d'autres petites sources qui coulent dans différentes directions. Cette abondance de petits ruisseaux, bordés d'aunes et de saules, rend l'aspect général de la commune frais et bocager. Son sol est argileux sur schistes. C'est à sa limite, du côté d'Ussy, que finit le pays d'Alluvion et que commence le pays de Bocage, qui s'étend à l'ouest, dans toute la Bretagne. Les bois taillis, qui forment environ un tiers de l'étendue de la commune, poussent rapidement dans les parties basses ; mais les hauteurs n'offrent que des bruyères arides. Dans les vallons, les arbres forestiers atteignent les plus belles dimensions. Les terres labourables sont d'une qualité bien inférieure à celles de la plaine. Il y a environ cinquante ans, on n'y cultivait point de froment, mais seulement du seigle et du sarrasin [1]. Maintenant, au moyen de la chaux, on y cultive toutes les céréales. On fait aussi beaucoup d'ajonc (80 hectares annuellement) pour les fours à chaux d'Ussy. Les prairies sont froides et de mauvaise qualité. On y supplée par la culture du trèfle et de l'hivernache. On élève et l'on entretient pour la culture 74 chevaux de gros trait, 250 bêtes à cornes et 506 moutons.

» Le produit moyen de l'hectare en labour est de 25 fr. ; en prairie, de 50 fr. ; en bois, de 18 fr. ; en bruyère, de 5 fr. Leur prix de vente est à-peu-près le même qu'à Boncœuil.

[1] Cette observation s'applique à presque toutes ces premières communes du Bocage, jusqu'aux rives de l'Orne et de la Baise. (*Note de l'Auteur.*)

» Il y a 3,000 arbres à fruits, dont le cidre est agréable, mais faible.

» On y cultive le seigle, le froment, l'avoine et le sarrasin. Ordinairement, on fait une année de froment ou de seigle, une année d'avoine et une année de jachères. Souvent dans l'avoine on sème du trèfle, que l'on rompt la troisième année. Sur les jachères on fait du sarrasin, de la vesce (dite hiver-nache) et des pommes-de-terre. Quelques fermiers essayèrent, il y a quatre ans, de cultiver le colza, mais ils y ont renoncé ; ils ont éprouvé que les ré-coltes suivantes, en céréales, étaient mauvaises.

» On emploie le fumier d'animaux et la chaux. On ne met de la chaux qu'une fois dans neuf ans : deux fours dans la commune suffisent pour en fournir aux habitans.

» Il y a deux moulins à blé sur Saint-Germain. Les habitans, du reste, n'ont point d'industrie par-ticulière. Occupant des maisons et des hameaux isolés, ils ont conservé, en général, les vieilles mœurs, et ils sont moins corrompus que dans la plaine ; ils vivent en famille, quittent à regret leur chaumières, et paraissent plus occupés d'améliorer leurs propriétés, que de chercher des occasions de plaisir.

» Deux chemins vicinaux traversent la com-mune ; le plus important est celui du Pont-d'Ouilly, qui établit une communication presque directe entre Ouilly-le-Basset et Caen, et offre ainsi sur cette dernière ville, un débouché à tout le pays de Bocage, situé sur la gauche de la route de Fa-laise à Granville. Ce chemin traverse les communes de Tréperel, St.-Germain, Leffard, Ussy, Fontaine-le-Pin, Sousmont, et vient joindre, au bois de Quesnay, la route royale de Falaise à Caen. Les départemens du Calvados et de l'Orne auraient un grand intérêt à établir une route départementale, dans cette direction, de Caen à Domfront; l'intention en avait été manifestée lors des Assemblées Provinciales, et quelques parties même furent ouvertes à cette époque. [1]

» Il y a un instituteur à Saint-Germain, qui rassemble, dans l'hiver, 50 enfans de la commune.

» Les maladies les plus ordinaires sont les fluxions de poitrine; l'humidité en est la cause principale.

[1] Nous avons cru devoir consigner ici cette observation de M. le Maire de St-Germain-Langot, et nous nous plaisons à reconnaître que l'exécution du projet qu'il présente, offrirait un avantage réel pour une partie importante de cet arrondissement. Nous croyons toutefois qu'il y a des travaux qu'il serait plus urgent de terminer, tels que la grande route de Falaise à Harcourt, le grand chemin du Mesnilvillement, etc. Le Département ne pouvant tout faire à-la-fois, on doit appeler d'abord l'attention des administrateurs sur les points les plus importans.

Nous ferons observer aussi que le second chemin vicinal, allant de Falaise à Bonœuil et au-delà, est très-mal entretenu sur la commune de Saint-Germain. Dans l'hiver, il est pour ainsi dire impraticable : on ne manque cependant pas de pierres sur ce point. Les habitans se refuseraient-ils, là comme en beaucoup d'autres endroits, à exécuter *la loi sur les chemins publics ?* Nous reviendrons souvent sur la nécessité de revoir ce travail législatif, qui n'a pas été, comme l'expérience le prouve, suffisamment combiné pour offrir une facile exécution. (*Note de l'Auteur.*)

N. B. Nous apprenons que l'on s'occupe enfin de réparer le chemin qui fait l'objet de cette note.

» Les naisssances se sont élevées, dans les cinq dernières années, à 53, tandis que les décès n'ont été que de 43. Cette observation est favorable au développement de la population sur ce point.

» L'adjoint de la commune est M. Leboucq ; le desservant est M. l'abbé Nicolle.

» Les impôts se montent à 9,184 fr. 91 cent. »

Ici se termine la description statistique de la commune. Nous y joindrons quelques autres détails sur le château actuel, sur l'église et sur la ferme de Tuepot. Nous les puiserons, tantôt dans les notes de M. d'Oilliamson, tantôt dans nos propres observations.

« Le château actuel est bâti sur une langue de terre entre deux prairies traversées par Laise et le Langot. Il est irrégulier, et présente une réunion de plusieurs corps de bâtimens, dont l'ensemble est considérable. Depuis quelques années il a subi de nombreuses restaurations. Il s'y trouve une collection de portraits de famille, dont quelques-uns des meilleurs maîtres, entre autres de Rigaud, de Largilière, de Madame Lebrun, et un tableau capital de Mignard (de dix pieds de longueur sur sept de largeur), représentant Madame la duchesse de la Vallière et ses deux enfans, le duc de Vermandois et Mademoiselle de Blois, etc. Les accessoires en sont riches, et touchés avec une grande franchise de pinceau, le coloris brillant, et les figures posées avec une grâce infinie. Madame de la Vallière est représentée quelque temps avant sa première retraite ; elle tient une rose qui s'effeuille ; les parures du monde sont à ses pieds, et des livres de piété à côté d'elle. On voit qu'elle réfléchit sur la vanité des choses qui passent.

» Plusieurs avenues environnent le château ; l'une d'elle conduit à un ancien parc entouré de murs, et planté dans le genre régulier ; on y voit une grande variété d'arbres exotiques très-anciens, et un des premiers cèdres du Liban, plantés en France. Le parc renferme du gibier et des chevreuils ; sa contenance est de 14 hect. 13 ares. » [1]

L'église est à peu de distance du château. La nef et la tour sont carrées, mais d'un travail moderne. Le chœur est gothique, d'une époque peu reculée. Tout l'intérieur est bien entretenu ; on ne voit dans la nef qu'une pierre tumulaire qui recouvre un des derniers curés. Le cimetière est décent et renferme deux ifs. La paroisse vient de faire bâtir un presbytère à l'entrée.

Sur l'autel d'une des chapelles, se voit une petite statue de marbre, grossièrement sculptée, et de trente pouces de hauteur environ ; elle représente un évêque, S. Ortaire, et elle est encore, dans le pays, l'objet d'une certaine vénération. Voici les traditions qui s'y rattachent :

Il y avait autrefois dans la commune une ba-

---

[1] M. le marquis d'Oilliamson a dessiné et publié dans l'atlas de cet ouvrage, une vue de son château de Saint-Germain-Langot. Le domaine attaché à ce château embrasse les deux tiers environ du territoire de la commune : neuf fermes en font partie. La plus importante, celle de Tuepot, est dirigée par M. Lecellier, habile cultivateur. Parmi les nouveaux instrumens d'agriculture dont il a fait usage, on remarque chez lui une machine à battre le grain. C'est la première qui ait été introduite dans cette partie de l'arrondissement.

ronnie nommée *Tuepot*, appartenant à Roger de Moubray, seigneur riche et puissant, fils de Nigelle d'Aubigny. Roger de Moubray suivit le duc Robert à la première croisade, et à son retour, il fut tellement indigné de l'inconduite de ses filles, qu'il les chassa de la maison paternelle, et fonda de ses revenus les abbayes de Tuepot et de Villers-Canivet. Sa principale résidence était à Tuepot. Une de ses filles périt de misère dans une haie voisine, qui a conservé depuis ce temps le nom de *Haie Dame Jeanne*. Plus tard, l'abbaye de Villers prit plus d'accroissement que celle de Tuepot, et celle-ci finit par ne plus avoir de moines; ses revenus furent affectés à l'abbaye de Villers, et passèrent ensuite à celle de Barbery, qui les conserva jusqu'en 1749, époque à laquelle ils furent échangés pour la terre de Vieuxpont, avec les seigneurs d'Oilliamson.

Saint Ortaire était le patron de Tuepot. Lors de la cession que firent de ce domaine les moines de Barbery, ils voulurent enlever la statue du patron; mais les habitans de St.-Germain s'y opposèrent, et gagnèrent le procès qui s'éleva à ce sujet. Depuis ce temps, S. Ortaire a été déposé dans l'église de la paroisse, et sa fête a été célébrée avec solennité le 15 mai; la réunion ce jour-là est encore considérable. Le peuple croit que S. Ortaire a le pouvoir de guérir de certains maux, et il lui adresse en conséquence de ferventes prières.

Nous avons visité la ferme de Tuepot, dont la construction rappelle une assez haute antiquité. La grange est soutenue par des contreforts saillans, et à la pointe du gable on montre une figure que l'on dit être celle de Roger de Monbray. Sans être délicate, elle ne date pas à-coup-sûr du temps de ce seigneur : le Saint Ortaire y remonterait plutôt. L'église de Tuepot fut démolie il y a soixante-dix ans, et l'on a trouvé récemment encore des tombeaux sur son emplacement ; ils renferment probablement quelques moines de cette abbaye. Dans un champ du voisinage, on rencontre fréquemment des masses de scories de fer et de débris de fourneaux en brique, comme s'il y avait eu en cet endroit des forges ou une fonderie. Peut-être les riches propriétaires de ce domaine avaient-ils essayé d'y former un établissement pour fondre le fer que l'on tirait autrefois, en grande abondance, des buttes de St.-Remy, éloignées de moins de deux lieues. On ne sait rien de positif à cet égard.

Le domaine de Tuepot figure dans la charte de fondation de l'abbaye de Barbery, par Robert Marmion, en 1181, et dans la charte de confirmation qui en fut faite par le roi d'Angleterre, Henri II, à la même époque. « *Dono*, dit le fondateur, *dono* » *etiam* Tuepot *terram, cum nemore, quam emi de* » *Guillelmo de Villers, quindecim libris andegavens;* » *donationem etiam Guillelmi de Villers, in* Tuepot, » *in terris et in nemore, et in pratis ratam habeo et* » *confirmo.* »[1]

Ce passage ne se trouve pas dans une parfaite harmonie avec la tradition, mais nous n'avons pas prétendu expliquer toutes les difficultés de ce genre

[1] *Gallia Christiana*, tome XI, page 87. *Instrumentorum; Neustria Pia*, page 792.

que nous rencontrerons en composant cet ouvrage ;
il nous suffit d'exposer les faits que l'on nous raconte, et d'indiquer les renseignemens que nous
offre l'histoire. Ici, il est évident que Tuepot a été,
dès le 12.ᵉ siècle, une terre de main-morte, une
terre d'abbaye, et qu'elle appartint pendant fort
long-temps aux moines de Barbery. Qu'elle leur
ait été donnée par Robert Marmion, par Guillaume
de Villers ou par les sires de Moubray, c'est ce qu'il
nous importe assez peu de connaître. Peut-être
même eussions-nous pu passer entièrement ce fait
sous silence ; mais le désir de conserver tout ce qui
se rattache à l'histoire de cette contrée, nous entraîne souvent dans ces sortes de digressions étran-
gères à la statistique proprement dite. Notre excuse
est dans le motif qui nous fait agir. Si les savans
nous blâment, les lecteurs du pays seront sans doute
plus indulgens pour nous. C'est pour eux principalement que nous écrivons.

Nous noterons encore sur Saint-Germain, vers
Martainville, à l'ouest, l'emplacement d'un très-
ancien château de Rauthaunai, dont le souvenir
se perd dans la nuit des temps. On dit qu'il y avait
un souverain, une cour brillante et voluptueuse,
etc., etc. De tout cela il ne reste aujourd'hui qu'une
fosse remplie d'épines, au milieu d'un bois épais.

COMMUNE DE TRÉPEREL.

Tréperel, Treprel : ce mot ne nous offre aucun sens direct, et nous en ignorons complètement l'étymologie.

La commune de Tréperel est bornée au nord par St.-Germain-Langot ; à l'est, par Pierrepont ; au midi, par le Détroit et Ouilly-le-Basset ; à l'ouest et au nord-ouest, par Pierrefitte et Bonœuil.

Son territoire se compose de 400 acres environ de terres labourables, 100 acres de prairies, et 100 acres de bois ; en tout 600 acres à-peu-près, ou 486 hectares.[1]

Outre le village, il y a deux hameaux : le Val-Lahère, au sud, et la Meillière, à l'ouest.

Deux petits ruisseaux, qui sèchent pendant l'été, séparent Tréperel des communes d'Ouilly-le-Basset et Pierrefitte-en-Cinglais. L'un d'eux fait tourner un petit moulin à blé en hiver seulement. On trouve à fleur de terre plusieurs fontaines qui tarissent dans la belle saison. Il existe un petit étang à peu de distance de l'église.

Il n'y a point de carrières sur Tréperel ; mais on fouille le sol pour en extraire des schistes propres à la construction des maisons et à l'entretien des chemins. Ceux-ci sont au nombre de trois : deux vicinaux et un communal. Le chemin vicinal qui

[1] Il nous a été impossible d'obtenir, malgré toutes nos instances, un relevé plus exact des divisions de la commune, d'après les états de section.

conduit de St.-Germain-Langot à la route de Bretagne est le moins mal entretenu ; les autres sont dans le plus mauvais état.

On cultive dans la commune le seigle, le blé, l'avoine, le sarrasin, l'orge en très-petite quantité (4 acres au plus), le trèfle et la vesce ou hivernache. Le mode de culture est le même que dans les communes déjà décrites. On y emploie 36 chevaux, 60 vaches et 300 moutons, dont 100 mérinos. On fait usage de la chaux comme engrais ; elle se tire des environs et d'un four placé sur les lieux.

On compte soixante feux environ sur Tréperel, et à-peu-près 325 habitans. Dans les cinq dernières années qui ont précédé le dernier recensement, il y a eu 35 naissances et 33 décès. Outre les individus uniquement livrés à la culture, on trouve dans la commune quelques toiliers et filassiers, un maréchal, un serrurier, un menuisier, etc. Une femme tient les écoles, et rassemble une trentaine d'enfans.

Les impôts payés par la commune de Tréperel s'élèvent à 4,344 fr. 52 c.

Le maire actuel est M. César-Adolphe Hélie de Tréperel, chevalier de St.-Louis et de la Légion-d'Honneur, capitaine en retraite ; l'adjoint est M. Louis Levrard ; le curé, M. Joseph Petit.

Le château de Tréperel, bâti depuis moins d'un demi-siècle, est grand, de belle apparence et dans une agréable situation. La façade, construite en briques, offre une élégante colonnade. Sur le devant sont des avenues et de jolis bosquets de charmes. De l'intérieur, on découvre, vers l'est, un beau point de vue.

d'arrêtes de poisson, ainsi que deux petites fenêtres
gothiques à la muraille du midi. Sur l'embrasure
d'une fenêtre, à droite, près du chœur, on lit cette
inscription :

MIL IIII ᶜᶜᶜᶜ LXVII

FUT CE CHANCEL YCY FAIT

P. QUICONET P. BONNE.

C'est à ce temps que remontent les ornemens gothiques de l'édifice. Dans le cimetière sont plusieurs
ifs ; l'un d'eux a plus de seize pieds de circonférence, à hauteur d'homme.

L'église, dédiée à S. Aubin, dépendait du doyenné
de Cinglais, ainsi que celle de St.-German-Langot.[1]

Les renseignemens sur cette commune ont été
presque tous recueillis par M. Alph. de Brébisson ;
il en doit une partie à M. le maire.

COMMUNE DE PIERREPONT.

Il existe en Normandie cinq communes de ce nom.
Celle-ci ne se distingue des autres, à notre connaissance, par aucun surnom particulier.[2]

[1] Livre Pelut de Bayeux, pages 47 et 48.

[2] M. Louis Dubois l'appelle, dans son ITINÉRAIRE, le
Pierrepont-en-Cinglais. Nous pensons que c'est une erreur, et
qu'elle ne fait point partie du pays de Cinglais, qui se composait de quarante paroisses, toutes dépendantes du diocèse
de Bayeux, tandis que Pierrepont était sous la juridiction des
évêques de Séez.

Le mot de Pierrepont, *Petripons*, *Petrœpons*, selon Masseville, et *Pons Petrosus*, d'après l'ancien manuscrit du diocèse de Séez, semble indiquer l'existence sur ce point d'un ancien pont de pierre, dont il ne reste aucune trace. Le ruisseau du Val-Dany, qui traverse la commune, est très-étroit, et une planche suffit pour le passer en tout temps. Un pont en maçonnerie ne pouvait donc guère y avoir été placé anciennement. Peut-être Pierrepont indiquait-t-il plutôt, comme en plusieurs autres lieux de la Bourgogne et de l'Autunois, un monument druidique. Le voisinage de Pierrefitte confirmerait cette opinion. Nous sommes encore, du reste, à cet égard, réduits à des conjectures.

Les communes limitrophes de Pierrepont sont, à l'ouest et au nord, Tréperel, Saint-Germain-Langot et Martigny ; à l'est, les Loges-Saulces, et au midi, le Détroit. Les hameaux sont : le Haut de Pierrepont, le Bas de Pierrepont, Guine-Fougère et le Mesnil-Jacquet. Les deux derniers sont situés sur le bord de la grande route de Falaise à Vire. Il existe au Mesnil-Jacquet deux auberges de relais et un atelier de maréchal. La commune a un quart de lieue de long sur une demi-lieue de large.

D'après les états de section, on compte à Pierrepont 400 acres de terre de labour, 80 de prairies, 10 de cours, vergers et jardins, et 10 de mauvais bois ; en tout 500 acres ou 405 hect. 55 c. environ. La terre est froide et médiocre ; on y récolte 300 gerbes par acre dans les meilleurs fonds, et 150 dans les plus mauvais. Le prix en varie depuis 800 fr. jusqu'à 1,500 fr., selon la qualité et la convenance.

Les grains que l'on cultive principalement sont le blé, l'avoine et le seigle; on récolte aussi un peu d'orge et très-peu de sarrasin : ceux qui sèment du trèfle, le rompent au bout d'un an, ou le plâtrent beaucoup la seconde année. On emploie pour engrais la chaux et le fumier.

On compte 28 chevaux employés à la culture, 65 vaches et 280 moutons, parmi lesquels il y a un troupeau de 100 mérinos. La ferme de Pierrepont est la plus considérable; elle est louée 4,400 fr.

Le nombre des habitans est de 210, et celui des feux de 51; tout le monde est cultivateur, à l'exception d'un tisserand, de deux cordonniers et d'un maréchal. Il n'existe point de mendians dans la commune. Le peuple des hameaux est représenté comme tranquille, laborieux, économe, et uniquement occupé de la culture de ses petites propriétés. Il y a eu dans les cinq dernières années 25 naissances et seulement 13 décès.

A Pierrepont, il existe une carrière d'une excellente pierre de marbre qui sert à la construction des maisons, et qui alimente les fours à chaux; on compte cinq de ces derniers sur la commune, et deux surtout sont très-occupés; on n'y cuit pas moins de cinquante fournées de chaux par année. C'est une branche d'industrie pour le pays. Un moulin à blé, à deux tournans, est mu par l'eau d'un étang; il ne marche pas en toutes les saisons.

Parmi les fontaines, on en remarque une, dite de S. Julien, dont les eaux guérissent, dit-on, les enfans de la riffle; le peuple y a une certaine confiance. L'église est aussi dédiée à S. Julien; mais elle est supprimée, et les habitans sont réunis à Tréperel pour le culte. La construction de l'édifice est peu remarquable. Le portail est nouveau ; la nef offre de petites fenêtres longues à ogives, à l'exception d'une ouverture large et carrée, avec des compartimens gothiques que l'on observe au mur du midi. Dans le cimetière est un if assez fort. Nous avons remarqué des rameaux placés par la piété des familles, sur un grand nombre de tombes.

Il y avait anciennement un château ou logis attenant à l'église. L'emplacement est encore enceint de murs ; c'est-là qu'est maintenant établie la principale ferme.

Outre la grande route qui passe à l'une des extrémités de la commune, elle est encore traversée par plusieurs chemins très-mal entretenus. Nous appelons spécialement l'attention de l'autorité sur celui qui conduit de Falaise à Pierrefitte, et que l'on a dégradé d'une manière dangereuse pour établir sur le bord un grand four à chaux. Les voyageurs se plaignent avec raison de cette usurpation d'une propriété publique. Il serait temps qu'un pareil abus fût réprimé.

Les impôts payés par Pierrepont s'élèvent à 2,771 fr. 60 cent.

Le maire actuel est M. Jean Denys ; il a pour adjoint M. Jacques Bastard.

Un instituteur breveté rassemble, dans l'hiver, une quarantaine d'enfans, dont plus de la moitié sont de la commune.

M. Jean Denys nous a secondé dans les recherches que nous avons faites sur la commune qu'il administre.

COMMUNE DU DÉTROIT.

Le Détroit, *Districtus*, est une commune montueuse et bocagère, qui s'étend en longueur depuis les limites de Pierrepont, au nord, jusqu'aux premières fermes du Mesnil-Villement, au midi, en se rapprochant des rivages de l'Orne; elle a une demi-lieue d'étendue à-peu-près sur tous les sens. A l'ouest, elle est bornée par Ouilly-le-Basset et Tréperel; à l'est, par Rapilly seulement.

La commune du Détroit comprend 455 acres ou 364 hectares, dont les deux tiers environ sont en terre de labour médiocre, et le reste en bruyères, coteaux et petites prairies. Les champs sont peu étendus, et séparés les uns des autres par de grosses haies, comme en plein pays de bocage. Le ruisseau du Val-Dany borde la commune du côté de Pierrepont, et celui du Val-Corbé l'arrose vers Ouilly-le-Basset. Il ne font mouvoir ni moulin ni usine de ce côté.

Il y a sept villages ou hameaux, outre trois fermes isolées. Les noms des villages sont : le Camp-Auget, la Chénaye, le Bos Dudouit, les Nos du Fay, le Bourg, la Saussaye et la Bossière. Le nombre des maisons s'élève en tout à 65, la plupart chétives, construites en schiste gris, et couvertes en chaume. La population totale est de 385 habitans. Dans les cinq années du recensement il en est né 30, et les décès se sont élevés à 39. La situation cependant paraît saine et favorable à l'accroissement; mais le sol est pauvre, et il semble qu'il y ait peu d'aisance dans le pays.   On

On cultive, comme à Ouilly-le-Basset, le froment, le seigle, l'avoine, le sarrasin et l'ajonc marin ; les engrais employés sont les mêmes. Tous les habitans sont cultivateurs ou journaliers ; ils possèdent 31 chevaux, 56 vaches et 172 moutons communs.

Outre les deux petits ruisseaux, il existe sur les hauteurs deux étangs peu considérables, deux fontaines, et une assez grande quantité de puits pour les besoins de la population.

Les chemins, au nombre de quatre, sont passables sur plusieurs points ; deux sont vicinaux et deux communaux. L'un des premiers est tracé sur le plan des grandes routes pour communiquer avec le département de l'Orne, en traversant le Pont-des-Vers, au Mesnil-Villement. Nous en reparlerons prochainement plus en détail.

On compte deux fours à chaux sur le Détroit ; ils servent fort peu.

Un instituteur rassemble, en hiver, 62 enfans, dont la moitié environ sont de la commune.

L'église du Détroit est petite, mais bien entretenue. Le curé actuel a fait placer sur la tour un petit dôme couvert en ardoises. Deux ou trois fenêtres en ogive, dont la plus grande, derrière le chœur, est supprimée, sont les seules traces d'architecture que présente cet édifice insignifiant. Le cimetière est bien clos, et renferme trois pierres tumulaires. Le patron de la paroisse est S. Laurent ; elle dépendait anciennement du prieuré d'Aubigny.

Le château est à quelques pas de l'église ; il est de forme carrée, flanqué de quatre tourelles ou guérites suspendues au niveau du premier étage. Il nous a paru dans un bon état et dans une situation agréable. Le propriétaire est M. de Picquot, lieutenant de la gendarmerie d'Argentan. Les vestiges d'un plus ancien château se voient encore à quelques centaines de pieds de celui-là.

Le maire actuel, auquel nous devons plusieurs de nos reignemens, est M. François Née; il a pour adjoint M. Alexandre Éloi.

Nous ne publierons point le nom du desservant, M. l'abbé Blondel, sans faire mention de son esprit conciliant. Cet ecclésiastique rend chaque jour des services dans le pays, en prévenant une foule de procès, que l'esprit un peu tracassier des habitans les porterait souvent à entreprendre pour l'objet le plus frivole.

Le capital des contributions directes payées par la commune du Détroit, se monte à 3,016 fr. 98 c.

COMMUNE DU MESNIL-VILLEMENT.

Nous revoici aux bords de l'Orne, et au milieu d'une nature animée et pittoresque.

Le *Mesnil*-Villement ou la *demeure* de Villement, est une commune dont le sol, inégal et tourmenté, annonce le voisinage d'une grande rivière. Elle est en effet bornée par l'Orne, dans une longueur de près d'une demi-lieue, au midi, depuis les rochers de Danet, sur Rapilly, jusqu'au Valhobert, sur Ouilly-le-Basset. Au nord et à l'est, elle a pour limites le Détroit, que nous venons de décrire, et Rapilly, qui nous occupera dans un moment. Sur la rive opposée de la rivière, sont les communes du Mesnil-Hubert et de St.-Philbert, qui appartiennent au département de l'Orne. Le Mesnil-Villement est, de ce côté, une des lisières du Calvados.

On compte sur cette commune 525 acres de terre de labour ou de coteaux; 25 acres de prairies, et 5 acres de jardins; en tout, 555 acres ou 450 hectares. « Le fonds en est léger, pierreux, et n'offre » pas, en beaucoup d'endroits, assez d'épaisseur » pour plonger la charrue; les pluies dégradent les » hauteurs, et les orages entraînent leurs terres » végétales dans les petites vallées : les rochers » restent alors à nu. Les laboureurs sont forcés de » creuser de larges fossés au bord de leurs pièces, » afin d'y arrêter les terres qu'ils reportent ensuite » sur les pentes escarpées. » Sans cette précaution et ces grands travaux, ils devraient renoncer à tirer aucun parti des coteaux. Ils y cultivent beaucoup d'ajonc qui soutient le sol, et qui demeure en terre quelquefois pendant huit ou dix années. Les grains qui conviennent au sol, sont le blé, le seigle, l'avoine, et surtout le sarrasin. La chaux s'emploie comme principal engrais dans ce fonds d'argile.

Malgré la mauvaise qualité de la terre, les propriétés se soutiennent à un prix élevé sur ce point. L'acre de labour, qui ne donne que 100 à 120 gerbes, se vend 1,000, 1,200, et jusqu'à 1,500 fr. Cela tient sans doute à l'extrême division du territoire et à l'amour des habitans pour leur pays, qu'ils ne quittent jamais. Ils sont presque tous cultivateurs ou journaliers. Seulement au village des

Vers, qui est le plus fréquenté à cause du passage
de la nouvelle route, on compte une douzaine
d'individus remplissant les professions de maréchal, charron, mégissier, bourrelier et boucher ;
on y trouve aussi trois ou quatre cabaretiers ou
aubergistes.

Les autres hameaux de la commune, sont : le
Bourg, le Buisson, la Renaudière, le Hamel, le
Valauboine, la Landelle, la Bissonnière, la Fou-
lerie et le Bateau.

Le nombre des maisons ou feux est de 110 ; celui
des habitans est de 490. Parmi ceux-ci on remarque
trois vieillards âgés de plus de quatre-vingts ans.
Dans cinq années on a trouvé 66 naissances et
45 décès. La différence est de plus d'un tiers en
faveur de la population.

D'après les calculs du maire, il n'y a que 22 chevaux à-peu-près pour la culture, 75 bêtes à cornes
et une cinquantaine de moutons communs. Il n'y
a point d'abeilles chez les fermiers ; mais au mois
de juillet, il leur en vient du dehors une grande
quantité, pendant que les sarrasins sont en fleurs ;
elles sont apportées de la plaine de Caen et de
celle de Coullibœuf, par des cultivateurs qui ne
trouvent plus à les nourrir dans ces campagnes,
après la récolte des sainfoins. Plusieurs habitans
du Bocage se plaignent de cet usage ancien qui,
selon eux, contribue à diminuer leurs récoltes de
sarrasin. Les abeilles, disent-ils, en enlevant le suc
des fleurs, privent le grain d'une partie de sa subs-
tance, et il reste maigre et chétif. Ce préjugé, qui
s'est répandu dans toute la contrée, n'a cependant

amené jusqu'à ce jour aucun changement à l'usage établi. Dans certaines communes des bords de l'Orne, il arrive quelquefois, dans l'été, jusqu'à 5oo ruches d'abeilles en même-temps ; elles y demeurent jusqu'à la fin d'août.

La rivière fait mouvoir deux moulins à blé sur le Mesnil-Villement. Les chaussées sont belles, et on en pourrait tirer un plus grand parti. Le propriétaire de la chûte la plus voisine du pont, en traiterait volontiers pour y établir une usine. Au village du Bateau, on construisait dernièrement un assez vaste édifice où devait être placée une filature. Cette entreprise n'a pas réussi.

Il y a deux fours à chaux sur la commune ; mais on n'en fait presque pas usage. Dans les champs disposés pour le sarrasin, on répand de la cendre passée à la lessive, que les habitans vont chercher dans la plaine de Caen, espèce d'engrais fréquemment employé dans toute la contrée qui s'étend au-delà de l'Orne. Les cultivateurs échauffent aussi leurs terres froides avec des poudres de Hollande ou végétatives, qu'ils vont acheter dans les grands dépôts de Caen et de Condé-sur-Noireau ; ils en trouvent également à Falaise.

C'est par le Mesnil-Villement qu'a lieu, aux mois de mai et de juin, chaque année, le passage de tous les voituriers du Bocage qui viennent chercher leurs engrais dans la plaine. Pour leur faciliter le trajet depuis la rivière d'Orne jusqu'à la nouvelle route de Bretagne, on avait eu l'idée de tracer un grand chemin départemental qui venait former un embranchement sur la commune du Détroit, après avoir coupé pendant une lieue environ le terrain montagneux du Mesnil-Villement, de Rapilly et du Détroit. Malheureusement, le travail commencé n'a point été achevé. La route tracée n'a point été encaissée ni chargée. Il en est résulté que les voituriers ayant tous pris cette direction pour éviter un circuit de deux lieues par Ouilly-le-Basset, le chemin en peu de temps est devenu très-mauvais; des ornières ont acquis jusqu'à 20 pouces de profondeur, et des chevaux y sont restés pendant des heures entières avant de pouvoir en arracher les charriots; dans les derniers hivers, on a même été réduit à abandonner entièrement ce chemin. On a demandé aux communes qu'il traverse de le réparer; mais elles sont trop pauvres pour suffire à des frais de ce genre. Le Département les a mises dans l'embarras en leur traçant une route de ce genre, et en refusant ensuite de l'encaisser et de l'entretenir. Il allègue que cette grande communication n'a point d'issue; qu'elle se termine au Pont-des-Vers, et qu'au-delà, sur le département de l'Orne, on ne trouve aucune route correspondante qui aboutisse à un point important. Cette objection est plus spécieuse que fondée dans la circonstance. S'il n'y a pas de grande route au-delà du Pont-des-Vers, on y trouve un embranchement de plusieurs chemins vicinaux qui servent aux habitans de quinze à vingt communes différentes, la plupart très-importantes, telles que le Mesnil-Hubert, Athis, Flers, etc. Si les cultivateurs de ces cantons ne peuvent gagner la plaine par le Pont-des-Vers, ils seront réduits à faire un long circuit par Condé et Clécy; c'est une

perte énorme de temps et d'argent. Il y a donc toute
utilité et tout avantage de leur ménager un chemin
plus abrégé par le Pont-des-Vers, et l'on n'y parviendra qu'en encaissant et en entretenant la route
dont nous parlons. A la vérité, le département du
Calvados, qui n'a pas autant d'intérêt que celui
de l'Orne à l'ouverture de cette communication,
pourrait exiger que celui-ci fît quelques sacrifices.
La demande nous semblerait juste et fondée. C'est
donc aux deux administrations à s'entendre sur ce
point important. Nous leur signalons le bien qu'il
y aurait à faire, et nous faisons des vœux pour
qu'elles trouvent un moyen prompt et facile de
de l'exécuter. Si l'on voulait exiger que le chemin
fût à la charge des trois pauvres communes qu'il
traverse, ce serait ôter pour jamais l'espoir d'avoir
une communication de ce côté. Tout ce que l'on
pourrait leur demander, ce serait de concourir pour
une faible somme à l'achèvement de l'entreprise.
Leurs ressources sont trop bornées pour qu'elles
puissent faire jamais de grandes avances.

La commune d'Ouilly-le-Basset, qui sent de
quel avantage serait pour les communes bocagères
de l'Orne un passage de ce côté, demande, comme
nous l'avons vu, que l'on jette un pont sur l'Orne,
un peu au-delà de l'embouchure du Noireau ; elle
compte que tout le pays de Flers et d'Athis en-
verrait ses populations dans la plaine, par cette
voie. Nous avons observé, à l'occasion de cette réclamation, qu'elle nous paraissait contraire à l'intérêt général des habitans de ces parages. En effet,
en maintenant le passage sur l'Orne, au Pont-des-

Vers, où il existe, on a l'avantage de présenter à tout le pays inférieur un point de sortie plus central ; on lui abrège de près d'une lieue l'arrivée à l'embranchement de la route de Bretagne, sur la commune du Détroit ; et enfin, on lui évite cette énorme butte d'Ouilly-le-Basset, que les voitures chargées montent avec tant de peine. La butte du Mesnil-Villement est loin d'être aussi longue et aussi rapide.

Pour donner une idée de l'importance de la route dont nous demandons l'établissement, ou plutôt l'achèvement et le maintien, il nous suffira de dire que l'on évalue à 5,000 le nombre des voitures qui doivent y passer pendant les mois d'avril, de mai et de juin. Les voituriers se chargent, dans leur pays, de bois et de granit taillé ; ils reviennent avec un convoi de charrée, de poudre végétative et de chaux.

Le Pont-des-Vers n'est pas non plus entretenu comme il devrait l'être. Les cultivateurs de l'Orne, avec leurs chargemens multipliés, contribuent à le dégrader beaucoup plus que ceux du Calvados ; il serait juste que les deux départemens concourussent à l'entretien, proportionnellement à l'utilité qu'ils en retirent. Les culées, ou piliers de soutien, sont en granit massif, et très-solides ; ce travail durera long-temps. Mais le pont est en bois, et plusieurs parties sont déjà fort endommagées : dans deux ans il ne sera plus praticable ; il est urgent que l'administration s'occupe de le faire restaurer. Si l'on se décidait à terminer la route, il deviendrait à propos de construire le dessus du pont avec plus de solidité.

Outre la grande route, il existe sur le Mesnil-Villement un chemin vicinal qui conduit du moulin de Danet au bourg d'Ouilly-le-Basset ; un autre chemin, simplement communal, part de l'église et se rend au haut d'Ouilly. «Ces chemins sont en-» tretenus par les habitans, au moyen de corvées » et sans demander aucun rôle de prestation. » Ils ne veulent point entendre parler de commissaires des chemins. C'est du maire seul qu'ils prennent des ordres à ce sujet. « Il est notre maître, disent-ils, » et à lui seul nous voulons obéir ; il marche le » premier, et nous travaillons à sa suite. Les gens » qu'on nous envoie nous ruinent. » Nous avons recueilli ces expressions sur les lieux, et nous avons cru pouvoir les consigner ici [1].

---

[1] Un autre exemple fera mieux connaître encore les mœurs des habitans de cette commune, et en général de toute cette partie du Bocage :

L'église du Mesnil-Villement était mal éclairée et en mauvais état. Des propriétaires se réunirent dans l'été de 1827, pour la réparer en commun ; on ouvrit des fenêtres, on affermit les murailles ; on s'occupa même de l'agrandissement de l'édifice, en avançant la façade de quelques pieds. Nous visitâmes la commune dans ce moment, et nous fûmes témoins du zèle et du dévoûment que chacun apportait au travail. On manquait d'architecte ; mais tous donnaient leur avis, et l'on suivait celui qui paraissait le plus sage. Nous vîmes un repas pris en commun, sur l'herbe du cimetière ; les mets étaient peu délicats, du pain, du lard et de la salade ; mais la gaîté était vive, et tous à l'envi faisaient quelques frais. On apporta du cidre frais, et l'on nous engagea instamment, sans nous connaître, à en prendre un ou deux verres ; on fut fort heureux de nous voir accepter cette marque d'hospitalité. Nous apprîmes là que le plus imposé de la commune ne payait

Un instituteur breveté est établi au Mesnil-Villement; il réunit une quarantaine d'enfans, dont
trente à-peu-près de la commune.

que 60 fr. On fit des plaisanteries sur les avocats de village;
sur le *coq civil*; on nous pria, si nous avions du crédit, de
faire donner un peu d'argent au maire pour décorer l'église.
Un des notables nous conduisit ensuite dans cet édifice : c'est
une construction mesquine, en forme de croix, avec une
petite flèche pointue. Nous remarquâmes dans l'intérieur
l'autel de la Vierge ; la statue et le fond sont chargés de rubans, de fleurs, d'images de papier, de figures de plâtre, etc. ;
c'est le mauvais goût de nos villageois normands. La chaire
est un petit coffre couvert de papier peint. Nous vîmes la
place assignée aux hommes dans le haut de l'église, et celle
des femmes marquée dans le bas ; le Curé ne souffre pas
qu'ils se confondent jamais. On nous dit que la fête se célébrait
à la St.-Martin d'été, le 4 juillet ; que ce jour-là les familles
mangeaient une galette en commun. Dans le cimetière, on
nous fit voir trois tombeaux. Sur l'un nous lûmes cette inscription simple et touchante : *Hyacinthe-François NÉE*, pro-
priétaire et très-honnête homme de cette commune. 1815. Cet éloge
en vaut bien un autre. Un if, d'une belle dimension, étendait
ses rameaux sur les restes de ces anciens cultivateurs. Une
des autres tombes portait le nom d'un *Mézières*, mort en 1731.
Nous quittâmes nos hôtes, très-touchés de leur réception.
Nous les avions trouvés simples, hospitaliers et complaisans.
Ils étaient grands en général, bien constitués, et laissaient
voir de belles dents. Leur conversation, qui revint deux ou
trois fois sur la chicane, nous décela le faible de leur caractère. Ils sont plaideurs, à ce qu'il paraît, comme tous les habitans de cette contrée. Dans le village, nous fûmes traités
avec un rare désintéressement : l'aubergiste nous servit à dé-
jeuner, du pain, du cidre et des œufs; nous étions quatre,
et l'on ne nous demanda que 20 cent. par tête. Le fait peut
paraître incroyable, mais il est vrai. Voilà ce que nous avons
vu et remarqué dans la commune la plus reculée du Calvados,
au bord de l'Orne, au mois de juillet de l'année 1827.

Les impôts se montent à 2,536 fr. 30 cent.

Le maire est M. Jean-Louis Née; l'adjoint, M. Jacques-Nicolas Germain; le desservant, M. l'abbé James.

Nous devons des remercîmens particuliers à M. Née, pour la complaisance et l'empressement qu'il a mis à nous procurer tous les renseignemens que nous lui avons demandés.

COMMUNE DE RAPILLY.

Nous ignorons ce que veut exprimer le nom de *Rapilly*.

Cette commune est bornée au midi par les Ils-Bardel, la rivière d'Orne et le Mesnil-Villement; à l'ouest, par le Détroit; au nord, par Pierrepont; à l'est, par les Loges-Saulces et la rivière de Baise. L'Orne et la Baise la séparent sur deux points du département de l'Orne. Les communes qui se trouvent au-delà de ces deux rivières, sont Saint-Philbert, au nord, et le Mesnil-Vin, à l'est.

Rapilly a près d'une lieue de longueur, depuis le ruisseau qui le sépare de Pierrepont jusqu'à la rivière d'Orne. Sa largeur est bien moins considérable. Il contient 600 acres environ (486 hectares) dont les deux tiers en labour, et le reste en coteaux, bruyère et bois.

On compte sept hameaux sur Rapilly : le Bourg, la Fosse, la Houssaie, Danet, la Tuilerie, la Guerardière et le Moulin.

L'Orne arrose la commune dans un cours de 600 toises à-peu-près. Les autres rivières ou petits

ruisseaux, sont la Baise, Boulaire, la Bouillon-
nière et le Biot. C'est près de Danet que la Baise
vient se jeter dans l'Orne.

Les eaux des puits sont ferrugineuses, savon-
neuses et d'un goût désagréable ; elles tarissent
pendant l'été.

« On connaît trois carrières sur la commune :
» l'une de grès feldspathique (conglomérat por-
» phyritique) ; une autre de grès quarzeux schis-
» teux (grauwacke commun), régnant sur toute la
» campagne ; et la troisième d'ardoise, formant les
» coteaux de la rive droite de la Baise. Un des pa-
» villons du château est couvert de cette ardoise.
» Sous le sol des prairies qui bordent la Baise, est
» une glaise grisâtre employée pour faire de la
» tuile ; un établissement a été formé pour l'em-
» ployer. Près du château se trouve une argile
» jaune, excellente pour les constructions, plan-
» chers, etc. »

Rapilly a un chemin vicinal et quatre chemins
communaux. Vers le Détroit, la commune est
traversée par la nouvelle route du Pont-des-Vers,
dont nous venons de nous occuper.

On cultive le blé, l'avoine, et surtout le sarrasin. L'avoine noire réussit beaucoup mieux que
la blanche ; on sème cependant encore un peu de
celle-ci et un peu d'avoine de Hollande. Les fourrages artificiels consistent en trèfle et dans une variété de vesce nommée *hivernache*.

On emploie à la culture 30 chevaux et mulets,
8 bœufs, 50 vaches et 400 moutons communs. Les
habitans sont presque tous agriculteurs, à l'ex-

ception de quelques tisserands, deux tourneurs, deux meuniers et un charron. La population est de 240 individus, sur lesquels il y a eu, de 1821 à 1826, un mouvement de 21 naissances sur 14 décès; la différence est d'un tiers à l'avantage des naissances, comme au Mesnil-Villement. Le nombre des feux est de 40.

La commune possède deux moulins à blé : celui de Danet sur l'Orne, et celui de Rapilly sur le ruisseau de Boulaire : elle renferme également deux fours à chaux. L'usage de la chaux, comme engrais, fut introduit dans le pays par M. Picquot de Magny, père du maire actuel : ce n'est que depuis cette époque que la culture y a pris quelque développement.

Rapilly manque d'instituteur; vingt-quatre enfans environ vont recevoir des leçons dans les communes voisines.

L'église de Rapilly est bien chétive, mais une partie de la nef paraît appartenir à une époque fort ancienne. On y remarque plusieurs assises de maçonnerie *contrariée* ou à arrêtes de poisson; deux petites fenêtres longues et à plein cintre, ouvertes dans l'épaisseur du mur, ont aussi le caractère de l'architecture romane. Le chœur est gothique. Dans l'intérieur, sont deux tombes de curés et une d'un seigneur du lieu; on y lit aussi le nom d'une *Catherine de Valois*, dont le souvenir s'est effacé. Quatre tombeaux, placés dans le cimetière, couvrent les restes de M. *de Magny*, père, et de plusieurs membres de la famille *Deschamps*, qui possédait anciennement le château.

Dans l'église de Rapilly, nous avons observé une espèce de reliquaire ou de tabernacle gothique, haut de trois pieds, et d'un bon style, du 13.e ou 14.e siècle. On présume qu'il aura été apporté de l'abbaye du Val, dont la paroisse dépendait autrefois. Il sert maintenant de bénitier. Cette paroisse, sous l'invocation de S. Quentin, est depuis quelques années réunie au Détroit.

Le château, à quelques pas de l'église, est dans une situation agréable, et environné de toutes parts de petits bois et d'avenues. Il est habité par M. Augustin-Benjamin Picquot de Magny, maire de la commune. L'adjoint est M. Antoine Debaise.

Nous devons presque tous les détails que nous venons de publier, à M. Alphonse de Brébisson et à M. de Magny.

Les impôts de la commune sont portés à 2,468 fr. 74 cent.

La ferme principale porte le nom de *Ferme Talbot*. On ignore l'origine de cette dénomination.

COMMUNE DES ILS-BARDEL.

LE mot *Ils*, ou plutôt *Is*, *Iz*, dans la langue bretonne, signifiait *habitans*; il aura servi à désigner une petite communauté qui se sera établie aux bords de la Baise, sous la conduite d'un nommé *Bardel*. Le mot de *Bardelière*, assigné à l'un des villages principaux, rappelle également le nom de ce chef.

Quelques personnes, et notamment les employés

de la préfecture, écrivent *Isles* au lieu de *Ils*. On pourrait, à la rigueur, adopter ce nom, puisque la commune, enclavée entre l'Orne et la Baise, forme presqu'une île véritable. Mais dans les anciens titres on a toujours écrit *Ils*, et l'on prononce comme s'il y avait simplement *is*. On ne peut changer ainsi à son gré les anciens noms de lieu.

Les Ils-Bardel sont situés à environ deux lieues et demie de Falaise, et forment une des extrémités du département du Calvados. Au nord, ils sont bornés par Rapilly ; au levant, par le Mesnil-Vin (Orne) ; au sud-est, par le Mesnil-Hermey (Orne) ; au midi et au couchant, par la Forêt-Auvray et St.-Philbert (Orne). Il résulte de ces limites qu'ils ne touchent que par un point au Calvados. « Ils » s'avancent en saillie dans le département de » l'Orne, en formant une espèce d'arc de cercle, » dont la corde serait la rivière de Baise, coulant » de l'est à l'ouest. » L'Orne sépare cette commune du Mesnil-Hermey, de la Forêt-Auvray et de Saint-Philbert ; la Baise la sépare du Mesnil-Vin et de Rapilly.

Outre le village principal des Ils, il existe quatre hameaux : la Bardelière, la Courbe, la Bourganière et le Valgoude ou Vaugoude.

La commune contient 702 acres de terres ainsi divisées : Sol en labour, 490 acres. — Jardins, maisons et vergers, 25 acres. — Prairies, 60 acres. — Bois, 100 acres. — Incultes, 27 acres. — Le tout équivalant à 577 hectares.

« Le sol, assis sur un fonds de schiste et d'ar- » doise, est en général très-mauvais ; une vingtaine

» d'acres seulement, placés sur de l'argile, sont
» plus estimés, sans être d'une qualité supérieure.
» Les prairies donnent un bon fourrage ; mais il
» est peu abondant. Les bois, situés au midi, dans
» les coteaux arides qui bordent la rivière d'Orne,
» sont très-peu productifs ; à l'âge de dix ans, ils
» n'ont pas plus de six à sept pieds d'élévation,
» quoique parvenus à leur plus grande hauteur.

» On cultive en quatre assolemens : sarrasin,
» blé ou seigle, avoine et trèfle. Il en résulte que
» les bonnes terres d'une ferme sont toujours ense-
» mensées comme il suit : Un quart en sarrasin,
» un quart en blé ou seigle, un quart en avoine,
» et un quart en trèfle. Les terres les plus chétives
» sont laissées en jachères pendant un an, et quel-
» quefois deux ans.

» On ne fait dans ce pays, ni colza, ni sainfoin,
» ni luzerne ; le sol est trop faible.

» Les engrais sont les fumiers, la chaux et la
» charrée. Quelques cultivateurs emploient le plâtre
» dans les trèfles.

» Les cidres sont assez bons, mais ne se con-
» servent pas long-temps ; les poirés sont excellens.

» Quarante chevaux sont employés à la culture.
» Autrefois on ne faisait usage que de bœufs ; on
» n'en compte plus que deux couples dans la com-
» mune. Il s'y trouve 120 bêtes à cornes, 300 mou-
» tons communs et 70 ruches d'abeilles. »

L'acre de terre ordinaire peut valoir 16 fr. de
location ; l'acre de prairie, 24 fr. ; l'acre de bois,
8 fr. ; le produit d'un acre planté en ajonc n'est
pas moindre que celui de la terre de labour.

Quoiqu'entourée

Quoiqu'entourée de rivières, la commune des Ils-Bardel ne possède ni moulins, ni usines. Un moulin à foulon existait autrefois sur l'Orne, et un tournant à blé sur la Baise ; ils ont disparu depuis long-temps. Trois fours à chaux ne donnent que dix ou douze fournées par année.

« Un seul chemin vicinal traverse la commune,
» celui de Rabodanges au Pont-d'Ouilly. Celui de
» la Forêt-Auvray n'est pas moins fréquenté ; c'est
» par-là que les voituriers de Sainte-Honorine,
» chargés de granit, se rendent à la route de Fa-
» laise par le Détroit. Ces chemins, et cinq ou
» six autres moins importans, sont en assez mau-
» vais état, malgré l'exécution de la loi sur la
» prestation en nature ; loi difficile à mettre en
» pratique, et en tout si peu faite pour remplir le
» but auquel elle est destinée. »

Le nombre des maisons ou feux est de 90 ; le nombre des habitans, de 460. L'air est sain, et l'on ne connaît point de maladies particulières à la localité. Dans cinq années, les naissances ont offert un total de 42, tandis que les décès ne se sont montés qu'à 28. Une femme est en ce moment âgée de plus de 90 ans ; deux femmes et un homme ont plus de 80 ans. « La population augmenterait
» dans une proportion rapide, si une partie des
» jeunes gens des deux sexes ne quittaient la com-
» mune, à l'âge de dix-huit à vingt ans, pour se
» placer comme domestiques dans les environs.
» Plusieurs s'y établissent, et ne reparaissent plus
» dans leurs familles. »

L'industrie des habitans est nulle. Trois ou quatre

font des licols de cheval, connus sous le nom de *tétières*. L'agriculture occupe tous les autres.

Une femme est chargée de l'éducation primaire ; elle réunit dans l'hiver une quarantaine d'enfans de la commune, et leur apprend à lire, à écrire et à calculer. La rétribution n'est que de 6 sols par mois.

Le château est au milieu du village principal, sous un coteau incliné vers le nord. La maison est jolie sans être grande ; tout à l'entour sont des massifs de verdure et de bois habilement disposés pour la promenade et pour la vue. On a ménagé le paysage dans le genre anglais, et l'effet général en est très-agréable. Au-dessous est la Baise qui coule lentement dans un lit tortueux, et au-dessus, après avoir traversé quelques champs, on arrive aux bords escarpés de l'Orne, d'où l'on aperçoit un horizon très-étendu. Du haut des rochers à pic qui servent d'encaissement à la rivière, on distingue les clochers de sept à huit paroisses, le château de Rapilly, celui de Carabillon, etc., etc. Le paysage du pic de Danet est surtout remarquable par son étendue, sa fraîcheur et sa variété.

Le château appartient depuis long-temps à la famille des Brossard. La terre échut à cette maison au commencement du dix-septième siècle , par une alliance avec les sires de la Pommeraie, anciens seigneurs des Ils-Bardel. Les Brossard , originaires de Condé-sur-Noireau , étaient déjà connus alors depuis plus d'un siècle dans la contrée. L'un d'eux, assesseur à Falaise, en 1589, avait sauvé l'armée de Montpensier, pendant le siège de la ville, en

donnant avis au comte d'Harcourt-Beuvron de
l'arrivée des Gauthiers; on marcha contre eux, et
ils furent défaits. Brossard fut récompensé par un
titre que l'on conserve dans sa famille [1].

Au-dessous du château est une fontaine d'eau
minérale, qui paraît avoir quelques qualités. L'analyse en sera présentée plus tard.

L'église est mesquine et d'un mauvais style gothique. Le dernier des *la Pommeraie* qui ait possédé le domaine, y repose, avec une inscription à
la date de 1630; deux *Brossard* y sont auprès de
lui. Dans le cimetière sont d'autres tombes de la
même famille.

M. Gustave de Brossard est le maire actuel des
Ils-Bardel; c'est lui qui nous a transmis les notes
dont nous avons fait usage en décrivant la commune. Son adjoint est M. Victor Macé. Le desservant se nomme M. l'abbé Lenoble. La paroisse,
dédiée à Saint Ouen, dépendait anciennement de
l'abbaye de St.-Étienne de Caen. Les religieux possédaient la ferme de la Courbe. On montre sur ce
point un monticule de rochers que l'on nomme le
Château Ganne. Nous rapprocherons cette tradition
d'une autre plus répandue que nous rencontrerons
plus tard.

Les Ils-Bardel paient 4,077 fr. 66 c. d'impôts.

[1] La généalogie de la maison de Brossard se trouve dans
l'ouvrage de la Roque, sur *les Maisons nobles de Normandie*,
tome II, lettre B; elle a été imprimée séparément en dix
pages petit in-folio.

COMMUNE DES LOGES-SAULCES.

LES Loges-Saulces, désignées anciennement sous les noms de *Logiis Salcis*, indiquent, à ce qu'il nous semble, des habitations placées au milieu des saules. *Salix*, en latin, *Saul*, *Saulx*, *Sause*, *Salceie*, en roman, sont indifféremment employés pour exprimer le mot de *Saule*. Cette épithète peut d'ailleurs paraître assez convenable pour distinguer cette commune bocagère des Loges, des six autres communes du même nom, qui se trouvent en Normandie.

Ordéric Vital parle d'un Giroie des Loges, allié des Grandmesnil, qui contribua avec eux à assurer la prospérité de l'abbaye de St.-Évroult[1].

Un des Loges suivit Guillaume à la conquête de l'Angleterre[2].

Un Giroie des Loges, sans doute le même, obtint un fief sur la terre conquise[3].

Vers 1200, un Garin ou Guérin des Loges possédait un fief militaire dans le bailliage de Falaise[4].

Enfin, plus tard, en 1248, un Tostin des Loges et Mabile, sa femme, donnèrent à l'abbaye de St.-Martin de Séez l'église et la dixme des Loges[5].

Voilà tout ce que nous trouvons dans nos livres sur les seigneurs de l'ancien domaine des Loges. On montre encore l'emplacement de leur château

---

1 Dans Duchesne, page 465. 2 Dumoulin, page 191.
3 Duchesne, page 1029. 4 Duchesne, page 1039.
5 Manuscrit du diocèse de Séez, par l'abbé Hébert.

féodal ; des fossés remplis d'eau l'entouraient de
tous côtés ; une partie de ces fossés sert aujourd'hui
d'étang pour abreuver les chevaux. La maison n'est
pas remarquable , et le possesseur en a fait une
ferme. Cette propriété était, il y a quarante ans,
dans les mains des comtes d'Oilliamson ; ils y
avaient une haute justice, et les anciens se souviennent d'avoir vu les *Plaids* tenus au manoir.
Le lieu se nommait *la Cour des Loges.*

   La commune des Loges a près d'une lieue de longueur, sur un peu moins de largeur Elle contient
500 acres environ, ou 408 hectares, presque tous
en labour ; il y a une soixantaine d'acres de prairies,
et deux petits bois de dix acres tout au plus[1].

   Les Loges, bordées par la Baise, qui les sépare
du département de l'Orne, sont encore en plein
bocage. Le sol , surtout vers la rivière, est inégal et
rocailleux ; les champs sont coupés de haies. Des
vignonnières , de petits bois , des bruyères , des
chenevières, de nombreux hameaux de cinq à six
maisons chétives et couvertes de chaume , donnent
à ce pays un caractère de simplicité et de sauvagerie que l'on ne trouve point dans la plaine ; on
s'y croirait volontiers à dix lieues d'une ville et de
toute civilisation.

[1] Nous ne pouvons présenter exactement l'étendue des communes où le cadastre n'a pas été exécuté ; mais nous y sup-
pléerons par une note , lorsque le travail sera terminé pour
tout l'arrondissement. Il y a des erreurs dans nos évaluations
actuelles, et nous devons en prévenir, pour qu'on ne nous en
fasse pas un reproche. Si nous avions eu quelque moyen de
les éviter, nous nous serions empressés d'y recourir : on sent
que de pareilles vérifications n'étaient pas en notre pouvoir.

Les Loges sont bornées au nord par Pierrepont et Martigny ; à l'est par Fourneaux ; au midi, par Basoches et le Mesnil-Vin (Orne) ; à l'ouest, par Rapilly et le Détroit.

Le grand chemin vicinal venant de Falaise est bon en général ; la vieille route du Mesnil-Vin à Pierrepont est en mavais état, ainsi que presque tous les chemins communaux ; on commence à en réparer quelques-uns.

Les hameaux principaux sont : le Montier, la Huanière, la Maison-Béguée, le Douit, Groussier, Foubœuf, le Babillet, la Malière, la Fresnaie, Aisier, les Landets et la Rue. C'est au Montier que sont placées l'église et la ferme principale.

On cultive, en quatre saisons, blé, avoine, trèfle et varet[1] ou jachères. La chaux est employée comme engrais principal ; on préfère celle qui provient du calcaire de marbre, dont deux carrières sont ouvertes dans la commune ; il y en a du rouge et du bleu. Deux fours en donnent assez pour suffire aux besoins des agriculteurs.

Les vignons ou ajoncs sont très-cultivés ; on les laisse en terre 10, 15, 20, et même jusqu'à 30 ans.

Le cidre est agréable, mais il a peu de force. Les arbres à fruits ont une belle apparence. Les meilleurs propriétaires les plantent dans des fosses de cinq

---

[1] Nous avions écrit, par erreur, wareck, à la page 18 ; M. Boscher, avocat à Caen, mais né dans l'arrondissement, nous a fait connaître l'erreur que nous avions commise : le varet de nos paysans répond au varetum, guéret, des Latins. Nous nous empressons de réparer cette méprise, qui ne laissait pas en effet d'être assez choquante.

pieds de largeur en tous sens, sur huit pouces de profondeur ; ils recouvrent les racines d'une bannelée de bonne terre. Avec un peu de soin ensuite, chaque année, l'arbre prend un rapide accroissement. Chaque fosse d'arbre ne se paie à l'ouvrier que 10 centimes.

Voici quelques autres détails statistiques :

La population est de 400 habitans.

Les naissances, dans cinq ans, ont été de 49, et les décès de 30.

Les feux sont au nombre de 90 à-peu-près.

Il y a 46 chevaux, 70 vaches, 175 moutons communs et autant de mérinos ; 25 bœufs sont mis en herbage dans la saison.

Vingt-cinq enfans environ vont aux leçons d'un instituteur breveté.

Tout le monde est cultivateur, à l'exception de trois individus qui se sont mis à faire des bonnets.

Les impôts s'élèvent à 3,812 fr. 28 cent.

La mauvaise terre vaut 800 fr. l'acre ; la meilleure près de 2,000 fr.

Les principales propriétés sont la ferme du Montier, appartenant à M. de Rulhière, sous-préfet ; la Cour des Loges, que possède M. Lebailly, ancien maire, et la jolie métairie du maire actuel, M. Levavasseur. C'est de ces deux derniers que nous tenons quelques-uns des détails que nous venons de présenter. L'adjoint de la commune est M. Pierre-Édouard Gauthier. Il n'y a point de curé, mais un prêtre libre, M. l'abbé Aumont. La paroisse est réunie à Fourneaux.

L'église, dédiée à S. Maurice, a 26 pieds de long

sur onze de large, sans tour ni croisillon. Tout le haut est maçonné en arrêtes, avec de petites ouvertures étroites et à plein cintre. Les murs n'ont point de contreforts. Derrière l'autel est la grande ogive à compartimens, que l'on ajouta presque partout aux anciennes églises normandes. Le portail et le bas de la nef sont modernes et sans architecture. Le clocher pointu n'a que dix pieds de hauteur. En somme, une grande partie de l'édifice est antique, et peut remonter aux premiers seigneurs.

Une seule tombe est dans le cimetière, celle d'un autre *Aumont*, curé, mort en 1798. On remarque deux ifs, un ancien et un tout récemment planté[1].

COMMUNE DE FOURNEAUX.

FOURNEAUX, *Fornella*, de *Fornellis*. Ce nom porte avec lui son étymologie. On ignore, il est vrai, qu'elle était la nature des établissemens qui

---

1 Un jeune paysan, que nous rencontrâmes aux Loges, nous dit qu'il avait voyagé, qu'il avait vu la Beauce ; et que son pays n'avait plus de charmes pour lui ; il le trouvait trop chétif et trop misérable. Nous consignons cette observation, parce qu'elle nous semble contraire à celles que l'on fait d'ordinaire dans nos communes du Bocage et des montagnes. Quoique végétans sur un sol ingrat, les habitans n'envient point le sort des hommes de la plaine. Si le jeune paysan des Loges se trouvait appelé à passer vingt ans loin de ses foyers, peut-être qu'alors le petit champ de ses pères lui reviendrait plus d'une fois dans l'esprit, et qu'il ferait des vœux pour y venir achever ses jours. Son dégoût du sol natal peut tenir à la fougue et aux emportemens de l'âge des passions.

lui ont donné naissance, et s'ils étaient destinés à
préparer de la chaux, de la tuile, ou tout simplement du charbon au milieu des bois ; mais des
recherches sur ce point ne meneraient à aucun
résultat, et seraient sans intérêt ; nous nous garde-
rons de nous y arrêter.

Nous trouvons sur une liste anglaise des héros de
la conquête, un *Forneus* et un *Forneous* ; le nom
aura été dénaturé par l'écrivain anglais ; mais il ne
peut guère, à ce que nous croyons, désigner qu'un
seigneur parti d'un lieu nommé *Fourneaux*. Il n'y
a que deux communes de ce nom en Normandie,
celle qui nous occupe, et une autre sur la Vire,
arrondissement de St.-Lo. Nous ne savons laquelle
a droit de revendiquer les deux compagnons de
Guillaume, cités dans la liste contemporaine. Il
existe dans le pays, et dans notre village même de
Fourneaux, une famille de ce nom, qui ne prétend
pas remonter à coup sûr à une si noble origine.

La commune de Fourneaux a près d'une lieue de
longueur, sur moitié moins de largeur ; bornée
comme les Loges par la Baise, elle est aussi une
des limites du Calvados de ce côté ; son sol est argileux, avec des bancs de calcaire marbre qui se
montrent sur quelques points : depuis Quilly-le-
Basset, en suivant le bord des deux rivières, nous
avons trouvé ce caractère qui sert à distinguer notre
portion de Bocage. Le vallon de la Baise est profond
au-dessous de Fourneaux, et les eaux coulent tranquillement dans un lit étroit, sinueux et ombragé ;
le paysage est très-agréable, vu du village principal ; les regards s'étendent vers l'ouest dans un
lointain de plusieurs lieues.

Basoches est au midi ; les Loges-Saulces, Martigny et St.-Vigor-de-Mieux sont à l'ouest et au nord ; St.-Martin-du-Bû est à l'est. Outre le village, les hameaux sont : le Mesnil-Flou, la Hunoudière et la Marchandière.

Deux petits ruisseaux descendent des hauteurs, à l'ouest et à l'est, et vont se jeter dans la rivière ; celle-ci fait mouvoir un moulin à blé. Elle était autrefois poissonneuse, et l'on y trouvait beaucoup de truites ; à peine y en reste-t-il maintenant quelques-unes ; les maraudeurs ont tout enlevé.

Le chemin de Falaise à la Forêt-Auvray est assez fréquenté, et l'on y a commencé quelques travaux qui doivent l'améliorer prochainement. L'attention doit surtout se porter sur la descente rapide qui conduit à la Baise ; ce passage, hérissé de rocs, est vraiment difficile ; il serait peut-être impossible, avec de faibles moyens, de le rendre doux et commode, mais au moins on empêchera qu'il ne soit dangereux. Les chemins communaux sont abandonnés, comme partout, dans les environs ; leur fonds étant solide, ils sont en général praticables.

— On cultive à Fourneaux à-peu-près comme dans les communes précédentes ; les grains sont le blé, l'avoine, le sarrasin, un peu de seigle et un peu d'orge ; on sème le trèfle pour changer les assolemens ; chaque habitant a de plus son petit clos à chenevière et quelques perches de pommes-de-terre. La chaux est encore employée comme engrais ; on la tire des rochers de calcaire marbre épars dans les champs, et on la cuit à deux fours placés sur les lieux ; on vante son excellente qualité.

Le territoire se compose de 420 acres de labour, 100 acres de prairie, 8 de cours et vergers, 220 de bruyères et terres vagues, et 36 de bois; en tout 784 acres ou 640 hectares. Le tout est d'une qualité médiocre et d'un produit moyen. Quelques coins des bruyères pourraient être défrichés.

Le nombre des chevaux est de 42;

Celui des vaches et bestiaux de 105;

Celui des moutons communs, de 500 environ.

Dans la saison, on met 24 bœufs pâturer dans deux herbages, vers Martigny.

On compte 53 maisons et 270 habitans; les naissances, dans 5 ans, ont été de 26, et les décès de 17.

Trente enfans sont envoyés, en hiver, aux leçons d'un instituteur breveté.

L'église, dédiée à S. Pierre, est sur la hauteur, au-dessus de la Baïse. C'est un petit monument roman peu remarquable, mais qui présente cependant quelques caractères d'ancienneté. La maçonnerie inférieure est en partie en arrêtes; le portail et l'arcade du chœur sont à cintre rond; on remarque au portail deux petites colonnes avec chapiteaux à têtes grossières. L'intérieur de l'édifice est propre et décent. On lit dans le chœur l'inscription tumulaire d'un *Marguérit de St.-Pavin*, seigneur et haut-justicier du lieu, aide-de-camp du duc de Vendôme, capitaine au régiment d'Anjou, etc., mort en 1742; à peu de distance est un *François Auber*, curé, mort en 1753. Le dernier curé, du nom de *Guérin*, décédé en 1822, repose dans le cimetière. Il était frère de l'auteur de l'*Histoire véritable des temps fabuleux*, dont nous parlerons à l'article de Martigny.

A la Hunoudière existe un petit château moderne, élevé sur un ancien manoir, dont les bâtimens servent encore de ferme. Cette propriété est habitée par Madame de Moloré.

La commune de Fournéaux est administrée depuis quelques mois par M. Alphonse Lesassier-Boisauné, dont la propriété est à quelques pas de l'église, sur la hauteur. M. Boisauné nous a donné complaisamment tous les renseignemens que nous lui avons demandés. L'adjoint est M. Étienne Lamarre ; le curé est M. l'abbé Gilette.

Les impôts directs s'élèvent à 2,868 fr. 37 cent.

COMMUNE DE CORDAY.

CORDAY, *Cordaium*. Cette commune est la seule de ce nom qui existe en Normandie.

On trouve un Robert de Corday qui accompagna son oncle, Guillaume Pantou, dans les guerres de la Pouille en 1077 [1].

Un Guillaume de Corday possédait un fief militaire dépendant de Grandmesnil, vers 1200 [2].

Un autre Guillaume de Corday, peut-être le même, et son frère, Pierre de Corday, donnèrent en 1225, à l'hôtel-Dieu de Falaise, peu après sa fondation, les terres de St.-Gilles de Corday, du Pavement de Corday et du Bû. Ces domaines appartiennent encore en partie à l'établissement. Les chartes de fondation y sont conservées [3].

[1] Ordéric Vital, dans Duchesne, page 584.
[2] Duchesne, page 1037.
[3] M. Langevin, pages 99, 100, 101.

Le nom des Corday se trouve inscrit des premiers parmi les familles reconnues nobles dans la sergenterie de Falaise, par Monfaut, en 1463. Trois sont cités à-la-fois : Raoul, Colin et Eustache ; ils possédaient les terres du Mesnil-Hermey et de Corday.

La famille n'existe plus sur les lieux, mais elle n'est pas éteinte, à ce qu'il paraît. Un des descendans, M. de Corday, de Vire, a siégé pendant douze années à la Chambre des Députés de France, comme représentant du département du Calvados. On se souvient encore de sa rencontre avec le général Foy, à la suite d'une discussion sur les émigrés.

L'ancien château de Corday n'est plus qu'une ferme assez mal tenue, dans le vallon, à peu de distance de la petite rivière de Baise. On y remarque l'emplacement des anciens fossés et du pont-levis, ainsi qu'une vieille tour en ruine, où de petites meurtrières avaient été pratiquées sur différens points. Les bâtimens dataient de 1600 environ ; l'écurie actuelle, un peu plus moderne, est de 1643. Ce fief relevait du Roi. Il y avait un second manoir à peu de distance, appartenant sans doute à un cadet de la famille.

La commune de Corday est bornée à l'ouest par St.-Martin-du-Bû ; au nord et au nord-est, par St.-Pierre-du-Bû et la Hoguette ; au sud et au sud-ouest, par Neuvi et Basoches ; la Baise la sépare de ces deux dernières communes, qui dépendent l'une et l'autre du département de l'Orne.

Outre le petit bourg de Corday, la commune présente les hameaux du Pont-de-Baise, des Costils, de la Bellière, de la Basse-Bruyère, des Baux et de

Carabillon. Quelques autres maisons sont éparses sur la bruyère.

La Baise coule dans la vallée, ainsi qu'un petit ruisseau, la Bilaine, qui vient de Neuvi. Outre l'étang de Carabillon, il en existe deux petits vers la ferme, et une fontaine dont les eaux paraissent bonnes.

Le erritoire se compose de 496 acres ou 405 hectares, ainsi divisés : Terre de labour, 240 acres environ ; bruyères, 130 acres ; bois, 100 acres ; maisons, jardins, 16 acres.

La bruyère s'étend, au sud-est, sur une petite chaîne de rochers qui bordent les bois Pantou. Son aspect a quelque chose de sauvage et de romantique.

Le chemin vicinal de Falaise à Basoches est le plus considérable. Etabli sur un sol inégal et rocailleux, il n'est que difficilement entretenu par la commune. Elle en fait en ce moment réparer une partie, au moyen d'une adjudication sur des prestations en argent. Les autres chemins sont très-mauvais.

On cultive à Corday le blé, le seigle, l'avoine, le sarrasin, l'orge en très-petite quantité, et le trèfle. Beaucoup de champs ne rapportent que cent gerbes par acre, et quelques-uns seulement, vers Saint-Martin, en produisent jusqu'à 300. Le prix moyen de l'acre de labour est de 1,000 fr. La grande ferme de Corday, dépendant du château de Carabillon, est louée 6,000 fr. environ, et les retenues en bois, bruyères et prairies, sont presque aussi considérables.

Le nombre total des chevaux sur la commune

est de 18 ; celui des vaches, de 35, et celui des moutons de 130. Deux couples de bœufs sont occupés aux travaux des champs, et vingt de ces animaux sont mis à engraisser dans un des herbages pendant la saison.

Corday possède un moulin à deux tournans sur la Baise, et un seul four à chaux, dont on fait peu d'usage.

On compte 50 maisons à-peu-près, et 202 habitans. Les naissances se sont montées à 22 dans cinq ans, et les décès à 14. Plusieurs octogénaires sont morts depuis un an. Vingt-cinq enfans reçoivent l'instruction primaire.

L'église, dédiée à Saint André, située à peu de distance de l'ancien castel, est un petit edifice moderne très-insignifiant. Derrière l'autel est une fenêtre gothique, seule trace d'architecture que l'on remarque sur le monument. Le cimetière, convenablement enclos, offre un if et deux tombes en pierre. L'une rappelle un des curés mort en 1750.

Cette paroisse dépendait anciennement du doyenné d'Aubigny ; elle n'a plus aujourd'hui de desservant, et elle est réunie à Saint-Pierre-du-Bû depuis près de deux ans.

La chapelle du Pavement était une très-ancienne fondation des seigneurs en faveur des établissemens religieux de Falaise ; elle fut entretenue jusqu'à la révolution, et l'on y célébrait l'office tous les ans deux ou trois fois. Elle est maintenant oubliée, et sert aux usages de la ferme. Un hospice pour les pélerins y fut attaché dans des temps fort reculés. Le chemin qui y conduit fut autrefois pavé d'énormes roches, comme les fragmens de voies romaines, dont les traces se voient dans nos provinces ; c'est de-là sans doute que le lieu aura reçu le nom de *Pavement.*

Il nous reste à parler du beau château de Carabillon, construit à la pointe des rochers, vers l'ouest, sur l'emplacement d'un ancien fief du même nom. Un Richard Carabillon figure comme témoin sur une ancienne charte de donation conservée à l'hôtel-Dieu.

Ce fut le comte de Mathan qui éleva l'édifice actuel, il y a cinquante ans environ. Il y consacra plus de 3oo,ooo fr., et ne négligea rien pour en faire une demeure magnifique. On y arrive par une cour d'honneur que précède une longue grille qui coûta seule 3o,ooo fr. au moins. Sur le derrière est un jardin en terrasse, régulier, semé de quelques charmilles, et embelli de vases et de corbeilles sculptés, d'un assez beau travail. La vue s'étend de-là, au loin, vers Rabodanges et les bords de l'Orne. La façade du château, simple et de bon goût, est surmontée par les armes du comte. L'édifice a deux étages au-dessus du rez-de-chaussée ; les cuisines sont sous le sol ; les appartemens sont doubles. Il a cent dix pieds d'étendue, sur quarante au moins de profondeur.

Au pied des terrasses sont les basses-cours, les remises, les écuries, les serres chaudes, les jardins, le parc et un petit étang. Le parc contient neuf acres, et renferme encore de beaux arbres. Au milieu est une volière, maintenant abandonnée.

Le château de Carabillon a été beaucoup négligé dans

dans les derniers temps. Des frais considérables seraient à faire pour sa restauration. L'édifice, construit en briques et en belles pierres de taille, n'a presque pas souffert extérieurement.

M. Douesi, ancien membre du Parlement de Normandie, et propriétaire du domaine de Carabillon, vient d'y mourir à l'âge de quatre-vingt-quatre ans. Ses héritiers paraissent disposés à mettre en vente cette importante propriété. M. Douesi était maire de Corday. Un de ses aïeux avait été maire électif de Falaise en 1752. Cette famille était ancienne dans le pays, et reconnue noble en 1667.

L'adjoint de Corday est M. Lesage ; nous lui devons plusieurs de nos renseignemens sur la commune.

Le percepteur est M. Mallet. Les impôts directs se montent à 2,184 fr. 16 cent.

COMMUNE DE St.-PIERRE-DU-BU.

Nous nous sommes successivement rapprochés de Falaise, en suivant les rives de l'Orne et de la Baise, qui servent de limites au Calvados de ce côté. Nous voici maintenant arrivés à une commune limitrophe de la ville, et nous allons parcourir celles qui l'environnent sur les différens points, en nous étendant un peu au-delà, surtout vers l'ouest et le nord-ouest.

Le mot de *Bu*, que nous retrouverons souvent dans cet arrondissement, a reçu diverses interprétations.

D'après Huet, dans ses *Origines de Caen*, il a dans la langue saxonne la même signification que *village*.

Selon d'autres, c'est le *bu* des Bretons ou le *buc* de la langue romane, qui veut dire *bœuf*.

Enfin, suivant une note que nous recevons de St.-Martin-du-Bû, on y croit que c'est le bouleau qui a servi à désigner cette commune, parce qu'il s'y trouvait anciennement en abondance; le bouleau s'appelait *bu*, et les villageois lui ont conservé ce nom; c'était St.-Martin-du-Bouleau, *Sanctus Martinus de buco*, etc.

Nous avons rapporté les différentes opinions sur ce mot; nous pourrions y ajouter que *bu, bo, bos, bosc*, veulent aussi exprimer *bois*, et que l'on pourrait s'arrêter également à cette étymologie. Nous croyons, en définitive, que l'interprétation donnée par Huet doit obtenir la préférence.

La commune de St.-Pierre-du-Bû est à-peu-près carrée; elle a une demi-lieue environ sur tous les sens. Au nord, elle est bornée par Falaise; à l'est, par la Hoguette; au sud, par Corday; et à l'ouest, par Saint-Martin-du-Bû. Ses hameaux sont le Bû, Couvrigny, les Logettes; à Perai est le nouveau château avec ses dépendances, qui forment encore un groupe assez considérable.

Trois étangs ont leur écoulement sur St.-Pierre: celui de Goude, celui d'Ergoutel et celui de Couvrigny; leurs eaux réunies forment le ruisseau de Traînefeuille ou de St.-Clair, qui se dirige vers le nord, et va se perdre, avec quelques autres, dans la Dive, à Coulibœuf. Deux fontaines, situées au village de Couvrigny, sont belles et estimées.

Les chemins vicinaux de Basoches et de Nenvi sont d'un entretien difficile ; on y fait en ce moment des travaux qui en amélioreront quelques parties. Le fossé ouvert dans le roc, sur le bord du chemin de Basoches, est trop profond, et sera dangereux pour les voituriers. Nous recommandons également à l'administration le chemin de Falaise à Couvrigny, hérissé de rochers qui le rendent presque impraticable : quelques journées de travail pourraient prévenir des accidens. La portion de ce chemin qui est sur la ville, est encore plus dangereuse. C'est sur ce point qu'une femme périt, l'année dernière, en tombant de cheval ; on n'y a fait aucune réparation depuis ce malheur.

La contenance de St.-Pierre-du-Bû est de 839 acres ou 685 hectares, d'après les états de section. Ils se divisent ainsi : Labour, 512 acres. — Prairies, 54 acres. — Cours, bruyères, 181 acres. — Bois, 92 acres. On cultive à-peu-près comme dans la plaine de Guibray. Les meilleures terres, vers St.-Martin, donnent 300 gerbes par acre, et les autres 200 au plus. Les premières se vendent 2,000 fr. , et le reste 1,000 à 1,200 fr. On emploie à la culture une quarantaine de chevaux, 80 vaches et 300 moutons communs. On fait usage de la chaux pour engrais. Un seul four, placé sur les lieux, en fournit aux besoins des habitans.

La population s'élève à 402 individus, sur lesquels dix bonnetiers, deux siamoisiers, un maréchal, un toilier, et le reste cultivateurs. On a observé, dans cinq ans, 50 naissances et 52 décès. Peu de communes présentent ce résultat.

Une trentaine d'enfans reçoivent l'instruction primaire. Le nombre des feux est de cent.

L'église de St.-Pierre offre un portail roman à deux rangs de bâtons rompus opposés : c'est le premier travail de ce genre que nous rencontrions en sortant du Bocage. On voit que la pierre commençait à se trouver sous la main de l'ouvrier. Le reste de l'église est bien construit, mais les ouvertures sont modernes et sans architecture. Tout à l'entour, sous la corniche, sont des modillons et de petites arcades fort simples. La tour est carrée. Le cimetière est décent, mais ne renferme aucune tombe. On sent déjà le voisinage de la ville. La paroisse dépendait anciennement du doyenné d'Aubigny. Lors de la révolution, les Prémontrés de St.-Jean l'administraient.

Le château neuf, d'assez belle apparence, a été bâti, il y a cinquante ans, sur l'emplacement d'un ancien manoir de peu d'importance. Le lieu est assez élevé, et l'édifice se remarque de loin. Il n'a jamais été entièrement terminé. Situé à l'entrée de beaux bois, qui en sont une dépendance, peu de frais suffiraient pour en faire une agréable demeure. Là, dans les temps reculés, subsistait un château nommé *Perai*, qui devint, entre Mabile d'Alençon et un guerrier du nom de *Pantou*, le sujet d'une longue querelle. Mabile s'en empara, et, peu de temps après, elle périt violemment. On soupçonna Pantou d'avoir causé sa mort [1]. Nous retrouverons plus tard tous ces détails à l'article de *Noron*. Les bois voisins ont conservé le nom de *Pantou*, que portait dans ce

---

[1] Orderic, dans Duchesne, page 584.

temps le maître du domaine. Le nouveau château
est habité maintenant par la famille de Couvrigny ;
ce fut le chef de cette famille qui le fit élever avant
la révolution.

Plus près de la ville, est la ferme de Couvrigny,
ancien manoir seigneurial, qui remonte également
à une assez haute antiquité. Nous trouvons parmi les
papiers de la ville une charte de Henri V d'Angleterre,
à la date du 24 mai 1418 [1], par laquelle il accorde
à l'un de ses guerriers, Richard Hemyngen-Burgh,
le fief et la terre de Couvrigny, qui avaient appartenu à Jean de Melle. Le prince anglais, comme
autrefois Guillaume, distribuait ses conquêtes à ses
compagnons. Ceux-ci, il est vrai, ne jouirent pas
aussi long-temps de leurs domaines que nos barons
normands, dont la race, depuis près de huit siècles,
s'est maintenue sur le sol conquis par leurs pères.
Les soldats anglais furent chassés après vingt-sept
ans d'occupation, et leur nom s'effaça pour jamais
de nos contrées. Nous revoyons, en 1650, un seigneur de Couvrigny, donnant, à titre d'aumône,
à l'abbaye de St.-Jean de Falaise, où il fut enterré,
une partie de la forêt Pantou [2]. Autour du petit
domaine de Couvrigny, sont aujourd'hui quelques
arpens de bois et des bruyères que recherchent les
promeneurs de la ville. L'aspect de ces lieux, quoiqu'un peu sauvage, n'est pas dépourvu de quelques
charmes.

Le maire actuel de St.-Pierre-du-Bû est M. le
chevalier Ménard de Couvrigny ; son adjoint est

1 Dix-neuvième pièce de la grande liasse.
2 M. Langevin, page 456. *Neustria Pia*, page 757.

M. Charles Marie, capitaine en retraite, chevalier de la Légion-d'Honneur. M. Marie nous a fourni, avec beaucoup de complaisance, les renseignemens dont nous avions besoin sur la commune. Le desservant de la paroisse est M. l'abbé Besnard.

St.-Pierre-du-Bû paie 6,040 fr. 32 cent. d'impôts directs. La grande propriété, avec les bois, vaut près de 15,000 fr. de revenu.

COMMUNE DE St.-MARTIN-DU-BU.

CETTE commune s'étend depuis le pont Crouin, sur les bords de la Baise, jusqu'à la rivière d'Ante, à la porte de Falaise. Sa longueur est ainsi de près d'un myriamètre, ou deux lieues; sa plus grande largeur est d'un kilomètre et demi, ou une demi-lieue; sur quelques points elle n'est pas large de plus de deux à trois mille pas.

Falaise borne St.-Martin au nord; à l'est ce sont les communes de St.-Pierre-du-Bû et de Corday; au sud, celles de Basoches (Orne) et de Fourneaux; à l'ouest, enfin, celles de Saint-Vigor-de-Mieux et de Noron.

Les villages et hameaux sont : le Bourg de Saint-Martin, Valembras ou Vanembras, Miette, Belair, Haute-Bruyère, Four-à-Chaux, Coupigny et le Mesnil-Flou [1].

1 Quelques hameaux, tels que le Mesnil-Flon, que nous avons vu à Fourneaux, se retrouvent sur deux communes différentes, parce que leurs groupes de maisons, séparés par des chemins, n'appartiennent pas à la même administration. Nous devons les rappeler partout où ils figurent, afin de compléter la description de chaque commune.

Le territoire se compose, 1.º de 630 hectares de terre de labour ; 2.º de 63 hectares 65 centiares de prairies ; 3.º de 5 hectares de terres vagues ; 4.º de 80 hectares 75 centiares de bois ; 5.º de 20 hectares 60 centiares de cours, jardins, etc. ; en tout 800 hectares ou 980 acres. Le travail est provisoire, et fait, comme pour ces deux cantons, d'après les anciens états de section.

Outre l'Ante et la Baise qui bordent la commune au nord et au midi, il existe dans la campagne un petit ruisseau qui porte le nom de *Vauvielle*. C'est aussi sur le territoire de St.-Martin qu'est située la belle fontaine de Crécy, que l'on amène par des conduits souterrains jusqu'au centre de la ville. Ses eaux se réunissent au fond d'un petit bassin calcaire qui se trouve enclavé de ce côté au milieu de la chaîne de grès quartzeux, dont on peut suivre la direction de l'ouest à l'est. On reconnaît là le passage des terrains anciens aux terrains de transition. Nous arrivons en effet à la lisière du Bocage ; peu-à-peu maintenant nous nous avancerons vers la plaine.

On trouve à St.-Martin, pour la première fois, le calcaire ordinaire et le sable presque à fleur de terre. On y a ouvert trois carrières pour alimenter les fours à chaux voisins, et pour en extraire le moëllon à bâtir.

Maintenant les villages ne seront plus, comme aux bords de l'Orne et de la Baise, construits en schiste brun et en roche inégale et brute. La pierre blanche servira à donner aux maisons un air d'aisance et de propreté que nous ne leur avons point

vu au sein du Bocage. Les églises, les châteaux auront un air plus monumental ; leur architecture
sera plus soignée. Nous devons marquer ce changement au moment où nous abordons une commune dont le territoire appartient à deux systêmes
différens : tout le midi s'enfonce vers les terrains
primitifs, tandis que le nord se rattache aux terrains secondaires ; le point de transition est facile
à reconnaître [1].

L'agriculture se ressent des variations du sol :
vers la ville on cultive, sur les fonds sabloneux,
l'orge et le sainfoin ; et l'on remarque, au contraire,
du côté de la Baise, les trèfles et les sarrasins. Les
autres grains communs sont le blé, le seigle, l'avoine
et les pois ; la chaux ne s'emploie pas partout. On
nourrit pour la culture une quarantaine de chevaux, 120 bêtes à cornes et 250 moutons communs.

On compte sur la commune un seul four à
chaux, un moulin à blé placé sur l'Ante, et une
filature à coton élevée sur la même rivière. Nous
avons parlé de ce dernier établissement, en nous
occupant du commerce de la ville. [2]

Le nombre des maisons ou feux est de 104 ; le
nombre des habitans de 444, d'après le recensement
de cette année. Dans les cinq ans, dont les relevés
ont été faits, il y a eu 37 naissances et 48 décès ;
nous avons fait une observation de ce genre à Saint-
Pierre-du-Bû ; jusqu'ici nous n'avions rien trouvé

1 Voir l'article *Topographie physique*, par M. Desnoyers,
page 4 et 5 de ce volume.

2 Voir tome I.er, page 496.

de pareil. Les enfans qui reçoivent l'instruction primaire s'élèvent à 50 environ.

La plus grande partie des habitans est adonnée à la culture. Quinze à vingt sont tisserands et bonnetiers.

La grande route départementale de Falaise à Vire, passe sur la commune, à la sortie de la ville. On compte de plus, sur Saint-Martin, trois chemins vicinaux et quatre communaux. Le chemin vicinal de Falaise à la Forêt-Auvray a été chargé de pierres il y a deux ans, aux frais du département ; il est assez bon maintenant. Celui qui part de ce chemin au-dessus de la Courbonnet, pour se rendre au village principal, est mal entretenu, et présente des ornières profondes et dangereuses. Comme c'est le plus utile pour la commune, l'administration devrait porter son attention de ce côté. Parmi les chemins communaux, il y en a de très-agréables au milieu des bois qui sont au-dessus de l'église. Quelques-uns de ces bois sont percés d'avenues, et dépendent du château du Tertre, situé sur St.-Vigor.

L'église est moderne, mais bien bâtie ; on n'y remarque qu'une fenêtre à ogive, supprimée, derrière l'autel. Dans l'intérieur sont plusieurs tombes en pavés, qui rappellent les notabilités du lieu : un *Lalande* et sa femme, morts en 1594 et 1615 ; cinq à six *Vallembras* ou *Vanembras*, décédés dans le 17.ᵉ et le 18.ᵉ siècle. Le plus ancien porte les noms de *la Bigne*, seigneur *de Vanembras* ; sa tombe est au bas de la nef. Au-dessus de lui est une autre inscription où le même nom est écrit *Vallembras*. La famille actuelle a repris la première orthographe.

M. de Vanembras, maire de la commune, mort en 1825, repose dans le cimetière, sous un monument que surmonte une petite colonne et un vase funèbre. A peu de distance, on voit une modeste croix sur la tombe d'une jeune fille de la famille *Chastelain*. L'if se montre dans cette enceinte comme dans presque tous nos cimetières de village.

L'église, dédiée à St.-Martin, dépendait anciennement de l'abbaye de St.-Jean de Falaise. Elle est desservie par un vénérable prêtre, M. l'abbé Bonal; vieux et aveugle, on lui a donné pour le seconder un vicaire, M. l'abbé Girard.

Il y avait autrefois un château de Vanembras, situé sur la petite bruyère de ce nom, à l'entrée de la ville. On n'y voit plus maintenant qu'une ferme, dont les bâtimens ont peut-être cent cinquante à deux cents ans. Les seigneurs de Vanembras figurent dans de fort anciens titres conservés dans les archives publiques. *Laurent*, le premier du nom, dut venir s'établir dans ce pays « vers le milieu du » 14.ᵉ siècle, pendant les guerres d'Édouard, roi » d'Angleterre, et de Philippe de Valois. »¹

L'adjoint de Saint-Martin est M. Noël Cochon; c'est à lui, et principalement à M. l'abbé Nicolle, que nous devons les détails statistiques donnés sur cette commune. M. Ulric-Aimé de Vanembras avait le titre de maire; mais appelé aux fonctions de juge-auditeur à Caen, depuis quelques mois, il est devenu indispensable de pourvoir à son remplacement.

Les impôts payés par Saint-Martin, sont de 5,615 fr. 11 cent.

¹ Note de M. l'abbé Nicolle, curé de St.-Germain.

COMMUNE DE St.-VIGOR-DE-MIEUX.

Nous avons en Normandie cinq communes de St.-Vigor. Le nom *de Mieux*, qui sert à distinguer la nôtre, s'écrit en latin *de Modiis* [1]. Ce mot qui veut exprimer *mesure*, *boisseau*, ne nous présente pas un sens assez clair pour que nous en fassions ici l'application.

Il y avait un seigneur de St.-Vigor à la conquête. Nous ne pourrions dire s'il était parti de la commune que nous décrivons, ou de celles qui sont dans les arrondissemens du Hâvre, d'Évreux, de Bayeux et de St.-Lo ; nous observerons seulement que le Conquérant, parti de Falaise, devait entraîner principalement après lui tous les jeunes seigneurs voisins de son berceau, et qui avaient été, pour la plupart, compagnons de son enfance. St.-Vigor est à moins d'une lieue de Falaise ; les deux communes ne sont séparées que par quelques champs qui dépendent de St.-Martin : c'est-là du moins une présomption pour réclamer en faveur de notre commune l'honneur d'avoir envoyé en Angleterre un des héros qui contribuèrent à la soumettre au glaive des Normands.

St.-Vigor a trois quarts de lieue de longueur environ, sur une demi-lieue de largeur. Au levant, il est borné par St.-Martin-du-Bû ; au midi, par Fourneaux ; au couchant, par Martigny ; au nord, par Martigny et Noron. Les hameaux sont : la Hunoudière, la Roche, le Tertre, le Bas-Tertre et Morchêne.

[1] Voir le manuscrit du diocèce de Séez.

L'Ante prend sa source au pied de l'église de St.-Vigor, dans une pièce d'eau qui dépend de la terre de Morchêne. Le ruisseau se dirige ensuite sur Noron, d'où, après quelques détours, il vient arroser le vallon qui se trouve au nord de la ville; il se perd à deux lieues de-là, dans la Dive, à Coulibœuf.

Le territoire se compose de 339 hectares ou 415 acres, qui se répartissent ainsi : Terres de labour, 290 acres; de prairies, 75 acres; de cours, jardins, 8 acres; de bruyères, 12 acres; de bois, 33 acres. L'ensemble de la commune est en général frais et bocager; les fermes sont au milieu de jolis vergers, les chemins sont bornés de haies et ombragés de beaux arbres. Vers Noron seulement, le sol s'applatit, et prend la physionomie du pays de plaine. C'est de ce côté que sont les meilleurs champs, ceux qui rapportent 250 gerbes à l'acre, et que l'on vend en conséquence près de 2,000 fr. Vers les Loges, la valeur de la terre est moindre, ainsi que ses produits. On cultive, comme à St.-Martin, le blé, l'avoine, les pois, l'hivernache, etc. Sur les bruyères, on fait un peu de sarrasin; vers la ville on voit déjà quelques champs de sainfoin. C'est la culture des campagnes de transition. La ferme de M. Dupont, entre la route et l'église, est la plus considérable et la plus estimée de la commune.

On compte sur St.-Vigor 30 chevaux de trait, 80 vaches et 225 moutons communs. On place dans les herbages de la ferme de Morchêne quinze à vingt bœufs dans la saison.

Tous les habitans de la commune sont agriculteurs et journaliers; on n'y connaît encore qu'un bonnetier.

La population est de 225 individus, parmi lesquels il y a eu, dans cinq ans, 13 naissances et 9 décès. Trente-cinq enfans vont chercher l'instruction élémentaire chez les instituteurs des communes voisines. Le nombre des maisons ou ménages est de 45.

Il y a treize chemins, tant vicinaux que communaux; ils sont passables en général, excepté dans le vallon, près de l'église, où le séjour des eaux les dégrade. Le grand chemin de Falaise aux Loges est une espèce d'avenue très-agréable pendant l'été.

On extrait d'assez bonne pierre calcaire à Saint-Vigor, pour la construction : la meilleure est sur la terre de Morchêne. On emploie également de cette pierre dans les fours à chaux, qui sont au nombre de trois.

L'église, dédiée à S. Vigor, est insignifiante et moderne. Sous l'une des chapelles du croisillon, est un caveau sépulcral pour les membres de la famille *de Morchêne*. Le dernier de cette famille, mort en 1805, repose sous une pierre, au milieu du cimetière; à peu de distance est un *Vanembras*, décédé en 1784. Un if peu ancien ombrage cette modeste enceinte. Il n'y a pas de desservant; la paroisse est réunie à St.-Martin-du-Bû.

A Morchêne est un manoir seigneurial, dont les plus anciens bâtimens ont peut-être deux cents ans; il y avait deux vieilles tourelles qui ont été abattues. C'est à ce qu'il paraît le plus ancien fief du lieu.

Un Rolland de Morchêne était lieutenant du bailli
de Falaise en 1586[1]. La terre appartient encore à
ses descendans. C'est dans la cour même de ce domaine que l'on a trouvé, il y a peu d'années,
presqu'à la surface du sol, une monnaie d'or de
l'empereur Justinien, portant sur la face : *D. N.
Justinianus P. C*, et au revers : *Victoria Austo
Rom. -S. C. — Cons.* Cette pièce est entre les mains
de M. de Morchêne, notaire à Falaise, qui nous
l'a bien voulu confier. C'est le premier monument
de ce genre qui nous serve à constater le passage
des Romains dans cet arrondissement. Bientôt
nous aborderons des communes qui nous présenteront un bien plus grand nombre de ces sortes de
souvenirs, laissés par le peuple-roi sur toutes les
terres qu'il parcourut aux jours de sa puissance et
de ses conquêtes.

Sur l'emplacement de l'ancien manoir du Tertre,
fut bâti, il y a un demi-siècle, le joli château
qu'habite aujourd'hui la famille de Vauembras.
L'édifice n'est pas très-considérable, mais il est
dans une belle exposition et au milieu de bosquets
et de bois qui ont acquis depuis quelques années
un développement convenable. Cette habitation
maintenant est une des plus agréables des environs
de la ville.

Le maire de St.-Vigor est M. François Loudié;
il a pour adjoint M. Louis Pinson. Nous remercions
M. Loudié des renseignemens qu'il a bien voulu
nous donner sur sa commune. Nous trouvons
qu'elle paie en impôts directs à l'État, une somme
de 3,368 fr. 83 cent.

[1] Tome I.er, page 123.

COMMUNE DE NORON.

HISTORIQUE.

L'ART des étymologies est très-conjectural. Nous trouvons deux explications du mot *Noron*, et peut-être n'avons-nous pas rencontré la véritable.

Les mots de *Nôrie, Noerie, Noerais*[1], indiquent un lieu bas, marécageux, une crue d'eau, une abondance d'eau. Tout le village de Noron est garni de sources qui remplissent les chemins, et les rendent presque impraticables. La principale rue est comme un ruisseau, et les gens de pied ne peuvent marcher que sur un exhaussement ménagé de chacun des côtés, en forme de trottoir. Noron, dans le principe, a donc pu indiquer un lieu *noyé* d'eau, couvert d'eau. Ce sens n'offre rien de déraisonnable.

Huet, dans ses Étymologies[2], donne au mot de *Noron* une autre origine, et celle-là nous semble plus forcée que la première; selon lui, c'est de *noix, nucetum, nuceretum, nucalia*, que viennent les noms donnés à *Noron, Norrey, Nocey, etc.* C'étaient des lieux couverts de noyers. Si cette origine est juste, ces mots, on doit l'avouer, ont été fortement détournés de leur sens primitif.

Abordons les faits historiques qui se rattachent à cette commune :

« L'an de l'incarnation de N. S. J. C. 1074, au temps de Guillaume-le-Grand, roi des Anglais et

[1] Voir Roquefort, tome II, page 239.

[2] Origines de Caen, page 481.

duc des Normands, un chevalier Guillaume, sur-
nommé *Pantou* (Pantol), par le conseil du vénérable abbé Mainier, son ami, et du consentement
du comte Roger, son seigneur, donna à St.-Évroult
les églises de Noron, dont l'une est construite en
l'honneur de S. Pierre, et l'autre en l'honneur de
S. Cyr, martyr. Il donna en même-temps toute la
dîme de Noron, son propre plessis (ou parc) [1], une
partie de la forêt du Pont-Ogeret, sa part d'une terre
nommée *Molenx* (Moulins ou le Moulin), et d'une
autre terre qui est au-delà du torrent, et que l'on
nomme vulgairement *Ruptices* (lieux nouvellement
cultivés). Il concéda ensuite tout le fief de Guillaume de Maloi, qui contenait environ trente acres
de terre, et il en reçut 16 livres rouennaises pour
entreprendre le voyage de Saint-Gilles ; il céda de
plus à Saint-Pierre toute la terre que Gauthier, fils
de Rufa, avait vendue au moine Robert, et il en
reçut de ce moine 100 sols rouennais ; enfin, le
même Guillaume donna aux moines, sur le même
domaine, soixante acres de terre, le moulin du Hel-
met (Hommet) [2], et la dîme de la moitié du moulin
de Noron, etc........ Peu de temps après, Guillaume
concéda en outre à St.-Pierre de Noron toutes les
églises et la dîme de tous les lieux qui viendraient
à lui échoir en Angleterre, en Normandie et partout ailleurs. Il donna la dîme de toutes ses possessions, tant en chevaux, vaches, fromages, qu'en

1 Il existe encore à Noron un bois qui porte le nom de
Plessis.

2 Ce moulin ne subsiste plus ; on en remarque l'emplacement un peu au-dessous de l'église ou chapelle du prieuré.

toute

toute espèce d'objets dont la dîme pouvait se recueillir. Il abandonna pareillement tout ce qu'il plairait à ses hommes (ses vassaux) de donner à Saint-Évroult, se réservant toutefois le service personnel qui lui était dû. Enfin, il donna toute une partie de son bien de manière à ce qu'une moitié dût appartenir, après sa mort, aux moines de St.-Évroult, et l'autre moitié rester aux moines de Noron.

« Voilà ce que Guillaume et Leéline, sa femme, donnèrent librement à Dieu pour le salut de leur ame et celui de leurs amis ; il confirmèrent cette donation dans le chapitre de St.-Évroult, en présence d'une assemblée de moines et de plusieurs témoins. Guillaume remit encore en ce moment quarante marcs d'argent entre les mains des religieux qui allaient partir pour jeter à Noron les fondemens du monastère. »

C'est ainsi qu'Ordéric Vital, moine de Saint-Évroult, raconte, dans son *Histoire ecclésiastique*, la fondation de l'abbaye ou prieuré de Noron [1]. Guillaume Pantou était un guerrier qui avait eu occasion de s'illustrer dans les combats livrés par le duc Guillaume en Angleterre. Nous voyons ce chevalier cité parmi ceux qui reçurent dès le commencement des fiefs pour récompense, sur la terre conquise [2]. Il était vassal des comtes de Bellême, et avait été obligé, comme nous l'avons vu, d'obtenir leur consentement quand il voulut faire ainsi l'abandon de ses domaines à l'église. Ordéric Vital

[1] Livre V, dans Duchesne, page 583.
[2] Duchesne, page 1030.

dit que pour obtenir ce consentement, l'abbé, le prieur et Pantou se rendirent eux-mêmes à Bellême, où se trouvait le comte. Il céda de bonne grâce ; et Pantou, après s'être ainsi dépouillé, partit avec son neveu, Robert de Corday, pour la Pouille, où les fils de Tancrède de Hauteville se signalaient alors par de grands exploits. Guiscard reçut le nouveau chevalier avec distinction, à cause de sa renommée, « le fit asseoir à sa table le jour de » Pasques, et lui promit trois villes, s'il vouloit » rester avec lui en Italie. »[1]

Des circonstances imprévues empêchèrent Pantou de profiter des bienfaits du prince normand. Il avait eu, avant son départ, des démêlés avec Mabile de Bellême, et celle-ci, comme nous l'avons dit,[2] s'était emparée de son château de Perai. Mabile périt par le fer d'un chevalier, Hugues de Saugay ; et comme c'était la nuit que le crime avait été commis, on ignora pendant quelque temps quel en était l'auteur, et les soupçons se portèrent sur Pantou qui s'était mis en route à cette époque pour l'Italie. Il apprit ce que l'on disait de lui, et comme il était innocent, il revint promptement pour se justifier. Il se réfugia d'abord dans l'abbaye de Saint-Évroult, et de-là il sollicita instamment un jugement public. Le roi accueillit sa demande, et arrêta « qu'il se rendrait à Rouen pour y subir, en » présence du clergé, l'épreuve du fer chaud. Cette » épreuve eut lieu ; l'accusé porta dans sa main un » fer rouge, *scintillans*, et Dieu ne permit pas qu'il

[1] Ordéric Vital, page 584.

[2] Commune de St.-Pierre-du-Bû, page 93.

» en fût brûlé. Le clergé et le peuple chantèrent
» aussitôt une hymne d'actions de grâces, et les
» ennemis de Pantou, qui étaient venus en armes
» à ce spectacle, afin de lui trancher la tête avec
» le glaive, si le jugement du feu venoit à lui être
» contraire, se retirèrent avec confusion. »[1]

Les moines de St.-Évroult avaient témoigné un
vif intérêt à leur bienfaiteur pendant cette longue
affaire, et, pour reconnaître leur zèle, il leur fit
de nouveaux présens. Il leur donna, entre autres,
« quatre manteaux magnifiques qu'il avait rap-
» portés de la Pouille. » Le bon historien dit qu'on
en fit quatre chappes qui donnèrent un grand éclat
au service divin dans l'église du monastère.

Quatorze ans plus tard, en 1092, après la mort
du Conquérant, Pantou retourna dans la Pouille,
et il en rapporta des reliques du bienheureux Saint
Nicolas. « Il en fit le dépôt dans l'église de Saint-
» Pierre de Noron, pour la décoration du lieu, et
» il donna aux moines un manoir qu'il possédait
» en Angleterre, nommé *Traditon*, ainsi que le
» moulin et l'église qui en dépendaient, avec la
» dîme de six autres villages. » Le dépôt des précieuses reliques se fit à Noron avec une pompe extraordinaire. « Robert, abbé de St.-Évroult, et
» Roger d'Escures, abbé de Séez, et depuis arche-
» vêque de Cantorbéry, s'y rendirent. Ils reçurent
» les restes du saint en présence d'un grand concours
» de moines et de peuple, et ils les déposèrent en-
» suite dans une châsse d'argent préparée par le
» généreux chevalier. Depuis ce temps, ajoute

[1] Ordéric Vital, page 584.

» l'écrivain, on n'a cessé de les implorer avec succès
» dans les attaques de fièvre et dans les autres ma-
» ladies. Les mérites du bienheureux prêtre Nicolas
» ont toujours contribué à rendre la santé aux per-
» sonnes qui les ont invoqués avec confiance. »[1]

Chaque fois que le moine de Saint-Évroult parle
du chevalier Pantou, il le représente comme un
véritable héros, comme un des personnages les
plus marquans de son siècle. « C'étoit un guerrier
» vaillant, un esprit distingué, renommé dans
» toute l'Angleterre et dans l'Italie comme un des
» plus sensés et des plus riches d'entre ses compa-
» triotes. »[2] Dans les guerres qui éclatèrent en
1102, entre Henri I.er et Robert de Bellême, il
rendit de grands services au monarque anglais. Ce
fut lui qui fit rentrer sous son autorité les rois du
pays de Galles, et qui porta ainsi le dernier coup
au comte révolté, dont ils avaient jusque-là suivi
la fortune avec une grande constance. « On peut
» même dire, ajoute encore l'historien, que nul
» ne nuisit plus à Robert dans cette guerre que ce
» preux et vaillant chevalier ; il ne cessa de pour-

1 Orderic Vital, pages 584 et 654 ; on trouve en deux endroits différens la mention du dépôt de ces reliques à Noron,
et les deux récits ne sont pas entièrement conformes l'un à
l'autre. On croit même remarquer par le second passage que
ce ne furent qu'une dent du Saint et quelques fragmens de
son tombeau qui reçurent de si grands honneurs dans le nouveau monastère. Du reste, l'église existait dès cette époque,
et, dans le texte, elle est pompeusement qualifiée de basilique, *in basilicâ Noromensi*. Nous verrons bientôt quelle
était l'importance de cette prétendue basilique.

2 *Idem*, page 654.

» suivre le traître, de ses conseils et de ses armes,
» jusqu'à ce qu'il l'eût entièrement abattu. »[1]

Ce fut en 1112, quarante ans après la fondation
de Noron, que Pantou et Leéline, sa femme, vinrent
à Saint-Évroult, pour y confirmer solennellement
de nouveau toutes leurs donations ; leurs quatre
fils y furent appelés, et, tous ensemble, ils déposèrent sur l'autel l'acte de concession. Pantou vécut
encore quelque temps, comblant de biens les pauvres
et le clergé. Il donna, entre autres, soixante marcs
d'argent pour bâtir une nouvelle basilique à Saint-
Évroult ; mais la mort l'empêcha de terminer ce
grand ouvrage, et ses fils ne jugèrent point à propos,
à ce qu'il paraît, de concourir à son achèvement.
Le corps du pieux chevalier et celui de sa femme
furent déposés par les moines dans le cloître du
monastère qu'ils avaient fondé. Parmi les personnages distingués qui avaient occupé ce couvent
dans les quarante premières années de sa fondation,
on en comptait quatre qui étaient devenus successivement évêques de Séez : Robert, Gérard, Serlon
et Jean ; d'autres encore, non moins renommés,
s'y étaient fait remarquer. « Ils vivaient tous dans
» la crainte de Dieu, et donnaient au peuple
» l'exemple des vertus. »[2]

1 Ordéric Vital, page 807.

2 Nous avons extrait ce dernier paragraphe de divers passages d'Ordéric Vital, où il rappelle les bienfaits de Guillaume
Pantou envers l'église. Il se plaint beaucoup des quatre fils
de ce chevalier, qui ne montrèrent pas la même libéralité
que leur père pour les établissemens de Saint-Évroult et de
Noron. Cette réserve de leur part se concevait facilement,
après les immenses largesses qui avaient dû absorber une

Le roi Henri I.er, par une charte solennelle en
date du 11 novembre 1128, confirma les donations
faites par le chevalier Pantou à l'abbaye de Saint-
Evroult, dont Noron n'était qu'une dépendance.
Cet acte est souscrit par onze témoins, parmi lesquels figurent Néel d'Aubigny, Guillaume de Sacy
et Guillaume Bigot, tous personnages distingués de
ce pays[1].

L'établissement du prieuré de Noron fut confirmé
par une bulle d'Alexandre III, en date de 1159[2].

Les faits que nous venons d'exposer ne sont pas
tous d'une bien haute importance, mais ils se rattachent en général à l'histoire du pays, et, sous ce
rapport, nous devions les mentionner dans cet ouvrage. Ils sont très-propres d'ailleurs à donner une
idée de l'époque à laquelle furent fondés presque
tous les établissemens religieux que nous trouverons
successivement dans nos environs, et ils jeteront
quelque variété sur le travail monotone que nous
sommes tenus de présenter au public sur les temps
actuels. C'est une bonne fortune pour le lecteur et
pour nous de trouver ainsi à nous reposer dans un
récit historique, quelque insignifiant qu'il puisse

grande partie de leur patrimoine. Pour obtenir l'éloge de
l'écrivain sacré, ils auraient dû sans doute faire l'abandon de
ce qui leur restait, et prendre l'habit de moine pour le reste
de leurs jours. Telles étaient les vertus que l'on vantait dans
ces anciens temps. Ce fut Philippe Pantou qui obtint les biens
que son père laissait en Normandie. Nous ne trouvons rien
dans l'histoire qui se rapporte à ce personnage.

1 *Gallia Christiana*, *Instr.*, page 208.

2 Idem, *pars prima*, page 823.

être ; l'imagination sort un instant du positif pour
se rejeter dans les rêves du passé ; il y a toujours
un intérêt dans ces vieilles histoires, auquel les
ames les plus froides ne peuvent elles-mêmes rester
insensibles.

Nous ne rencontrons plus dans les écrivains pos-
térieurs aucuns nouveaux détails sur le prieuré de
Noron, qui resta une modeste succursale de l'abbaye de Saint-Évroult. Le bienfaiteur étant mort,
l'établissement ne prit plus d'accroissement, et
quelques moines l'occupèrent seuls pour en recueillir les bénéfices, dont une partie sans doute
était envoyée au monastère principal. Dans le *Livre
Pelut*, qui date à ce qu'on croit de 1356, le prieur
de Noron est cité dans la liste générale des abbés
et prieurs qui relevaient plus ou moins directement
de l'évêque de Bayeux[1]. Dans le *Neustria Pia*, publié en 1663, Noron figure parmi les prieurés dont
les titres n'avaient point été communiqués jusque-là
au rédacteur du savant ouvrage[2]. Enfin, l'on sait
qu'il y a près de quatre-vingts ans que le couvent
ne renferme plus de moines, et que les religieux de
St.-Évroult faisaient valoir depuis ce temps le domaine par des fermiers, qui recueillaient les dîmes
et usaient de tous les droits acquis au prieuré par
les donations du fondateur. A la révolution, les
abbayes furent supprimées, et leurs possessions se
trouvèrent aliénées au profit du trésor public. C'est
ainsi que Noron, après six cents ans, cessa d'être
un bien de main-morte, et redevint une propriété
privée. La terre est maintenant entre les mains de

[1] *Livre Pelut*, page 66.　　　　[2] Page 920.

M. Douillon, de Falaise ; il a conservé l'église ou plutôt la chapelle, et quelques parties d'anciennes constructions que nous décrirons bientôt.

Nous trouvons un Guillaume du Merle, seigneur de Noron, dans la liste des gentilshommes normands qui se signalèrent en Sicile, dans le 11.ᵉ siècle. [1] Il avait peut-être suivi Guillaume Pantou et Robert de Corday, quand ils partirent pour l'Italie. Un chef puissant entraînait toujours à sa suite quelques chevaliers avides de renommée.

Nous voyons ces du Merle reconnus nobles par Montfault, en 1463 [2] ; ils résidaient alors à Saint-Pierre-du-Bû, commune voisine de Noron, et déjà précédemment décrite ; il se disaient seigneurs de Couvrigny, en 1666 [3] ; l'un d'eux, Fouque, fut un des braves qui défendirent le Mont-Saint-Michel contre les Anglais, en 1484. [4]

DESCRIPTION.

Nous continuons à parcourir les environs de la ville, et à suivre la ligne de séparation des terrains anciens et des terrains secondaires. Noron appartient à ces deux systèmes : sa plaine repose sur un fonds calcaire, et ses hauteurs tiennent à la chaîne des grès quartzeux qui traversent la ville dans la direction de l'ouest à l'est.

Les rochers de Noron, couverts d'un terreau noir et brûlé, contrastent avec la couleur blanche des

1 Masseville, tome II, page 240.
2 Recherches de Montfault, par l'abbé de la Roque, page 37.
3 Nobiliaire de Normandie, par St.-Allais, page 164.
4 Masseville, tome IV, page 147.

terrains inférieurs. Leur sommet ne produit guère que de chétives bruyères ; mais sur les revers on a construit quelques cabanes, défriché quelques jardins, et l'on y cultive pendant l'été quelques arpens de sarrasin, où l'on y sème de l'ajonc, qui, après un petit nombre d'années, s'élève à une moyenne hauteur. Des points les plus escarpés, vers la ville, la vue s'étend sur un vaste horizon, et les promeneurs citadins viennent y chercher des émotions. Ceux qui préfèrent à cette nature animée, une nature plus sauvage et plus solitaire, se dirigent vers l'ouest, et s'enfoncent dans une gorge étroite, où coule, en faisant quelques circuits, la modeste rivière d'Ante. On n'a plus alors devant soi que deux moulins, une vingtaine d'arpens de fraîches prairies, et tout à l'entour une masse informe de rochers déchiquetés ; quelques chèvres se montrent çà et là sur les pentes élevées, avec deux ou trois pâtres qui chantent un ancien cantique ou la romance de Geneviève. La pointe du vieux donjon de Guillaume et les créneaux de la tour de Talbot, apparaissent dans le lointain, au bout de la vallée, et viennent ajouter le charme de leurs souvenirs aux impressions que la vue de ces lieux, vraiment agrestes et pittoresques, ne peut manquer de produire sur les ames. On trouverait difficilement ailleurs, à la porte d'une ville, un site plus remarquable que celui-là. On est à peine à dix minutes de chemin des maisons du faubourg, et l'on pourrait se croire à dix lieues de toute civilisation. La nature est calme comme dans une vallée des Alpes. Heureux l'homme qui sait goûter le repos au sein de cette solitude pro-

fonde ! Quand il est fatigué du tumulte et de l'éclat
des affaires, il est sûr d'y trouver au moins une
heure de délassement et de paix : c'est pour lui le
soir d'un beau jour, après une matinée d'orage.

Toute cette partie de rochers et de bruyère forme
à-peu-près sur la commune 300 arpens, qui sont
jouxtés à l'est par le territoire de Falaise, et au
nord par Aubigny, Saint-Pierre-Canivet et Villers-
Canivet. Les terres cultivées sont à l'ouest et au
sud, et bornées d'un côté par Martigny, de l'autre
par St.-Vigor-de-Mieux et St.-Martin-du-Bû. On
compte en champs de labour 580 arpens; en prairies, 92 arpens; et en bois, une douzaine d'arpens
seulement; en tout, pour la commune entière de
Noron, 985 arpens environ (de cent perches) ou
503 hectares.

Celles des terres qui sont encore mêlées d'argile se
cultivent comme dans le Bocage; on y fait une année
de blé, une année d'avoine, et la troisième est
livrée aux jachères. Les terres blanches produisent
au contraire trois années de suite, et ne se reposent
que la quatrième; on y sème successivement du
blé, de l'orge et de l'avoine; quelquefois même, au
milieu de prairies artificielles, on a essayé de ne
jamais laisser la terre en friche. Les engrais dont
on fait usage sont le fumier et le marc de colza ou
de rabette pulvérisé ; sur les argiles on met quelquefois un peu de chaux.

Les prairies sont de médiocre qualité et un peu
trop mouillées ; il y croît une plante bulbeuse (le
colchide d'automne) qui gâte ordinairement les
foins.

Le prix de l'acre de labour, en très-bon fonds, s'élève à 2,400 fr. ; il y en a de 1,000 à 1,200 fr. L'acre de prairie vaut 3,000 fr. environ.

Les bois ne sont pas très-estimés. Sur la lisière des rochers, on remarque quelques rangées de hêtres d'une assez belle apparence.

Trente-huit chevaux de trait, 204 vaches et 420 moutons sont employés à la culture. Dans le nombre des moutons on compte 100 mérinos.

Le village principal est placé à-peu-près au milieu de la commune, à 4 kilomètres (environ une demi-lieue) de Falaise. Il se compose d'une longue rue principale, et se divise en quatre petits quartiers : le Haut de Noron, les Fontaines, le Manoir et le Bas de Noron. Les autres hameaux ou groupes séparés, sont : le Moulin de Noron, le Haut du Vallon, le Jageolet, le Hameau de Miette, le Moulin-Foulon, Saint-Vigor, la Motte, le Bois, l'Abbaye, le Marais, Nilly et les Bruyères. Le hameau des Bruyères embrasse toutes ces petites maisonnettes construites sous la pente des rochers, sur une étendue de près d'une lieue, depuis Falaise jusqu'à Martigny.

La rivière d'Ante arrose tout l'est de la commune, depuis Miette jusqu'au moulin de Noron. L'eau est abondante sur toutes les parties basses, et même sur la bruyère, où l'on en voit presque de tous côtés. Dans le bassin calcaire on trouverait de bonne pierre de construction, si les eaux ne se montraient partout à quelques pieds de profondeur, et n'arrêtaient les travaux des mineurs. Ils sont forcés de n'enlever que les couches supérieures pour les réduire en chaux ; un propriétaire en cuit chaque année douze fournées environ, qu'il exporte en grande partie dans le Bocage. Deux très-petits ruisseaux, l'un venant de Martigny et l'autre formé dans le village même de Noron, servent à l'irrigation des prairies de la commune, et vont se mêler à l'Ante, au petit pont de Trendeville.

Le nombre des maisons à Noron est de 87 ; la population se monte à 375 individus. L'état civil a offert, en cinq ans, un mouvement de 40 naissances sur 19 décès. Nulle part nous ne trouvons un résultat plus favorable, malgré le voisinage de la ville. L'habitant cependant, même dans le village principal, ne paraît ni riche ni aisé ; nous avons vu la misère dans quelques intérieurs. On nous a pareillement assuré que les eaux répandues dans le bassin calcaire, développaient fréquemment à la surface des brouillards épais. Nous constatons ces faits qui nous ont paru assez remarquables.

Les enfans que l'on envoie aux écoles primaires sont, en hiver, au nombre de 40.

Il n'y a point de commerce dans cette commune. Un moulin à blé est la seule usine que l'on y trouve. Outre les cultivateurs, on compte seize individus qui travaillent sur des métiers à bonnets, et six qui fabriquent des tissus pour le compte des fabricans de la ville. Quelques vieilles femmes filent encore le lin, le chanvre, et même le coton, malgré le peu de produit qu'elles en retirent ; l'habitude et l'impossibilité de se livrer à d'autres occupations, les réduisent à ces minces travaux. Le peuple de ces campagnes fut ruiné par l'introduction dans le pays des filatures de coton.

La route de Falaise à Vire traverse le territoire de Noron, à l'est, pendant un quart de lieue environ ; elle est bien entretenue par le département. Quant aux chemins vicinaux et communaux, ils sont mal réparés sur plusieurs points, et l'on paraît y attacher peu d'importance.

Les impôts payés à l'Etat par la commune de Noron, s'élèvent à 4,785 fr. 38 cent.

Il nous reste à décrire les débris de l'abbaye et l'église qui sert aujourd'hui de paroisse.

En s'avançant du village de Noron vers celui de Martigny, on aperçoit à gauche, au-dessous de la bruyère, un groupe d'arbres mêlé d'anciennes constructions qui servent maintenant de ferme. Là était autrefois l'abbaye, et l'entrée principale rappelle encore une certaine magnificence. C'étaient une grande et une petite porte à ogive du 13.e siècle, à plusieurs rangs de nervures et de filets. Dans la cour est un grand colombier rond et des bâtimens d'exploitation presque tous modernes ; la chapelle est à l'angle du nord, et n'a point de portail, soit qu'il ait disparu, soit, plus vraisemblablement, parce que l'édifice n'a jamais été terminé ; tout le bas de la nef, en effet, est construit comme une grange, et ne date que du dernier siècle. La partie supérieure du monument est normande, mais normande du meilleur style, de l'époque où l'ogive commençait à s'introduire, et où la sculpture était déjà plus délicate et plus soignée. Les fenêtres sont à plein cintre, dans de justes proportions, et ornées à l'entour d'un simple bourrelet. Les voûtes de pierres sont soutenues par des arcades en croix ;

les colonnes rondes, sur des piliers carrés, sont surmontées de chapiteaux représentant des têtes grossières, des fleurs, des feuillages, etc. Tout ce travail est pur et achevé : c'est un modèle pour le temps où il fut exécuté. En général, toute cette petite construction, dont la date est connue, nous semble mériter de fixer l'attention des antiquaires ; elle peut leur donner une idée de ce que l'on faisait de mieux au commencement du 12.e siècle. Il est évident que l'intention du fondateur était de prolonger l'église vers le bas ; ce qui reste eût été le chœur des moines ; il a peut-être quarante pieds de long sur vingt de large. Derrière l'autel, en dehors, on voit une grande ogive qui fut ouverte postérieurement, et que l'on a supprimée depuis long-temps. Les corbeaux, sous la corniche, sont ornés de figures, d'étoiles et d'objets bizarres et divers. On entre dans un cellier qui touche à la chapelle, et qui fut, dit-on, l'ancienne sacristie, par une petite porte antique, dont le cintre est chargé de billettes.

En fouillant dans le champ le plus voisin, on a trouvé des fondemens de mur ; on prétend que c'était l'emplacement de la première chapelle de Saint-Pierre, donnée aux moines par le chevalier Pantou, avant qu'il élevât celle que l'on voit encore. On assure aussi que, dans la campagne, on a trouvé des retranchemens, des armes, des monnaies anciennes, et même *un trésor* considérable. N'ayant rien vu de tout cela, nous ne pouvons que rapporter les propos des paysans, toujours portés à l'exagération.

L'église de Noron est à l'entrée du village, au

milieu d'un petit cimetière entouré de murs; elle est de plusieurs époques, mais en général dans le style gothique primordial. La tour est carrée, avec deux rangs de fenêtres en arcades. Le portail était à plusieurs cintres, soutenu de colonnes légères, et orné de feuilles de vigne et d'acanthe ; les pierres trop tendres n'ont pu résister au temps, et les sculptures ont disparu. On dit dans nos campagnes que c'est *la lune* qui ronge ainsi la pierre de nos monumens. Des arcades, terminées en tête de trèfle, circulent autour des murs extérieurs du chœur, à vingt pieds de terre. L'intérieur de l'église n'a rien de remarquable. On a prétendu que sous l'autel était un trésor, et, dans la révolution, on y a fouillé soigneusement, mais sans succès. Parmi les pierres tumulaires conservées, on voit celle d'un *Prévost*, seigneur *de Miette*, mort en 1666 ; cette famille se dit issue, on ne sait comment, d'Arlette, mère de Guillaume. On lit encore les noms d'un *De Lannoy*, décédé en 1763 ; d'un *Dubuisson*, et d'un *Letellier*, curé. Une inscription gothique, placée dans l'intérieur d'une grande fenêtre de la nef, rappelle une fondation de rente au profit du trésor, créée en 1412, par *Robert Després* ; on devait lui dire deux messes par semaine, un *libera* et des oraisons le jour de Pâques, avant les vêpres, etc., etc. La rente produit encore à l'église 250 fr. par année. La paroisse est sous l'invocation de S. Cyr et de sainte Julitte, comme au temps de Pantou. La fête a lieu le 16 juin.

Le manoir, séparé de l'église par le chemin, est une maison seigneuriale, avec colombier et murs anciens, percés de meurtrières. Il réunissait les deux fiefs de Goulafre et de Royville. Le nom de *Goulafre* se reproduit fréquemment dans l'histoire de Normandie, et notamment au temps de la conquête d'Angleterre et de la première croisade. Il est cité sur toutes les listes du temps[1]. C'est un héros de plus parti de ce pays, qui, comme on peut le reconnaître à chaque page de cet ouvrage, en a fourni un très-grand nombre sous le règne de Guillaume et de ses fils.

Nous devons beaucoup de nos renseignemens sur Noron à M. de Lannoy, maire actuel, qui nous a même transmis un mémoire étendu sur sa commune; il a bien voulu la visiter aussi avec nous en détail. L'adjoint est M. Bréard ; le déservant, M. l'abbé Delavigne[2].

COMMUNE DE MARTIGNY.

HISTORIQUE.

MARTIGNY, *Martineium*, *Martiniacum* ; on assure que ce nom veut indiquer la demeure d'un nommé *Martin*, ou le lieu consacré à Martin ; nous ne

1 Duchesne, historien normand, page 1025. Dumoulin, page 10 des *Supplémens*.

2 Il existe près de Bayeux une autre commune de Noron, *Nogrondium*, dont M. F. Pluquet a donné la description. C'est-là que dut naître S. Régnobert, dans le 4.e siècle, et que fut élevée dans la suite la maison de plaisance des ducs de Normandie, nommée *Bur le Roy*. On peut lire la Dissertation de M. F. Pluquet, dans les Mémoires de la Société des Antiquaires de Normandie, tome I.er, page 69.

chercherons

chercherons point à combattre cette étymologie ; nous ajouterons même que la paroisse est encore sous l'invocation de S. Martin.

Il y a quatre communes de *Martigny* en Normandie.

Un Roger de Martigny céda, en 1096, aux moines de St.-Martin de Séez tous ses droits sur l'église de Martigny. Des discussions s'élevèrent plus tard, entre l'abbé de St.-Martin et celui du Val, sur le droit de nomination à la cure de cette paroisse. Philippe-Auguste régla lui-même ce démêlé, pendant un séjour qu'il fit à Falaise, en 1207[1].

Un Robert de Martigny figure comme témoin sur une charte de Henri I.er, à la date de 1128, en faveur de l'abbaye de Barbery[2].

Un Charles de Martigny était évêque de Castres et cardinal en 1504. « Il avait été ambassadeur auprès » de plusieurs princes, sous les rois Charles VIII » et Louis XII. »[3]

Nous trouvons, au commencement du 17.e siècle, un Sébastien Corbet, de Martigny, qui fut nommé par le cardinal d'Ossat à l'archidiaconé de Bayeux ; il se fit remarquer par son zèle et par les sages réglemens qu'il introduisit dans le chapitre. Son neveu, Jean Corbet, devint grand-vicaire du diocèse, et fut spécialement honoré pendant sa longue carrière, à cause de ses vertus et de ses talens[4].

1 Cartulaire du diocèse de Séez.
2 *Gallia Christiana*, tome XI, page 88, *Instrumentorum*.
3 Masseville, tome VI, page 36.
4 Dictionnaire historique de Normandie, par l'abbé Hébert. Manuscrit.

L'abbé Guérin, avant-dernier curé de Martigny, éleva dans cette paroisse, dans le dernier siècle, deux jeunes gens qui ne tardèrent pas à se faire un nom dans le monde par leurs savans écrits. Nous voulons parler des frères Guérin-Durocher, prêtres, qui périrent victimes des fureurs de la révolution, le 2 septembre 1792. L'aîné est auteur d'un ouvrage d'érudition, intitulé : *Histoire véritable des Temps fabuleux*. Ce livre, qui n'a pas été terminé, était destiné à démontrer l'antiquité des livres sacrés de Moïse. L'auteur s'efforçait d'y établir « que tout ce que l'on sait de l'histoire des Égyptiens, depuis Menès jusqu'à la fondation de l'empire des Perses, n'est qu'un extrait altéré et défiguré des passages de l'Écriture Sainte, qui regardent cette contrée ; ainsi, suivant lui, Menès n'est autre que Noé ; Méris, Mesrain ; Sésostris, Jacob ; Protée, Joseph, etc., etc. » De pareils systêmes sont plus faciles à inventer qu'à faire adopter. Le livre de l'abbé Durocher fut vivement critiqué, lors de son apparition ; Voltaire, le premier, lança contre lui une légère brochure ; [1] Anquetil, de Guignes, l'abbé Duvoisin, l'attaquèrent par des raisonnemens plus graves. L'abbé Chapelle, l'abbé Bonnaud et d'autres, prirent le parti de l'auteur, et mirent au jour des volumes pour défendre l'opinion de leur savant ami. La querelle fut vive, et le *Journal des Savons*, ainsi que le *Mercure*, en entretinrent souvent le public. La révolution vint mettre un terme à ces

[1] Elle fut insérée dans le *Journal de Politique et de Littérature*, année 1777, et se retrouve dans les œuvres complètes.

débats, et les manuscrits des derniers volumes furent détruits, sans que l'on ait pu les retrouver. Quant au commencement de l'ouvrage, il a été réimprimé, pour la troisième fois, en trois volumes in-8.º, avec deux volumes de Défense, en 1824. Nous avons cette édition sous les yeux au moment où nous écrivons. L'abbé Guérin-Durocher le jeune est auteur d'un poëme latin intitulé : *Architecturæ leges, seu prima principia*. Il fut beaucoup moins célèbre que son frère. On peut du reste recourir, pour de plus amples détails sur ces deux écrivains, à la *Biographie universelle* de Michaud ; au *Dictionnaire historique* de Feller ; aux *Trois Siècles littéraires* de Sabbatier ; au tome II des *Martyrs de la Foi pendant la révolution*, etc., etc. Nous nous bornerons à observer ici que, selon quelques personnes, ils doivent être originaires, l'un et l'autre, de Martigny, tandis, que selon d'autres, l'aîné aurait pris naissance dans la commune du Repas, et le second seulement serait né à Martigny, ou même à Falaise. Nous les mentionnons, dans tous les cas, à cet article, parce qu'ils furent élevés dans ce pays, et que l'on a l'habitude de les désigner dans le public comme appartenant à la commune qui nous occupe. Les vieillards actuels les y ont vus fréquemment, il y a une quarantaine d'années, chez leur oncle, qui desservit la paroisse pendant plus d'un demi-siècle.

DESCRIPTION.

La commune de Martigny a une demi-lieue de longueur environ, sur presque autant de largeur.

Elle est bornée au nord par Leffard ; au nord-est et à l'est, par Noron ; au sud, par St.-Vigor et les Loges ; à l'ouest, par Pierrepont et Saint-Germain-Langot.

Les villages et hameaux sont : Bafour, le Buisson, Guine-Fougère, la Croix, le Haut de Martigny, le Hameau des Prés, la Champignère et la Corbetière.

Le ruisseau de la Cordière coule dans le village principal, et descend le long des rochers, vers Noron ; un simple courant d'eau arrose Guine-Fougère ; au pied de l'église et dans les chemins voisins, sont des sources qui servent à rafraîchir les pâturages qui s'étendent sur toute cette partie.

D'après les états de section, le territoire se compose de 804 acres et demi, ou 657 hectares, dont les trois quarts au moins sont en terres de labour, et le reste en rochers, bruyères, bois, herbages et prairies. On compte soixante acres de bruyères vers Pierrepont, et une trentaine du côté de Leffard ; les herbages et prairies sont presque en entier autour du village de Martigny. Les champs forment une plaine qui s'étend entre St.-Vigor, Noron, et les villages de Martigny, la Croix et Bafour ; la plus grande partie repose sur un fonds calcaire, et l'on y a ouvert de vastes carrières, d'où l'on extrait la pierre à chaux proprement dite. Un propriétaire, M. Bertrand, en fait particulièrement exploiter deux sur le bord de la route de Falaise à Vire, et les produits en sont, à ce qu'il paraît, très-importans pour lui ; on porte à plus de 4,000 fr. le revenu qu'il en retire. Le calcaire de Martigny est enlevé par les habitans d'Ouilly-le-Basset, d'Athis, de la Carneille, de Flers, etc. On l'emploie dans toute cette contrée pour échauffer le sol trop froid, et le disposer à recevoir le blé ou le sarrasin. On compte sur Martigny trois fours qui peuvent cuire environ 20,000 barretées de calcaire; la quantité que l'on en exporte brute est beaucoup plus considérable.

On cultive comme dans les commune de transition que nous venons de parcourir : d'un côté, vers Pierrepont, on sème le blé, l'avoine, un peu de sarrasin et le trèfle; vers Falaise, on y ajoute l'orge et le sainfoin. L'assolement est communément de trois années; après le blé et l'avoine, la plupart des cultivateurs laissent reposer le sol pendant une saison. La principale ferme, celle de M. Fleuriot de Catillon, consiste principalement en herbages ; on y place 70 à 80 bœufs pendant l'été ; elle est évaluée à 5,000 fr. de revenu.

C'est du côté de Noron que la terre est le plus estimée ; l'acre produit près de 400 gerbes, et se vend 2,000 et même 2,400 fr. Vers les Loges et vers Pierrepont, le produit n'est guère que de 100 à 150 gerbes, et la valeur varie de 800 à 1,500 fr.

Cinquante-quatre chevaux de trait, 90 vaches, 250 moutons communs et 140 mérinos, sont employés à la culture. Tous les habitans à-peu-près sont cultivateurs et journaliers.

La route de Vire coupe la campagne ou plaine de Martigny, dans une assez longue étendue. On l'entretient convenablement, mais les bords en sont arides et dégarnis, de manière à attrister le voyageur; c'est un des points les plus désagréables de l'arrondissement. Le grand chemin de Noron à l'église de Martigny est dans un état de dégradation et d'abandon vraiment déplorable; presque en aucun temps on ne peut y passer à pied, tant les eaux y ont causé de ravages; l'attention du maire pourrait se porter de ce côté. On a donné quelques soins à un autre chemin qui conduit de Guine-Fougère à Pierrepont. Nous vîmes, il y a trois ans, les habitans, sous la conduite de leur chef municipal, travailler avec ardeur sur ce point. Nous leur conseillons de se souvenir du zèle qu'ils montraient alors, et de réparer ainsi leurs autres chemins, et notamment celui dont nous venons de parler.

La population de Martigny s'élève à 392 habitans. Les cinq années du recensement ont présenté 39 naissances et 44 décès; ce résultat est peu favorable. Il n'y a pas d'instituteur, mais une vingtaine d'enfans vont à Pierrepont et ailleurs, chercher des leçons; plus de vingt autres pourraient recevoir l'instruction, s'il y avait un maître sur les lieux.

Le nombre des maisons ou feux est de 79.

Les impôts se montent à 8,355 fr. 72 cent.

L'église est située à l'extrémité de la commune, vers Leffard. C'est un édifice long et étroit, de construction gothique du commencement du 13.e siècle, sans croisillon ni bas côtés. Les fenêtres sont en forme de lances, qu'un long meneau partage par le milieu. Le bénitier, comme à Rapilly, est un ancien tabernacle sculpté, de bon goût, qui dut y être apporté d'un édifice plus somptueux. Peut-être vint-il aussi de l'abbaye du Val, d'où relevait cette paroisse. Dans le chœur est la pierre tumulaire, en grande partie effacée, d'un personnage du 16.ᵉ siècle, en habit de guerrier. Au dessous, sont les reste de trois curés morts depuis deux cents ans. On a aussi élevé dans le cimetière des tombes à l'abbé *Guérin* et à l'abbé *Lefebvre*, qui ont desservi la paroisse pendant un siècle, l'un à la suite de l'autre. Le dernier est mort en 1824. La paroisse est en ce moment réunie à Noron pour le spirituel. Quand nous visitâmes l'église, on nous prit pour un envoyé de l'administration, et l'on nous pria instamment d'y envoyer un curé, en nous faisant voir un presbytère que l'on vient de restaurer à neuf. L'if du cimetière, l'un des plus beaux du pays, a dix-huit pieds de circonférence, à hauteur d'homme.

Le château, à quelques pas de l'église, n'a guère l'apparence que d'une maison de campagne récemment bâtie; il était habité, il y a quarante ans, par un M. de Grisy; il appartient maintenant, avec la grande terre, à M. Fleuriot; on dit qu'il vient d'être mis en vente. A Bafour, sur l'autre point de la commune, vers Saint-Vigor, est une ancienne ferme seigneuriale, où l'on remarque un pavillon bâti dans le 17.ᵉ siècle.

Le maire de Martigny, M. Thibout de Parville, ne remplit point ses fonctions en ce moment; on a nommé pour le remplacer provisoirement M. Antonin Hardi; c'est à ce dernier que nous devons une partie de nos renseignemens. L'adjoint est M. Oriot-Duparc.

La famille des Thibout était noble au 16.ᵉ siècle; plusieurs ont occupé des fonctions de magistrature à Falaise, notamment dans la branche des Trévigny.

COMMUNE DE LEFFARD.

Le nom de *Leffard*, dérivé du celtique, ne nous offre point un sens assez direct pour que nous essayions d'en offrir l'étymologie : nous croyons qu'il se rattache à quelque monument de la religion druidique.

Aucun fait historique ne se présente sur la commune de Leffard.

Au midi, cette commune est bornée par Martigny; à l'ouest, par Saint-Germain Langot ; au nord, par Ussy, et à l'est, par Villers-Canivet. Ses hameaux sont : la Tourbeaudière, le Froc, la Coquerie, la Barberie, les Guères, la Loge, la Renardière, la Gérotière, les Cours et le Hamel.

Sa contenance est de 426 hectares 32 ares 20 cent. de terre de labour ; 68 hect. 64 ares 16 cent. de prairies ; 27 hect. 34 ares 72 cent. de cours, jardins, etc. ; 64 hect. 56 ares 3 cent. de bruyères ou terres vagues ; 16 hect. 14 ares 80 cent. de bois. En tout, 602 hect. 91 ares 91 cent., ou 737 acres, mesure ancienne du pays.

Le fonds est en général de médiocre qualité ; il appartient en grande partie au pays de Bocage, et il en offre encore l'aspect irrégulier et tourmenté ; les champs sont coupés de haies, et la plus grande partie repose sur l'argile. Les meilleures terres rapportent 250 gerbes par acre ; les prix varient de 700 à 1,000 fr. L'acre de prairie donne 250 bottes de foin de quinze livres, poids commun du pays.

On établit ainsi les revenus moyens de la terre :
acre de labour, 30 fr. ; de prairies, 43 fr. ; de bois,
21 fr. Quant à la partie de bruyère que l'on peut
défricher, on y cultive de l'ajonc pour les fours
à chaux, et le produit en équivaut au moins à
celui des bois.

On sème, comme dans tout le Bocage, du blé,
de l'avoine et du sarrasin ; le sol se repose une
année sur trois ; le fumier est l'engrais principal ;
la chaux s'emploie pour échauffer les fonds d'argile ; dans les trèfles, on fait souvent usage du
plâtre pour augmenter leur force. Les cultivateurs
ne commencent qu'au printemps leurs labours, tant
pour les grains d'hiver que pour ceux de mars. On
cultive, en pois verts et gris, ainsi qu'en pommes-
de-terre, une vingtaine d'hectares environ, pour
l'usage des habitans.

On compte 50 chevaux de trait à-peu-près,
60 bêtes à cornes, 250 bêtes à laine ordinaires, et
peut-être 60 ruches d'abeilles. Les propriétés sont
très-divisées, et il n'y a point de grands domaines.
Chaque habitant est cultivateur. Il n'existe ni moulins ni usines, ni aucune espèce de commerce ;
on voit encore quelques vieilles femmes qui filent
pendant l'hiver, selon l'usage ancien.

On a compté sur la commune 2,500 pieds d'arbres
à fruits environ, dont le cidre et le poiré sont d'une
assez bonne qualité.

Le nombre des habitans est de 307, parmi lesquels quatre vieillards âgés de plus de quatre-vingts
ans. Les naissances se sont élevées, dans cinq ans,
à 20, et les décès à 26 ; on nous assure cependant

que ce point du pays est très-salubre. Nous nous rappelons avoir vu, dans une pauvre famille de cette commune, quatre enfans mourir dans un seul hiver; leur chaumière était située sur la pente aride des rochers, et ils vivaient entassés dans une même salle, avec une vache qui en occupait une partie. C'était l'image de la désolation et de la plus hideuse misère; ils se nourrissaient de rebuts de laitage et de mauvais légumes à moitié crus; le père n'avait d'autre métier que celui de *bouracheur* pendant les deux tiers de l'année. Nous jugeâmes par-là que ce sol était ingrat, et qu'il ne suffisait pas aux besoins des habitans.

Le nombre des maisons est de 80, et le nombre des feux, de 68.

Une trentaine d'enfans suivent les écoles primaires, et vont chercher les leçons au-dehors.

Les ruisseaux de la Baise et du Ruet coulent sur la commune: l'un y vient de St.-Germain-Langot, et l'autre prend sa source dans *la Vallée-des-Puits*; on nomme ainsi un terrain marécageux, situé à la pointe de la chaîne de rochers qui s'étend depuis Falaise, dans une longueur de près de deux lieues; plusieurs puits ou trous, continuellement remplis d'eau, se voyaient en ce lieu, avant que l'on eût défriché les bruyères. Au-dessus, sont des roches saillantes, élevées de quelques pieds, et qui ont conservé des surnoms dans la langue du peuple: l'une d'elle s'appelle encore la pierre de *la Hobe*, et une autre, la roche *Lève-Nez*; peut-être que ce sont des souvenirs du culte des Druides? Nous verrons dans une vallée voisine, sur Ussy, la pierre de *la Hoberie*, qui est vraiment druidique.

Les chemins de Leffard sont des plus mal entretenus de l'arrondissement. Celui qui conduit de la bruyère à Saint-Germain, en passant auprès de l'église, est rempli d'eaux et d'énormes roches qui en rendent le trajet très-difficile et même dangereux ; les habitans y donnent fort peu de soins.

On nous a montré, à Leffard, une carte de la commune, dressée en 1766, par ordre de l'abbesse de Villers-Canivet ; cette carte a sept pieds de longueur, sur cinq et demi de largeur ; elle paraît exécutée avec exactitude.

Nous avons remarqué dans les champs, du côté de St.-Germain, des scories de fer comme à Tuepot ; on en trouve de semblables sur Tréperel ; il y en a des masses qui pèsent quinze à vingt livres. On ne peut douter qu'il n'y ait eu anciennement dans cette contrée des forges où l'on fondait une assez grande quantité de fer. On ignore l'époque où furent détruits ces établissemens.

Les habitans sont, dit-on, superstitieux ; ils croient encore aux *létices*, aux dames blanches, aux revenans, aux loups-garoux, etc. Ces souvenirs se sont en général perpétués partout où se retrouvent quelques restes de monumens du culte de nos aïeux les Gaulois.

L'église est au centre de la paroisse, dans le village principal ; elle est gothique, avec un portail roman sans ornemens, mais soutenu par deux petites colonnes dont les chapiteaux offrent un enlacement et des dentelures ; les modillons sont simples ; les fenêtres du chœur à lancettes ; celle du chevet a quelques vitraux coloriés. Dans le cimetière, sont deux tombeaux et un gros if.

L'église dépendait autrefois du doyenné d'Aubigny, comme toutes celles que nous venons de parcourir ; elle est dédiée à la Vierge, et la fête a lieu le 8 septembre, jour de la Nativité ; on nomme cette fête *la Langevine ;* il y a une *assemblée* quand le temps est favorable.

Dans le bois du Bel, situé du côté d'Ussy, au nord, on remarque l'emplacement d'un ancien château fortifié, qui fut entouré d'un double fossé ; le plus petit a deux cents pas de circonférence ; l'autre, beaucoup plus étendu, ne peut être mesuré à cause de l'épaisseur du taillis ; sur la motte sont encore des fondemens de murs : le ruisseau de la Coquerie alimentait les douves. Nous trouverons sur les communes voisines plusieurs emplacemens de ce genre.

Les impôts payés par Leffard se montent à 4,383 fr 40 cent.

Le maire actuel est M. Fauvel ; il nous a transmis des notes assez étendues sur sa commune. L'adjoint est M. Pitrou ; le desservant, M. l'abbé Lioult.

Nous remercions M. Joyau, juge de paix, qui nous a dirigé dans nos recherches sur ce pays.

COMMUNE DE VILLERS-CANIVET.

HISTORIQUE.

Le nom de Villers, *Villaris, Villare, Villarium,* ne peut guère désigner, à ce qu'il nous semble, qu'une demeure, une habitation, une *villa* des champs. Ce nom et celui de *Villiers* sont très-communs en Normandie.

Quant au nom de *Canivet*, qui sert à distinguer cette commune, ainsi que celles de St.-Loup et de Saint-Pierre, qui sont limitrophes, nous croyons qu'il a pu, dans le principe, indiquer la blancheur du sol, ce calcaire, cette *cana tellus*, qui devait paraître si remarquable aux habitans du Bocage, qui descendaient par ce point dans la plaine; nous voyons sur la même ligne de transition Aubigny, *Albineium*, Guibray, *Wibrayum*, qui offrent le même sens. *Canivet* serait ainsi la contrée du sol blanc, du calcaire, par opposition avec la terre noire et rouge des rochers et de l'argile que l'on trouve partout au-delà, vers le sud-ouest, jusqu'aux rivages des deux mers.

D'après Ducange, *Cannivetum* s'employait aussi dans le moyen âge pour *Cannaba*, qui veut dire *chanvre*. Ç'aurait été par conséquent le *Villers au-Chanvre*, comme on dit ailleurs le *Villers-au Bocage* ou *Villers-Bocage*. On peut choisir entre ces deux étymologies.

L'église de Villers, *Villaris ecclesia*, fut donnée aux moines de St. Évroult, en 1050, par les seigneurs de Grandmesnil [1]

Un sire de Villers était à la conquête [2], et nous rencontrons fréquemment dans l'histoire de Normandie, des guerriers de ce nom, cités pour leur valeur dans les combats. Nous ne pourrions affirmer qu'ils fussent tous partis de la commune qui nous occupe; mais nous trouvons, en 1181, un

[1] Ordéric Vital, dans Duchesne, page 465.

[2] Masseville, tome I.er, page 251.

Guillaume de Villers 1 , bienfaiteur de Barbery ;
qui, certainement, était de cette contrée. Peut-être
appartenait-il à la famille des seigneurs de Moubray
et d'Aubigny. Il y en avait cinq de ce nom à la
première croisade, sous Robert 2.

Ce fut vers 1127 qu'un monastère de femmes fut
établi à Villers-Canivet, par un seigneur puissant
du lieu, qui voulut signaler sa piété par ce grand
acte de munificence. Voici l'extrait de la charte de
fondation, tel que nous le lisons dans le *Neustria
Pia*, d'Arthur du Monstier 3 :

« A tous les fidèles serviteurs du Christ à qui la
» présente charte parviendra, Roger de Moubray,
» s' lut.

» Sachez tous que moi Roger de Moubray (*Ro-
» gerus de Molbrayo*), j'ai donné, abandonné et
» confirmé par la présente charte, à Dieu, à la
» bienheureuse Marie et aux religieuses qui servent
» Dieu à Villers, toute ma maison de campagne
» de Villers, *Villam*, sans aucune réserve, *in-
» tegrè*, avec toutes ses dépendances en bois, en
» plaine, en terres, en prés, etc., etc... J'ai donné,
» j'ai abandonné tous les susdits biens aux reli-
» gieuses, afin qu'elles fassent le service divin pour
» le salut de mon ame, pour le salut de mon père
» Nigelle d'Aubigny, de ma mère Gondrée et de
» tous mes héritiers, etc., etc. Témoins, Jean,
» abbé de St.-Nicolas d'Anjou, Herbert de More-
» ville, Robert Maltalent, etc., etc. »

1 *Gallia Christiana*, tome XI, page 87; *Instrumentorum*.
2 Dumoulin, page 5 des Catalogues.
3 Page 791.

Nigelle ou Néel, fils de Roger, confirma la fondation, ainsi que le roi Jean d'Angleterre, dont la charte commence ainsi : « Sachez que nous avons » pris en notre main, garde et protection, l'abbaye » de Ste.-Marie de Villers, et les religieuses qui y » servent Dieu, et les frères et les hommes et tous » les biens et possessions qui en dépendent, etc. » La date de cette pièce est du 11 janvier 1203, quatrième et avant-dernière année du règne du monarque anglais sur la Normandie.

En 1256, au mois d'avril, Louis IX, roi de France, étant à Falaise, confirma de nouveau et ratifia toutes ces donations par des lettres-patentes dont le texte ne nous a pas été conservé. Du Monstier renvoie, pour en prendre connaissance, au cartulaire de l'abbaye, qui n'existe plus aujourd'hui.

Les religieuses de Villers dépendaient de l'abbaye de Savigny, et passèrent avec elle sous la règle de Citeaux. Elles eurent une discussion avec les moines de Saint-Évroult, qui possédaient l'église, et ce fut Rotrou, archevêque de Rouen, qui fut chargé de régler ce différent ; il paraît que l'église fut remise à l'abbaye de Villers, qui conserva le droit d'y nommer jusqu'à la révolution. D'autres difficultés s'élevèrent ensuite entre l'abbé de Savigny et les prieures de Villers, vers la fin du 13.e siècle : on soumit les débats à l'échiquier de Normandie, en 1327 ; l'objet, du reste, et les décisions qui intervinrent, ne nous sont point connus, et seraient d'ailleurs d'un trop mince intérêt pour en occuper aujourd'hui le public.

Il y a eu successivement des abbesses et des prieures

à la tête de la maison de Villers ; dans les derniers temps on n'y a vu que des abbesses qui étaient à la nomination du Roi ; on donnait à la maison le titre d'*abbaye royale*.

Voici, d'après du Monstier et les auteurs du *Gallia Christiana*, la liste des prieures et abbesses de Villers-Canivet, jusqu'en 1731 ; on y trouvera plusieurs noms connus dans le pays :

Almanda, en 1127. — Marguerite I.re, en 1244. — Philippa *de Brionne*, en 1388. — Rachel *d'Acqueville*, en 1405. — Jeanne *Tréperel*, de la noble famille de *Rapilly*, en 1469. — Marguerite *de Vassy*, en 1484. — Françoise, en ..... — Isabelle *Seran*, en 1492. — Marie *de Serrant*, en 1504. — Jeanne *Pèlerin*, en 1511. — Jacqueline *Malet*, de la famille de *Rubec* en Auge, en 1538. — Madeleine *de Saint-Germain*, de l'illustre maison *de Rouverou*, en 1563. Jacqueline II *Malet*, en 1564. — Marguerite *le Bailleul*, en 1571. — Marguerite *Busquet*, en 1585. — Renée *le Mayre*, de *Cohardon*, en 1587. — Françoise *Bouquetot*, de *Rabu*, en 1597. — Hélène et Françoise *de la Moricière*, de la famille *de Vicques*, en 1615, 1636. — Louise *de Maurey*, en 1647. — Marguerite-Bernarde *le Bourgeois*, en 1669. — Anne *de Souvré Renouard*, en 1681. — H. *de Montgommery*, en 1712. — Marie - Louise *de Fransure de Villers*, en 1739, etc. 1

Voilà tout ce que nous trouvons dans les anciens écrits sur l'abbaye des dames de Villers-Canivet. Leur maison subsista, assez florissante, jusqu'au

1 *Neustria Pia*, page 792 ; *Gallia Christiana*, pag. 752, 753.

temps

temps de la révolution, et elles jouissaient alors de revenus considérables ; leur couvent, leur église, leurs cloîtres offraient de belles constructions placées au milieu d'une enceinte murée, sur le bord d'un vaste étang, au-dessous des bois du Roi. L'état s'est emparé du domaine, et l'a vendu à des particuliers, qui ont renversé les grands édifices qui embellissaient ces lieux. Ce n'est plus maintenant qu'une vaste ferme que nous décrirons bientôt.

Les dernières abbesses de Villers ont été Mesdames *de Senneville* et *de Marat*. La maison renfermait, lors de la suppression, vingt-quatre dames et neuf sœurs, ou trente-trois religieuses habituellement.

DESCRIPTION.

La commune de Villers-Canivet est bornée au nord par Bons, Ussy et Torp ; à l'est, par Soulangy ; au midi, par St.-Loup-Canivet et Noron ; à l'ouest, par Martigny, Leffard et Ussy.

Sa contenance est de 922 acres une vergée 18 perches, qui se divisent ainsi : Labour, 582 acres 3 verg. 10 perch. — Prairie, 59 acres une vergée 23 perch. — Cours, vergers, etc., 34 acres 25 perch. — Bruyère, terre vague, 126 acres. — Bois, 110 acr. — Étangs, 10 acres une vergée. — La perche de Villers, comme celle de Pôtigny, n'a, par exception, que 18 pieds au lieu de 22, il en résulte que les 922 acres une vergée 18 perches ne forment que 503 hectares en mesures nouvelles.

Outre le bourg de Villers, on connaît les hameaux du Pré de Pile, du Hamel et de la Gruerie ; c'est du dernier de ces hameaux, éloigné d'un quart

de lieue de l'abbaye, que l'on amenait autrefois
à cet établissement, au moyen de conduits en terre
cuite, l'eau d'une belle fontaine nommée *la Mous-*
saie. Cette fontaine alimente aujourd'hui un petit
courant d'eau qui, avec les eaux de l'étang et celles
de la fontaine *Messire-Jean*, vont former un ruisseau qui se dirige vers le nord en sortant de la
commune.

La culture à Villers n'a rien de particulier : les
rochers au sud-ouest sont couronnés de bois, de
bruyères et d'ajoncs; les bois appartiennent à l'Etat;
ils dépendaient anciennement de l'abbaye. Dans les
champs, on cultive le blé, le seigle, l'avoine, l'orge,
et un peu de sarrasin. Quelques propriétaires ont
fait des pépinières, et elles ont assez bien réussi.
Le sainfoin commence à reparaître dans cette campagne, et on fait usage du plâtre pour augmenter
ses produits. Nous avons observé sur ce point les
effets de cet engrais sur une récolte de fourrages :
un propriétaire avait plâtré la moitié d'un champ
de sainfoin, et laissé l'autre moitié dans l'état naturel; le sainfoin plâtré croissait avec vigueur, il
était vert et plein de sève ; le sainfoin naturel était
jaune, chétif et peu élevé; la récolte du premier
dut être double au moins de celle du second.

On emploie à la culture 45 chevaux de trait,
151 bêtes à cornes, 300 moutons communs et cent
mérinos. La ferme la plus considérable, celle de
l'abbaye, que possède un receveur général, M. de
la Hante, est d'un revenu de 6,000 fr. environ.

Le nombre des maisons est de 186, celui des habitans de 630 au moins. Dans les cinq années du

recensement, il y a eu 51 naissances sur 67 décès ;
ce qui offre un résultat très-défavorable, ainsi qu'à
Leffard. Outre les cultivateurs, on remarque dans
cette commune des pépiniéristes, deux maréchaux,
deux aubergistes, et une quarantaine de femmes
qui filent encore le lin et le chanvre. Il n'y a qu'un
four à chaux continuellement occupé, et un pauvre
moulin à blé qui ne peut marcher que pendant
l'hiver. On a ouvert trois carrières dans la campagne, mais elles ne sont pas d'une grande importance.

Il n'y a point d'instituteur établi sur le lieu,
mais il pourrait et devrait y en avoir un ; 50 ou 60
enfans vont chercher, comme ils peuvent, l'instruction dans les environs.

La route de Falaise à Harcourt traverse la commune, et nulle part peut-être elle n'est en plus mauvais état que dans le vallon, au-dessous de l'église ;
on la répare en ce moment sur ce point. Les autres
chemins, tant vicinaux que communaux, s'élèvent
à trente-huit. Ceux que nous avons visités étaient
en général dégradés par les eaux qui sont abondantes sur ce sol. On a réparé celui de l'abbaye, et
l'on fait tous les ans quelques travaux aux points
les plus importans.

Nous noterons sur Villers, du côté de Torp, une
tourbière abandonnée, qui fut décrite par M. Nicolas, il y a vingt-cinq ans environ ; le mémoire
fut présenté à la Société d'Agriculture et de Commerce de Caen, qui en a conservé le manuscrit ;
d'après le rapport imprimé du secrétaire de cette
compagnie, M. Nicolas assure que M. Lejeune,

ancien maire, « est parvenu à obtenir de la chaux
» de bonne qualité, en employant la tourbe, qui
» brûle facilement et sans exhaler d'odeur désa-
» gréable. » M. Nicolas ajoute qu'il a lui-même
« reconnu, par des épreuves multipliées, que la
» tourbe de Villers se soutient plus long-temps
» en ignition qu'une égale quantité de bois, et
» qu'elle répand plus de chaleur. » Si ces expériences sont justes, comme on peut le penser, il est
à regretter que l'on n'ait pas essayé d'exploiter plus
en grand la tourbière de Villers pour les nombreux
fours à chaux d'Ussy. Nous notons les observations
déjà faites, dans l'espoir qu'elles appelleront de
nouveau l'attention sur cet objet [1].

M. de Brébisson (Alphonse) nous a indiqué encore sur cette commune un immense dépôt d'ancienne poterie brisée, qu'il a découvert dans les
bois qui dominent l'abbaye ; la poterie est d'un grès
dont la pâte ne sort pas évidemment du sol où elle
se trouve ; M. de Brébisson pense qu'il y eut là
jadis une fabrique qui aura disparu.

Examinons maintenant les traces des monumens
qu'offrent la campagne et le bois de Villers, et
disons ensuite quelques mots de l'église qui, seule,
est encore debout.

Entre le hameau de la Gruerie et le village principal, on remarque au milieu des champs une

1 L'extrait du mémoire de M. Nicolas est dans le tome Ier.
des *Mémoires de la Société d'Agriculture de Caen*, à la page 23,
1827. Au temps où l'on travaillait à la houille, le garde champêtre, le sieur Guesnon, y trouva un coin de bronze, qu'il
remit à des Académiciens venus de Caen pour visiter le lieu.

roche de quartz, plantée comme un *menhir;* la tête est brisée, et l'élévation au-dessus du sol n'est plus que de 30 pouces, sur 6 pieds 4 pouces de largeur, et un pied d'épaisseur environ. La disposition de cette pierre isolée dans la plaine, ne permet pas de douter qu'elle n'y ait été placée à dessein, soit comme objet d'un culte, soit comme un souvenir d'un événement extraordinaire ; un des champs voisins se nomme le *Champ de la Bataille,* et un autre, le *Champ du Long-But;* à une demi-lieue environ, dans les vallons inférieurs, sur Ussy, se trouvent les pierres druidiques du *Post* et de *la Hoberie;* on peut donc croire que le fragment de rocher de la plaine de Villers est un reste de *menhir* que les villageois auront essayé de détruire, comme tant d'autres. Il est dans la direction du sud-est au sud-ouest, la face, par conséquent, tournée vers le midi. Son élévation pouvait être de 13 ou 14 pieds.

Au milieu du bois de Villers est une enceinte fortifiée comme celle du bois du Bel, à Leffard. Le lieu porte le nom de *la Motte,* et le plus grand fossé a 300 pas de circuit, tandis que le second n'en a que 160 au plus. Il y avait au centre une redoute en terre qui s'élève encore à vingt pieds au-dessus du fossé, sur le point le plus escarpé. Cette *Motte* servit sans doute de refuge à quelque famille pendant les guerres civiles des temps de la féodalité. Les chouans s'y établirent, à ce que l'on dit, à la fin de la révolution, et ils y creusèrent un trou pour y renfermer l'acquéreur de l'abbaye. Le bois recouvre maintenant cet emplacement, et nous ne le visitâmes en détail que parce que le taillis venait d'être tout récemment coupé.

Dans le même bois, vers la bruyère, est une enceinte bien plus étendue, que l'on nomme *l'Ermitage*. Là, dit-on, vivait jadis un vieillard qui se nourrissait de fruits sauvages, et que l'on venait consulter à cause de sa grande sagesse. Il se désaltérait à une fraîche fontaine dont les eaux remplissent encore une partie des fossés qui servaient de limite à son étroit domaine. Il accueillait tout le monde avec bonté, et chacun revenait charmé de ses discours. Nous avons encore vu, parmi les arbustes que renferme l'antique enceinte, quelques vieux groseillers dont les souches peut-être furent plantées par le bon vieillard. Les anciens de nos jours ont connu jadis d'autres anciens qui avaient conversé avec lui dans leur jeunesse ; il y aurait ainsi cent cinquante ans environ que l'ermite aurait disparu. Cette tradition nous a plus touché que les souvenirs de combats et de désordres que *la Motte* féodale nous avaient rappelés. Nous n'avons pas cru devoir l'omettre dans nos récits.

En regagnant le vallon, nous trouvons le parc de l'abbaye, contenant dix-huit acres environ ; il est entouré de murs, et au-dessous est un bel étang très-poissonneux, environné d'arbres et de bosquets. La porte d'entrée du parc est une grande ogive à double cintre, sans ornemens ; celle de Noron est beaucoup plus remarquable. On voit encore l'emplacement du cloître qui était construit en belle pierre, avec des arcades à plein cintre, du meilleur goût. Il avait été élevé, ainsi que l'abbatiale, dans le dernier siècle, par Madame de Fransures de Villers. Il avait près de cinquante pas d'étendue dans l'intérieur ; au-dessous se voient encore les restes de belles galeries voûtées [1].

A la Bouverie , ferme peu éloignée, on fait voir une grande ouverture de forme ogive , et l'on prétend que là , dans le principe , était peut-être l'abbaye ; nous croyons plutôt , avec une autre tradition , que ce fut, il y a deux siècles , un temple de huguenots.

Plus près de l'église paroissiale, on montre un puits qui communique , dit-on , par une ouverture latérale , à des souterrains. On aperçoit l'ouverture à dix pieds du sol , et des hommes du pays ont essayé de pénétrer dans le conduit souterrain , armés de flambleaux. L'air qui leur manquait les a forcés de renoncer à cette entreprise. On fait plusieurs récits sur l'existence de constructions anciennes en cet endroit. Rien ne paraissant certain , nous omettons de rappeler tout ce qu'on nous a raconté. Nous observerons seulement qu'on a trouvé d'anciennes monnaies dans les environs. L'une d'elles , que nous possédons , est de Henri II d'Angleterre , avec les inscriptions : *Cenomanni dux... Signum Dei vivi* [2].

---

1 M. le curé actuel de Villers assistait aux dernières démolitions de l'abbaye. Il fut témoin de la découverte que firent les ouvriers d'un crapaud au milieu d'une belle pierre calcaire. Il vit l'animal vivant et la pierre creusée et polie dans l'intérieur. Il nous a donné le fait pour constant ; nous le répétons sous sa garantie, pour joindre cette observation à toutes celles du même genre que l'on a déjà publiées.

2 Une monnaie semblable est figurée dans les *Antiquités Anglo-Normandes* , de Ducarel, traduites par M. Lechaudé d'Anisy , page 319.

L'église de Villers-Canivet est gothique, de deux
époques. La nef et la tour carrée sont modernes ;
mais au mur du nord de la nef on voit un ancien
pan de maçonnerie contrariée, enclavé dans la
nouvelle construction ; c'est un reste de l'église
primitive. Le chœur est de gothique flamboyant,
chargé de sculptures. Les arcades intérieures qui
soutiennent les voûtes, sont d'une forme et d'une
solidité remarquables pour une église de campagne.
On montre dans une des chapelles la statue de
S. Léonard, chargée d'une chaîne, qui semble inspirer une grande confiance aux villageois ; ils
croient qu'elle peut guérir les enfans *noués* que l'on
y attache, en invoquant le saint. Cette dévotion
au bienheureux Léonard se retrouve en d'autres
endroits de l'arrondissement. L'église du reste est
dédiée à S. Vigor, et l'on en célèbre la fête pendant
l'été ; il y a à cette occasion une assemblée nombreuse dans la paroisse, et l'on s'y rend de la ville
et des communes voisines. Après les vêpres, on se
réunit pour danser et se divertir dans un joli verger
situé à gauche du chemin, à peu de distance de
l'église. C'est une des plus nombreuses réunions
patronales des environs de Falaise.

Le desservant de Villers-Canivet est M. l'abbé
Leboullenger. Nous devons beaucoup de remercîmens à cet ecclésiastique, pour la complaisance
qu'il a mise à nous indiquer lui-même tout ce qu'il
connaissait de remarquable sur sa paroisse. Il a
bien voulu nous donner également des monnaies et
quelques fossiles qu'il avait recueillis en ce lieu
depuis plusieurs années. Nous en avons fait le

dépôt au petit musée de la ville. M. Delahaye,
maire, nous a aussi adressé des notes qui nous ont
servi pour notre travail. L'adjoint de M. Delahaye
est M. Louis Porcher. Le percepteur de la commune est M. Mannoury; elle est imposée à 7,963 fr.
52 cent. pour l'année 1828.

COMMUNE D'USSY.

Ussy vient de *Ussir*, *Ussie*, mots de la langue
romane, qui veulent dire *sortir*, *sortie*. Là, en
effet, on sort du Bocage, on le quitte brusquement
pour entrer dans la plaine ; nulle part on ne remarque mieux la transition que sur ce point; l'ouest
de la commune s'enfonce encore dans les argiles,
dans les terrains froids et tourmentés, tandis qu'au
levant s'étend une belle plaine calcaire : le sol, la
culture, et même les produits, changent en un moment d'une manière frappante pour l'observateur.

On trouve sur une liste anglaise des principaux
Normands établis en Angleterre, avant l'invasion
de Guillaume, un seigneur de *Husie*, et sur une
autre liste du temps de la conquête, un seigneur
de *Husée*[1]. Aucun lieu de ce nom n'existant en
Normandie, à notre connaissance, nous avons eu
l'idée que peut-être l'écrivain anglais avait dénaturé,
en le transcrivant, le nom de *Ussy*. On sent bien
au reste que nous ne présentons cette opinion que
comme une conjecture. Ce qui tiendrait à la confirmer, c'est que nous voyons dans Ordéric Vital

[1] Duchesne, pages 1024 et 1026.

un Robert de *Ussy* périr dans une guerre qu'eut à soutenir Guillaume - le - Conquérant contre les Manceaux, dans les dernières années de son règne [1]. Plus tard, dans le livre rouge de l'échiquier tenu sous Henri II pour les fiefs militaires, nous trouvons un autre Robert de *Ussy*, qui possédait un de ces fiefs dans le bailliage de Falaise, et un Gilles de *Ussy*, qui en possédait un également dans le Cotentin [2]; enfin, un Maurice de *Ussy* et un Guillaume de *Hussy* sont également cités comme tenant des fiefs dans le bailliage de Falaise, sous Philippe-Auguste [3]. Tous ces personnages sont évidemment sortis de la commune que nous allons décrire, seule de ce nom qui existe dans la province.

Ussy est borné au nord par Tournebu et Fontaine - le - Pin; à l'est, par Bons; au midi, par Villers-Canivet et Leffard; à l'ouest, par Saint-Germain-Langot.

Son territoire se compose de 869 acres de labour, 139 acres de bois et bruyères, et 113 acres de prairies, formant un total de 1121 acres ordinaires, ou 910 hectares.

Les villages et hameaux sont : le Haut-d'Ussy, chef lieu de la commune, petit bourg assez important; la Croix-Carel, le Marais, le Hamel, la Chesnaye, les Hauts-Vents, le Bocquereuil, la Bellière, la Cressonnière, le Post ou Pot, et la Hoberie.

La rivière de Laise sépare Ussy de St. Germain vers

---

1 Duchesne, page 649.
2 Ducarel, *Antiquités anglo-normandes*, page 333.
3 Duchesne, page 1037 et 1038.

l'ouest, et se grossit sur ce point des ruisseaux de la Hoberie, de Gorée et du Marais, qui arrosent les petites vallées de cette commune, qui forment la lisière du Bocage; les terrains de ce côté sont constamment frais, et même trop humides. Il y croît de beaux arbres, et nous y avons vu des chênes de la plus belle dimension; l'un d'eux, sur la ferme de la Cressonnière, appartenant à M. de Morell, de Falaise, a plus de douze pieds de circonférence, à hauteur d'homme; quatre autres, dans une haie voisine, sont presque aussi remarquables. Le même propriétaire conserve, sur le bord du chemin de Boucœuil, un orme immense par sa hauteur, et de onze pieds de circuit, à quatre pieds de terre; aucun de ces arbres ne paraît souffrir; M. de Morell ne permettrait pas qu'ils fussent abattus avant le temps où ils cesseront de prendre quelques accroissemens. Nous citons cet exemple aux propriétaires de ce pays, qui, trop souvent, portent la hache dans leurs bois de haute futaie avant qu'ils aient pu parvenir à la moitié de leur développement.

Les champs voisins des vallons de la Cressonnière, du Post et de la Hoberie, étant froids et aquatiques, on les ranime avec de la chaux pour en tirer plus de produits; on y fait des trèfles et du sarrasin, comme dans les communes inférieures que nous avons parcourues. Dans la plaine, on fait encore quelque usage de la chaux, mais en petite quantité, et l'on divise ainsi les assolemens : dans les très-fortes terres on fait une année de blé, une année d'avoine et une année de *varet* ou de repos; les meilleurs cultivateurs suppléent à cette année

perdue en conchant leurs terres en sainfoin, ou en
cultivant les pommes-de-terre et autres légumineuses. M. Viel, fermier de la grande terre d'Ussy,
est celui qui entend le mieux ce genre de culture
perfectionnée. Dans les terres de qualité inférieure,
après les années de blé et d'avoine, on fait quelquefois de l'orge, et l'on ne donne de repos que
dans la quatrième année. On sent combien nos
fermiers normands sont encore arriérés, puisqu'ils
chargent leurs fonds pendant trois années consé-
cutives de récoltes céréales. Nous n'avons point la
prétention d'être un maître en agriculture, mais
nous ne pouvons omettre d'indiquer dans cet ouvrage quelques-uns des principes reçus maintenant
par tous les savans agronomes. Voulez-vous tirer
de bons produits de la terre, sans jamais la fatiguer? variez chaque année la nature des semences
que vous lui confiez; après le blé, ne mettez ni
l'avoine ni l'orge, parce que ces grains absorbent
les mêmes sucs, et épuisent par conséquent le sol;
mais à une céréale, telle que le seigle ou le blé,
faites succéder le trèfle, le sainfoin, la pomme-de-
terre, le navet de Suède, etc. Variez, essayez à
l'infini; dégagez-vous des vieilles routines, et vous
serez bientôt surpris de trouver vos champs plus
fertiles, et de recueillir des moissons doubles, sans
de plus grands frais. Ouvrez les livres des maîtres
de culture, et voyez, par exemple, comment on
peut régler l'assolement dans la plaine d'Ussy; elle
repose sur un fonds calcaire d'alluvion; outre les
fourrages, on pourra y recueillir successivement
l'orge, les pois, le blé, les turneps et navettes,

l'avoine, les fèves et pommes-de-terre, etc. En variant ainsi, on pourra ne jamais laisser reposer la terre, sans qu'elle en éprouve d'épuisement ou de fatigue. Il sera bon seulement d'adopter un mode d'assolement uniforme pour cinq ou six années. Ainsi, l'on pourrait faire une année de vesces, turneps ou pommes-de-terre, une année de blé ou orge, une année d'herbes (trèfle ou autres), une année d'avoine, une année de pois ou fèves, et une année de blé. Quand on voudrait établir trois années de prairies artificielles, on réglerait ainsi les assolemens : première année, vesces, turneps ou pommes-de-terre ; deuxième année, orge ou avoine, avec graines de fourrages ; troisième, quatrième, cinquième années, fourrages ; sixième année, blé. Dans les fonds argileux et frais de l'ouest d'Ussy et des communes inférieures, on cultiverait, avec les fourrages, le blé, les vesces, l'avoine, les choux, le sarrasin, etc. Les assolemens ne seraient que de quatre ou cinq ans : on pourrait voir du sarrasin, des vesces, de l'avoine, du trèfle, du blé ; ou du blé, des choux ou des vesces, de l'avoine et du trèfle ; ou encore, du blé, des vesces, de l'avoine, des trèfles, du sarrasin, etc...... Ces combinaisons pourraient se multiplier, mais devraient toujours avoir pour base le principe de l'alternance des céréales et des légumineuses. Quand on remarquerait que les champs se fatigueraient de produire ainsi sans interruption, on les coucherait pour quelques années en vignonières ; les produits de l'ajonc sont recherchés de ce côté, et cette plante prépare la terre à de nouvelles moissons sans lui

accorder de jachères; on ferait toujours de la sorte
une excellente spéculation. Nous offrons, du reste,
ces exemples sans prétendre que l'on doive s'y arrêter exclusivement: des essais heureux ameneraient
souvent des résultats plus favorables. Nous demandons seulement instamment que l'on veuille
sortir des vieilles ornières, et que l'on ne néglige
point les moyens si faciles d'améliorer notre agriculture, et de tirer de notre sol tout ce qu'il peut
produire. Nous reviendrons plus tard sur cet article
important, en exposant les grands efforts tentés
par un de nos principaux propriétaires, pour introduire de nouvelles méthodes de culture dans nos
campagnes, pour y faire adopter des instrumens
aratoires plus parfaits, et pour amener les cultivateurs à défricher des terrains regardés mal-à-
propos jusqu'ici comme improductifs[1]. Cet objet
est certainement le plus important qui puisse nous
occuper maintenant. Nous l'abordons avec une
sorte de défiance, à cause de notre inexpérience
dans cette partie. Mais en exposant les systêmes des
hommes qui s'y sont livrés toute leur vie, en nous
bornant à présenter les résultats obtenus dans nos
campagnes, et presque sous nos yeux, par des cultivateurs intelligens, peut-être nos conseils de-
vront-ils obtenir quelque confiance. Nous serions
trop heureux s'ils pouvaient produire, avec le
temps, quelque avantage pour le pays.

Nous avons dit que M. Viel cultivait la campagne
d'Ussy avec plus d'habileté que les autres laboureurs; M. Viel est chargé d'une exploitation im-

[1] Voir, plus tard, aux articles Ste.-Anne et Ailly.

mense, et il fait valoir seul la grande ferme d'Ussy,
qui contient plus de 260 acres de champs, et dont
le loyer, avec les impôts, se monte à plus de
12,000 fr.; cette propriété, qui dépend du grand
domaine de Bons, est la plus importante ferme de
cette partie de l'arrondissement. M. Viel y emploie
pour engrais le fumier, la tourte de rabette en
poudre, et un peu de chaux; le fumier et la rabette
se mettent ensemble, et par moitié à-peu-près.
Dans les terres où l'on fume avec de la chaux, on
commence par former sur le champ une multitude
de petites buttes de terre rondes, que l'on entr'ouvre
par le sommet pour y placer la pierre de chaux:
L'humidité la dissout promptement, et, lorsqu'elle
est bien réduite en poudre et mélangée avec la terre
végétale qui l'enveloppe, on les répand ensemble
sur le sol, en lui donnant le dernier labour. Cet
amendement dure plusieurs années, pourvu que
l'on y emploie le fumier à propos et comme engrais
principal. Du reste, la chaux cesse presque entièrement d'être en usage lorsque l'on arrive aux terrains
purement calcaires; là, seulement, avec les engrais
de fumier et de rabette, on emploie le plâtre pour
les prairies artificielles, et l'on s'en trouve fort bien.
M. Viel fait plusieurs acres de colza chaque année,
et ses champs bien cultivés ne paraissent pas en
souffrir. Le préjugé cependant est contre lui; des
propriétaires de cette même commune nous ont dit
que le colza, quoique l'on fît, dégradait les fonds
de terre; ils font défense à leurs fermiers, dans
leurs baux, d'en cultiver jamais un acre. Nous
croyons qu'il y a de l'exagération dans cette prohi-

bition absolue de la culture d'une plante utile. Le colza dégrade les terres quand il n'est pas convenablement assolé, quand on ne fume pas suffisamment à la suite. Un petit fermier ne doit pas le cultiver, parce que la tige de cette plante ne pouvant être convertie en engrais, il ne trouverait pas assez de fumiers sur son exploitation pour couvrir ce déficit. Mais dans une grande ferme, on a toujours les moyens de mélanger les engrais naturels avec des engrais artificiels, de manière à se faire des supplémens, chaque année, pour les dix ou douze acres que l'on destine à produire des légumineuses à tiges desséchantes. De cette manière, à ce qu'il nous semble, on peut tout accorder. Nos grands fermiers cultiveront le colza avec succès, et les petits s'en abstiendront prudemment ; le consommateur n'en souffrira pas, non plus que le propriétaire.

Les meilleures terres de la plaine d'Ussy produisent 400 gerbes par acre, et se vendent 2,000 fr. au moins. Les mauvais fonds ne valent que 1,000 fr. environ. Les baux sont ordinairement de neuf ans ; ils commencent à la St.-Michel dans tout ce pays. A la ferme du Post, on a vu des fermiers de la même famille, les sieurs Laignel, renouveler douze baux à la suite les uns des autres. De père en fils, ils ont ainsi occupé le même domaine pendant plus d'un siècle. Les fermes du Post et de la Hoberie, appartenant à M. Évrat, de Paris, sont louées ensemble 7 à 8,000 fr. ; celle de la Cressonnière plus de 5,000 fr. Comme on le voit, les domaines deviennent importans de ce côté. Nous en

trouverons

trouverons souvent de considérables maintenant ; en parcourant les communes voisines.

On emploie à la culture, sur Ussy, 100 chevaux, 150 bêtes à cornes, et 330 moutons communs. Les arbres fruitiers n'y sont pas très-nombreux du côté de la plaine ; le cidre est d'assez bonne qualité, sans être fort.

Occupons-nous maintenant de deux branches d'industrie très-importantes sur cette commune, et qui, l'une et l'autre, se rattachent à la culture.

Les habitans ayant reconnu, par de nombreuses expériences, que leur sol, vers Tournebu principalement, était très-propre au développement des jeunes plants d'arbres, y ont établi de nombreuses pépinières ; leur succès a été complet. Les plants d'Ussy sont maintenant connus et recherchés au loin ; les principaux pépiniéristes en font des envois considérables, tous les ans, du côté de Paris, d'Arpajon, d'Orléans, dans le pays de Chartres, dans le Maine, dans l'Anjou, etc. On compte cinq millions de plants qui sont enlevés ainsi, chaque automne, pour ces contrées, et quarante mille tiges de grands arbres, au moins. Le produit de ces ventes est évalué à 50,000 francs par année. Trente acres de terrain sont consacrés aux pépinières ; vingt-cinq familles y sont occupées, et cent personnes vivent de ce travail.

M. Pierre Huet est celui des pépiniéristes d'Ussy dont les établissemens sont les plus complets ; ils sont situés au-delà des bois d'Ussy, du côté de Tournebu. Après les siens, on remarque ceux de MM. Michel et François Jouvin, Victor et Jean

Dieulafait, Pierre et François James, Guillaume et Jacques Bouillard, François Laignel, etc. [1]

Le commerce de la chaux n'est guère moins considérable à Ussy que celui des pépinières. Sept fours sont établis sur la commune, et quatre sont presque toujours occupés; on compte que deux cents fournées au moins sont exportées au-dehors chaque année. Les fours contiennent de 220 à 240 barretées de chaux à-la-fois; les 200 fournées donnent ainsi 46,000 barretées environ; les affaires dans cette partie sont portées à 45,000 fr. Plus de quarante personnes sont occupées à cette branche d'industrie, tant pour l'extraction du calcaire que l'on prend dans des carrières sur le lieu, que pour la cuisson et les autres travaux.

La chaux d'Ussy est d'une qualité supérieure; les tanneurs d'Harcourt l'emploient de préférence à toute autre pour le tannage des cuirs; on exporte encore la meilleure, en grande quantité, pour Caen, St.-Pierre-sur-Dive, le Pays-d'Auge, etc.; elle est très-bonne pour la construction. La moins estimée, celle qui sort des champs les plus voisins du Bocage, est enlevée par les paysans du *Pays-de-Bas* pour échauffer leurs terres.

[1] Voici l'indication des principaux arbres et arbustes élevés dans les pépinières d'Ussy:

Grands arbres. Ormes, hêtres, chênes, frênes, tilleuls, châtaigniers, maronniers d'Inde, sycomores, érables planes, peupliers d'Italie et de Canada, aunes, acacias, etc..... Le bouleau, le saule et l'aune se livrent en petit plant, etc.

Arbres verts. Épicéas, pins d'Écosse, pins du lord Vimout, mélèzes, sapins du pays, cèdres de Virginie, houx, ifs, etc.

Les pépiniéristes n'impriment pas de catalogue; mais on n'en trouve pas moins chez eux les assortimens que l'on désire.

Les fours se chauffent en général avec des bourrées de vignon ou de bruyère, tirées en grande
partie des bois de St.-Germain, de Bonœuil et des
campagnes voisines. On emploie communément
6,000 bourrées de bois ou d'ajonc par fournée. Il en
faut ainsi plus de 1,200,000 par année pour les seuls
fours d'Ussy. Les ouvriers occupés à la *bouracherie*,
pour cette branche de consommation, sont encore
en assez grand nombre.

Les principaux marchands de chaux d'Ussy sont :
MM. Quettier, Morand, Moisy, la veuve Bouillard,
Louis Lecomte, Thomas Leforestier et Marin Lahaye.

Outre les agriculteurs, nous trouvons ainsi sur
la commune qui nous occupe cent quarante personnes occupées de travaux lucratifs, qui leur assurent une existence aisée ; on voit de plus, dans le
village principal, des maréchaux, des charrons,
des boulangers, des aubergistes, des bouchers, etc. ;
le maire lui-même est un médecin fort occupé. Il
en résulte que ce point de l'arrondissement mérite
réellement une attention particulière. La population est de 870 habitans, parmi lesquels les cinq
années de recensement, présentent un mouvement
de 89 naissances, sur 97 décès. Il n'y a point d'in-
digens, ni surtout de mendians sur ce point. Le
nombre des feux est de 171. Les impôts payés à
l'État se montent à 10,182 fr. 3 cent.

Le grand chemin départemental de Falaise à
Harcourt traverse la commune d'Ussy, en longueur,
et est assez bien entretenu sur son territoire ; on a
fait aussi de grands frais pour l'entretien du chemin
vicinal d'Ussy à St.-Pierre-sur-Dive, et nous l'avons

trouvé presque partout en bon état ; les autres sont presque abandonnés ; il y en a de très-mauvais entre le bois d'Ussy et la Chesnaye.

Le nombre des enfans qui reçoivent l'instruction primaire d'un instituteur breveté établi dans le village principal, s'élève à 100 pendant l'hiver.

Visitons maintenant les lieux et les établissemens que l'on remarque sur Ussy :

A l'ouest, vers Leffard et Saint-Germain, en quittant la plaine, sont deux petits *menhirs*, ou pierres druidiques fichées en terre, qui semblent indiquer les limites du Bocage. Le premier, que l'on nommait la *Pierre du Post, Postis*, ne saillait que de sept pieds au-dessus du sol, et il fut renversé, il y a quatre ans, par les jeunes gens de la commune, qui croyaient trouver dessous un trésor. Il gît maintenant au milieu du champ, jusqu'à ce que le propriétaire le fasse briser pour dégager le sol. Nous le notons ici seulement pour souvenir.

Le second, que nous avons fait lithographier, porte le nom de *Pierre de la Hoberie*, et il est dans un joli petit vallon, au-dessous de la ferme du même nom. Sa hauteur est de onze pieds, et il semble n'avoir jamais été beaucoup plus élevé. Son effet est assez pittoresque, et le propriétaire du lieu, M. Evrat, de Paris, a fait planter, à quelques pas, un jeune saule dont les rameaux commencent à l'envelopper de leur ombre ; ils ajouteront à ce qu'il offre de mystérieux par lui-même. Le fond, vers les rochers, est garni de grands arbres qui arrêtent la vue, et un léger ruisseau coule au pied du monument. On conçoit que ce lieu ait été choisi pour

quelques cérémonies du culte secret des druides.
Tout y respire en effet le recueillement et le mystère. Nous désirons beaucoup que l'ignorance et la
superstition ne renversent pas ce dernier monument du culte de nos pères, qui reste encore debout dans cette partie de l'arrondissement. En le
faisant dessiner, nous avons eu principalement
pour but d'attirer sur lui l'attention. Il est vraiment
digne de l'intérêt de tous ceux qui habitent cette
contrée. La pierre est de grès quartzeux, comme
tous les rochers voisins. La face principale est
tournée vers le midi.

Nous demandâmes à un paysan de Leffard
quelques détails sur l'origine de *la Pierre de la
Hoberie ;* il nous répondit « qu'elle avait été plantée
» par *curiensité ;* qu'on disait que c'était un *giant*
» nommé *Guerguintua* qui l'avait laissé *tumber* par
» un trou de sa *pouchette* en passant ; il ajouta
» que l'on y voyait souvent des revenans, et qu'il
» y avait *sûrement* quelque trésor. » Voilà comme
se sont effacés dans nos campagnes jusqu'aux dernières traces de la religion de nos premiers pères
les Gaulois [1].

La ferme de la Hoberie, placée sur la petite colline, à l'ouest de la pierre, semble avoir été fortifiée jadis. On nous montra une espèce de porte
voûtée au-dessous des bâtimens, et l'on nous dit

---

[1] On peut jeter les yeux sur la *Pierre de la Hoberie,* dessinée
par M. d'Oilliamson, dans l'atlas joint à l'ouvrage. Le mot de
hober veut dire *remuer, lever, mouvoir, changer de place.* Les
anciens voulaient donc dire *la pierre remuée, changée de place,
la pierre levée.*

que c'était l'ouverture d'un ancien souterrain. Les
paysans ne savent rien de plus.

A la ferme du Post, un peu au-dessous de l'autre
pierre, on nous fit voir une ancienne chapelle
dédiée à Ste. Anne et à S. Jacques. Nous y remarquâmes une petite fenêtre à lancettes, du 12.ᵉ siècle.
Dans l'intérieur, existe encore une statue grossière
de Ste. Anne apprenant à lire à la Vierge, et une
autre statue de S. Jacques, dont la tête fut brisée,
dans le dernier siècle, par un villageois esprit fort.
On rapporte que l'impie fut puni de sa profanation;
qu'il tomba d'une échelle et se rompit les os; on
le remporta mourant dans sa demeure. Autrefois
il y avait à cette chapelle une assemblée nombreuse
tous les ans, le 2 juillet. Maintenant le culte de
Sainte Anne va disparaître sur ce point, comme le
culte plus ancien qu'il avait remplacé. La ferme du
Post fut aussi jadis un peu fortifiée. A une tour
ronde, qui sert d'escalier pour arriver aux étages supérieurs, on voit encore des trous ménagés en forme
de meurtrières pour tirer de-là sur ceux qui voudraient assaillir les bâtimens en-dehors.

A la Cressonnière, dans les mêmes vallons, nous
vîmes, à l'angle d'une des constructions de la ferme,
une grande pierre plate qui s'avance en saillie à
sept pieds au-dessus du sol. Nous apprîmes qu'elle
servait, il y a deux siècles, de *prêche* aux huguenots.
Les fidèles se répandaient au-dessous, sur les ga-
zons de la prairie, et recevaient d'en-haut la parole
évangélique. L'habitation appartenait à une famille
de la Motte-Duparc; M. de Morell, qui la possède
aujourd'hui, trouva, il y a quelques années, dans

un fossé que l'on y creusait, trois coins de bronze qui n'ont point été conservés. Tous ces lieux furent occupés dans les temps les plus reculés.

Le bois du Post renferme l'emplacement d'une enceinte fortifiée, dont les fossés, très-profonds encore, sont sans cesse remplis d'eau ; nous y en avons vu beaucoup dans le mois de juillet. L'épaisseur du bois nous a empêché de mesurer cette enceinte, mais nous y avons compté soixante-dix pas de diamètre. On nomme ce lieu *le Châtellier* du Post. Dans le bois d'Ussy existe un autre châtellier du même genre, mais moins considérable par son étendue. La *Motte* du *Châtellier* d'Ussy est cependant plus élevée au-dessus des fossés que celle du Post. Ce furent là, dit-on dans le pays, d'anciens camps romains. Nous croyons bien plutôt que c'était dans ces lieux que résidèrent primitivement les seigneurs d'Ussy et du Post, dont les noms se sont conservés dans la commune. Les camps romains étaient taillés sur d'autres modèles. Le bois d'Ussy, dépendant de la terre de Bons, était une très-belle promenade, mais la hache d'un nouvel acquéreur le prive aujourd'hui de ses principaux ornemens ; tout tombe dans ce beau domaine sous les coups du vandalisme.

Les bâtimens de la grande ferme offrent les restes d'une ancienne gentilhommière qui dût être bâtie dans le seizième siècle. Une des fenêtres est encore garnie d'un grillage en barreaux de fer d'une forte dimension ; l'escalier est très-large et placé dans une tourelle ; les cheminées ont dix pieds de large. Dans un appartement principal, qui sert maintenant de cellier, tous les soliveaux du plancher

sont sculptés avec soin, et même avec délicatesse ;
la cheminée, soutenue par des colonnes, offre
deux médaillons au costume de François I.er et des
dames de la cour ; ils représentent, à ce qu'on
assure, un M. d'Ussy et sa femme, personnages
distingués du temps. Depuis eux, ce local, destiné
sans doute à leurs fêtes, a bien changé de destination. M. Viel y a placé plusieurs tonneaux, dont
quelques-uns contiennent plus de six mille litres.
Les autres bâtimens circulent autour d'une cour
carrée, au milieu de laquelle sont les fumiers et
les meules de paille. C'est le type des fermes de ce
pays. Un parc de trente acres, enceint de murs,
s'étend derrière les constructions, et renferme uniquement des champs et des vergers.

L'église d'Ussy, dédiée à S. Martin, est une des
plus grandes de l'arrondissement. C'est une assez
belle construction gothique, faite avec ensemble,
et présentant une étendue de quarante-six mètres
de longueur, sur douze de largeur ; l'architecture
est du 13.e siècle ; les ouvertures sont à lancettes,
avec ornemens rayonnans ; les contreforts sont
saillans ; le portail, soutenu par des colonnes légères, est gracieusement orné de feuilles d'acanthes,
de vignes, de pommes-de-pin, etc. Malheureusement, la tour, lourde et massive, dépare un peu le
monument. Dans le cimetière est un if, mais sans
aucune tombe. Un beau presbytère, avec des jardins, est de l'autre côté du chemin. Tout cet ensemble annonce l'aisance, la richesse même, et ne
ressemble plus à ce que nous avons vu dans le
Bocage. Nos édifices religieux maintenant, bâtis

en pierres de taillé, auront presque tous un aspect monumental.

M. Zill-Desiles, médecin, administre depuis près de trente ans la commune d'Ussy ; il a pour adjoint M. Morand. Le desservant est M. l'abbé Lefevre. Nous adressons de sincères remercîmens à M. Desiles, à M. Huet, pépiniériste, et à M. Pierre-François Laignel, pour les renseignemens nombreux qu'ils nous ont communiqués sur l'importante commune à laquelle ils appartiennent. Nous avons vu tout le monde, dans ce pays, disposé à nous seconder avec une extrême obligeance.

COMMUNE DE SOUSMONT.

SOUSMONT s'écrit en latin *Submontibus*. La situation du village principal et de l'église, au fond d'un petit vallon, entre deux collines, indique suffisamment son étymologie.

Sousmont est borné, au nord, par Quesnay et Ouilly-le-Tesson ; à l'est, par Saint-Quentin-de-la-Roche ; au sud, par Potigny et Fontaine-le-Pin ; à l'ouest, par Bray-en-Cinglais et Saint-Germain-le-Vasson. Sa longueur est de près d'une lieue, et sa largeur d'un quart de lieue au plus.

La commune renferme 450 acres de labour, 50 acres de prairie, et 20 acres de bois ; en tout 520 acres ou 425 hectares. Les villages et hameaux sont : Sousmont, Aisy, la Bruyère et Sur les Mares.

Il y a sept chemins vicinaux et quatre communaux. La grande route de Falaise à Caen coupe de plus la commune par le milieu, dans sa plus grande largeur, entre les villages de Sousmont et d'Aisy.

On cultive en général à Sousmont les mêmes grains qu'à Ussy, et selon les mêmes procédés à-peu-près. La grande ferme de Sousmont, dépendant du domaine de Bons, est évaluée à 5,000 f. au moins de revenu.

Le nombre des chevaux de trait est de 41 ; celui des bêtes à cornes, de 80 ; et enfin, celui des bêtes à laine, de 400, tous mérinos.

On compte sur la commune 98 maisons; la population est de 350 habitans, parmi lesquels 300 au moins résident au village principal. Le recensement de cinq années a présenté 41 naissances sur 38 décès. Quarante enfans vont aux écoles primaires.

Sousmont renferme, outre les cultivateurs, vingt ouvriers travaillant aux carrières, vingt bonnetiers, douze tisserans, deux fabricans de doubliers, deux meuniers, un cabaretier, etc. Cette population est assez tranquille, et ne se livre point à l'ivrognerie. Un jeu de quilles, établi au-dessous de l'église, réunit, le dimanche après les vêpres, la jeunesse de la paroisse. Cet usage se retrouve dans beaucoup de nos communes rurales.

Sur la bruyère de Sousmont on a ouvert, depuis fort long-temps, des carrières de grès, dont l'exploitation se continue avec plus ou moins d'activité. On en extrait de très-belles pierres plates que les habitans placent sur le devant des maisons, et des pavés pour les rues de la ville. Dans ce moment, les carrières de Sousmont sont moins fréquentées que précédemment, depuis que l'on en a ouvert, du même genre, sur le bord de la route, à Pôtigny.

Deux moulins, à deux tournans chacun, sont établis sur le ruisseau de Laison qui coule au fond de la vallée, vers Ouilly-le-Tesson. Les bords du Laison sont formés d'une chaîne de rochers de grès qui se prolongent au loin vers le nord. Tout le reste de la campagne de Sousmont est calcaire. Il n'y a pas de fours à chaux.

On aperçoit au-dessus du village d'Aisy un petit château, où l'on arrive par des avenues de hêtres ; cet édifice est peu remarquable. La chapelle d'Aisy, à l'entrée du village de ce nom, du côté de Sousmont, est beaucoup plus digne d'attention. C'est un petit monument roman de transition, dont toutes les ouvertures sont ornées de sculptures délicates ; les deux portes sont à cintre plein, surmontées de zigzags et de bâtons rompus ; les petites fenêtres, terminées en arcs légèrement pointus, supportent également des ornemens zigzagués et des étoiles doubles très-régulières. Dans l'intérieur, et même à la voûte du chœur, on retrouve les mêmes caractères. Cette construction, perdue dans une campagne très-peu fréquentée, fut à coup-sûr exécutée par d'excellens ouvriers de la fin du 12.e siècle. Les habitans feront bien de l'entretenir. Il s'y tient une assemblée patronale au mois de mai.

L'église de Sousmont n'est pas moins remarquable, sur de plus amples dimensions. Nous avons fait dessiner la tour, à cause des caractères variés de son architecture ; on y voit trois rangs d'arcades différentes : la première, celle du bas, est le roman pur, le cintre plein, sans ornemens ; la seconde, celle du milieu, est le roman orné, avec les doubles rangs de zigzags ; enfin, la troisième est le gothique de première époque, les longues lancettes doubles séparées par une colonne flûtée. Un petit toit mesquin, en tuile, recouvre cette construction carrée. Le pied est soutenu par d'énormes contreforts qui furent ajoutés plus tard, ainsi que la fenêtre qui se trouve à deux pieds de terre. Nous présentons ce modèle de nos tours normandes, dont nous retrouverons fréquemment des imitations dans nos environs. Le reste de l'église est d'époques différentes. Le chœur est gothique, à grandes fenêtres simples, avec une dentelure sous la corniche. Le portail est roman, très-simple, et masqué par un mauvais porche, comme on en voit trop souvent dans les campagnes. A gauche est un bas côté donnant vers le presbytère, et offrant, sous la corniche, les corbeaux grimaçans de l'époque la plus barbare ; sur l'un d'eux on remarque un poulet dépouillé et comme étendu sur un plat ; sur d'autres, se voient des marteaux et d'autres espèces d'ustensiles ; les têtes sont d'une laideur repoussante. L'intérieur de ce bas côté est humide et mal sain ; les habitans devraient y faire pratiquer une ouverture pour amener l'air dans l'édifice. Les chapiteaux des arcades de la nef sont en général curieux ; on y reconnaît des personnages singuliers, des scènes de fabliaux, des coquilles de différens genres, etc. A la porte principale, on voit, sur chacun des battans, des médaillons sculptés en bois, qui représentent des têtes avec la coiffure du temps de Louis XII et de son successeur. Ce travail a beaucoup souffert, mais se reconnaît encore. L'église est dédiée à S. Quentin ;

elle fut consacrée en 1190, par Lisiard, évêque de
Séez ; les Pantou étaient ses bienfaiteurs. Le cimetière, enclos de murs, renferme deux ifs et trois
petites croix, mais aucuns tombeaux.

Au-dessous de l'église, on montre, au fond d'un
vallon, au bord d'un petit étang, les ruines d'un
vieux manoir, sur lequel on rappelle quelques traditions. Là, dit-on, vivaient anciennement des
seigneurs redoutés, qui enlevaient les jeunes filles
des villages voisins, pour satisfaire leurs infâmes
désirs ; ils les renfermaient dans des cachots souterrains, et les plongeaient ensuite dans les eaux
de l'étang quand ils en étaient dégoûtés. Les vierges
de Sousmont effrayées se mutilaient le visage pour
ne pas attirer l'attention de ces monstres. Le curé
du lieu, ayant osé prêcher contre les désordres des
seigneurs, disparut pendant une nuit, et on le
retrouva massacré dans les anciennes carrières de
Condé-sur-Laison, éloignées de deux lieues ; on les
nomme encore *les Carrières du Curé de Sousmont*.
L'évêque se plaignit ; les seigneurs, que l'on nommait *Maison*, furent saisis, conduits à Caen,
condamnés en premier ressort, et, sur l'appel,
un Turgot, qui était juge à Paris, les fit exporter,
et s'empara de leurs biens pour acquitter les frais.
Depuis ce temps le domaine est resté dans la famille
des Turgot, et les filles du village n'ont plus été
enlevées de vive force ; comme elles ne se mutilent
pas non plus comme autrefois, on peut en voir
encore quelques jolies dans les environs ; les temps
sont devenus meilleurs pour elles. Quand au manoir, il est resté debout en partie, mais on n'a
plus osé l'habiter depuis deux siècles.

Voilà ce qu'on nous a dit, et ce qui nous a déterminé à faire dessiner en vignette le petit manoir
de Sousmont, qui fut bâti à la fin du 16.e siècle.
Voulant présenter des exemples de toutes les espèces
d'architecture que l'on remarque dans l'arrondissement, nous avons, dans cette occasion, choisi de
préférence un lieu qui fut un peu célèbre dans les
souvenirs populaires[1].

M. Martin, maire de Sousmont, nous a obligeamment communiqué tous les détails que nous
lui avons demandés ; nous l'en remercions avec
plaisir. L'adjoint de M. Martin est M. Georges Pitrou ; le curé de la paroisse est M. Louis Mullois.

Les impôts directs payés par Sousmont s'élèvent
à 5,051 fr. 94 cent.

COMMUNE DE POTIGNY.

Potigny, en latin *Potiniacum*, veut indiquer
simplement la *demeure de Potinus*. C'est Huet,
dans ses *Origines de Caen*, qui donne à ce mot
cette explication, et nous ne lui chercherons pas
une autre étymologie.

Au nord, Potigny est borné par St.-Quentin ; à
l'est, par Bons ; au midi, par Fontaine-le-Pin ; à
l'ouest, par Sousmont. Sa longueur est d'une demi-
lieue, sur un quart de lieue de largeur.

La contenance de Potigny n'est que de 452 acres,
parmi lesquels 407 acres de labour, 10 acres de

[1] On peut voir dans l'atlas l'église et le manoir de Sousmont, dessinés par M. Ch. de Vauquelin.

prairie, et 35 acres de bois et rochers. La perche de Pôtigny, comme celle de Villers, n'étant que de 18 pieds, au lieu de 22, les 452 acres équivalent seulement à 247 hectares.

Le village de Pôtigny s'étend sur les deux côtés de la route de Caen, et au milieu des vergers qui environnent l'église ; il n'y a point de hameaux détachés. On compte deux chemins vicinaux et deux communaux, dont on n'entretient que les parties les plus fréquentées.

Deux fontaines se réunissent au-dessous des rochers, et forment un petit ruisseau qui va se perdre dans Laison, à Tassilly. Le petit vallon au-dessous de l'église est frais et bocager ; du côté de Fontaine-le-Pin, la campagne est découverte. La culture est la même que dans les deux précédentes communes ; on cultive certains fonds en trois assolemens : blé, avoine et *varet* ; dans d'autres on y ajoute une année d'orge, et, pour reposer le sol, on fait des sainfoins qui demeurent trois années en terre. M. Prempain récolte aussi, tous les ans, cinq ou six acres de colza. Pour que cette plante ne fatigue point ses champs, il ne la cultive jamais qu'après une année de jachères ; il assure qu'elle ne peut ainsi causer aucun dommage ; ses colza sont ordinairement très-beaux ; il fume abondamment l'année suivante, avant de semer le blé. M. Prempain fait valoir la grande ferme de Pôtigny, dépendant du domaine de Bons ; elle est, comme celle de Sousmont, d'un revenu de 5,000 fr.

Le nombre des chevaux employés à la culture est de 32 ; celui des bestiaux, de 102, et celui des

moutons, tous communs, de 170. Il n'y a ni moulins ni usines sur la commune. Parmi les habitans,
un grand nombre sont cultivateurs, et vingt-sept
remplissent les professions de maréchaux, tourneurs, basestamiers, tisserands, cordonniers, maçons et aubergistes. Le nombre des maisons est de
101, et celui des habitans, de 407. La mortalité,
dans cinq ans, a été de 33, et les naissances se
sont élevées à 37. Vingt-quatre enfans reçoivent,
sur les lieux, des leçons élémentaires d'un maître
breveté.

Sur la bruyère de Potigny, à quelques pas de la
route, on a récemment ouvert deux carrières, d'où
l'on extrait d'excellent pavé de grès pour les routes
et pour les rues de la ville. Une douzaine d'ouvriers
y sont fréquemment occupés. Sur la même bruyère,
qui s'étend jusqu'au rocher renommé de *la Brèche
au Diable*, vers St.-Quentin, on montre une *pierre
ronde* placée sur des supports, sous laquelle on
prétend que des trésors sont enfouis. On a fait des
efforts pour la déplacer, mais on n'a pu y réussir,
à ce qu'on assure. Il y a quarante ans, un ouvrier
dut trouver un *lingot d'or* en fouillant à l'entour ;
un autre en trouva seulement des fragmens ; « ils
» les ont vendus *secrètement*, et se sont enrichis. »
On regarde comme certain qu'il vient la nuit des
revenans autour de *la pierre ronde*, et des hommes
même nous ont assuré qu'ils ne voudraient pas y
passer seuls « pendant le *sabbat* qu'on y fait. » Ces
traditions, la position de la pierre et le voisinage de
la Brèche-au-Diable, nous font penser que ce petit
monument peut se rattacher au culte druidique.

La

La situation de ce lieu est très-pittoresque ; tout
à l'entour sont de hautes vignonnières que les habitans ont plantées sur le sol noir du rocher ; la vue
s'étend au loin, vers le nord, sur des vallons ombragés et des plaines fort étendues. Nous décrirons
au reste tout ce paysage avec plus de détail quand
nous arriverons de l'autre côté, sur les rochers de
St.-Quentin [1].

On a trouvé dans la campagne de Poligny, il y
a peu de temps, une monnaie en argent de l'empereur Trajan, que nous avons déposée au cabinet
de la ville ; elle offre d'un côté la tête du prince,
avec cette légende : *Imp. Cæsar Trajan. Hadrianus*

[1] Ce n'est pas seulement à l'occasion de *la pierre ronde* qu'il
existe des superstitions à Poligny ; en voici un autre exemple
qui ne paraîtra pas moins remarquable :

Une femme vint nous trouver, il y a trois ans, pour la dé-
barrasser d'un sort qu'un berger avait jeté sur elle. Il avait
des livres, disait-elle, qui le mettaient en rapport avec le
Diable ; il faisait usage d'herbes malfaisantes ; il jetait du
mal quand il le voulait sur les gens et sur les bêtes. Toutes
les vaches qu'elle achetait tombaient malades et dépérissaient ;
ses cochons, ses poulets étaient pris d'accès violens, et mou-
raient en deux ou trois jours ; sa fille elle-même, âgée de
quinze ans, n'avait pu échapper aux enchantemens du sorcier ;
elle avait eu des maux de cœur, et on l'avait conduite *au
médecin de Bayeux*, qui l'avait guérie, après avoir reconnu
qu'on l'avait en effet ensorcelée. Un homme, qui accom-
pagnait la plaignante, confirmait par son témoignage tout
ce qu'elle avançait ; il paraissait également convaincu de la
puissance et de la malice du sorcier. Voilà où l'on en est de
nos jours dans une de nos communes les plus fréquentées,
sur le bord de la grande voie publique qui conduit de Falaise
à Caen. Que de temps il nous faut encore pour civiliser nos
paysans normands !...

Aug. Au revers on voit une femme assise, tenant de la droite une couronne, et ces mots à l'entour : *P. M. Tr. P. Cos III.*

L'ancien château de Pôtigny, qui sert maintenant de corps-de-logis principal à la grande ferme, n'était pas habité depuis long-temps par des seigneurs. Pôtigny étant, avant la révolution, le siége d'une haute justice, c'était-là que l'on tenait les *plaids.* On indique encore dans le château *la salle d'audience, la chambre du conseil* et *la prison.* Plus tard, quand Pôtigny devint momentanément un chef-lieu de canton, ce fut dans cette enceinte que s'établit le juge de paix pour rendre la justice. Cette grande construction, faite sans goût, et qui date de deux siècles environ, n'est plus guère propre qu'aux usages auxquels on l'a consacrée depuis quelques années. On voit par un passage de M. de la Rue, que les Harcourt possédaient, en 1200 environ, des terres sur Pôtigny ; ils avaient donné à l'hôtel-Dieu de Caen « une rente d'un sextier de » bled à prendre sur ce domaine. »[1] C'étaient eux peut-être qui avaient établi une haute justice dans ce petit village.

L'église est gothique de la fin du 12.e siècle, et d'une architecture assez élégante. La tour carrée offre deux rangs de fenêtres terminées en arc pointu ; celles de l'étage inférieur sont simples, et les supérieures ornées ; les fenêtres de la nef et du chœur sont à ogives de transition, presque en forme de lancettes, avec une dentelure au-dessus pour tout ornement. Le portail est en arc légèrement brisé,

[1] *Essais sur Caen,* tome II, pages 212 et 441.

avec quatre cintres successifs et trois rangs de bâtons
rompus en zigzags ; six colonnes le supporte de
chaque côté. A gauche, est une petite porte surmontée d'un bourrelet qui se termine à la pointe
par une face grimaçante. Ce monument, que précède
un porche en pierre à grande ogive, nous a paru
digne de quelque attention. Dans le cimetière est
un jeune if, avec deux tombes qui recouvrent un
Lalande et une femme *Porcher*. L'église est dédiée
à S. Jean, et on la fête encore ordinairement le jour
du Rosaire, pendant le mois de septembre. Le curé
se nomme M. l'abbé Leroux.

Nous devons plusieurs de nos renseignemens sur
Pôtigny à M. Pierre-François Laignel, maire actuel
de cette commune. L'adjoint est M. Nicolas. Les
impôts que Pôtigny paie directement à l'Etat se
montent à 4,604 fr. 1 cent.

COMMUNE DE BONS.

Nous avons vu le nom de *Bons* écrit en latin
Bona, *Boona*, *Boonna*, dans un manuscrit du
diocèse de Séez ; le mot de *bonne*, comme celui de
boonne, voulaient dire *borne*, *limite*, dans la langue
romane. Nous ne trouvons point d'autre explication
satisfaisante à donner au nom de cette commune.

L'histoire de Normandie ne nous offre qu'un seul
seigneur du nom de *Bons*, dans toutes ses annales.
C'était un vaillant chevalier de l'armée catholique
du comte de Matignon, pendant les longues guerres
de religion qui désolèrent notre province à la fin

du 16.e siècle. De Bons fut atteint d'une blessure mortelle à la tête, dans l'un des assauts qui furent livrés à la ville de Domfront, où s'était réfugié Montgommery, en 1574; se sentant près de mourir, et ne pouvant plus même parler, il eut le courage de se traîner jusqu'à une tente voisine, il prit une plume, traça quelques lignes pour sa maîtresse, qui était de la maison de Rabodanges, signa de son sang, et mourut. Voilà le vrai chevalier français des temps héroïques de notre histoire[1].

La commune de Bons, dans sa largeur moyenne du midi au nord, a 1667 mèt., et dans sa moyenne longueur, 4166 mètres; elle contient 527 acres, mesure ancienne (ou 430 hectares), ainsi divisés: Labour, 350 acres; bois taillis, futaie, 102 acres; prairie, 75 acres. Les bois sont de première qualité; les prairies sont de qualités médiocres, à l'exception de la petite plaine de Bons, sous-Tassilly, qui est très-estimée.

Les abornemens sont : au nord, Potigny et Saint-Quentin-de-la-Roche ; à l'est, Tassilly ; au sud, Torp et Villers-Canivet ; à l'ouest, Ussy et Fontaine-le-Pin. La distance de Falaise est de huit kilomètres (cinq quarts de lieue au moins).

L'aspect général de la commune de Bons est agréable et varié. Au centre est le château, environné d'un grand parc, précédé d'avenues, et accompagné de bois, de prairies et de vastes champs. Sur le bord de la grande route de Falaise à Caen, se trouve le village principal, dont les maisons, assez bien bâties, sont entourées de jardins et de

[1] Daubigné, *Histoire universelle*, tome II.

petits vergers toujours frais. La population de ce
village est laborieuse et animée ; le voyageur s'arrête
volontiers en passant pour jeter un coup d'œil sur
toute cette contrée.

On cultive la terre en général à Bons comme à
Ussy et dans les campagnes voisines ; les grains
sont le blé, l'orge, l'avoine et le sarrasin ; les
fourrages artificiels sont les trèfles et les sainfoins ;
les rabettes, les colza, les pommes-de-terre, les
chanvres réussissent fort bien ; sur les dépendances
du château on voit quelques pieds de topinambours
pour la nourriture des moutons, des carottes, des
féverolles pour les chevaux, etc. Le sol paraît
propre à recevoir une culture très-variée. Le cidre
et le poiré sont d'une qualité estimée.

Laison coule à l'est de la commune, et arrose
ses prairies, mais il ne fait mouvoir aucun moulin
ni usine sur son territoire ; on dit que les eaux de
ce ruisseau sont très-poissonneuses, et contiennent
surtout des truites. Le haut de la campagne, où se
trouve le château, n'offre que des puits pour l'usage
des habitans.

Bons renferme 50 chevaux ou jumens, 100 bêtes
à cornes, 110 moutons communs, et 135 mérinos.
« Dans les basses-cours du château on remarque
» des sangliers, un chevreuil, des pintades, des
» paons, des sarcelles sauvages, etc. » Les écuries
sont aussi remplies de très-beaux chevaux de maître
et d'une meute fort nombreuse. Le domaine étant
bien gardé, on voit beaucoup de gibier dans la
campagne, et surtout dans le parc.

Le nombre des maisons de Bons s'élève à 56, et

celui des feux à 64. La population est de 250 habitans, parmi lesquels il se trouve des charpentiers, des serruriers, des maréchaux, des charrons, des basestamiers, des tailleurs d'habits, des aubergistes et des cultivateurs. Dans les cinq années du dernier recensement on a compté sur ce point vingt naissances et trente décès. Un résultat si défavorable s'explique difficilement. Nous n'en connaissons point la cause.

Il n'y a point d'instituteur sur le lieu ; une douzaine d'enfans seulement vont à Potigny chercher des leçons.

Quatre chemins vicinaux coupent la commune en différens sens ; le plus important, celui d'Ussy à St.-Pierre-sur-Dive, est le mieux entretenu ; il existe de plus sur Bons trois chemins communaux, auxquels on donne très-peu de soin. La grande route, sur toute cette partie, est en général en bon état dans ce moment.

Bons possédait anciennement une foire qui paraît avoir été transférée à Saint-Pierre-sur-Dive ; il y avait également dans cet endroit une halle, où l'on vendait des grains dans certains temps. Ces priviléges ont disparu, et le plus grand avantage de la commune est d'être située sur une route très-fréquentée, et à une assez grande distance de la ville, pour que les voituriers et les voyageurs soient fréquemment forcés de s'y arrêter. L'importance du grand domaine de Bons a beaucoup contribué aussi jusqu'à ce jour à jeter quelque aisance parmi les familles qui étaient occupées à son exploitation ou aux travaux de la maison, des jardins et du parc ;

quinze à vingt domestiques et ouvriers ont été jusqu'à ce moment presque exclusivement consacrés
au service de l'intérieur.

Il y a deux siècles environ que le domaine de
Bons devint un des apanages de la famille Turgot.
Ils élevèrent le château actuel en 1644, embellirent
successivement les environs, et ce fut dans le dernier
siècle que le père du marquis actuel créa le magnifique parc anglais qui est devenu de nos jours une
des merveilles de ce pays. L'étendue n'en est pas
immense, mais les massifs et les groupes d'arbres
verts sont disposés avec tant d'art, qu'ils dissi-
mulent parfaitement le rétrécissement de l'enceinte,
qui n'est guère de plus de trente acres. De longues
avenues de hêtres, de platanes et de mélèzes s'en
détachent sur trois différens points, et contribuent
à donner au loin une haute idée de cette belle habitation. Avec les terres qui en font partie, aux environs, le domaine de Bons était évalué à un revenu
net de 36 à 40,000 fr. ; le marquis Turgot vient de
l'aliéner pour le prix de 1,315,000 fr., et l'on assure
que l'acquéreur, qui paraît avoir l'intention de
vendre en détail les différentes terres, est loin d'avoir
entrepris une mauvaise spéculation. Il a fait abattre
déjà les plus beaux bois et une partie de la grande
avenue d'Ussy, qui contenait quatorze cents pieds
d'arbres, et que l'on évaluait à elle seule à près de
40,000 fr. ; les autres bois de futaie et les grosses
haies, si multipliées autour des vastes fermes, et
que l'on évalue à 3 ou 400,000 fr., vont disparaître
ensuite successivement. Ainsi va se trouver dé-
pouillée de ses principaux ornemens cette riche

ferre, qui faisait l'orgueil des habitans du pays.
Nous ne savons si, dans l'intérêt bien entendu de
la société, l'on doit regretter de voir se disperser
de la sorte, dans mille mains, ces immenses domaines qui, formant l'apanage d'une seule maison,
n'y entretenaient souvent qu'un amour effréné du
luxe et de la dissipation. Nous avouerons toutefois
que nous gémissons involontairement de voir s'effacer parmi nous successivement tout ce qui tendait
à nous rappeler de grands souvenirs, ou à éveiller
dans nos ames de vives impressions. Le château de
Bons, avec les beaux noms qui s'y rattachent, est
du nombre de ceux que nous devons regretter de
voir menacés d'une ruine prochaine. Les Turgot
sont de cette contrée ; ils sont partis de St.-Clair
dans cet arrondissement ; leur résidence principale
était à Bons depuis deux siècles ; leurs portraits,
leurs bustes, leurs tombeaux étaient dans cette
enceinte, que leurs trésors avaient disposée à grands
frais pour leur postérité. Comment ne pas être ému
de voir les ombres de ces hommes distingués chas-
sées pour ainsi dire des lieux qu'elles semblaient
s'être choisis pour dernière retraite ! Des noms in-
connus vont résonner sous ces lambris pleins de
leurs souvenirs ; bientôt peut-être la charrue effacera
la dernière trace des travaux qu'ils avaient exécutés
avec tant de goût. Nos enfans ne sauront plus un
jour qu'un grand ministre, qu'un illustre magistrat
étaient venus dans ces lieux rêver aux besoins d'un
puissant empire, et méditer sur les hautes leçons
de sagesse qu'ils pouvaient donner aux peuples et
aux rois ! Nous, du moins, tandis que nous le

pouvons encore, jetons quelques regards sur ces monumens qu'ils nous ont laissés ; saluons d'un dernier adieu leurs restes vénérés ; donnons en passant à nos lecteurs une rapide indication des bustes et des principaux portraits des membres de cette famille, qui peuvent se voir encore en ce moment dans le château qu'ils ont habité.

Le plus ancien est celui de Louis Turgot, chevalier, seigneur des Tourailles, maître des requêtes, décédé en 1589.

Viennent ensuite :

Antoine Turgot, décédé en 1616 ;

Dominique Turgot, conseiller des requêtes, mort en 1670 ;

Claude Turgot, seigneur des Tourailles ;

Nicolas Turgot, conseiller du Roi, mort en 1662 ;

Jacques Turgot, conseiller au parlement de Paris, mort en 1684 ;

Antoine Turgot, seigneur de St.-Clair, maître des requêtes, décédé en 1714 ;

Michel-Étienne Turgot, le prévôt des marchands, celui qui s'immortalisa par les grands travaux qu'il fit exécuter à Paris. Le nom de Michel-Étienne Turgot se rattache à tout ce qui fut fait de plus important dans la capitale, pendant le dernier siècle, pour assurer la salubrité publique. On lui doit l'immense égoût qui embrasse toute la rive droite de la Seine, « ouvrage, dit un historien, comparable à » ceux des Romains. » Il élargit et prolongea le quai de l'École ; éleva, sur les dessins de Bouchardon, la belle fontaine de la rue de Grenelle, etc., etc. Louis XV l'honora particulièrement ;

Voltaire le chanta dans le temple du goût; son nom
ne fut effacé que par celui de son plus jeune fils;

Anne-Robert-Jacques Turgot, le contrôleur général, l'économiste, l'homme d'état, dont le nom
doit vivre autant que notre histoire. Nous voudrions
pouvoir parler de ce personnage, soit comme
écrivain littéraire, soit comme publiciste, soit
comme ministre chargé par un grand roi d'admi-
nistrer un grand royaume. Mais la plus simple
notice sur une telle vie excéderait de beaucoup les
limites dont nous pourrions disposer dans cet ouvrage. Turgot d'ailleurs n'était point né à Bons,
et il n'appartenait à ce pays que par sa famille et
par ses affections. Nous renvoyons donc à regret
nos lecteurs, pour connaître ce grand homme,
aux nombreux ouvrages qui ont paru sur lui et
sur son illustre famille; on pourrait en former
une bibliothèque assez volumineuse[1].

Parmi les bustes en marbre que contient le
château de Bons, on remarque celui du prévôt des
marchands, très-bel ouvrage offert par la ville de
Paris, en 1735, à la famille Turgot. Un autre représente Étienne-François Turgot, gouverneur de
la Guyanne, plus connu sous le nom du *marquis de
Coismont*; c'était le père du marquis actuel. Un
troisième buste offre les traits du contrôleur général, Anne-Robert-Jacques, etc. Cette collection
précieuse est encore en ce moment dans le grand
salon du château qui donne sur les jardins et sur

---

1 Les OEuvres complètes de Turgot forment à elles seules
neuf volumes in-8.°, 1808, 1811, etc.

le parc. Nous ne savons où M. le marquis Turgot les fera déposer lorsqu'il quittera la demeure de ses pères[1].

[1] M. Alph. de Brébisson a rédigé, à notre demande, une note sur le parc de Bons, considéré sous le rapport des végétaux rares et précieux qu'il renferme. Nous publions ici ce document plein d'intérêt :

« .... Ce qui rend surtout ce lieu remarquable, c'est la grande quantité d'arbres étrangers et curieux qui y sont rassemblés, et plus encore leur vigoureuse végétation ; beaucoup semblent être sur leur sol natal. On y rencontre des mélèzes dignes des Alpes ; au milieu d'une innombrable variété d'arbres verts, on y admire de superbes cèdres du Liban, souvent couverts de leurs cônes arrondis. Il y a aussi une longue suite de chênes d'Amérique, parmi lesquels nous citerons le chêne à feuilles de saule (*quercus phellos.* L.), les chênes rouges, écarlate, etc....... (*q. rubra* L., *coccinea* W.) ; beaucoup de chênes verts (*q. ilex.* L.), et deux ou trois liéges (*q. suber.* S.), trop souvent mutilés par les promeneurs indiscrets : de beaux hêtres, dont un entre autres a plus de cinq mètres de circonférence à sa base ; plusieurs variétés curieuses, les hêtres à feuilles de fougère et en forme de crête (*fagus asplenifolia* et *cristata.* Hort.) ; quelques noyers d'Amérique, qui, par leur hauteur, appellent l'attention ; des sophoras assez élevés ; plusieurs espèces assez curieuses de frênes, de peupliers, d'érables, etc.

» Ne pouvant, au reste, donner une liste complète des végétaux de tout genre que renferment le parc et les beaux jardins de Bons, nous indiquerons seulement encore quelques arbustes qui y ont acquis un développement remarquable ; tels sont de magnifiques alisiers luisans (*crategus lucida*) ; des lauriers de Portugal (*cerasus lusitania*), formant d'énormes massifs ; des cytises (*cytisus purpurea, nigricans, etc.*), des glycines (*glicine frutescens.* L.), etc., etc..... Une seule chose manque au milieu de cette brillante végétation, pour en faire un lieu accompli ; on n'y voit ni ruisseau, ni même un filet d'eau qui vienne animer le paysage. » L'art a fait du moins

Il a été trouvé dans les environs du parc et du château de Bons un certain nombre de monnaies romaines de différentes époques. M. Turgot nous en a remis quelques-unes pour le petit musée de la ville ; elles sont en bronze, recouvertes d'un beau vernis, et d'une assez belle conservation ; nous y avons remarqué un *Antonin Pie*, g. b. ; un *Marc-Aurèle*, g. b. ; une *Faustine jeune*, g. b. ; une *Lucile*, g. b. ; un *Maximien Hercule*, m. b. ; et trois *Constant I.er*, p. b. Nous avons vu aussi chez M. Turgot une espèce d'amulette ou cachet en pierre carrée, avec des caractères sur la tranche, qu'il avait également découverte dans les champs voisins de sa maison ; il paraît qu'on en a même trouvé de pareils jusque dans le jardin. Ces indices démontrent que ce sol fut anciennement occupé militairement par les Romains. Nous trouverons, au reste, plus tard, à un quart de lieue de-là, sur Saint-Quentin et sur Ouilly-le-Tesson, des monumens bien plus nombreux et plus remarquables de leur séjour dans cette contrée.

L'église de Bons est un monument roman de l'époque de transition, dans toute sa partie inférieure. Le portail, à cintre plein et orné de bâtons rompus opposés, est soutenu par des colonnes à chapiteaux chargés de petites têtes barbares et de

tout ce qui était en son pouvoir, afin de suppléer à la nature. En arrosant à propos et à grand frais, en disposant de vastes serres pour les hivers, on est parvenu à élever et à conserver une des plus riches collections de végétaux exotiques que l'on puisse voir dans nos provinces. Les véritables amateurs de jardins doivent visiter cette belle enceinte, tandis qu'elle est encore entière.

feuillages différens ; des arcades rondes séparent la nef des bas côtés ; tout ce travail en général est de la fin du 11.e et du commencement du 12.e siècle ; la tour, le chœur et tout le haut de l'édifice sont plus récens. Sous une des chapelles se trouve le caveau de la famille Turgot. Le gouverneur de Cayenne, et son frère aîné, le président du parlement de Paris, y reposaient dans des cercueils de plomb à l'époque de la révolution. On les exhuma, et ils furent jetés dans des fosses du cimetière par les vandales de cette époque. La paroisse de Bons, sous l'invocation de S. Pierre, est supprimée et réunie à Potigny ; comme toutes celles que nous venons de parcourir, elle dépendait anciennement du doyenné d'Aubigny et du diocèse de Séez. Un if très-vaste est dans le cimetière.

Le maire actuel de Bons est M. Ruault, vétérinaire. Nous lui devons beaucoup de notes et de documens intéressans sur sa commune. Il a pour adjoint M. Jean Delange. Le percepteur est M. Froschammer. Les impôts directs s'élèvent 4,954 fr. 10 centimes.

COMMUNE DE TORP.

Selon Huet, dans ses *Origines*, le nom de *Torp* veut dire *village*, dans les langues du Nord. Nous nous arrêtons à cette étymologie, qui n'offre rien que de très-naturel.

Un Robert de Torp est cité, avec les Grand-

mesnil, parmi les bienfaiteurs de l'abbaye de Saint-
Évroult, en 1050 [1].

Un Guillaume de Torp possédait, sous Philippe-
Auguste, un fief militaire dépendant des mêmes
seigneurs de Grandmesnil [2].

Huet cite un Lebourgeois, sieur de Torp, parmi
les hommes distingués qui honorèrent la ville de
Caen par leurs talens, pendant le 17.e siècle [3].

Voilà tout ce que nous trouvons dans nos histoires sur cette commune. Nous remarquons encore
que les Morel, de Falaise, possédèrent le fief de
Torp jusqu'à la fin du 16.e siècle ; deux d'entre eux
reposent dans le chœur de cette église, sous des
tombes de pierre. Ravent Morel, se rendant à sa
terre de Torp, fut renversé d'un coup de feu en
1560, pendant les désordres civils qui désolaient
alors le pays. Il ne mourut point de ses blessures,
et fut seulement *meurtri* [4].

Nous exposerons succinctement les détails statistiques que nous offre cette commune, l'une des
plus petites de l'arrondissement.

Ses limites sont Soulangy, Bons et Villers-Canivet.

Sa contenance est de 328 acres (268 hectares),
parmi lesquels 268 acres de labour, 50 acres d'herbages et prairies, 5 acres de jardins et 5 acres de
taillis et garenne ; un grand herbage renferme
40 acres à lui seul ; la terre de Torp, évaluée à
11,000 fr. de revenu, embrasse une grande partie
du territoire et des habitations.

1 Collection de Duchesne, page 453. 2 *Idem*, page 1037.
3 *Origines de Caen*, page 558.
4 De Bras, page 165.

Il n'y a qu'un seul village composé de deux rues; une fontaine donne naissance au petit ruisseau de la Tête-Noire qui arrose les prairies; on remarque aussi deux étangs ou pièces d'eau de peu d'importance.

Les grains que l'on cultive sont : le blé, l'orge, l'avoine, le sarrasin, les pois et les lentilles; on fait des fourrages artificiels, et rarement on laisse la terre en jachères; l'engrais principal est le fumier.

On compte 15 chevaux de trait, 30 vaches et 180 mérinos; on met 20 bœufs et 30 vaches dans le grand herbage, pendant la saison.

Le nombre des maisons est de 20; la population est de 107 habitans, parmi lesquels on remarque une douzaine de charpentiers qui vont travailler au-dehors; les années du recensement ont donné un mouvement cinq naissances sur 10 décès. Toute cette contrée a souffert pendant ce période, comme nous l'observerons successivement. Douze enfans vont à Ussy, pendant l'hiver, pour y prendre les leçons d'un instituteur primaire.

Il existe sur Torp une carrière de moëllon et une de sable pour les habitations; on y trouve encore un four à chaux, mais il est peu occupé. La commune renferme un chemin vicinal et trois chemins communaux qui sont creux et en mauvais état. On n'y voit ni moulins ni usines d'aucune espèce.

Le château de Torp est dans la même cour que la grande ferme, et ils forment ensemble un grand carré de bâtimens. Depuis quatre ans on a fait de nombreux travaux pour restaurer l'édifice, et l'on est parvenu à en faire une habitation agréable, mais qui n'a rien de monumental ; une espèce de haute tourelle couverte, qui s'élève au-dessus des toits, nuit beaucoup à l'ensemble de la construction. La façade est revêtue d'une sorte de grisaille en sable, dont on pourrait faire usage pour rajeunir nos anciennes habitations. « Le parc et les jardins ont été dessinés » par M. Châtelain, paysagiste distingué. » M. le marquis de Morant, propriétaire de ce domaine, l'entretient avec beaucoup de soin. On y arrive par des avenues de peupliers.

L'église est un petit monument de deux époques. Le chœur est normand, et formait la chapelle primitive. On y voit de petites fenêtres arrondies à la pointe, des corbeaux grimaçans, un cordon extérieur très-saillant, et courant autour de l'édifice, et une porte de côté, ornée d'étoiles doubles, etc. La nef et le portail sont gothiques de transition. Au lieu de clocher, on remarque un petit mur exhaussé, avec une fenêtre, pour soutenir la cloche, comme à Ste.-Anne, à St.-Laurent, etc. Le petit cimetière offre un if à l'entrée, sur le bord du chemin. La paroisse est supprimée et réunie à Villers-Canivet. Elle était sous l'invocation de la Vierge, et se fêtait le 21 novembre.

Le maire de la commune est M. Letellier, qui ne réside point sur le lieu ; c'est à l'adjoint, M. Jean-François Porcher, que nous devons les détails statistiques que nous avons publiés. Torp paie à l'État 2,548 fr. 11 cent.

COMMUNE

COMMUNE DE SOULANGY.

Soulangy, *Solengiacum*, ne peut indiquer que le nom de celui qui, le premier, vint établir sa demeure au milieu des campagnes que nous allons parcourir ; on aura dit *Solangy* ou *Soulangy*, pour *la maison de Solenge* ou de *Solanus*, comme on disait ailleurs *Potigny* pour *la maison de Potinus*, *Martigny* pour *la maison de Martinus*, etc. Ces étymologies ne peuvent guère être douteuses.

En l'an 1050, les trois fils de Robert de Grandmesnil donnèrent, pour le salut de leurs ames, à l'église de St-Évroult, la terre que l'on appelle *Soulangy*, *villa quæ vocatur Solengiacus*, avec l'église, les dîmes, le manoir, les hommes, les terres et toutes les dépendances, *cum ecclesiâ, et decimis, et manerio, et hominibus, et terris, et omnibus pertinentiis suis*[1]. La donation, comme on le voit, était absolue, et prouve que les Grandmesnil possédaient tout le domaine à cette époque. L'église et plusieurs propriétés appartenaient encore aux moines de Saint-Évroult lors de la révolution.

Plus tard, nous voyons Robert de Moubray céder au même monastère l'église d'Étouvi, *de Estolveio*, située dans le verger de Toustain de Soulangy, *in viridario Turstinis de Solengi*, etc.[2]

Enfin, dans ce même temps, un prêtre, parti

---

[1] Collection de Duchesne, page 465, et *Gallia Christiana*, tome XI, page 206, *Instrumentorum*.

[2] Duchesne, page 601.

de Soulangy, Guitmond, fut envoyé au prieuré de
Maule, sur les bords de la Seine, pour en prendre
la direction. Ce Guitmond était un homme de bien,
vir bonus, et le monastère qu'on lui confiait prospéra tant qu'il le gouverna [1].

Tels sont les faits qui se rattachent, dans nos
vieilles annales ecclésiastiques, à la commune que
nous voulons décrire. Nous remarquons encore
qu'un Raoul de Soulangy est cité dans les *Essais
historisques sur Caen*, par M. de la Rue [2], comme
possédant un hôtel dans la principale rue de Caen,
pendant le 15.ᵉ siècle. Depuis long-temps on ne
connaît plus de famille de ce nom dans le pays.

La commune de Soulangy a une lieue de longueur environ, sur un quart de lieue de largeur;
elle est bornée au nord par Tassilly et Ollendon;
à l'est, par Épaney; au sud, par St.-Loup-Canivet;
à l'ouest, par Villers Canivet et Torp. Ses hameaux
et villages sont le Coignet, Glatigny, le Hamet et
Soulangy; elle contient, d'après les états de section,
417 acres de labour et 43 acres de prairies; en tout,
460 acres ou 376 hectares.

Les terres de Soulangy sont distribuées en quatre
assolemens, blé, orge, avoine et *varet;* c'est le
mauvais système suivi dans toute cette campagne.
On replace des céréales sur d'autres céréales, et l'on
s'arrête seulement quand la terre épuisée refuse de
produire. Quelques cultivateurs, dans le bas de la
commune, remplacent l'année de varet par une
récolte de trèfle, qu'ils nomment *pagnotée.* « C'est

1 Duchesne, page 595.　　2 Tome II, page 262.

» la pagnolée qui refait la terre, » disent-ils dans
leur simple langage. Nous avons remarqué de beaux
fourrages de ce genre dans leurs campagnes. Ils
réussiraient encore mieux s'ils modifiaient davantage leur systême, et s'ils variaient leurs assolemens de manière à ne jamais mettre grain sur
grain ; l'orge après le blé enlève toute la force de
leurs terres. Dans la plaine, vers Épaney, on voit
çà et là quelques champs de sainfoins. L'engrais
principal est le fumier ; on n'emploie la tourte de
rabette que comme *amendement* secondaire ; « mé-
» langée, elle produit un bon effet, tandis que
» seule, elle perd la terre où on la met. » On ne
fait plus usage de chaux sur ce fonds calcaire.
» Quant au plâtre, il fait croître abondamment
» le fourrage partout où on le sème en poudre. »

« Le produit de l'acre de blé est de 2 à 300 gerbes,
» rendant quatre à cinq fois au moins la semence ;
» le produit de l'acre d'orge est de 150 à 200 gerbes,
» rendant quatre fois la semence ; il en est de même
» de l'avoine. » L'acre de terre moyenne vaut
1,500 fr., et la meilleure 2,000 fr.

Deux mille arbres fruitiers sont épars dans les
vergers qui environnent les habitations du côté de
Villers et de Torp. Ils sont d'une bonne production,
et donnent un cidre estimé, « mais qui ne dure
» qu'un an. »

La ferme du Parc est la plus considérable ; elle
contenait autrefois 150 acres, mais elle en réunit
60 au plus en ce moment ; la maison en est assez
belle, et paraît bien entretenue. Il existe, à peu de
distance de l'église, une autre habitation plus

grande, qu'on appelle *le Logis*, et qui ressemble de loin à un petit château ; les terres en ont été détachées, et ce n'est plus qu'une simple maison sans entourage. La commune possède un chemin vicinal d'une lieue de longueur, allant de Villers à Épaney ; il est entretenu « par prestation », ce qui n'empêche pas qu'il ne soit en mauvais état sur presque tous les points ; le moyen que l'on emploie pour le réparer est très-défectueux : quand les ornières deviennent profondes, on y fait apporter quelques charretées de grosses pierres qu'on y renverse sans précaution ; le trou est rempli, mais il s'en fait aussitôt un nouveau, soit au-dessus, soit au-dessous. Les cultivateurs ne veulent pas donner plus de soin à ces travaux. Les chemins communaux sont entièrement abandonnés. La grande route de Caen coupe la commune par la moitié.

Cinquante-cinq chevaux sont employés à la culture, ainsi que 50 bestiaux et 300 moutons ordinaires. On évalue à 9 fr. environ le produit d'un mouton dans cette commune ; ce produit n'est pas partout aussi considérable.

Le ruisseau de Cassy vient de Saint-Loup et se dirige sur Tassilly. Sur un autre petit cours d'eau existait autrefois un moulin, à l'extrémité de l'herbage de Torp ; les fondemens seuls s'en remarquent encore. A dix pas de-là se voit une petite fontaine couverte, dont les eaux sont chargées de fer. Toute cette partie du sol de Soulangy est fraîche, humide, bocagère, tandis qu'une plaine unie, sèche, dégarnie, se montre partout vers l'est et le nord, de l'autre côté de la grande route de Caen.

Les habitans sont au nombre de 225, renfermés dans une cinquantaine de maisons. Il y a eu 22 naissances, dans cinq ans, sur 38 décès; décroissance vraiment effrayante. Une douzaine d'enfans vont apprendre à lire dans les communes voisines, et les autres reçoivent des leçons de leurs parens. Il n'y a pas d'instituteur sur les lieux, quoiqu'on semble beaucoup en souhaiter un. « C'est » un grand mal pour une commune d'être ainsi » sans maître d'école, » nous dit un vieillard en soupirant. Ce sage de village montrait beaucoup de bon sens, et semblait apprécier toute l'importance de l'éducation. Plusieurs de nos prétendus docteurs de la ville pourraient retirer quelque fruit d'un entretien avec ce vieux laboureur.

L'église primitive était dans un petit champ que l'on montre dans le village principal; les villageois appellent encore ce lieu le *Champ de l'Église de Saint-Évroult*. L'église actuelle date de 1200 à-peu-près, et présente le système des longues lancettes et des ogives pointues qui signalèrent cette époque du gothique primordial. La tour est surtout remarquable; elle est carrée, à deux étages supérieurs, présentant à chaque face trois fenêtres allongées, que séparent de hautes colonnes très-grêles; les contreforts sont assez saillans; une dentelure règne sous la corniche, tout à l'entour de l'édifice. Le portail est simple, à plusieurs rangs d'ogives, et orné d'un simple rang de feuilles de vigne; l'édifice en somme est bien bâti, grand pour une campagne, et mérite d'attirer l'attention. Dans l'intérieur, sont les tombes de plusieurs *Labbé*, morts dans le

17.e siècle. Dans le cimetière, sont les pierres tumulaires d'un *Malfilatre* et d'un *Saulnier*.

M. Desvaux, maire, et M. Fauvel, adjoint, nous ont fait voir en détail leur commune, et nous ont obligeamment fourni tous les détails dont nous avions besoin ; nous nous faisons un devoir de leur adresser ici nos remercîmens. Le nouveau desservant de la paroisse est M. l'abbé Bourienne. La fête de Soulangy a lieu le 8 septembre, jour de la Nativité de la Vierge ; cette fête, on ne sait pourquoi, s'appelle *Langevine* dans le pays.

On paie à Soulangy 3,552 fr. 67 cent. d'impôts.

COMMUNE DE St.-LOUP-CANIVET.

Un seigneur de Saint-Loup était à la conquête [1]. Nous présumons qu'il a pu partir de la commune qui va nous occuper, parce que nous y remarquons une petite église ou chapelle dont quelques parties sont antérieures au temps de Guillaume, ce qui nous annonce que ce lieu fut très-anciennement habité. Nous ne pourrions toutefois appuyer nos présomptions sur aucun fait plus positif.

Un autre seigneur de Saint-Loup était mestre-de-camp sous Louis XIV, en 1656 [2].

Saint-Loup étant une très petite commune, nous donnerons peu d'étendue aux renseignemens qui la concernent. On se fera facilement une idée de son peu d'importance, en observant qu'elle ne renferme

1 Duchesne, page 1026.
2 Masseville, tome VI, page 462.

que 25 maisons et 103 habitans ; que dans onze
années il ne s'y est pas fait un seul mariage ; qu'il
n'y a eu dans les cinq ans du dernier recensement
qu'un mouvement de cinq naissances sur sept décès ;
et qu'enfin, même dans l'hiver, on n'envoie de-là
que quatre enfans aux écoles primaires dans les
environs. Il n'existe non plus, sur ce point, ni
usines, ni manufactures, ni carrières, ni aucune
espèce d'industrie. Trois bonnetiers s'y sont établis
depuis quelque temps ; tout le reste des habitans
est livré à la culture.

Les communes qui enclavent Saint-Loup, sont
Soulangy, Épaney, St.-Pierre-Canivet et Villers-
Canivet. Le territoire, coupé au nord-est par la
route de Falaise à Caen, et au sud-ouest par celle
de Falaise à Harcourt, a une demi-lieue au plus
de longueur, sur très-peu de largeur. Le ruisseau
de Cassy, venant de Saint-Pierre, arrose le village
un peu au-dessous de l'église. On entretient un
chemin vicinal et un chemin communal qui conduisent de Saint-Pierre à Soulangy, et de la route
d'Harcourt à celle de Caen. Les chemins d'exploitation sont très-mauvais. La contenance du sol est
de 426 acres ou 348 hectares, parmi lesquels on
compte 414 acres de labour, 10 acres de prairies
et 2 acres de bois. Pour l'exploitation, il n'existe
sur la commune que 15 chevaux de trait, 18 vaches
et 100 moutons communs. Une partie du sol est
cultivée par des fermiers du dehors.

Saint-Loup étant une des lignes de transition du
sol argileux au sol calcaire, la culture y varie
d'un point à un autre. Vers l'ouest, les assolemens

sont de trois années ; savoir : blé, avoine et *varet*; on y voit aussi des trèfles, un peu de sarrasin, et l'on y fait légèrement usage de la chaux, comme engrais, dans les *terres mêlées*; vers le nord-est, on dispose la terre pour quatre assolemens, suivant le système vicieux des trois années de céréales, suivies d'une année de jachères. Nos cultivateurs ne veulent point encore sortir de cette ornière. Nous connaissons cependant à Saint-Loup un riche propriétaire qui s'occupe spécialement de la culture de ses terres, et qui pourrait rendre au pays de grands services, s'il voulait essayer des méthodes nouvelles, et donner l'exemple des perfectionnemens ; ses chemins, ses prairies, ses haies, ses bâtimens, ses harnais, ses instrumens d'agriculture sont parfaitement entretenus, et tout annonce chez lui la présence et l'activité du maître. Qu'il fasse un pas de plus, qu'il se dégage des routines pour la culture des champs, et nous osons lui présager des succès. Il peut établir une petite ferme-modèle que s'empresseront d'imiter ses voisins. Ce n'est qu'aux agriculteurs riches et intelligens que nous pouvons demander de ces sortes d'essais et de ces améliorations ; le pauvre laboureur aurait toujours à craindre de voir manquer une seule de ses spéculations, ce qui lui ferait perdre le fruit de toutes les autres, et pourrait le gêner momentanément. Les forts propriétaires, au contraire, auront toujours le moyen de compenser l'une par l'autre, et de supporter quelques avances ; ceux d'entre eux qui ne voudraient pas faire d'essais en grand, pourront au moins consacrer, tous les ans, à des tentaiives d'améliorations, quatre ou cinq acres de champs, qu'ils rétabliront ensuite dans les anciens assolemens, s'ils n'ont pas réussi. Qu'ils lisent avant tout, qu'ils méditent les *Annales de Roville*, par M de Dombasle; l'*Agriculture-Pratique*, par l'anglais John Sinclair ; les *Annales de l'Agriculture française, etc., etc.* Avec ces guides, ils risqueront peu de s'égarer, et ils trouveront le secret de s'enrichir en enrichissant leur pays; ils acquerront en même-temps de nouveaux droits à l'estime publique. Ces considérations sont assez puissantes pour les déterminer à sortir enfin des routes battues, qui ne peuvent jamais les mener à des résultats satisfaisans. Ils conviennent eux-mêmes, par exemple, que l'orge après le blé fatigue leurs terres, et ils continuent cependant à semer ces deux céréales à la suite l'une de l'autre ; que ne leur cherchent-ils plutôt un intermédiaire convenable. Est-il permis de s'obstiner dans de fausses méthodes, quand il est si facile, quand il serait si utile d'en adopter de meilleures ?

Outre la ferme de M. de Lamondière, où nous avons remarqué un bel ordre et un bon entretien, l'habitation de ce propriétaire nous a paru encore l'une des mieux soignées du pays. Ce n'est point un château, mais une jolie maison de campagne, nouvellement restaurée et placée au milieu de jardins et de vergers ; cette demeure serait plus agréable encore, si la vue pouvait s'étendre de-là un peu plus à l'entour ; l'horizon y est trop borné, à ce qu'il nous semble.

L'église, comme nous l'avons déjà remarqué, offre plusieurs caractères d'ancienneté ; une partie des murs, construits en moëllon, ont leurs assises rangées, en sens opposé, les unes au-dessus des autres ; c'est ce que nous appelons *opus spicatum*, ou maçonnerie en forme d'épis ou d'arrêtes. Dans l'intérieur de l'édifice, au milieu de la nef, on voit, encaissés dans le sol, des fonts baptismaux vraiment remarquables ; ils forment une espèce de petite cuve pouvant contenir quarante-cinq pots, et ne s'élevant pas à plus de deux pieds de terre ; tout à l'entour sont sculptées de petites arcades à plein cintre, assez régulières. Nous ne savons si c'est une erreur, mais nous sommes portés à croire que ces fonts datent d'une époque fort reculée, et du temps où l'on baptisait par immersion ; placés au milieu de la basse nef, et de manière à gêner la circulation, ils semblent n'avoir jamais été déplacés ; on les aura respectés comme un ouvrage ancien. Le reste de l'édifice est à-peu-près insignifiant. Les ouvertures sont à ogives de plusieurs époques ; la porte est moderne. Le chœur offre quelques tombes à demi-effacées, et notamment celle d'un *Bovion*, mort dans le dernier siècle ; le cimetière renferme un if et la pierre tumulaire de madame *Filleul*, décédée en 1818. Outre S. Loup, l'église avait encore pour patron S. Gilles ; elle est réunie à Soulangy.

Le maire de St.-Loup, auquel nous devons nos renseignemens statistiques, est M. de Lamondière ; l'adjoint est M. Duglos. La commune paie 2,461 fr. 60 cent. d'impôts directs.

COMMUNE DE St.-PIERRE-CANIVET.

SAINT-PIERRE-CANIVET est borné au nord par St.-Loup et Épaney ; à l'est, par Versainville et Aubigny ; au sud, par Falaise et Noron ; à l'ouest, par Villers-Canivet.

D'après les états de section, cette commune renferme 840 acres, ou 686 hectares, ainsi divisés : Terre labourée, 400 acres ; prairies, 80 acres ; vergers, jardins, 30 acr. ; bois et bruyères, 330 acr. Le territoire s'étend irrégulièrement dans une longueur de plus d'une lieue, sur une largeur de moins d'une demi-lieue.

Le village de Saint-Pierre, comme ceux de Soulangy et de St.-Loup, est à très-peu de distance de la grande route de Caen, sur le bord d'un petit ruisseau qui arrose ses vergers et ses vertes prairies ; quelques-unes de ses maisons s'avancent jusque sur la route ; les autres hameaux de la commune sont : Longpré, la Tour, la Tuilerie, le Bout-des-Selles et le Bout-des-Cerfs.

Un chemin vicinal s'étend dans la direction de St.-Loup à Aubigny, en suivant le vallon, et un autre se dirige vers Épaney ; la commune est de plus traversée, entre la Tuilerie et la Tour, par la route de Falaise à Harcourt, qui est mal entretenue de ce côté. Les habitans « réparent leurs chemins » par corvées, ce qui est dire qu'ils les réparent » mal ; les uns travaillent, les autres ne font presque » rien ; mieux vaudrait le système des prestations » en argent », et de simples adjudications devant le

maire et l'adjoint. Voilà ce qu'on nous répète partout, et ce que l'on fera sans doute quelque jour,
quand une loi mieux combinée, sur les chemins
publics, nous aura été accordée par le Gouvernement.

L'agriculture est la même que dans la commune
voisine. On y emploie 22 chevaux, 50 vaches,
350 moutons communs, et dans la belle saison, on
y joint une vingtaine de bœufs que l'on met pâturer
dans le grand herbage de la Tour. La population est
de 300 habitans, parmi lesquels il y a eu 33 naissances sur 19 décès, dans cinq ans ; c'est un résultat
tout opposé à celui qu'ont présenté les communes
récemment décrites, qui sont cependant dans une
situation topographique à-peu-près analogue. Des
causes accidentelles ont pu produire ces différences.
Le nombre des feux, dans les divers villages, s'élève
à 60 au moins. Une trentaine d'enfans vont aux
leçons publiques.

Parmi les habitans, dix sont bonnetiers, trois
sont toiliers, quatre sont occupés aux tuileries,
vingt au moins travaillent aux carrières, et le reste
est laboureur ou manœuvre. Les deux tuileries
établies sur la commune sont assez suivies, quoique
la tuile que l'on y fabrique ne soit guère estimée,
par suite du peu de soin avec lequel on la prépare.

L'exploitation des carrières se poursuit depuis des
siècles, avec succès, dans la commune de St.-Pierre-
Canivet. Le sol de la plaine repose sur un banc de
calcaire d'un grain dur, fin, serré, susceptible de
recevoir un poli et de résister au frottement et à
l'usage habituel ; nulle pierre n'est plus estimée pour

servir de marches dans les escaliers ou de pavés dans les intérieurs ; on la taille en tablettes pour couvrir les murs, en *mangeoires* pour les écuries, en cheminées de toutes les formes, en tombeaux sculptés, en cintres de portes et fenêtres, en frontons, etc. ; elle se prête, en un mot, à tous les travaux auxquels on veut l'employer ; mais comme elle est dure et difficile à travailler, on n'en fait pas ordinairement usage pour la construction des maisons ; on lui préfère, pour la grosse maçonnerie, la pierre de Quilly ou celle de St.-Germain-le-Vasson, qui se taille plus aisément et à moins de frais. Le calcaire de Saint-Pierre s'emploie, non-seulement dans le pays, mais on en fait des envois considérables dans les villes voisines, et même à l'étranger ; on en chargea plusieurs vaisseaux, il y a deux ans, pour Bruxelles ; il vient d'en partir un convoi pour St.-Valery-en-Caux ; on en expédie chaque jour pour Alençon, le Mans, Laigle, Lisieux, Caen, Bayeux, etc. La vente qui s'en fait chaque année, peut se monter à 15 ou 18,000 fr. Le pavé ordinaire se vend 45 fr. le cent, sur la carrière, et le pavé *d'échantillon*, ou de choix, 60 fr. Les meilleurs ouvriers gagnent 3 et 4 fr. par jour, et les ouvriers ordinaires 2 fr. ou 2 fr. 50 cent. ; ceux que l'on emploie au déblayage sont payés moins cher. Les carrières de St.-Pierre, et celle d'Aubigny, qui en est voisine, occupent, dans l'hiver, cinquante ouvriers au moins.

On travaille en général à découvert dans nos carrières. Le premier banc de pierre dure se trouve à vingt pieds de profondeur ; au-dessous est un

Banc de pierre molle, et enfin, le second banc de
pierre dure se montre à trente pieds à-peu-près.
Au-dessous, l'on ne rencontre plus rien. Les ouvriers s'enfoncent quelquefois à 30 ou 40 pieds sous
le sol, en laissant çà et là des piliers de soutien.
Ils tirent quelques blocs qui ont 20 à 25 pieds de
longueur. Ils les débitent à la scie ou au marteau,
selon le travail auquel ils les destinent.

Les principales carrières de St.-Pierre sont celles
de MM. Lebreton, Ballière, Morel, Devaux, etc. ;
elles sont exploitées par MM. Crespin, Montier,
Besnier et Alexis André. Ils ont deux fours à chaux
qui paraissent abandonnés.

Tournons nos regards sur l'autre côté de la commune, qui tient encore au Bocage.

Les Bois du Roi, appartenant maintenant à
M. le comte d'Aubigny, embrassent une étendue
de 280 acres. Henri VI d'Angleterre les avait vendus
en 1446 au duc de Ferrare, qui lui-même les re-
vendit plus tard, en 1593, à la famille d'Harcourt-
Beuvron : le prix de la cession était alors de 9,240 liv.
Ces bois ont été récemment acquis par M. d'Aubigny, moyennant un capital de 150,000 fr. ; on
voit que la valeur de la propriété s'est ainsi accrue,
en moins de 340 ans, dans la proportion de 1 à 16;
ce rapprochement est assez remarquable. M. d'Aubigny trouva les bois du Rois en très-mauvais état,
par suite de l'usage où l'on était d'envoyer les bestiaux pâturer dans les coupes avant qu'elles fussent
défensables. Il a transigé sur ce droit de pâture avec
ses voisins, et il a fait exécuter des travaux sur
toutes les parties du bois qui étaient susceptibles

d'améliorations. On a ouvert de larges fossés dans les lieux profonds, pour recevoir et contenir les eaux qui croupissaient et détruisaient les souches ; on a repiqué ou semé du plant dans les lieux dé-garnis ; on a formé de petites futaies de hêtres et d'arbres verts sur les hauteurs ; on a couvert de vi-gnonières les points les plus arides ; ainsi, la main d'un propriétaire vigilant a rendu la vie à ce vaste terrain qui perdait chaque jour de son importance et de sa valeur sous ses anciens possesseurs : les bois du Roi, joints au château d'Aubigny, vont former une des plus belles propriétés des environs de Fa-laise ; de leur point le plus élevé, sur la bruyère, au lieu où M. d'Aubigny a fait disposer un petit pavillon de chasse, on jouit d'une vue très-étendue sur presque toutes les lignes de l'horizon.

Les bois de la Tour sont au nord des bois du Roi, et ceux de Longpré sont à l'est ; cette réunion forme sur la commune de St.-Pierre-Canivet une masse de bocage qui se prolonge presque jusqu'à l'entrée de la ville ; ils offrent, avec les bruyères de Noron que nous avons décrites précédemment, un ensemble champêtre et à demi-sauvage, très-digne d'être recherché par les amateurs de paysages.

Le château de la Tour, placé au centre du bois du même nom, dans le vallon, est encore bien plus remarquable que les hauteurs boisées qui le dominent. On y arrive par de grandes avenues que borde un bel herbage rempli de troupeaux. La maison, neuve, simple, de bon goût, est distribuée dans l'intérieur avec intelligence, et présente les restes d'un ameublement élégant. Elle fut habitée ;

avant la révolution, par Madame de Séran, beauté
renommée sur la fin du règne de Louis XV, et célébrée par les poëtes et les écrivains de cette époque ;
Marmontel, surtout, la représente, dans ses Mémoires, comme une des femmes les plus agréables
de son temps. Autour d'elle s'était formée une cour
de beaux esprits, parmi lesquels on remarquait
Delille, l'espoir alors du Parnasse français. Delille
et Marmontel vinrent plusieurs fois au château de
de la Tour, et même de plus augustes personnages
ne dédaignèrent pas, à ce qu'on assure, d'y passer
quelques instans ; les étés s'y écoulaient dans les
fêtes et les plaisirs. La révolution vint chasser les
hôtes de ces aimables lieux, et depuis ce temps, la
famille des Séran n'a plus guère habité ce château ;
on y reconnaît partout aujourd'hui l'absence du
maître : les avenues, les jardins, les bosquets ne
sont plus entretenus comme ils le furent autrefois ;
les intérieurs sont tristes et déserts. Les portraits
de la belle Séran viennent seuls charmer encore les
regards au milieu de cette enceinte qu'elle remplit
de ses souvenirs ; on y retrouve son image sous plusieurs formes différentes ; et l'un de ces tableaux
surtout, celui de la Nuit, la reproduit avec une
grâce qu'il est plus facile de sentir que de définir ;
un tel séjour devait être charmant, quand une châtelaine aussi séduisante présidait aux fêtes qui s'y re-
nouvelaient tous les ans, pendant les beaux jours.

On cite, dans le bois de la Tour, comme une
beauté naturelle, très-digne d'être visitée, une fontaine fraîche et limpide qui sort du pied des rochers,
et qui forme un petit ruisseau dont les eaux s'écoulent

avec

C'est une douceur infinie, au milieu de sentiers tortueux, jusqu'aux douves du château. Nous ne croyons pas, en effet, qu'il y ait rien dans ce pays de plus gracieux que ces bocages. Les eaux, dans leur cours, remplissent d'anciens fossés, du milieu desquels s'élève une masse de bosquets qu'on nomme *l'île d'Amour*. C'était le rendez-vous des poëtes et des amans pendant les chaleurs du midi. De beaux sapins, de longs bouleaux, des acacias, des lianes de chèvrefeuille, des aubépines l'embellissent et la parfument ; tout y invite à-la-fois à la molesse et au plaisir. Là, cependant, existait jadis un ancien châtel dont la mémoire s'est conservée dans la contrée : c'était la forteresse de défense des seigneurs de Séran, au temps de nos guerres civiles. Ravent de Séran s'y était renfermé en 1589, et il y tenait pour le Roi contre la Ligue, quand il fut informé de l'arrivée des soldats de Brissac qui occupaient Falaise ; il fut chassé de son manoir par ces pillards, et dans sa fuite il aperçut les flammes qui dévoraient l'antique enceinte. Il se rendit à Caen, et se plaignit des dommages que ce pillage lui avait causés. On cita les coupables devant les magistrats, pour rendre compte de leurs désordres ; et comme ils ne comparurent point, ils furent condamnés à de fortes amendes envers le plaignant. Les détails de ce procès sont consignés dans la première partie de cet ouvrage. Depuis ce temps, le château seigneurial de la Tour a été placé sur un autre point, et la motte féodale de Ravent de Séran a été abandonnée. C'est une heureuse idée, de la part de ses successeurs, de l'avoir transformée en

une enceinte consacrée aux plaisirs ; ils eussent pu
placer dans le petit temple que l'on y aperçoit une
statue de l'Amour détrônant le dieu Mars ; l'allé-
gorie eût été de l'histoire [1].

Les Séran entrèrent en possession de ce fief de la
Tour, ou de Canivet, en 1444 ; il leur fut accordé
par le roi Henri VI, avec lequel ils étaient revenus
d'Angleterre. Depuis cette époque ils ont conservé
ce domaine, leur apanage principal. Robert de
Séran est le premier connu de leur race, à la fin
du 15.e siècle ; il fut proclamé noble en 1467 ; Ravent de Séran vivait à la fin du 16.e siècle ; Gilles-
François était chevalier de l'ordre du Roi en 1636 ;
nous trouvons un Guillaume-François et un Gilles-
François, morts en 1690 et 1726 ; Louis-François,
mousquetaire et gouverneur des pages du duc d'Orléans, mourut en 1766 ; un abbé Séran de la Tour
publia, en 1762, *l'Art de sentir et de juger en matière de Goût*, 2 vol. in-12 ; et en 1774, *l'Histoire
du Tribunat de Rome*, un vol. in-8.º ; il est encore
auteur de quelques autres écrits. Enfin, M. le
comte de Séran actuel est colonel du régiment des
chasseurs du Gard et gentilhomme de la chambre
du Roi. Cette famille est distinguée dans le pays.

1 Les vers suivans, gravés au bord de la fontaine, sont
attribués à Marmontel ; ils semblent peu dignes de lui.

Si tu sais réfléchir, contemple ce ruisseau ;
Il doit te présenter l'image de la vie :
Que d'obstacles à vaincre ! un enfant, un roseau
Peut contraindre sa marche au gré de son envie ;
Mais, honteux d'en gémir, il triomphe de tout ;
Il voit sans s'effrayer la pente qui l'entraine ;
Sa course est un travail, et sa mort est au bout.
Mortel, ainsi que lui, supporte donc ta peine !...

Les pierres tumulaires de Ravent et de ses descendans, jusqu'au dernier Séran de la Tour, se voient
dans la chapelle de l'église de St.-Pierre, dont ils
étaient anciennement seigneurs.

Le château de Longpré, à l'autre extrémité de
la commune, vers Falaise, offre de loin une masse
carrée de bâtimens flanqués de petites tourelles à
toits pointus recouverts en ardoise ; placé au milieu
d'herbages et de bois, son effet général est assez
pittoresque. Il appartient à M. Lebourgeois-Prébois,
qui en a fait restaurer l'intérieur avec soin ; le
jardin potager, la grande serre et le jardin anglais
sont surtout bien entretenus. On assure que ce fut
dans ce château que naquit et fut élevée, il y a plus
de soixante ans, l'aimable comtesse de Souza, une
des plus ingénieuses de nos romancières modernes.
Madame de Souza, née Filleul, est une des illus-
trations littéraires de ce pays ; son *Adèle de Sé-
nanges* est un chef-d'œuvre de grâce et de sensibilité ; qu'il nous soit donc permis de jeter en passant quelques fleurs sur son berceau. C'est dans ces
mêmes lieux que naquit sa sœur, la comtesse de
Marigny-Ménars, l'amie et la rivale de beauté de
Madame de Séran. Ainsi, par un singulier rapprochement, à cette modeste commune de Saint-
Pierre se rattachent les souvenirs des trois femmes
les plus spirituelles et les plus jolies dont cette
contrée se soit glorifiée dans ces derniers temps.
La plus célèbre d'entre elles, Madame de Souza,
vit encore, et nous ne pouvons ainsi donner de
plus longs détails sur sa vie et sur ses ouvrages.
Plus tard, l'auteur de tant de romans pleins de

charmes, aura droit à de plus dignes éloges au sein des lieux qui la virent naître[1].

Nous n'avons rien à ajouter sur les autres parties de la commune de St.-Pierre-Canivet. L'église est un monument presque tout moderne et sans importance. Le cimetière présente un bel if et la tombe d'un *Manoury-Dumesnil*. La paroisse est supprimée et réunie à Aubigny.

Le maire, M. Guillaume, vient de mourir ; c'est à l'adjoint, M. Rosel, que nous devons plusieurs de nos détails. La commune paie à l'Etat 5,599 fr. 73 cent. d'impôts directs.

[1] Madame de Souza, mariée en secondes noces à un ambassadeur de Portugal à Paris, avait épousé d'abord M. de Flahaut qui fut décapité en 1792. Son fils, le général Flahaut, a été aide-de-camp de l'empereur Napoléon. Voici ce que nous lisons sur Madame de Souza dans la *Biographie nouvelle des Contemporains*, tome XIX, page 303 :

« Cette dame, long-temps célèbre par les grâces de sa per- » sonne, son esprit et son amabilité, a pris un rang distingué » parmi les auteurs de l'époque actuelle. Les romans qu'elle » a successivement publiés ont eu, dès leur première appa- » rition, la plus grande vogue, et le temps n'a fait que con- » firmer le jugement qu'on en avait d'abord porté. Le charme » et l'élégante pureté du style, des observations de mœurs » aussi fines que piquantes, auraient pu les faire attribuer à » un écrivain consommé, tandis que la délicatesse des sen- » timens et la profonde sensibilité qui y règnent, révélaient » le sexe de l'auteur. »

Quant à « la jolie et piquante Filleul, » sa sœur (Madame de Marigny-Ménars), et « à » l'ingénue et belle Séran », nous citerons un des passages qui les concernent, dans les *Mémoires de Marmontel*.

« Ce qui me ravissait en elles, c'étaient les grâces de leur » esprit, la mobilité de leur imagination, le tour facile et » naturel de leurs idées et de leur langage, et une certaine » délicatesse de pensées et de sentimens qui, comme celle » de leur physionomie, semble être réservée à leur sexe. » Leurs entretiens étaient une école pour moi, non moins » utile qu'agréable, etc. »

COMMUNE D'AUBIGNY.

Nous croyons que le nom d'*Aubigny*, que l'on écrit en latin *Albineium*, *Albiniacum*, a pu, dans le principe, exprimer la blancheur du sol sur lequel repose une partie de la commune, tandis que l'autre partie, vers le sud-ouest, se perd encore dans le Bocage. Le village est sur la terre blanche, *tellure in albâ*, ainsi que Guibray et les principaux groupes des communes qui portent le nom de *Canivet*. Cette observation s'est renouvelée sur toute la ligne que nous venons de parcourir. Aubigny, *Albiniacum*, peut aussi indiquer la *demeure d'Aubin* ou d'*Albinus*, comme *Potiniacum*, la *demeure de Potinus*, etc.

Les anciens seigneurs d'Aubigny sont très-célèbres dans l'histoire de notre province. L'un d'eux était *bouteillier* de Normandie, sous Guillaume, et on le trouve inscrit l'un des premiers sur les listes de la Conquête ; il ne quitta point le prince, auquel l'attachait son emploi. Son fils aîné, Guillaume, obtint à la cour d'Angleterre cette même charge de *bouteillier*, qui devint héréditaire dans la famille. De grands biens lui furent en même-temps accordés, et notamment dans le comté de Norfolk, où cette antique race s'est perpétuée jusqu'à nos jours. « Les » ducs de Norfolk actuels et les comtes Arondel de » Wardour se font encore gloire de descendre des » seigneurs d'Aubigny [1]. » Nöel, le second des fils, rendit de grands services au roi Henri I.er, et lui

_____

[1] Note de M. Aug. Leprévost, dans le Roman de *Rou*.

assura la victoire au combat de Tinchebray. Il en
fut récompensé par les faveurs du monarque et par
d'immenses domaines qui lui furent abandonnés
en Angleterre et dans le Cotentin ; il reçut entre
autres les grands fiefs dont le roi Guillaume-le-
Roux avait dépouillé Robert de Moubray, comte
de Nortumberland, qui s'était révolté contre lui.
Les Moubray étaient alliés des Aubigny, et leur
race venant à s'éteindre, le fils de Néel devint héritier de leurs biens, ainsi que de leurs titres ; c'est
lui que nous voyons, sous le nom de Roger de
Moubray, fonder un monastère dans nos environs,
en 1127. Le successeur de Roger reprit le nom
d'Aubigny, que continuèrent à porter les chefs de
la famille. Nous retrouvons ces Aubigny de Moubray dans la suite de nos annales, mais il nous
est impossible de rappeler ici tous ceux qui y sont
désignés. « Les détails sur ces seigneurs, dit M. de
» Gerville, sont si abondans, qu'ils pourraient
» remplir des volumes. » Nous nous bornerons
donc à faire observer que c'est principalement en
Angleterre qu'ils se maintinrent avec éclat, et qu'ils
n'ont pas même cessé d'y occuper jusqu'ici le rang
le plus élevé ; leur descendant est encore aujour-
d'hui le premier duc de la Grande-Bretagne. Parmi
nous, au contraire, ces seigneurs ne jouent plus
aucun rôle important depuis long-temps, et il
semble même que leur race ait entièrement disparu de la province. Ceux que nous connaissons
n'appartiennent point à la famille antique des descendans du compagnon de Guillaume.

Deux points de la Normandie revendiquent l'hon-

neur d'avoir été le berceau des Aubigny-Moubray ;
M. de Gerville croit qu'ils partirent du Cotentin ,
où il trouve une commune, dans le canton de
Périers, qui porte leur nom ; il s'appuie principalement sur d'anciennes chartes qui font mention ,
à diverses reprises, des Aubigny du Cotentin ; nous,
de notre côté, nous croyons pouvoir soutenir que
les Aubigny appartiennent à la contrée que nous
décrivons ; nous donnerons en peu de mots les
motifs de notre opinion.

La charge de bouteillier, *pincerna, buticularius,*
qu'un d'Aubigny remplissait à la cour de Guillaume, à l'époque de la Conquête, annonce qu'il
résidait habituellement auprès du prince, et qu'il
ne quittait point, pour ainsi dire, sa personne.
Guillaume, né à Falaise, y passa une partie de sa
jeunesse, et y séjourna souvent dans la suite ; les
grands de sa cour pouvaient donc avoir des établissemens dans les environs de cette ville, et remplir ainsi les devoirs de leur charge, sans renoncer
pour cela à vivre sur leurs domaines. Notre paroisse
d'Aubigny est limitrophe de Falaise ; du château
où naquit Guillaume on aperçoit l'emplacement du
vieux manoir seigneurial et le territoire entier de
la commune. Il est donc très-permis de penser que
le duc Guillaume avait choisi pour son échanson
un seigneur placé dans ce lieu, plutôt qu'un personnage venu du Cotentin ; d'autres preuves viennent
à l'appui de cette présomption.

Nous remarquons que, sous le règne d'un des
premiers successeurs du Conquérant, Roger de
Moubray, fils de Néel, fonda une abbaye à Villers-

Canivet, commune voisine de notre Aubigny et de la ville de Falaise. Dans sa charte, le fondateur déclare expressément que c'est pour le repos de l'ame de son père Néel d'Aubigny, *Nigelli de Albineio*, et de sa mère Gondrée, *et Gondræ matris*, etc. Nous le demandons, si les Aubigny eussent résidé dans le Cotentin, si le Cotentin eût été le berceau de leur race et le lieu où devaient reposer leurs dépouilles, leur héritier serait-il venu fonder un monastère pour le repos de leur ame à cinquante lieues de leur demeure et près d'une ville étrangère ? Roger de Moubray fonda encore un prieuré ou monastère à Tuepot, comme nous l'avons vu, à une lieue à-peu-près de Villers-Canivet. Il possédait donc de grands biens dans ce pays, et il tenait donc à y perpétuer le souvenir de sa famille. Nouveau motif de penser que là était en effet le lieu de leur origine.

Nous observons ensuite que notre commune d'Aubigny était anciennement le chef-lieu d'un doyenné d'où dépendaient trente-neuf paroisses, quoiqu'elle se trouvât à la porte d'une ville qui était elle-même le centre d'un autre doyenné assez considérable. Comment un village sans importance eût-il obtenu cette faveur, si quelque homme puissant n'eût appelé sur lui l'attention ? Selon toute apparence, les bouteilliers de Normandie auront fait ériger ce doyenné d'Aubigny, comme les Tessons firent ériger celui de Cinglais ; de grands priviléges étaient toujours attachés aux grands fiefs de ces favoris des princes. Cette observation vient encore à l'appui de notre système.

Enfin, M. de Gerville n'a pu découvrir sur la

commune qu'il décrit l'emplacement d'un château
fort ou d'un manoir, qui pût rappeler la puissance
des seigneurs qu'il en fait partir, et il est réduit à
chercher, à une lieue de-là, sur une commune
étrangère, la motte d'un *château de St.-Clair*, où
il croit pouvoir établir la résidence des premiers
Aubigny. Nous, au contraire, outre le château
d'Aubigny actuel, qui date de deux cents ans au
moins, et qui est encore entouré de douves, nous
trouvons, à cent pas plus loin, en nous rapprochant de l'église, l'emplacement d'un autre châtel
plus ancien, où se voient encore un petit étang,
reste des premiers fossés, une ferme, un jardin
enclos de murs, et une petite glacière pour les
besoins du château. Là, nous assure-t-on, fut jadis
la première résidence des seigneurs ; là, lorsque
l'on fouille le sol pour des plantations ou des constructions, on découvre d'anciennes fondations qui
remontent à des temps fort reculés. L'église n'était
éloignée que de quelques pas, et peut-être se trou-
vait-elle, comme nous en voyons d'autres ailleurs,
renfermée dans l'enceinte fortifiée de la demeure
du maître. De telles considérations doivent, à ce
qu'il nous semble, jeter quelques poids dans la
balance. Nous sommes loin toutefois de prétendre
qu'il n'y ait point eu de seigneurs d'Aubigny dans
le Cotentin ; mais ils devaient être sortis d'une
souche partie de ce pays ; ce furent principalement
les riches dépouilles des Moubray qui durent les
appeler plus tard sur l'autre point de la province.
Nous soumettons du reste ces observations à ceux
de nos lecteurs qui s'occupent de recherches histo-

riques, et nous appelons avec confiance leur décision ; eux seuls pourront être juges, dans cette circonstance, entre M. de Gerville et nous [1].

Nous passons maintenant à la description de la commune.

On compte sur Aubigny 310 acres de terre en labour, 20 acres de prés, pâtures et herbages, 3 acres de bois taillis, et 130 acres de bruyères ou rochers ; en tout, 463 acres ou 378 hectares. Le territoire est enclavé entre celui des communes de Noron, de Saint-Pierre-Canivet, de Versainville et de Falaise.

Le village forme quelques rues autour de l'église, et douze ou quinze de ses maisons s'étendent sur la route royale de Falaise à Caen, du côté de la plaine ; une partie de la rue principale dépendait de la ville ; mais la nouvelle division cadastrale doit restituer à Aubigny tout ce groupe qui lui avait *jadis* appartenu. Le nombre des maisons, qui n'était que de 80, se trouvera ainsi porté à 100 environ, et les habitans, qui ne s'élevaient qu'à 360, se trouveront portés à 450. On compte parmi eux 15 tailleurs de pierre et maçons, 15 bonnetiers, 7 à 8 tisserands, un charron, un aubergiste et un boucher. La commune a un instituteur qui ne rassemble guère plus d'une trentaine de petits enfans.

Les naissances, dans les cinq années du dernier recensement, se sont élevées à 37, et les décès à 27.

1 La dissertation de M. de Gerville est contenue dans le tome II des *Mémoires de la Société des Antiquaires de la Normandie*, page 231 et suivantes.

La route départementale de Falaise à Harcourt traverse la commune du côté du Bocage, et le village ainsi que le château se trouvent placés entre ces deux grandes voies de communication, qui amènent de ce côté beaucoup de voyageurs et de promeneurs. Aubigny est en conséquence une des communes les plus animées et les plus fréquentées de l'arrondissement, en même-temps qu'elle est une des plus agréables par sa situation et sa variété ; les bosquets s'y marient surtout à la plaine avec beaucoup de grâce.

On cultive cette campagne comme celle de Vâton, de St.-Pierre et de St.-Loup. Une partie des bruyères a été défrichée, plantée en ajonc, en pépinières ou en petits bois taillis qui réussissent fort bien. Sur les hauteurs, le roc est presque à nu, et l'on en extrait de la pierre pour les chemins et pour les routes ; cette roche quartzeuse est d'une mauvaise qualité, et ne résiste pas long-temps à la pression des roues ; lorsqu'on songera sérieusement à remettre à neuf nos chemins publics, on trouvera une espèce de grès ou de quartz, beaucoup plus dur, sur l'autre revers des bruyères, du côté de Noron.

Aubigny renferme 40 chevaux environ, 100 vaches et près de 600 mérinos. Les bergeries de M. d'Aubigny sont très-estimées. Ce propriétaire est un des premiers qui ait introduit le mouton d'Espagne dans cet arrondissement, et dès l'année 1805, la Société d'Agriculture de Caen le félicita publiquement sur les résultats qu'il avait obtenus; les observations qu'il avait communiquées à cette Compagnie, ont été consignées en partie dans les Mémoires qu'elle a publiés en 1827 [1].

Les carrières d'Aubigny ne sont pas aussi considérables que celles de St.-Pierre, et n'occupent que douze à quinze ouvriers ; on en extrait plus de moëllon que de pierre de taille, et deux fours ont été disposés sur les lieux pour cuire le calcaire sur place. C'est M. Crespin qui dirige cette exploitation. De grands mouvemens de terre que l'on remarque dans les champs voisins, font connaître que depuis des siècles tout ce sol a été remué par des travaux de ce genre. Le grand nombre de voitures qu'amènent chaque jour ces établissemens, contribue à dégrader sur ce point la route royale de Tours à Caen ; et depuis l'avenue du château jusqu'à la principale carrière, elle est presque toujours dans le plus fâcheux état. L'administration doit y donner principalement des soins.

En défrichant le bas de la bruyère, il y a quelques années, on découvrit, près de la *Fontaine au Loup*, une douzaine de coins en bronze, une espèce de lame de sabre rongée de rouille, et un petit bassin de pierre à demi-brisé. Ces objets furent perdus ou dispersés. Le maire envoya deux des coins au secrétaire de l'Académie de Caen, qui les aura sans doute soigneusement conservés.

Le château de la famille actuelle d'Aubigny est, comme nous l'avons dit, agréablement situé entre les deux routes de Caen et d'Harcourt. Sur le devant est une double avenue régulière de hêtres ; à droite et à gauche sont des bosquets et des massifs

[1] Voir le tome I.er, pages 6 et 133.

d'arbres, et sur le derrière, une belle prairie se déroule jusqu'au pied des bruyères et des bois qui couronnent l'horizon au couchant. Quoiqu'une large nappe d'eau n'anime pas ce paysage, on doit convenir qu'il est rare d'en rencontrer de pareils, à la porte d'une ville ; le centre de la maison et le pavillon de gauche furent bâtis il y a peut-être deux cents ans ; le pavillon neuf fut élevé, il y a peu d'années, par le comte actuel ; le salon, la salle de billard et la salle d'entrée peuvent être remarqués ; on voit dans cette dernière un tableau en pied de *Louis XIII*, accordé par ce prince à un d'Aubigny, et une soixantaine de portraits de famille, parmi lesquels se distingue un *cardinal de Lavardin*. Nous avons offert à nos abonnés le château d'Aubigny ; il est vu de côté, du milieu de la prairie [1].

L'église d'Aubigny est un monument insignifiant par lui-même, reconstruit à une époque peu éloignée, et sans architecture qui puisse être signalée. Mais dans l'intérieur sont les tombeaux des *Morel* ou *Morell d'Aubigny*, dont nous avons souvent parlé dans l'histoire de Falaise. L'un des plus anciens fut l'hôte de Henri IV, qui le fit chevalier de ses ordres ; il repose, comme nous l'avons vu, dans le chœur de l'église de St.-Gervais de Falaise ; son frère, *Ravent ;* tué au siége de Rouen, en 1594, est sous une pierre tumulaire, au pied de l'autel d'Aubigny ; à gauche de ce personnage sont six statues représentant six générations de guerriers qui reposent

[1] Le dessin et la lithographie sont l'ouvrage de M. Fouquet-Dulomboy.

dans cette enceinte. Ils sont représentés, en pierre du pays, à genoux, les mains jointes, de grandeur naturelle, avec les costumes du temps, la cuirasse, les cuissards, les brassards et la longue chevelure. Le premier, qui porte aussi le prénom de *Ravent*, était chevalier de l'ordre du Roi, et lieutenant d'une compagnie de gens d'armes ; il mourut en 1625 ; le second, *Bradelis de Morell*, commandait cent gentilshommes, et sa tombe est de l'an 1666 ; son fils, *Achille-Antoine*, termina ses jours en 1673, après s'être signalé dans les guerres d'Italie ; l'inscription ne nous apprend rien sur *Marc-Antoine*, qui mourut en 1724 ; mais après lui nous trouvons le plus célèbre de tous, le lieutenant-général *J. Marc-Antoine*, sur lequel nous avons donné un article biographique dans *l'Histoire de Falaise*[1] ; nous ne pouvons revenir ici sur ce que nous avons dit de ce personnage, qui finit sa carrière en 1777, âgé de soixante-seize ans. Son fils, *Jules-Marc-Antoine*, le dernier décédé, était maréchal-de-camp lorsque la mort le surprit en 1786. Peu de familles, dans nos contrées, offriraient une généalogie aussi bien établie que celle-ci, depuis près de trois siècles. Ces statues, quoiqu'un peu féodales, sont précieuses pour nous à plus d'un titre. Les *Morel* ont contribué pendant long-temps à l'illustration du pays ; il est juste que leur mémoire y soit conservée. Ce fut en 1528 que *Thomas*, l'un de leurs ancêtres, acquit la terre et le château des anciens Aubigny ; le contrat, que nous avons vu, est encore dans le chartrier de la maison ; ils joi-

[1] Voir tome I.er, pages 197, 348 et autres.

gnirent plus tard à leur nom celui du fief dont ils étaient devenus possesseurs.

Dans le cimetière d'Aubigny est la tombe d'un prêtre, et une enceinte où reposent Mme *d'Aubigny*, sa fille, et le jeune *Marc*, que nous avons vu mourir il y a quelques mois ; ces dépouilles attendent un mausolée qui les rappelle à leurs amis. Un bel if défend l'entrée de ce lieu consacré à la mort. J'église est dédiée à la Vierge ; on en célèbre la fête le 2 juillet.

Le maire actuel d'Aubigny est M. Lechevalier ; l'adjoint est M. François Malfilâtre ; le desservant, M. l'abbé Denays. C'est au maire principalement que nous devons nos renseignemens. Les impôts de la commune se montent à 4,456 fr. 76 cent.

COMMUNE DE FALAISE.

Nous avons offert, dans le premier volume de cet ouvrage, l'histoire et la description de cette commune ; nous renvoyons à ce travail pour tout ce qui la concerne. Nous nous bornerons à rappeler ici que les paroisses de St.-Gervais et de St.-Laurent de Falaise font partie du deuxième canton que nous finissons de décrire, tandis que les paroisses de Ste.-Trinité et de Guibray dépendent du premier canton, qui va nous occuper. Les deux premières contiennent 4,000 habitans au moins, et les deux autres 6,300 environ ; la population officielle de la ville est de 10,303 habitans[1].

1 Voir l'ordonnance royale du 15 mars 1827, et notre premier volume, aux pages 311 et 518.

Nous placerons ici quelques notes historiques peu impor-

COMMUNE DE VERSAINVILLE.

Versevilla, *Versemvilla*, dont on a fait Versainville, nous semble venir de la disposition du village ou du château, *quasi versus ad villam*, tourné, incliné vers la ville ; cette idée nous est

tantes, que nous avons omis de classer dans le tableau que nous avons présenté, et qui pourront un jour servir à ceux qui voudraient écrire après nous l'histoire de Falaise.

— On lit dans la collection de *don Bouquet*, tome XI, page 477, la relation d'un miracle qui eut lieu à Falaise, en l'an 1057, le jour de Pâques, 3.e des kalendes d'avril : un jeune enfant, nommé Gislebert, étant tombé par hasard dans une cuve remplie d'eau, en fut retiré noyé ; le peuple accourut pour le voir, et, touché de son malheur, invoqua Dieu et S. Vulfrand ; ces prières efficaces rendirent la vie à l'enfant, qui se releva plein de force, et vint remercier les assistans. L'historien donne ce fait pour certain, et le public de nos jours en croira ce qu'il voudra.

— Dans la même collection, tome XIII, page 285, on lit que ce fut Henri I.er qui fit bâtir le château de Falaise, de 1110 à 1120. L'historien qui raconte ce fait, *Robert Dumont*, a évidemment commis une erreur ; le château de Falaise doit être antérieur à cette époque de plus de cent années.

Du reste, Ordéric Vital, écrivain contemporain, qui raconte tant de miracles et tant de fondations de châteaux, ne dit rien des deux événemens qui sont rappelés dans don Bouquet.

— Parmi les écrivains falaisiens du 16.e siècle, nous avons cité un *Elis de Bons*, qui nous a laissé un recueil de poésies. Cet écrivain eut un frère, poëte comme lui, qui porta le nom d'*Elis d'Aurigny*. Ils sont maintenant aussi peu connus l'un que l'autre.

— Dans le dernier siècle, un *Angot-Desrotours*, de Falaise, occupa un poste élevé à la Monnaie du Roi, à Paris ; il a laissé des ouvrages estimés sur l'art qu'il cultivait. C'était le

venue

venue en voyant la manière dont ce mot est écrit
dans les anciens titres. On peut dire aussi que
Versainville, *Versani villa*, servit à désigner autre-

père du contre-amiral actuel Desrotours, et de son frère qui
dirige la manufacture royale des Gobelins.

— M. l'abbé *Langevin* a décrit la chaîne des rochers de
Noron, au nord-ouest de la ville, et il a développe son
opinion sur quelques monumens du culte druidique qu'il a
cru y remarquer ; nous n'éleverons pas de discussion sur ce
point avec cet écrivain si estimable, dont nous ne pouvons
partager les idées dans cette circonstance. Nous ne devons
pas omettre toutefois, dans cet ouvrage, qu'à l'appui de son
système, il a présenté un fait qui mérite d'être conservé.
M. Langevin, en faisant défricher un petit champ au-
dessous des rochers, y découvrit, en 1816, un beau casse-
tête gaulois, en pierre grise polie, long de sept pouces, et
pesant une livre au moins ; procès-verbal fut dressé de cette
découverte, et le casse-tête fut déposé dans le cabinet de
M. de Basoches, où il se trouve encore actuellement. Ce
débris indiquerait en effet qu'il aurait existé jadis un établissement gaulois au milieu de ces vallons sauvages ; la *grotte
des Fées*, espèce de caverne formée par un déchirement des
rochers, rappelle encore quelques traditions qui ajouteraient
à cette présomption. Voilà du reste tout ce que nous croyons
devoir consigner ici des longues dissertations de M. Langevin
sur les antiquités celtiques des environs de la ville. On peut
lire son travail, qui forme l'introduction de ses *Recherches
historiques*, publiées en 1814 et rectifiées en 1826 ; nous y
renvoyons les lecteurs curieux de tous ces détails.

— Parmi les contemporains, nous avons cité, il y a deux ans,
comme le plus renommé, M. *Henri-Larivière*, aujourd'hui
conseiller à la Cour de Cassation ; le système adopté dans
ce livre n'a pas permis de détails étendus sur la vie de cet
homme public ; ceux qui désireraient le connaître plus particulièrement, pourront consulter les articles qui le concernent
dans la *Biographie des Contemporains*, 20 volumes in-8.º, et
dans la *nouvelle Biographie des Contemporains*, un vol. in-8.º

Tome 2. 15

fois la demeure d'un certain *Versanus*. Nous préférons toutefois la première interprétation à la seconde.

Aucun fait historique ne se rattache à la commune de Versainville.

Cette commune, qui présente à-peu-près une

Aujourd'hui, au nom de ce personnage qui doit devenir historique, nous devons ajouter celui de M. *David*, ancien consul-général à Smyrne, que Falaise compte aussi parmi ses enfans. M. David, après M. *Pouqueville*, normand comme lui, est un des Français les plus chers aux Grecs, et qui leur ont rendu le plus de services. On peut consulter, sur cet agent diplomatique, le Moniteur des 31 mai 1821, 6 mars 1823, 23 mars 1824, 14 juin 1826, et 30 janvier 1827.

— Depuis la publication de la description de la ville, on a découvert à St.-Laurent, sous Versainville, une carrière de calcaire gris, jeté dans des lits de glaise, qui a fixé l'attention du propriétaire. Il en a fait tailler et polir des fragmens qui sont devenus très-propres, après une préparation, à servir de pierre à rasoirs; déjà des envois en ont été faits au dehors avec avantage. Ce calcaire poli ressemble un peu à la pierre lithographique. Nous le ferons examiner, et il en sera reparlé plus en détail à l'article *Géologie*. On peut visiter la carrière en parcourant la belle pépinière que le propriétaire, M. *Bisson*, a disposée avec goût et discernement, au-dessous du plateau de Versainville, près de la Vallée. Cet établissement est bien tenu, et nous nous empressons de le faire connaître.

N. B. Nous venons de visiter un nouveau métier à bonnets, que fabrique en ce moment M. *Jouve*, d'après de nouveaux procédés; cette ingénieuse mécanique est destinée à diminuer le prix de la main-d'œuvre, en multipliant les produits. Dans l'intérêt général, et particulièrement dans celui de la population du pays, on doit en désirer le succès. On emploie déjà, à ce qu'il paraît, dans la ville de Poitiers, de ces sortes de métiers perfectionnés; et, pour soutenir la concurrence, on ne peut différer de les introduire dans Falaise.

demi-lieue en longueur et une demi-lieue en largeur, est bornée au nord par Épaney ; à l'est, par
Éraines et Damblainville ; au midi, par Falaise ; à
l'ouest, par Aubigny et Saint-Pierre-Canivet ; elle
renferme, outre le village principal, quatre hameaux, qui portent les noms de la Louterie, les
Bissons, le Moulin-d'Éraines et la Vallée. L'Ante arrose ses prairies dans toute leur longueur, depuis la
sortie de la ville jusqu'au-delà du moulin d'Éraines ;
sur les hauteurs, la nouvelle route de Falaise à
Rouen traverse sa campagne du sud-ouest au nord-
est ; l'ancienne route de St.-Pierre passait un peu
au-dessous, au milieu du village, et se dirigeait
sur les monts d'Éraines, dont cent acres à-peu-près
dépendent de Versainville ; cette ancienne route
est presque entièrement abandonnée maintenant.

Le territoire se compose de 800 acres environ,
ou 653 hectares, parmi lesquels 50 acres de prairies, 22 acres de parc, 100 acres de coteaux improductifs, et 628 acres de plaine. La meilleure terre
se vend 2,500 fr. ; la médiocre, 1,500 fr., et celle
des monts d'Éraines, 2 ou 300 fr. au plus ; cette
dernière n'est quelquefois pas évaluée au-delà de
3 fr. de revenu, tandis que la plus estimée de la
plaine, vers Aubigny, est portée à 40 fr. ; la prairie
rapporte 160 fr., et se vend 4, 5 et même 6,000 fr.
l'acre. On emploie en général pour engrais le fumier
exclusivement ; on fait peu d'usage de la tourte de
rabette. Les assolemens sont réglés selon l'ancienne
routine ; on sème du blé, puis de l'orge, puis de
l'avoine, puis enfin on laisse une jachère ; à peine
si l'on voit un dixième des champs en sainfoin ; et

cependant nous nous trouvons à la porte d'une
ville. Que de temps faudra-t-il pour amener nos
cultivateurs dans une meilleure voie? A Versainville on rejette même l'usage du plâtre pour les prairies artificielles. Quarante-cinq chevaux, 140 bêtes
à cornes et 375 moutons communs sont employés à
la culture et à l'exploitation. Des familles qui n'ont
pas un pouce de terre, ont une et même deux
vaches; les femmes les conduisent le long des chemins pendant les beaux jours de l'année, leur
achètent quelques fourrages pour les plus mauvais
temps de l'hiver, et le plus habituellement les nour-
rissent d'herbes pillées et volées. Au printemps, les
champs sont remplis de ces *cueilleuses* qui, sous le
prétexte d'arracher de mauvaises plantes, causent
souvent de grands dommages aux jeunes moissons.
Cet usage est si général aux environs de la ville,
que la population des campagnes semble le regarder
comme un droit; les propriétaires ont fini par tran-
siger et par accorder aux gardiennes de vaches la
faculté de cueillir l'herbe, chaque année, pendant
un laps de temps déterminé; ordinairement jusqu'à la Saint-Jean. Le maire alors fait une affiche
et défend de dépouiller davantage les champs; il
est rare que cette défense soit efficace pour ré-
primer le pillage. A Versainville, à Eraines, dans
la plaine de Guibray, il se prolonge long-temps
encore, et la justice donne tous les ans quelques
exemples de sévérité, avant que l'on renonce à ce
genre de maraudage.

La population de Versainville se monte à 550 habitans répartis dans 115 à 120 maisons. Pendant

cinq ans du recensement, il y a eu 64 naissances
et 40 décès ; l'accroissement est digne de remarque.
Dans cette commune, il n'y a pas, à proprement
parler, de misère, et depuis quelques années, selon
l'expression du maire, « tout le monde y vit de
» pain blanc ; on ne peut plus y trouver *d'ense-*
» *velisseurs.* » Le nombre des bonnetiers y est de
90 au moins, et celui des maçons de 20 ; ce sont
les branches principales d'industrie. On compte de
plus 2 siamoisiers , 2 tailleurs , 2 boulangers ,
2 charrons, 2 couvreurs, un maréchal, un épicier , un cabaretier et 2 meuniers ; tous les hommes
sont ainsi occupés , et il ne reste plus de bras pour
la culture ; les fermiers se plaignent de ne pas en
trouver lorsqu'il leur en faut ; si les femmes voulaient suppléer leurs maris , et se livrer aux travaux
des champs, elles amélioreraient leur situation , et
rendraient en même-temps des services au pays.
L'habitude des petits maraudages les détourne de
ces utiles occupations qui leur semblent réservées.

Il n'y a d'autres usines sur la commune que
deux moulins à deux tournans chacun.

Les deux chemins vicinaux sont assez bien entretenus ; on y employa 700 fr. l'année dernière.
Chaque habitant y fit deux journées de travail,
« tant bien que mal. »

On demande et l'on attend un instituteur ; il
aurait un soixantaine d'enfans ; le dernier n'en
avait que trente, mais le reste allait au-dehors.

Le petit château de Versainville est au milieu
d'un joli parc bien entouré de murs et bien planté,
que l'on aperçoit au nord de Falaise. Une grille de

fer s'ouvre à l'entrée de la cour d'honneur, devant
la façade qui présente un portique soutenu par
quatre colonnes doriques, et orné de deux statues
colossales, de mauvais goût, représentant Vénus et
Junon. Une longue galerie conduit, vers la gauche,
à un pavillon ; le pavillon de droite n'a pas été élevé,
et l'on n'en voit que les fondemens. L'intérieur
est délabré, et le salon, garni de peintures, mérite
seul quelque attention. Deux étangs, une ferme,
des vergers, un grand jardin, et surtout de belles
avenues et de charmans bosquets, forment un entourage qui rend cette demeure préférable peut-être
aux plus brillantes des environs. L'avantage d'être
chez soi, bien enclos, dans une enceinte de vingt-
deux acres au moins ; de jouir, de l'extrémité des
terrasses, vers le midi, de la vue de la ville et d'un
très-vaste horizon ; la facilité de se recueillir, de
s'isoler sous d'épais bocages, de s'y livrer à la méditation, à l'étude ; l'agrément, enfin, de pouvoir
descendre à la ville, quand on le veut, en quelques
minutes, et de passer ainsi du repos à l'agitation
et de la solitude à la compagnie des hommes ;
toutes ces considérations nous ont toujours fait regarder le séjour de Versainville comme le plus dé-
sirable pour l'homme riche, que sa position et ses
goûts appellent à vivre dans ce pays ; nous nous
serions volontiers écriés avec le poëte : *Hoc erat in
votis...* et cependant nous voyons depuis long-temps
cette demeure, comme tant d'autres des environs,
abandonnée, délaissée par ses maîtres ; ils passent
leurs années dans le tumulte d'une grande ville,
où sans doute ils trouvent le bonheur ; (la vraie

sagesse est en effet de le saisir partout où on peut
le rencontrer.) Selon nous, toutefois, l'homme le
plus heureux doit être celui qui sait goûter, dans
une retraite choisie, la douce paix de l'ame, et
qui trouve en lui-même des distractions et des
plaisirs que le monde fait souvent payer si cher !...

A l'une des extrémités du parc, vers l'église, se
voient les restes de l'ancien château ; ils servent
maintenant de logement au fermier. Une des salles
se nomme encore la *Plaiderie* ; une chambre noire
s'appelle *la Prison*. Là, en effet, jadis était une
haute-justice comme celle de Pôtigny. C'était aussi
sur Versainville qu'existaient anciennement les fourches patibulaires pour les criminels du pays. Les
habitans se souviennent de les avoir vues élevées
sur le revers occidental des monts d'Éraines ; elles
se trouvaient à peu de distance de la grande voie
publique de Falaise à Saint-Pierre-sur-Dive. Cette
même partie des monts d'Éraines fut, à ce qu'on
croit, couverte autrefois de très-beaux bois ; les
aigles, les faucons, les oiseaux de proie s'y retiraient et y faisaient leur séjour habituel. C'est de
cette forêt, assure-t-on, que nos pères tiraient ces
énormes poutres de châtaigniers que l'on remarque
encore dans nos plus vieilles constructions ; c'est-là
pareillement que l'on dût trouver, il y a plusieurs
siècles, diverses monnaies de cuivre à l'effigie de
Jules César. Nous consignons ces faits que rapportent Belleforest et Duchesne. Nous avouons toutefois qu'il est difficile d'ajouter une foi entière à
l'existence de cette belle forêt sur une croupe aride,
où quelques chétifs buissons d'épine se montrent à

peine çà et là ; un arbre n'atteindrait plus son développement naturel aujourd'hui dans ce sol maigre et sablonneux. Quant aux monnaies romaines, nous pensons qu'il a pu s'en trouver en effet sur ces hauteurs ; une voie passait à peu de distance, vers la plaine de Bernières ; il est possible que l'escarpement ait servi de point d'observation pendant l'occupation de la contrée ; on dominait de-là sur les campagnes voisines. Seulement, comme le nom de *César* se lit sur les monnaies de ses successeurs, peut-être lui attribua-t-on quelques pièces de Néron ou de Vespasien. Nos aïeux, il y a trois cents ans, n'étaient pas de grands numismates.

La famille des *Marguerit*, distinguée dans le pays, possède depuis long-temps le domaine de Versainville ; c'est dans la magistrature surtout que se sont fait remarquer les principaux de ses membres. Un des plus anciens était lieutenant d'Alençon en 1583 ; un autre était conseiller au parlement de Rouen en 1628 ; nous voyons dans l'église de Versainville le tombeau d'un *François Marguerit*, mort dans le dernier siècle, président en la cour des aides et finances de Normandie ; ils portaient le titre de *seigneurs de Guibray*, et dans l'une des églises de la ville existait, jusqu'en 1789, la statue en pied de l'un d'eux et de sa femme : nous ignorons quels services avaient valu un tel honneur à ces deux personnages.

L'église de Versainville, propre, décente, a été reconstruite presque entièrement à neuf il y a cinq ou six ans. Le chœur seul est gothique de la dernière époque, et la tour, du temps de Louis XIII.

L'image de S. Eutrope, qui se voit sur un autel, est l'objet de la vénération ; elle guérit, dit-on, de l'hydropisie. La fête se célèbre à la St.-Pierre, et il s'y forme une réunion assez nombreuse d'habitans de la ville, ainsi qu'à Aubigny et à Villers-Canivet.

Nous trouvons l'église de Versainville citée, pour la première fois, dans une bulle d'Innocent III, pour le chapitre de Séez, en 1199 ; on la nomme *Ecclesia de Versevillis* ; dans une charte de Paul III, en 1547, elle est appelée *Versainvilla* ; un manuscrit de l'évêché écrit *Versemvilla* ; ces différences peuvent servir à expliquer l'étymologie. Le cimetière n'offre point d'if ni de tombe ; les paysans disent que « l'on meurt bien sans cela. » Nous reconnaissons, à ce peu de soin pour les morts, le voisinage de la ville.

M. Morière, maire, nous a donné obligeamment tous les détails que nous lui avons demandés sur Versainville ; son neveu, du même nom que lui, est adjoint de la commune ; le desservant est M. l'abbé Granderie, et le percepteur, M. Malfilastre. Les impôts se montent à 10,340 fr. 49 cent.

COMMUNE D'ÉRAINES.

LE mot d'*Éraines*, *Éreines*, en latin *Arenæ*, veut évidemment exprimer la nature sablonneuse du sol de la commune. Les monts d'Éraines, *montes Arenarum*, auront été ainsi nommés à cause de la légèreté et de l'aridité des couches de sable qui les recouvrent et les composent ; c'est un énorme banc de calcaire oolitique qui aura été jeté et déposé dans cette plaine au milieu d'une des révolutions diluviennes du globe.

Par une bizarrerie assez remarquable, les monts d'Éraines n'appartiennent point, même en partie, au territoire de la commune qui porte leur nom. Leur masse se trouve distribuée principalement entre Versainville, Damblainville, Ailly, Sainte-Anne-d'Entremont et Épaney.

La commune d'Éraines, limitrophe de la ville, offre une étendue de trois quarts de lieue de longueur, sur un quart de lieue de largeur ; elle est bornée par Versainville au nord ; Damblainville et Villy à l'est ; Évesqueville au midi, et Falaise à l'ouest. Son territoire se compose de 422 acres ou 344 hectares, sur lesquels 380 acres sont en terre de labour, 12 en prairies, 8 en cours, vergers, jardins, et 22 en landes et terres vagues ; il n'y a pas de bois ; les bords de la rivière d'Ante, qui arrose la partie basse, sont seulement couverts d'ormes et de peupliers.

Le village principal est avantageusement situé, en amphithéâtre, au-dessous de la plaine de Villy, d'où il s'étend jusqu'à la rivière. Les maisons, situées au milieu de quelques groupes de verdure, sont bien bâties, mais les chemins creux et constamment humides en rendent l'abord souvent désagréable. De la côte opposée, l'aspect qu'elles présentent est assez pittoresque ; les hameaux du Fontenil et de la Vallée, qui en sont détachés, se rapprochent de Falaise, en remontant le vallon ; le village d'Éraines est à une demi-lieue de la ville.

Les assolemens à Éraines sont comme à Versainville : trois années de céréales sont suivies d'une
année de jachères ; les cultivateurs intelligens commencent à faire des sainfoins, des vesces, des trèfles
qui multiplient les produits du sol sans le fatiguer ;
mais le système d'alternance n'est pas encore compris, et l'on fait peu d'efforts pour sortir des routines. La culture se fait au moyen de 42 chevaux,
112 vaches et 270 moutons communs. Les meilleures
terres de plaine produisent 200 à 250 gerbes par
acre ; elles se vendent 2,200 fr. au plus. On compte
qu'il faut 6 gerbes de blé et 4 gerbes d'avoine dans
cette campagne pour fournir une *barretée* de grain,
qui équivaut à un demi-hectolitre, mesure légale.

La ferme principale est celle de Madame de Lapallu, qui est évaluée à 7,000 fr. de revenu. Au-
delà du village, vers Damblainville, est un terrain
vague et communal, qui paraît mal entretenu, et
qui ferait autrement une assez bonne prairie. Une
lisière d'ormeaux a été plantée à l'entour.

Éraines compte deux chemins vicinaux et cinq
communaux ; celui qui va de Guibray au village
principal est assez bon ; celui de Guibray à Morteaux, vers Bellefontaine, est mal entretenu ; celui
de la Vallée est impraticable. Entre Éraines et Damblainville on remarque un passage dangereux.

Le nombre des maisons est de 84, et celui des
habitans de 304 ; les naissances se sont élevées,
dans cinq ans, à 41, et les décès à 27 ; la situation
paraît très-salubre. L'industrie se borne à une
vingtaine de bonnetiers et à quatre ou cinq toiliers ;
le reste des habitans travaille à la culture. Une

femme , seule institutrice brevetée , rassemble trente-trois enfans des deux sexes.

Il n'y a ni château ni ancien manoir. La maison de campagne des héritiers Faucillon , au milieu du village , est d'assez belle apparence.

Des deux côtés de la nef de l'église , on remarque des pans de murs qui appartiennent à un édifice primitif ; quelques-uns des rangs de moëllons sont opposés et en arrêtes ; le reste du monument est moderne , et la flèche , en forme de pyramide pleine et aiguë , fut élevée il y a vingt-cinq ans environ ; ce travail , d'assez bon goût , est cependant un peu grêle. Le petit cimetière , long , étroit et entouré de murs , est à quelques pas , de l'autre côté du chemin ; on y voit un mélèze et une tombe qui conserve le nom d'un *Lhermitte* , mort en 1776. Le presbytère , un peu plus loin encore , est entouré de jolis jardins en amphithéâtre.

Saint Rieul est le patron de la paroisse d'Éraines ; la fête , qui a lieu au printemps , attire beaucoup de promeneurs et de curieux de la ville et des communes voisines. Un Matthieu d'Éraines était abbé de Saint-André-en-Gouffern , en 1272. L'église est citée dans la bulle de Paul III , en 1547 , comme dépendant du chapitre de Séez.

Le maire d'Éraines est M. Petit , cultivateur. Nous lui devons nos principaux renseignemens ; il a pour adjoint M. Roussel. Le desservant est M. l'abbé Esnault. Les impôts se montent à 4,762 fr. 84 c. 1

1 Nous recevons , au moment du tirage de cet article , la copie d'une charte de la fin du 9.e siècle , qui accorde aux habitans d'Éraines la jouissance de plusieurs biens communaux. Cette pièce est fort curieuse ; nous la donnerons en note à la fin de ce volume.

COMMUNE DE DAMBLAINVILLE.

On n'est pas d'accord sur la manière dont on doit écrire le nom de cette commune. Dans plusieurs anciens titres, dans Masseville, dans les actes de la préfecture, nous lisons *Damblainville*, *Damblinville*, tandis qu'ailleurs nous voyons *Amblainville* ou même *Ambleville*. N'ayant point de données certaines, nous adoptons la première orthographe, qui est celle du plus grand nombre. Quant à l'étymologie *Amblani* ou *Damblani villa*, elle nous paraît trop simple pour que nous devions nous y arrêter.

Les historiens de la Conquête citent un sire d'Ambleville parmi les guerriers normands qui passèrent en Angleterre. Nous ignorons s'il était parti de cette contrée ; mais l'ancienneté de la commune que nous décrivons peut permettre de le penser. Guillaume, d'ailleurs, entraîna après lui, comme on l'a vu déjà, presque tous les seigneurs des environs de Falaise ; s'il y en eut un à Damblainville, il aura suivi l'entraînement général, et c'est son nom défiguré ou altéré qui se retrouve sur les listes de la Conquête.

En 1088, Robert, comte de Ruddlan, revenant du siége de Rochester, donna de grands biens à l'abbaye de St.-Évroult, et notamment « ce qu'il « possédait dans l'église de Damblainville, et le » presbytère ; *quod habebat in ecclesiâ de Damblein-* » *villâ et presbyterium dedit*[1]. » Le roi Henri I.er,

---

[1] Voir Ordéric Vital, dans Duchesne, livre VIII, page 669.

approuvant cette donation, en 1128, fait entendre dans son diplôme qu'elle embrassait, non seulement l'église et toutes ses dépendances, « mais encore la » dîme du moulin attaché à ce domaine, *Ecclesiam* » *de Damblenvilla cum omnibus pertinentiis ejus, et* » *decimam molendini ejusdem villæ*[1]. On voit encore, en effet, un moulin à peu de distance de l'église. La charte de Henri, entre autres souscriptions, porte celle de Guillaume de Sacy, de Néel d'Aubigny et de Robert de Grantmesnil, tous seigneurs de cette contrée. Le dernier était allié de Robert de Ruddlan, qui avait fait la donation.

Damblainville est borné au nord par Épaney et Ste.-Anne-d'Entremont ; à l'est, par Coulibœuf et Morteaux ; au midi, par Villy ; à l'ouest, par Éraines et Versainville. Outre le bourg ou grand village, on y voit le hameau du Mesnil-Soleil au pied des monts d'Éraines. Le territoire se compose de 700 acres, ou 572 hectares, dont 620 en terre de labour, 40 en prairies, 20 en cours, vergers, et 20 en terres vagues ; les monts présentent 200 acres d'un mauvais sol. Il n'y a pas de bois ; mais, comme à Éraines, les bords de l'Ante, qui coule au milieu de la commune dans sa longueur, sont plantés d'ormes, d'aunes et de pommiers assez beaux ; la fraîcheur du vallon contraste avec l'aridité des hauteurs et de la plaine qui sont à l'entour.

Un ancien médecin, M. Letellier, mort à Damblainville il y a peu de temps, découvrit au Mesnil-Soleil une fontaine qu'il disait être ferrugineuse ;

---

[1] *Gallia Christiana*, page 208, *Instrumentorum*.

elle sera examinée, et il en sera reparlé plus tard.
Elle est à la pointe méridionale des monts d'Éraines.

A Damblainville, on entretient pour la culture
45 chevaux, 90 vaches et 500 moutons, parmi lesquels 400 mérinos. Le fumier est à-peu-près le seul
engrais ; on l'étend en octobre, et l'on sème le blé
en novembre. Les grains sont le blé, l'avoine,
l'orge et un peu de seigle ; les terres étant faibles,
on les fait reposer une année sur trois ; les fermiers
qui font des sainfoins, les sèment dans l'orge, et
les rompent à la troisième saison. Les meilleurs
fonds se vendent 1,000 fr., et produisent deux
cents gerbes au plus ; il faut huit gerbes à la barretée, ou seize à l'hectolitre. Le sol des hauteurs
ne se vend pas plus de 300 fr. Quant aux prairies,
elles sont très-estimées, très-productives ; les eaux
de l'Ante qui les baignent sont engraissées, disent
les habitans, par les immondices de la ville, qui
leur donnent de la qualité ; l'acre produit six à huit
cents de foin, et d'excellens regains, dont les bottes
de vingt-cinq livres se vendent 70 fr. le cent. Une
vergée de prairie, dans le village, s'est louée jusqu'à 80 fr. Le loyer commun de l'acre est de 140 fr.
Les pommiers, qui couvrent la vallée, donnent de
plus un cidre agréable, mais qui ne se garde guère
plus d'une année.

M. de Chapedelaine possède à lui seul près de
la moitié de la commune ; ses propriétés sont évaluées à 12 ou 14,000 fr. de revenu ; ses bergeries
sont assez bien tenues, mais ses fermes paraissent
peu soignées.

Quelques particuliers ont essayé de cultiver, sur

les hauteurs, le navet du pays; ils ont passablement réussi, mais moins bien qu'à Villy.

L'Ante fait mouvoir deux moulins à deux tournans et une petite filature de laine. Ce dernier établissement fut créé, il y a douze ans, par M. Fré-
déric Leboullenger, et il prospéra jusqu'à sa mort
trop tôt survenue; on n'y filait alors que du coton.
Celui qui fut chargé de suivre l'entreprise échoua,
et depuis six mois seulement, M. Lecomte, de
Condé, a disposé l'établissement pour y filer de la
laine. Il n'occupe encore que vingt-six ouvriers, et
ne produit que 5 à 6,000 de laine par année, ce
qui porte ses affaires à 50,000 fr. au plus. Il assure
qu'avec le temps elles pourront devenir plus considérables. La maison est neuve, propre, bien tenue;
elle a contenu jusqu'à soixante ouvriers autrefois.

Le village s'étend sur la rive gauche de l'Ante,
et offre une longue rue d'assez belle apparence,
nommée *la rue de Caen*. Les habitations, en
bonnes pierres, sont presque toutes neuves par
suite de deux accidens affreux survenus en moins
de trente ans. En l'an 4 (1795), un incendie con-
suma quarante-cinq ménages, et ce désastre, qui
frappa toutes les familles, vivra long-temps dans
le souvenir des habitans. En 1825, nous avons vu
la flamme dévorer encore, en une nuit, huit maisons au pied de l'église. Sans les prompts secours
qui survinrent à propos, le village entier était
menacé; les habitations se tenant toutes comme
dans les villes, on en abattit deux pour arrêter les
progrès du feu.

Malgré ces malheurs, la population de Damblainville

blainville ne paraît pas souffrir, et le maire nous
assure qu'il n'y compte pas de pauvres. Outre les
ouvriers qu'occupe la filature, la commune renferme 25 tisserands, 2 bonnetiers, 2 boulangers,
2 bouchers, un épicier, et 20 individus au moins
qui vont aux moissons et aux filasses ; ils partent
à la Pentecôte, et reviennent pour *Langevine* (le 8
septembre), rapportant 150 à 200 fr. ; c'est la première *campagne,* celle des récoltes. Après un mois
de séjour, ils se dirigent de nouveau vers les Andelys et la Haute-Normandie, pour travailler aux
filasses, et reviennent au milieu de l'hiver, avec
une nouvelle somme de 150 fr. à-peu-près. On sent
que ces profits, versés dans de petits ménages,
doivent y jeter beaucoup d'aisance. Malheureusement ces voyageurs se fatiguent à l'excès dans leurs
campagnes, et rentrent chez eux malades et épuisés.
En 1826, il mourut vingt-huit habitans, par suite
de la dyssenterie qu'un des émigrans avait rapportée
dans le pays, et qui était devenue épidémique.

Le nombre des maisons est de 130, et celui des
habitans de 460. Les naissances, dans cinq années,
se sont élevées à 55, et les décès à 39 ; on voit que
malgré les fatigues de l'émigration, la balance est
encore favorable à la population : le recensement ne
comprend pas, au reste, l'année 1826, et s'arrête
inclusivement à 1825. Cinquante enfans à-peu-près
suivent les leçons d'un instituteur primaire placé
sur les lieux.

Le chemin de Falaise est mal entretenu et trop
étroit dans le vallon, entre Éraines et le village
principal ; les voitures et les chevaux sont obligés

de passer dans l'eau pendant une longueur de deux cents pas, et la nuit le trajet n'est pas sans danger. Le sentier de côté, et la pierre qui sert de pont pour les gens de pied, ne sont guère plus commodes ni plus sûrs. Il serait prudent de disposer une meilleure voie. Pour éviter les accidens, le chemin de Versainville, quoique le plus long, est le meilleur que l'on puisse prendre, ou même celui de Morteaux, à droite de la rivière. « On répare ces chemins par » corvées, et chaque habitant doit y faire deux » journées de travail au printemps. L'eau les dé-» grade très-aisément. »

Sur la pointe méridionale des monts d'Éraines, existait, dit-on, jadis, une demeure que l'on appelait le *Château Tarin*. On y remarque encore d'anciens fondemens, et même des fragmens de brique comme on n'en trouve point dans le pays. On parle de souterrains qui couraient sous la montagne, et de faux monnayeurs qui s'y retiraient dans le moyen âge ; l'emplacement se nomme la *butte du Château*. Près de-là furent trouvées, il y a soixante ans, des poignées de sabre et des dépôts de charbon : de nouvelles fouilles pourraient amener de nouveaux résultats. Peut-être cet établissement se rattachait-il au campement romain qui dût exister là dans les temps reculés [1].

1 Depuis que cet article est composé, et au moment de l'impression, nous recevons de M. le maire un *sigillum* ou cachet, en cuivre, de forme plate, oblongue et assez semblable à un petit bouclier. Au centre est gravé un oiseau bizarre, à la patte d'oie, au corps de héron et à la tête de coq d'Inde ; il paraît appuyé sur une branche de feuillage ; les caractères sont du 14.e siècle, et présentent ces mots : *S. GULL*

Au-dessous des monts est le Mesnil-Soleil, maison
de campagne de M. de Chapedelaine; des massifs
ombragent l'entrée, et des murs enceignent les jardins. Les environs sont tristes et brûlés. Le Mesnil-
Soleil fut bâti par un Beaurepaire, à la fin du dernier siècle.

L'église est de plusieurs époques, et offre différens
caractères; le mur méridional de la nef est d'une
maçonnerie contrariée, soutenue par de petits contreforts plats; la tour, placée de ce côté, est carrée
et recouverte par une pyramide de pierre de taille,
comme celle de l'église de Vauxcelle de Caen. C'est
la seule de ce genre qui soit dans le pays. Chaque assise offrait des angles aux encoignures, par lesquels
on montait à la cîme. Le maire les fit disparaître
lors de la dernière réparation. Il nuisit ainsi à l'effet
et au caractère du monument. Les autres parties de
l'église offrent des ogives ou des ouvertures modernes. Le portail est précédé d'un petit porche.
A gauche du chœur est la chapelle seigneuriale;
on y lit l'inscription de « *Robert Renault*, escuyer,
» sieur d'Ambleville, fils aîné de *Renault* et de
» *Marie de Vauborel*, lequel fut assasiné aux foyres
» de Guibray, le jeudi XXI.ᵉ jour d'aout 1631, et
» inhumé le XXIII.ᵉ » La tombe est en pierre; une

CONART CA NOT BILILOCI, que nous croyons devoir expliquer
ainsi : *Sigillum GUILLielmi* CONART *CAvallerii NOTaBI-
lissimi LOCI*. Ce chevalier Conart n'a point laissé de souvenir historique, mais le nom se retrouve dans les communes
voisines, aux Moutiers, à Coulibœuf, etc. C'est sur l'emplacement même du château Torin que des glaneuses, pendant
l'été dernier, ont trouvé ce cachet. Il sera déposé au petit
musée de la ville.

...te et des mains en marbre y sont incrustées. A peu .le distance est la tombe brisée d'un *Beaurepaire*, avec des armes, et la pierre d'un autre *Beaurepaire* (*Marc*), décédé en 1714; des curés, du nom de *Morel* et de *Mondehare*, reposent au milieu du chœur; et enfin, dans la nef se voit l'incription effacée d'un individu tué en 1650, dans les querelles des d'Oilliamson et des Croissanville. Nous reparlerons de cet événement à l'article *Coulibœuf*.

La paroisse est sous l'invocation de S. Pierre et de S. Paul. Le jour de la fête, on donne un bouquet aux deux saints; il y une petite assemblée.

Le cimetière offre un if et une tombe renversée; c'était encore celle d'un *Beaurepaire*. Cette famille avait la seigneurie de Damblainville avant la révolution.

Nous devons à M. Hériot, maire, et à M. Leroux, adjoint, des renseignemens étendus sur la commune qu'ils administrent. Le desservant est M. l'abbé Lhonneur; le percepteur, M. Quettier; l'instituteur, M. Robert Madelaine.

Les impôts s'élèvent à 6,571 fr. 35 cent[1].

1 M. le maire de Damblainville est un ancien marin, âgé de quatre-vingt-deux ans, que nous avons vu se réveiller aux souvenirs de ses campagnes et de sa gloire passée. Jeune, il fit la guerre de l'Indépendance, servit sous Vashington et Lafayette, et courut les mers avec Suffren, de Grasse et d'Estaing. Il se trouvait à la prise de Joppé; il vit sur les murs du Sérail, à Constantinople, la tête d'un visir, et visita successivement Smyrne, Alexandrie et Jérusalem. Le vieillard a conservé de ces lieux des impressions profondes, qui communiquent un grand charme à ses récits. Il faut lui entendre surtout raconter le combat de la Grenade, et rappeler la blessure qu'il y reçut. Il ressemble alors aux héros conteurs d'Homère; il a comme eux ses six pieds. Peu de gens, dans le monde, savent raconter avec cette naïveté et cet enthousiasme; ils sont trop souvent froids et compassés : pour bien dire, il faut parler comme notre vieux marin, de cœur et de verve.

COMMUNE DE VILLY.

Villy doit venir de *Villa*, maison de campagne.
Huet prétend que c'est une corruption des mots
Wael, Wel, Weel, qui veulent dire *puits, fontaine,*
dans les langues du Nord. Cette étymologie nous
semble moins naturelle que la première. Nous retrouvons le mot de *Villa,* ville, demeure, habitation des champs, dans les noms de presque toutes
les communes voisines de Villy.

Nous voyons un Robert de Villy qui réclame,
en 1100, le patronage de Damblainville; il finit
par renoncer à ses prétentions, ainsi que ses fils,
Hugues et Auvray, moyennant 100 liv. rouennaises. Ces noms sont les seuls que nous offre l'histoire de cette commune [1].

Villy est borné au nord par Damblainville; à
l'est par Fresné-la-Mère; au midi par Evesqueville,
et à l'ouest par Éraines; il a dans sa plus grande
longueur, du sud-ouest au nord-est, une bonne
lieue, et dans sa plus grande largeur, de l'est à
l'ouest, un tiers de lieue. Il est arrosé, au nord
par la rivière d'Ante, et à l'est par le ruisseau de
Traînefeuille ou Guépierreux. Le sol repose sur un
fonds calcaire, à l'exception du vallon où nous
rencontrons quelques bancs d'argiles et de galets
des terrains primitifs.

Le territoire se compose de 480 hectares ou 588
acres, ainsi divisés :

---

[1] Manuscrit de l'abbé Hébert, sur le diocèse de Séez.

Terre de labour, 400 hectares. — Prés à faucher, 20 hect. — Pâturages plantés, 21 hect. — Terrain communal, 4 hect. — Maisons, cours, jardins, 20 hect. — Chemins, 14 hect. — Cours d'eau, 2 hect. Il n'y a pas plus de bois qu'à Damblainville et à Éraines ; nous avons quitté le bocage pour la plaine. Dans la prairie sont quelques beaux ormeaux.

Les villages sont le Hamel, le Bout-de-Bas, l'Église, la Croix, le Val, le Chemin-de-Trun et le Vay ; ils sont situés dans une ligne droite, au bord des eaux.

Deux chemins vicinaux, celui de Falaise à Trun et celui de Falaise à Morteaux, traversent la commune ; on y fait quelques réparations d'entretien dans la belle saison. Le premier est extrêmement fréquenté, et présente un gué peu dangereux à franchir au pont de Villy ; ce pont, du reste, n'est qu'une pierre assez mesquine pour les gens de pied, et même la nuit ce passage n'est pas extrêmement sûr : la chaussée pourrait être un peu élargie et bordée d'un garde-fou.

On trouve sur tous les points de la plaine le moëllon calcaire à fossiles, mêlé de sable. Ces communes n'offrent plus, du reste, de four à chaux.

« L'assolement le plus en usage est une succession » de trois récoltes sur un seul engrais ; le blé » d'abord, ensuite l'orge, et enfin l'avoine. Quelques » laboureurs suppriment l'avoine et laissent la troi- » sième année en jachères ; d'autres font de l'hi- » vernache ou des navets, pour suspendre la ja- » chère et la reporter à la sixième année. Le blé, » dans ce système, forme la 1.re et la 4.e année ;

» l'orge, la 2.ᵉ et la 5.ᵉ ; les navets ou l'hiver-
» nache, la 3.ᵉ ; enfin, les meilleurs cultivateurs
» n'admettent plus la jachère, et règlent ainsi leurs
» assolemens :

» Première année, blé fumé. — 2.ᵉ, orge, avec
» graine de sainfoin. —3.ᵉ, 4.ᵉ, sainfoin. —5.ᵉ, blé
» fumé. — 6.ᵉ, orge. —7.ᵉ, hivernache. —8.ᵉ, blé
» fumé. —9.ᵉ, orge et sainfoin, etc. » De cette
manière, la terre produit toujours sans s'épuiser.
Le maire, qui nous transmet ces détails, ajoute
qu'il fait ainsi valoir une retenue de douze hectares, auxquels il laisse seulement quelquefois une
jachère la dixième année ; mais il convient qu'il
serait possible d'améliorer beaucoup son mode
d'assolement, en adoptant d'autres cultures, et
surtout celle de la pomme-de-terre que consom-
meraient les bestiaux sur place. « Cette nourriture
» substantielle les mettrait en état de fournir des
» engrais plus abondans qui retourneraient en-
» suite fertiliser la terre. » C'est une pratique
qu'ont recommandée nos meilleurs agronomes modernes, et nous aimons à la voir adoptée par le
maire de Villy, M. Fleury le jeune, député actuel
de l'arrondissement de Falaise ; son autorité mérite
au moins de fixer l'attention de nos cultivateurs
routiniers ; comment ne seraient-ils pas ébranlés
par cette opinion unanime de tous les hommes
graves de notre époque, sur la nécessité d'améliorer
nos méthodes de culture.

Le navet du pays se cultive depuis long-temps,
avec succès, dans la plaine de Villy, et même il
est renommé dans les environs sous le nom de

navet de Villy. On évalue à 5 ou 600 hectolitres la quantité que l'on en récolte chaque année dans cette commune.

Le nombre des chevaux de culture est de 45 ; celui des bêtes à cornes, de 130 ; et celui des bêtes à laine, de 400 ; on n'y voit point de mérinos.

La population s'élève à 477 habitans, répartis dans 118 feux. Les naissances, dans cinq ans, ont monté à 39, et les décès à 25 seulement. On voit que jusqu'ici la plaine présente des résultats plus avantageux que le bocage. Une femme de 103 ans est morte à Villy, le 24 novembre 1826. Parmi les habitans, on compte 40 tisserands, 11 bonnetiers et 3 maçons. Dix à douze individus vont de plus aux moissons du côté de Paris, dans la belle saison, et, plus tard, ils vont travailler aux filasses dans la Haute-Normandie, et même du côté de Vire. Chacun étant ainsi occupé, il y a peu de misère. Un moulin à deux tournans est placé sur le ruisseau de Guépierreux.

Un instituteur est établi dans la commune ; quarante enfans vont aux leçons élémentaires.

Villy renferme de jolies habitations du côté du vallon. Celle de M. Fleury est la plus agréable et la mieux entourée ; on voit que le maître y a donné tous ses soins pour y établir sa résidence pendant les beaux mois de l'année. Au-dessous, sont les maisons de campagne de MM. Lérondel et Godefroy.

L'église est grande, spacieuse, mais insignifiante sous le rapport de l'architecture. La grosse tour carrée, que l'on aperçoit de loin dans la plaine, offre une ouverture gothique du 15.ᵉ siècle, et rien n'annonce, dans le monument, une plus haute ancienneté. Au centre du cimetière sont les tombes des deux derniers pasteurs, et, plus loin, se voit un if très-fort et très-remarquable. Toute cette enceinte est bien close, bien tenue, et donne une idée favorable du respect que l'on a dans ces lieux pour les morts. Le desservant, M. l'abbé Letellier, habite un joli presbytère, situé à quelques pas de l'église.

Le maire, comme nous l'avons dit, est M. Fleury le jeune, député de Falaise à la Chambre actuelle. Nous lui devons les détails que nous venons d'offrir. Son adjoint est M. Gondon.

Les impôts directs sont de 5,049 fr. 71 cent.

COMMUNE D'ÉVESQUEVILLE.

Dans une charte manuscrite de 1131, en faveur de l'église de Séez, nous trouvons le nom de cette commune écrit en latin *Episcopi Villa*, la ville, ou plutôt la demeure, la maison des champs de l'évesque ; cette étymologie si simple n'a pas besoin d'être plus longuement développée.

Évesqueville a peu d'étendue, et son territoire va même être réuni à celui de la Hoguette. Comme il a formé jusqu'ici une commune séparée, nous allons donner un rapide tableau de ce qu'il offre de plus remarquable.

Les communes limitrophes sont Éraines, Villy, Fresné-la-Mère, la Hoguette et Falaise.

Les hameaux sont : Évesqueville, Courlitout, la Marre et le Trochet.

Le territoire se compose de 230 hectares ou 282 acres, sur lesquels 195 hect. sont en labour, 25 en prairies, 7 en bois, et 3 en bruyères. Le sol, varié, inégal, a le caractère des terrains de transition ; sur les hauteurs se voient le sable et le calcaire ; dans les vallons, l'argile et les galets de quartz.

La vallée, au-dessous de la plaine de Guibray, est arrosée par le ruisseau de Traînefeuille ou de Guépierreux, venant de Couvrigny ; l'autre petite vallée, sous le plateau de Fresné, est traversée par le ruisseau de la Bonne-Eau, qui sort des étangs de la Hoguette. De jolis bocages s'étendent au bord de ces eaux ; les arbres fruitiers prospèrent sur la pente des collines.

On cultive le blé, l'orge, l'avoine, le navet, le trèfle et le sainfoin ; on emploie pour engrais le fumier et la tourte de rabette mélangés ; les champs ingrats, sur les hauteurs, sont plantés en ajonc épineux, et leur récolte annuelle s'élève alors jusqu'à 50 fr. de revenu ; l'ajonc y acquiert en peu de de temps un rapide développement, et lorsqu'après quatre à cinq coupes, on le rompt pour rendre la terre aux céréales, on la trouve bien plus féconde et plus riche qu'auparavant ; c'est donc à-la-fois une bonne spéculation et un moyen facile d'améliorer les champs, dans ce canton, que de varier leur culture, et de substituer, de temps à autre, aux herbes et aux grains, les plants d'arbustes à silique ; l'ajonc ou vignon surtout réussit mieux que le genêt. M. Leclerc, député, qui fait valoir quelques arpens sur cette commune, a tenté cette expérience avec succès, et il la recommande aux cultivateurs.

Seize chevaux, 30 vaches et 90 moutons communs sont employés à la culture.

Le nombre des maisons est de 36, et celui des
habitans de 140; une femme y mourut à 101 ans,
en 1825; le dernier recensement a donné, pour
cinq années, 14 naissances et 12 décès.

L'instituteur vient de mourir; il donnait des leçons à 20 enfans de la commune.

Huit individus vont aux moissons et aux filasses;
ils en rapportent peut-être 200 ou 250 fr.; ils ne
passent pas pour très-industrieux; on compte de
plus un toilier, 2 ou 3 maçons et un maréchal.

Les grands chemins vicinaux de Falaise à Trun
et de Falaise à Vignats, bornent la commune à
deux de ses extrémités. Comme elle a peu de ressource, elle ne s'occupe guère de leur entretien,
qui, d'ailleurs, ne lui profite point. Le chemin
communal le mieux entretenu est celui qui conduit
de Guibray au village principal.

La maison de campagne de Madame Fleury,
l'aînée, est sur le ruisseau de Traînefeuille, à l'extrémité d'un tapis de verdure, où l'on a ouvert un
petit canal; la situation est agréable et susceptible
de recevoir des embellissemens nombreux; les maisons du village en sont un peu trop rapprochées.

Dans le vallon de Courtitout est une habitation
moins favorablement située peut-être, mais que
l'art du propriétaire a embellie de manière à en
faire un séjour plein de charmes; on voit à l'entour de jolis bois, des avenues, des jardins, une
prairie et de fraîches eaux; tout cet ensemble est
bien disposé et bien entretenu; M. Leclerc, député

du Calvados, qui a créé cette agréable retraite, y passe ordinairement les plus beaux mois de l'année. Nous trouvons peu de châteaux de ce côté, mais plusieurs maisons de campagne qui, presque toutes, méritent de nous arrêter; celle de M. Leclerc est la plus remarquable.

L'église d'Évesqueville a été démolie il y a quelques années; elle était petite et dédiée à S. Martin.

Le maire est M. Leriche; il quittera ses fonctions au 1.er janvier 1829, époque à laquelle sa commune sera réunie à celle de la Hoguette; c'est à lui et à M. Leclerc que nous devons nos renseignemens.

Les impôts payés par Évesqueville ne s'élèvent qu'à 2,153 fr. 32 cent.

COMMUNE DE LA HOGUETTE.

HISTORIQUE.

« La Hoguette est un diminutif de *la Hogue*; » ce mot vient de l'allemand *Hog* ou *Hoch*, qui » signifie une colline, un lieu élevé. » C'est dans les *Origines de Caen*, par Huet, que nous trouvons cette étymologie, qui s'applique assez bien à notre village de la Hoguette; pour y arriver, du côté de la ville, il faut monter une côte rapide et même escarpée; l'église est sur une hauteur.

Le territoire de la Hoguette renferme les ruines de l'abbaye de St.-André-en-Gouffern. Nous donnerons quelques souvenirs à cet établissement religieux, fondé par des seigneurs puissans, dans le 12.e siècle.

Nos lecteurs peuvent se rappeler un Robert de

Bellême, vicomte de Falaise, que le roi Henri Ier dépouilla de ses biens, et renferma dans une prison perpétuelle, à cause de ses félonies ; nous en avons parlé aux pages 40 et 42 de notre premier volume. Il était de la race des Montgommery, et ses richesses ainsi que sa puissance étaient immenses dans ces contrées ; il possédait Bellême, Alençon, Domfront, Séez, Argentan, Exmes, etc. Il fut dépouillé de tout, et Henri, dans le premier moment, étendit ses ressentimens jusque sur ses enfans ; ils furent privés de leurs titres et de ces domaines de famille auxquels ils pouvaient prétendre comme à un héritage légitime de leurs pères ; cette race, naguère si renommée, tomba tout-à-coup dans l'humiliation et dans le dénûment.

Mais, après quelques années d'épreuve, Henri voulut relever cette famille qu'il avait assez punie, et il rendit à Guillaume Talvas III, comte de Ponthieu, fils aîné de Robert, tout ce que ce dernier avait possédé en Normandie. Les Montgommery-Bellême reparurent sur la scène, et voulurent se signaler par des bienfaits envers l'église, afin d'effacer plus sûrement les crimes d'un de leurs auteurs. Guillaume de Ponthieu commença donc par fonder des abbayes, et de ce nombre fut celle de St.-André-en-Gouffern, qui va nous occuper, et une autre, située à une lieue de-là, dans la commune de Vignats, où nous arriverons bientôt. C'était le temps où les fondations de ce genre étaient regardées comme le plus sûr moyen de se rendre agréable à Dieu, et de s'immortaliser aux yeux des hommes. Un monastère doté ou élevé assurait au bienfaiteur la faveur des moines, qui lui distribuaient l'éloge dans tous leurs écrits, et qui s'engageaient de plus à prier pour lui et les siens jusqu'à la fin des siècles. C'est ainsi que nos guerriers normands, à demi-barbares, et leurs pieuses compagnes, furent amenés à établir dans cette province plus de deux cents maisons religieuses, dans moins de deux siècles, depuis l'an 1020 à-peu-près jusqu'en 1200 au plus.

Voici comment Arthur du Monstier, dans le *Neustria pia*, et les auteurs du *Gallia Christiana*, racontent la fondation de St.-André-en-Gouffern :

« L'abbaye de Gouffern, de l'ordre de Citheaux,
» sixième fille du monastère de Savigny, et mère
» de celui d'Aulnay, a été consacrée à S. André,
» apôtre. Elle fut fondée en 1130, aux calendes de
» mars, par un illustre personnage, Guillaume
» Talvas, comte de Ponthieu; la charte de dé-
» dicace est du 19 septembre 1143. L'exemple du
» fondateur fut suivi par Jean, comte d'Alençon,
» son fils, un autre Jean, et Robert, fils de Jean,
» etc., etc. Tous ces personnages surent ainsi bien
» mériter du monastère de Gouffern, *de Goufferno*
» *benè meriti sunt.* Leur établissement subit les ré-
» formes de la règle de Citheaux, au milieu du
» 12.e siècle. Le fondateur mourut le 3 des calendes
» de septembre 1171. [1]

Nous trouvons la charte de Guillaume de Ponthieu, pour les abbayes de St.-André et de Vignats, dans le *Gallia Christiana*, page 163, *Instrumentorum :* Parmi les seigneurs du pays qui la souscrivirent, on remarque un Robert de Courcy. Un

[1] N. P., page 737. G. C., page 744.

des arrière-neveux du fondateur, Émeric de Cas-
telrand, *Hamericus de Castro Eraudi*, confirma,
par une charte spéciale, toutes les donations et concessions faites par ses auteurs. Il ne réserve, dit-il,
pour lui et ses héritiers, que la rétribution divine,
solam divinam retributionem, c'est-à-dire, le droit
de participer à tous les biens spirituels qui surviendront à la maison. Cette nouvelle charte est de
1234, et imprimée dans le même recueil que la
première, page 170.

Raoul fut le premier abbé de St.-André, et sous
lui la dédicace du monastère eut lieu, et une partie
de la forêt de Gouffern lui fut accordée par son fondateur. Roger fut le successeur de Raoul, en 1161.
Nous trouvons ensuite :

Simon, en 1171.—Guillaume, en 1189 environ.
(Cet abbé obtint de Henri II de grandes faveurs pour
le monastère, et entre autres, le droit de prendre
dans la forêt autant de bois vert et sec qu'il en faudrait pour la maison.) — Robert, en 1199. — Richard, en 1226. — Garnier, en 12.. — Renault, en
1240. (Sous lui fut commencée et achevée la belle
église gothique que l'on a vue jusqu'à nos jours.) —
Jean *de Ballou*, en 1247. (L'église fut dédiée, de son
temps, par Godefroy, évêque de Séez, qui, plus
tard, voulut être enterré dans cet édifice, devant
le grand autel ; son tombeau s'y voyait encore dans
le dernier siècle, ainsi que celui de Thomas, l'un
de ses successeurs.)—Matthieu *d'Éraines*, en 1261.
— Pierre *Dondaine*, en 1276. — Raoul de *Joué-
Dubois*, en 1291. — Jean *Gantée*, en 1298. —Jean
Brundos, en 1324. — Nicolas *le Bel*, en 1327. —

Olivier *Myée*, en 1338[1]. — Gui *Nivelle*, en 1368. — Jean *Gosselin*, en 1388. — Jean *Groignet*, en 1406. — Denys *Victon*, en 1443. (Sous cet abbé, en 1450, Charles VII vint séjourner dans le monastère, pendant le siége de Falaise[2].) — Godefroi, en 1464. — Michel, en 1472. — Godefroi *Fromont de Serans*, en 1473. (Cet abbé fut tué pour la défense de son église, *pro defensione hujus ecclesiæ occisus est.*) — Matthias *Bouillie*, en 1495. — Raoul de *Sainte-Marie*, en 1496. — Jean *Postel*, en 1498. — Thomas *Blanchet*, en 1504. — Jean, en 1510. — Fralin de *Coulbœuf*, en 1522. — Jean *Fortin*, en 1531. — Thomas *Folbarbe*, en 1538. — Pierre de *Silly*, en 1545. — Julien *le Maitre*, en 1556. — François de *Rabodange*, en 1568. — Renaud de *Beaune*, en 1557. — Claude *Robine*, en 1581. — Jean *Malingre*, en 1588. (En ce temps le monastère fut pillé par les soldats de Henri IV qui assiégeaient Falaise.) — François *Roussel de Médavy*, en 1593. — François *Roussel de Medavy de Grancey*, en 1618. — Claude-Maurice *Colbert de Villacerf*,

---

[1] Sous l'abbé Myée furent faits, dans le monastère, quelques vers qu'Arthur du Monstier nous a conservés :

Tu qui leiras cet escrit remembre,
Que le vinticsme de nouembre,
L'an mil trois cens et trente üit,
Cheren grand neis jour et nüit
Et après géla si forment,
Que homs ne poet fere froment.
En l'an, et au moys fut pavée
La salle à l'abbé Miée.

C'est une chose en effet mémorable qu'un hiver aussi rigoureux commençant au 20 novembre.

[2] Voir le premier volume, page 99.

en

en 1691. — N. *Albergotti*, en 1732. — N. *Albizzo Albergotti*, pronotaire apostolique, en 1750. — Après ce dernier abbé, florentin d'origine comme le précédent, l'abbaye fut mise en économat, et elle ne fut plus administrée que par des prieurs ; à la révolution il ne s'y trouvait plus qu'un prieur et six moines.

Les abbés de St.-André avaient rang à l'échiquier de Normandie ; on les voit assister à celui d'Alençon, en 1371 et 1392, à celui d'Argentan, en 1381, etc.

L'histoire de cette commune nous offre encore d'autres souvenirs que nous devons conserver ici :

Un Fortin, né à Falaise, mais seigneur de la Hoguette, se distingua, dans le temps de la Ligue, par son dévoûment pour Henri IV, qui l'anoblit et le combla de faveurs. Ce Fortin était magistrat.

Son fils prit le parti des armes, et se signala dans toutes les « occasions par son courage, son huma- » nité, son désintéressement, et sa fidélité iné- » branlable à ses devoirs. » Plusieurs traits de sa vie ont été conservés par les biographes, et nous les avons indiqués ailleurs [1]. Il épousa dans sa vieillesse la sœur de l'archevêque de Paris, Hardoin de Péréfixe, et il se consacra dès-lors tout entier à l'éducation des enfans qu'il eut de ce mariage. L'un d'eux fut évêque de St.-Brieux et de Poitiers, puis après archevêque de Sens ; on croit que ce fut l'aîné, qui, sous le nom de marquis de la Hoguette, se distingua dans les guerres de Louis XIV, fut fait lieutenant-général en 1693, et périt enfin glorieusement, sous les yeux de Catinat, à la bataille de

[1] Tome I.er, page 155.

Tome 2. 17

la Marsaille. Cette famille était dans le temps une
des plus illustres de la province. Le second des la
Hoguette est auteur d'un livre d'éducation, intitulé :
Testament, ou *Conseils d'un père à ses enfans*, qui
fut plusieurs fois réimprimé. L'archevêque, élevé
à la dignité de primat des Gaules, refusa l'ordre du
St.-Etprit, alléguant qu'il avait peu de naissance.
Ce trait, en même-temps qu'il peint l'esprit et les
préjugés du siècle, fait l'éloge du personnage qui
montra tant de modestie. Sa charité et ses autres
vertus le firent aimer et respecter de tous ceux qui
le connurent. Il est plus honoré, sans doute, par
de tels souvenirs, que par les plus beaux titres héréditaires et par les insignes de tous ces ordres, qui
ne sont que les hochets de la vanité. Sa mémoire
doit vivre parmi nous.

DESCRIPTION.

La commune de la Hoguette est la plus étendue
de l'arrondissement de Falaise. Séparée du territoire de la ville par le petit ruisseau de Traînefeuille,
on retrouve ses dernières maisons près du hameau
de Maison-Rouge, dépendant de Nécy, à deux
lieues au moins de distance ; sa largeur, de Vignats
à Neuvy, n'est guère moins considérable ; les abornemens sont : Falaise, Évesqueville, Fresné-la-
Mère, Perteville, Vignats, Nécy (Orne), Rosnay
(Orne), Neuvy (Orne), Corday et Saint-Pierre-
du-Bû ; la plus grande partie de ce vaste terrain
est occupée par des bruyères, des terrains vagues
et des bois. Sur 2,234 hectares ou 2,734 acres 157
millièmes, on compte au plus 250 hectares de la-

bourg, et 3o hectares de mauvaises prairies ; la forêt royale de St.-André-en-Gouffern embrasse peut-être 1,000 à 1,100 hectares à elle seule, et les terrains communaux 8 à 900 hect. L'aspect sauvage de cette contrée, qui rentre dans le Bocage, contraste avec les petites plaines cultivées d'Éraines, de Villy, d'Évesqueville et de Guibray, que nous venons de parcourir. Du haut du *Mont-de-Pierre*, énorme coteau qui domine toute cette contrée, la vue s'étend au loin vers St.-Pierre-sur-Dive et le Pays-d'Auge, au nord-est ; à l'est, vers les montagnes de l'Hyémois ; au midi, vers Argentan et les bords de la rivière d'Orne ; à l'ouest, enfin, vers quelques parties du Bocage, à l'extrémité desquelles se montre, à l'horizon, la pointe du vieux donjon de Falaise et de la tour de Talbot. Ce paysage est peu connu, et mérite cependant de fixer l'attention. Bien qu'un peu confus, et peut-être même attristant sur plusieurs points, l'impression générale qu'il laisse dans l'esprit n'est pas sans quelque charme. Nous le préférons de beaucoup au tableau monotone de la plaine, même la mieux cultivée ; les esprits rêveurs feront bien de le rechercher.

Les hameaux dépendant de la Hoguette sont au nombre de douze au moins : St.-Clair, Vaux, la Hoguette, la Bonne-Eau, Saint-André, Ménil-Guérard, le Vai, Beauvais, les Fontenelles, Saint-Aubin, la Moricière et la Blanchisserie. Parmi les fermes détachées, on cite Rochefort, la Briarderie et le Bosc ; les ruisseaux, comme à Évesqueville, sont Traînefeuille et la Bonne-Eau.

Autrefois, entre St.-André et la Hoguette, existaient sept étangs à la suite les uns des autres ; le nouvel acquéreur de cette portion de la bruyère, M. Desmoutiers, les a fait disparaître, et a cultivé le terrain qu'ils occupaient. Quatre étangs restent encore sur la commune ; celui de Gonde est le plus considérable, bien qu'il soit peu important ; il reçoit les eaux des arides bruyères qui s'étendent vers Rosnay et Rouffigny, et qui servent de limites au Calvados de ce côté ; dix fontaines et douze carrières de pierre, peu estimées, se rencontrent çà et là sur l'étendue du territoire.

Les champs sont en général de la dernière qualité, et leur culture n'offre rien de remarquable ; on y sème le blé, l'orge, l'avoine, le seigle et le sarrasin ; l'ajonc y prospère ; le trèfle y vient assez bien. Cent vingt-six chevaux, 212 vaches et 530 moutons communs sont employés sur les diverses exploitations. Trois fours à chaux, dont un placé sur les débris de l'abbaye, sont très - rarement occupés.

La commune possède deux moulins ayant deux roues chacun ; on y connaît de plus les blanchisseries bertholiennes de MM. Davois et Gervais, dont nous avons eu occasion de parler à l'article du commerce de Falaise. Ces établissemens occupent ensemble une cinquantaine de laveuses qui viennent y travailler de la ville. M. Davois a tiré un excellent parti de la fontaine du Doui-Guerpin où il a établi sa blanchisserie ; M. Gervais fait usage des eaux d'une fontaine dite de *la Foierie*, auxquelles on attribue la qualité de donner au linge une teinte bleue, qui dispense d'y employer l'indigo ; elles sont du moins très-fraîches, très-limpides ; nous en donnerons plus tard l'analyse. Ce sont les rochers quartzeux de la chaîne de St.-Clair qui les produisent, et on assure qu'elles ne tarissent dans aucune saison. Les deux blanchisseries, situées sur la Hoguette, fournissent au commerce de Falaise 70,000 douzaines de bonnets au moins par année, ou 840,000 bonnets blanchis ; le commerce leur verse en retour près de 60,000 fr.

Il existe encore sur la commune, du côté de Nécy, une petite fabrique de rubans connus sous le nom de *padoux*. On y compte de plus 15 bonnetiers, 3 tisserands, 2 boulangers, un maréchal, etc.

Le nombre des feux sur la Hoguette n'est que de 124, et celui des habitans que de 570 ; il faut que le sol soit bien ingrat pour ne présenter qu'un habitant par quatre hectares de territoire. Encore compte-t-on plus de soixante villageois qui vont aux moissons et aux filasses tous les ans, et qui ne séjournent ainsi dans le pays que pendant cinq mois au plus. Les émigrans de la Hoguette ne passent pas pour être aussi laborieux, aussi économes que ceux des communes voisines, et l'on assure qu'ils rapportent fort peu d'argent dans le pays ; ils consomment au cabaret le produit de leurs travaux. On compte aux hameaux de St.-Clair et de la Hoguette quatre auberges et deux cafés. Dans cinq ans il est né 57 individus, et il en est mort 41 seulement.

La principale richesse de la commune consiste dans les immenses bruyères, dont la possession lui a été assurée par des arrêts rendus il y a peu d'années. Malheureusement, plusieurs centaines d'hectares sont fort éloignés, et la jouissance en devient pour ainsi dire impossible aux habitans ; mais ils pourront aliéner ces portions écartées à des individus qui se chargeront de les défricher, et les produits des ces ventes seront employés à des services d'utilité publique. Déjà l'on vient de fieffer et de céder ainsi une centaine d'hectares, qui ont rapporté près de 12,000 francs et une rente de 230 fr. La rente servira à doter provisoirement un maître d'école, et 10,000 fr., sur le reste, viennent d'être alloués pour agrandir l'église qui était trop étroite. On dit que la vente entière des bruyères produirait un capital de près de 80,000 fr. ; il suffira aux habitans du tiers de cette somme pour leur donner les moyens de faire de bons chemins, d'embellir leur village, d'établir de bonnes écoles gratuites, etc. ; qu'ils gardent les terrains les plus rapprochés des divers hameaux, afin d'en conserver la jouissance aux pauvres familles qui sont dans l'habitude d'en retirer quelques minces produits. L'administration agira sagement en n'autorisant la vente que des bruyères écartées de toute habitation. Il est à regretter qu'elle en ait déjà laissé aliéner, il y a six mois, une portion qui se trouve à l'entrée du village principal, et qui était, plus que toute autre, à la disposition des habitans. Cette mesure n'a point été approuvée dans le public [1].

1 Plusieurs parties, même des plus arides en apparence, de cette bruyère de la Hoguette, seraient susceptibles d'être plantées, soit en petit bois, soit en arbres verts. Des essais faits, il y a soixante ans, avaient réussi, et nous lisons dans une brochure du temps que « des arbres placés dans un ter- » rain graveleux, pierreux, dans des rochers où il y a peu

La forêt royale de St.-André offre encore environ une vingtaine d'hectares de hautes futaies que l'on détruit successivement ; la meilleure partie des taillis est à une lieue de la ville, sur le bord de la route royale de Caen à Tours, qui coupe la commune dans sa longueur ; leur aménagement, qui n'était que de 10 ans jusqu'ici, vient d'être porté à 15 ans. Le dernier sous-inspecteur, M. Boisaumé, veillait exactement à ce que l'on conservât des baliveaux dans toutes les coupes, afin d'y renouveler le gros bois ; il est à désirer que cet exemple soit suivi. Si le Gouvernement s'occupait de repiquer et de replanter plusieurs parties dégarnies, ces bois acquerraient bientôt une valeur plus importante ; il ferait bien aussi de défricher et de couvrir de

» de fonds, enfin dans le plus mauvais endroit de la bruyère, » y avaient prospéré, étaient devenus beaux, et ne paraissaient point souffrir de l'aridité du fonds. » Ce que l'on fit alors, on pourrait le renouveler, avec plus de succès encore aujourd'hui, puisque l'expérience des devanciers et les méthodes publiées par les maîtres, feraient connaître quelles espèces de plants conviendraient de préférence au sol. On utiliserait ainsi un terrain presque perdu, et, le bois devenant de plus en plus rare, on préparerait une véritable richesse pour les générations futures du pays. Nous désirons que ce conseil puisse être écouté. La brochure que nous venons de citer, et dont nous regrettons de n'avoir pu extraire que quelques mots, fut rédigée en 1764, pour faire naître aux habitans des campagnes l'idée de défricher et de planter leurs bruyères ; elle est intitulée : *Du plantage des Terres incultes, biens propres des Paroisses*, etc. L'auteur était M. Fourneaux, docteur-médecin à Falaise ; on reconnaît dans son travail un écrivain animé de l'amour du bien public. Ceux qui pourront se procurer ce modeste écrit, de 27 pages in-12, feront bien de le méditer ; les théories y sont appuyées par des faits.

plants nouveaux les points qui n'offrent plus que des bruyères. C'est à lui, qui peut faire des avances, de donner cet exemple aux particuliers ; ils ne manqueront pas de défricher leurs landes, à leur tour, quand ils s'apercevront qu'il y aura pour eux de l'avantage. Nous avons remarqué un petit plant de sapins du Mans, qui fut semé en 1822, à l'entrée des bois de la Briarderie ; il commence à couvrir et à garnir le sol, tandis que des charmes et d'autres arbustes que l'on planta dans le même lieu, en 1811, pour la naissance du roi de Rome, sont demeurés chétifs et sans vigueur. Que l'on essaie donc les bois verts, plutôt que les autres, sur ces landes découvertes.

Trois gardes royaux sont chargés de la surveillance dans la forêt de St.-André. On y voit maintenant peu de gibier. Les renards y sont communs ; les loups s'y montrent quelquefois ; les sangliers, les cerfs, les chevreuils ne s'y rencontrent plus.

Nous ne parlons pas des chemins publics qui sont assez mauvais sur la Hoguette, mais que la commune sera bientôt en état de réparer et d'entretenir convenablement. Les pierres se trouvent partout à la disposition des habitans ; il leur sera facile d'en employer autant que les besoins l'exigeront. La route royale, quoique tracée sur un fond de roc, est très-endommagée depuis St.-Clair jusqu'à Nécy, c'est-à-dire, pendant près de deux lieues ; au milieu des bois de la Briarderie surtout, elle est presque toujours impraticable ; espérons que nos administrateurs trouveront enfin des moyens à l'avenir pour nous faire disposer des routes plus sûres, plus agréables. La sollicitude du Gouver-

nement semble enfin se porter sur ce point très-
important.

Quand la commune possédera de bons instituteurs, elle pourra envoyer 75 ou 80 enfans aux
écoles publiques. En ce moment, il y en a peut-être
50 qui vont chercher des leçons au dehors.

Occupons-nous de quelques descriptions partielles:

M. Langevin a visité soigneusement la chaîne
des rochers de Saint-Clair, au-dessus du bois de
Vaux, et il a cru y remarquer plusieurs monumens
du culte des Celtes. Ses idées, sur ce sujet, sont
développées dans les notes qui précèdent ses *Re-*
cherches sur Falaise, pages 37, 38, 39 et 40. Nous
avons souvent parcouru ces mêmes lieux, et nous
devons avouer que nous ne pouvons entièrement
partager les opinions de M. Langevin. Ce qui nous
a le plus frappé, c'est une roche massive qui paraît
avoir été placée sur d'autres roches, à la pointe septentrionale de la bruyère, et au-dessous de laquelle
on remarque une large grotte qui peut n'être pas
entièrement naturelle ; on voit à l'entour, et même
au fond de la vallée, des pierres qui semblent avoir
été déplacées ; on aperçoit une seconde grotte à peu
de distance ; et enfin, l'on trouve, un peu plus loin,
cette fontaine de *la Foirie* ou de *la Féerie*, à laquelle
on attribue des qualités merveilleuses. Il est possible, à la rigueur, qu'il y ait eu sur ce point un
petit établissement druidique. Le bois de Vaux prê-
terait assez aux mystères. Mais n'y trouvant ni
dolmen entier, ni pierres fichées, ni enceintes régulières, nous sommes réduits à nous renfermer
dans le doute à ce sujet. Nous avons traversé les

autres landes en tous sens, vers Rochefort, vers Rouffigny, vers le Mont-de-Pierre, vers St.-André, et nous n'y avons non plus rien reconnu qui offrît le caractère incontestable d'un monument du culte celtique. M. Langevin nous pardonnera donc de ne point être complètement de son avis sur ce sujet.

Nous avons acquis dernièrement, pour la ville, une petite monnaie d'argent de la famille *Metella*, que l'on prétend avoir été trouvée sur la Hoguette, par un paysan. Nous n'avons pu savoir malheureusement en quel endroit il l'avait découverte. Nous soupçonnons que ce ne peut être que vers Nécy, où l'on dit qu'exista jadis un chemin romain, dont nous n'avons pu toutefois retrouver les traces jusqu'à ce jour.

Un autre chemin très-remarquable se voit près de la Moricière, à l'entrée des bruyères de Rouffigny ; on le rencontre en allant de Falaise à Écouché, au-dessus d'une petite vallée qui se trouve à droite de la route. L'encaissement est de dix-huit pieds de large ; les rebords, dans la partie la mieux conservée, sont réguliers comme les fondemens d'un mur tiré au cordeau. Le milieu est garni de roches de quartz, de huit ou dix pouces de largeur, sur six d'épaisseur. Ce système est vicieux, mais le travail dût être fort considérable ; nous en avons déjà remarqué un autre du même genre à-peu-près, à une lieue de-là, au *Pavement*, sur la commune de Corday. Nous ignorons qui est-ce qui a pu faire exécuter ces portions de routes solides, et quel en était l'objet. Un voiturier, qui se rendait à Écouché, nous dit qu'un de ses aïeux avait dû travailler au

chemin de la Moricière, il y a cent cinquante ans.
Son père le lui avait souvent rappelé dans sa jeunesse, en passant dans cet endroit

L'abbaye, placée au milieu des landes, des
bruyères et des bois, dans un lieu sauvage, à une
petite lieue de la ville, offrait une enceinte d'une
douzaine d'hectares environ. Le plus ancien bâtiment existe encore ; c'est une espèce de grande
salle à moitié souterraine, longue de soixante pieds
et large de vingt au plus. L'entrée est à cintre
plein ; des colonnes romanes de huit pieds de haut,
avec un chapiteau fort simple, sont placées au
milieu, et supportent des voûtes de pierres garnies
de bourrelets en croix. Peut-être était-ce l'église
provisoire ou le chapitre ? Au-dessus devaient être
des cellules, dont les petites fenêtres se voient encore. Cette construction doit dater de 1130 à 1140.
Elle sert maintenant d'écurie ou de grange. Derrière
se trouvent les restes de caveaux ou celliers souterrains, dans lesquels étaient disposés les appro-
visionnemens de la maison. Les voûtes sont en
pierre calcaire poreuse et légère, connue sous le
nom d'*incrustation d'eau douce*. Les cloîtres ont entièrement disparu. Quant à l'église, on n'en voit
plus guère que les fondemens qui embrassent une
étendue de cent pas au moins en longueur ; elle
était gothique de première époque, comme on le reconnaît à quatre fausses ouvertures dans un grand
cercle, qui sont encore accolées au gable de la
maison abbatiale qui sert aujourd'hui de ferme.
Ce fut en 1147 que la dédicace de cet édifice eut
lieu ; on assure qu'il était un des plus beaux du

pays; on y admirait surtout une coquille sculptée,
fort élégante, qui supportait les orgues. Quelques
tombeaux, dont il ne reste aucune trace, ornaient
l'intérieur. Le vandalisme a tout détruit, et les
pierres ont été vendues ou converties en chaux.
Un étang, des jardins, plusieurs bassins, où les
eaux étaient amenées par des conduits de plomb,
embellissaient cette enceinte, où quelques hommes
trop inutiles vivaient dans une molle indolence.
L'établissement ne jouissait plus d'aucune consi-
dération lorsqu'il fut supprimé en 1791.

A l'ouest, et à peu de distance du village de la
Hoguette, nous avons observé l'emplacement d'une
enceinte féodale comme celles que nous avons déjà
décrites. Elle était défendue par des fossés dont le
revers intérieur a trois pieds à peu-près d'élévation;
on y entrait par le nord, et la forme offrait un
carré long de cent pas, sur cinquante à soixante;
la motte était au midi, garnie de nouveaux fossés
et un peu plus élevée. C'était-là, sans doute, la
petite forteresse des seigneurs de la Hoguette, dans
les temps des guerres civiles. On nous avait indiqué
ce lieu comme un reste de campement romain;
mais c'était évidemment une erreur. Les campemens romains étaient plus grands, mieux défendus;
leurs fossés surtout étaient beaucoup plus larges.

La maison de campagne de M. Loriot se trouve
à quelques pas de cette enceinte. Le manoir est
ancien, délabré, mais le petit parc est bien planté
et agréable. L'habitation de M. Chatelain, située
au Bosc, à l'autre extrémité de la commune, vers

Nécy, est bien entretenue. À Rochefort, au-dessous de quelques gros rochers que l'on voit à droite de la route, se remarque une demeure champêtre, soigneusement disposée, appartenant à Madame Godefroy.

L'église de la Hoguette est dédiée à S. Barthélemy; sa construction est moderne. On va l'agrandir et l'embellir avec le produit de la vente de quelques bruyères. Elle est desservie par un jeune prêtre, M. l'abbé Harivel.

Le maire de la Hoguette est M. Duval, cultivateur; l'adjoint est M. Rosel. M. Duval nous a fourni plusieurs renseignemens, ainsi que M. Leclerc et d'autres habitans du pays.

Les impôts de cette commune si étendue ne se montent qu'à 5,646 fr. 26 cent. Les bruyères et les bois ne paient rien, comme domaines publics.

COMMUNE DE FRESNÉ-LA-MÈRE.

Nous avons dans l'arrondissement de Falaise trois communes de *Fresné*, que des surnoms distinguent les unes des autres. Celle de Fresné-la-Mère s'appelle en latin *Fresneium* ou *Fresnetum-Matris*; celle de Fresné-le-Puceux, *Fresneium-Pucelli*; et celle de Fresné-le-Vieux, *Fresneium-Vetus*. Les surnoms se rattachent à des événemens ou à des observations locales dont le souvenir n'est pas venu jusqu'à nous; et quant au mot principal, il ne peut évidemment s'appliquer qu'à des lieux anciennement plantés de frênes, des *fresnaies*, comme on s'exprime encore en quelques endroits de nos environs.

La commune de Fresné-la-Mère a une lieue environ de longueur, depuis le hameau de St.-André,
sur la Hoguette, jusqu'à celui de Cantepie, sur
Morteaux ; sa largeur est d'un quart de lieue au
plus. Située presque en entier sur une hauteur, entre
deux petits vallons, sa forme ressemble assez à celle
d'un vaisseau renversé.

Les communes limitrophes de Fresné sont, au
nord, Anglóischeville et Morteaux ; à l'ouest,
Villy ; au midi, Évesqueville et la Hoguette ; à
l'est, Perteville. Les villages ou hameaux sont :
Fresné, qui contient 78 feux ; le Moulinet, la
Cavée, les Cailloux, Bertet, le Pont-de-Villy, les
Terres-Rouges, les Maisonnettes, Courcelles et la
Hamberie ; le nombre total des feux est de 156 pour
ces différens hameaux.

Le ruisseau de Guépierreux arrose le vallon de
l'ouest ; à l'est, coule un petit cours d'eau sorti de
l'étang de la Roche, et qui porte plus loin le nom de
Cantereine, lors de sa réunion, sur Morteaux, avec
le Guépierreux. Ce cours d'eau fait mouvoir un
moulin à blé.

Le territoire se compose de 580 acres ou 474 hectares, ainsi divisés : Labour, 500 acres ; prairies,
80 acres ; bois, 4 acres. La bonne terre ne se loue
que 24 fr., et la mauvaise n'est évaluée qu'à 10 ou
12 fr. à peu-près. Le sol est pierreux et sablonneux;
« on y fait beaucoup de sainfoin pour reposer la
» terre, qui demande en outre bien de l'engrais ;
» elle produit du blé, du seigle, de l'orge et de
» l'avoine. On la cultive avec 40 chevaux, 90 va-
» ches à lait et 476 moutons communs. Les charrues sont attelées de trois chevaux. »

Le grand chemin vicinal de Falaise à Trun traverse la commune dans sa largeur. « Il est en bon » état, et nouvellement réparé. » Les habitans, n'ayant guère que celui-là d'important, peuvent lui donner tous leurs soins. Il est rapide, et par conséquent dangereux en descendant vers le vallon de l'est.

La population s'élève à 680 habitans ; on comptait dans le nombre une femme centenaire, il y a peu de temps. Les cinq années du recensement ont donné 48 naissances sur 54 décès.

L'industrie principale est la fabrique des bonnets ; près de 50 ouvriers y travaillent habituellement ; on compte de plus 10 tisserands, 12 maçons, et 25 filassiers qui passent six ou sept mois hors de la commune. Cette activité répand une certaine aisance dans les ménages ; mais là, comme dans les environs, l'amour du cabaret nuit à la prospérité et au bon ordre ; les jeunes-gens surtout sont vifs et turbulens ; ils aiment le plaisir, et se montrent peu sensibles aux sages conseils de leur pasteur et de leurs chefs. Trois auberges sur la commune sont malheureusement beaucoup plus que suffisantes pour les besoins des voyageurs ; elles deviennent un sujet de ruine pour les familles, et de désordre pour cette petite société communale.

Ceux des habitans qui vont aux moissons et aux filasses, passent quatre à cinq mois du côté de Paris et de Rouen, et deux mois d'hiver dans les environs de Vire ; on ne les voit guère dans le pays que pendant les mois de printemps.

Les femmes filent beaucoup de lin, mais le travail est d'un mince produit.

Un instituteur réunit 5o à 6o enfans, presque tous de la commune.

En visitant le territoire de Fresné, nous avons remarqué, près de l'étang de la Roche, qui est commun avec Perteville, une pierre de quartz jetée au milieu du chemin de Vignats. Cette pierre semble avoir été arrondie, et elle offre, surtout en dessous, une profonde rainure, évidemment de main d'homme. Il serait peut-être téméraire d'affirmer que c'est un monument d'une époque très-reculée; mais, toutefois, nous devons convenir que cette idée nous a surtout frappé. Une masse de pierre de cinq pieds de longueur, sur trois de largeur et deux d'épaisseur, ainsi dégrossie, sans présenter aucun caractère d'utilité, ne peut appartenir qu'à des temps où la religion consacrait ces grossières ébauches de l'art. Peut-être était-ce un simulacre destiné à recouvrir la tombe d'un héros? Peut-être n'est-ce plus que l'un des débris d'un monument plus considérable qui aura disparu? Dans tous les cas, nous ferons observer que l'étang voisin porte le nom d'*Étang de la Roche*, bien qu'il n'y ait point d'autre roche digne d'être citée dans les environs. C'est donc probablement de cette pierre qu'il aura été ainsi désigné, et l'on en doit conclure qu'elle aura depuis long-temps fixé l'attention publique comme un objet vraiment remarquable; nous engageons, du reste, ceux qui auraient occasion de passer dans le chemin, à l'examiner avec soin; ils seront sans doute frappés comme nous de sa forme et de sa disposition.

A peu de distance de la Roche, en remontant

vers

vers Saint-André, est l'ancienne terre seigneuriale de Courcelles, devenue la maison de campagne de M. Mouton, curé de Ste.-Trinité, à Falaise. L'habitation, toute moderne et fort agréablement disposée, a remplacé de vieilles constructions qui tombaient en ruine. Le domaine de Courcelles appartenait autrefois aux seigneurs de Fresné. Il est désigné sous le nom *de Corcellis*, dans une charte de l'an 1143.

Dans le cimetière et dans les champs voisins du village de Fresné, au centre de la commune, on a trouvé, depuis quelques années, des tombeaux de pierre calcaire, de six pieds de longueur, qui renfermaient des ossemens et même des armes ; on en découvrit un plus grand dernièrement, « dans » lequel était un bout de vieux sabre. » Des fragmens d'autres sabres furent encore trouvés à l'entrée d'une ancienne carrière, que l'on a r'ouverte il y a peu de temps ; deux squelettes y avaient été enterrés l'un près de l'autre ; un petit médaillon de la Vierge fut recueilli à peu de distance, et nous a été envoyé par le maire pour le cabinet de la ville. Les tombeaux de pierre doivent appartenir aux premiers siècles de la chrétienté ; les squelettes trouvés dans la carrière sont probablement d'une époque plus rapprochée.

Le château de Fresné n'est point sur la commune dont il porte le nom. Nous en parlerons à l'article de *Pierteville*.

Nous ne trouvons aucune mention de l'église de Fresné dans les anciennes chartes ; elle dépendait du doyenné de Falaise avant la révolution, et c'étaient les religieux de St.-André qui la desservaient. Le monument est moderne, mais propre et bien entretenu au-dedans et au-dehors ; il est sous l'invocation de la Vierge, et la fête, nommée *Langevine*, a lieu le 8 septembre. On y accourt des communes voisines, et cette réunion est une des plus nombreuses des environs. Le cimetière, décent et entouré de murs, présente une seule tombe qui porte le nom d'une dame *Osmond Leboulenger*.

Nous devons à M. Gabriël Letellier, maire, plusieurs des détails que nous donnons sur sa commune. L'adjoint est l'ancien maire d'Angloischeville, M. Blanchard. Le desservant de la paroisse est M. l'abbé Louis-Toussaint Esnault, qui nous a aussi obligeamment transmis quelques renseignemens.

Fresné est imposé, pour 1828, à 7,135 fr. 65 c.

COMMUNE D'ANGLOISCHEVILLE.

Cette commune est réunie depuis quelques mois à celle de Fresné-la-Mère ; mais elle subsistait encore séparément à l'époque où cet ouvrage a été commencé, et, selon notre usage, nous lui consacrerons un article particulier.

Il est fait mention d'Angloischeville dès le temps de notre illustre Guillaume, au milieu du 11e siècle ; voici en quels termes et à quelle occasion :

Les fils de Robert de Grantmesnil comblaient de bienfaits le couvent de St.-Évroult, relevé par leur père ; au nombre des donations qu'ils lui firent,

Ordéric Vital cite « Angloischeville avec son mou-
» tier , *Anglisca quoque villa cum monasterio* [1]. »
Le nom d'*Angloischeville*, écrit de cette sorte, indique évidemment la demeure des Anglais, la ville
des Anglais ; mais rien ne rappelant le motif qui
l'avait fait ainsi nommer, nous ne pouvons nous
arrêter, à ce sujet, qu'à de vagues suppositions.
Quant au mot latin *Monasterium*, que nous tra-
duisons par *Moutier*, il ne voulait pas exprimer,
dans cette circonstance, une communauté religieuse, un monastère, mais simplement une église,
une paroisse, enfin, un moutier, comme nous le
disons, ou même un simple revenu ecclésiastique.
« *Moutier*, *moustier*, dit Roquefort,[2] en latin
» *Monasterium*, veut dire revenu ecclésiastique,
» église ou monastère. » Dans la circonstance, en
examinant la localité, il ne peut évidemment s'appliquer qu'à l'église et à son modeste revenu. Voilà
tout ce que nous trouvons dans les anciens écrits,
sur la commune d'Angloischeville.

Nous dirons en très-peu de mots ce qu'elle présente à l'observateur, sous le rapport topographique
et statistique.

Elle se compose, d'après les états de section, de
300 acres de labour, et de 10 acres de prairies,
jardins et habitations ; en tout, 310 acres ou 253
hectares. Les meilleurs fonds ne sont guère évalués, à ce qu'on prétend, à plus de 22 fr. de revenu
foncier.

[1] Collection de Duchesne, page 463.

[2] Dictionnaire de la Langue romane.

Les abornemens sont : Beaumais, Ners, Perte-ville, Fresné-la-Mère et Morteaux.

Les hameaux sont : Angloischeville, le Pont-Morel et le Camp.

Un cours d'eau, venant de la Roche, coule au nord-ouest dans le vallon ; il se mêle, plus loin, au Guépierreux, et forme, entre Morteaux et Beaumais, le ruisseau de Cantepie.

Le village principal est doucement incliné vers le nord-ouest. Une plaine calcaire et découverte s'étend au-dessus, vers Beaumais et Perteville, et laisse voir au loin, à l'entour, un horizon borné de montagnes et de bruyères arides. Ce coup-d'œil est assez vaste, mais sévère, et même attristant pendant l'hiver.

On cultive le blé, l'orge, l'avoine et le seigle ; on fait quelques sainfoins ; un fonds très-bien fumé peut donner 300 gerbes à l'acre, tandis que le fonds mal soigné n'en donne pas plus de 100. On emploie comme engrais la poudre de rabette et le fumier : l'agriculture est peu avancée. La ferme la plus considérable, celle de M. Jourdain, est d'un revenu de 5,000 fr. ; la maison d'été de ce propriétaire est sur le bord du chemin de Beaumais. Plus au nord est la petite habitation, bien disposée, de M. Osmond-Desfriches.

Les chevaux pour la culture sont au nombre de 13 ; les vaches à lait ne se montent qu'à 30, et les moutons qu'à 180, tous communs.

On compte 38 maisons et 134 habitans ; le recensement de cinq ans a donné onze naissances et 17 décès, résultat très-défavorable. Une partie de la population travaille à la toile et aux bonnets ; une autre partie va aux moissons du dehors et aux filasses, et le reste cultive la terre. On connaît 12 tisserands et bonnetiers, 5 à 6 filassiers, un taupier, etc. Vingt-cinq enfans vont apprendre à lire au dehors pendant l'hiver.

Le chemin vicinal de Falaise à Beaumais, qui traverse la commune, est creux et peu soigné sur quelques points. Celui de Falaise à Trun est meilleur en général. Les chemins de ce pays, sur un calcaire sabloneux, sèchent promptement, et sont plus faciles à entretenir que ceux de la terre grasse du Bocage.

Il y a quelques années, en creusant le sol près de la maison de M. Osmond, située dans le hameau du Camp, on découvrit des ossemens, auprès desquels on remarqua un bracelet de cuivre ; il offrait une espèce de charnière, et s'élargissait un peu lorsque l'on faisait effort pour l'entr'ouvrir. Il fut égaré, et l'on n'a pu le retrouver depuis ce temps. D'autres ossemens ont été trouvés, à diverses époques, dans le même lieu, et l'on nous fait observer qu'une pièce de terre voisine est encore appelée *les Camps*. On peut penser qu'il y eut là quelques combats dans des temps fort éloignés. Eurent-ils lieu entre les *Anglais* et d'autres guerriers, c'est ce qu'il nous est impossible de reconnaître. Le squelette au bracelet de cuivre annoncerait un héros d'une époque plus reculée que les Anglais. Du reste, on pourra remarquer que c'est sur la côte opposée, à quelques centaines de pas seulement, que se trouvent les tombeaux de pierre de Fresné, avec des fragmens de sabres et des débris d'armes. Ces dépôts, légués par des générations qui ont disparu sans nous laisser d'autres souvenirs, offrent un vaste champ aux conjectures. Nous n'essaierons point toutefois de soulever le voile qui nous dérobe ces histoires des anciens jours.

L'église, ou plutôt la chapelle d'Angloischeville est insignifiante au dehors, et présente plutôt l'image d'un oratoire primitif des premiers chrétiens, que celle d'une église de paroisse ; elle était dédiée à S. Pierre, et contenait peut-être une centaine de fidèles. Le cimetière est extrêmement petit, et orné d'une tombe nouvelle.

L'ancien maire, devenu adjoint de Fresné, M. Blanchard de Sarcilly, nous a fourni les détails statistiques que nous venons d'offrir.

Les impôts sont confondus avec ceux de Fresné.

COMMUNE DE NERS.

Ce nom de *Ners* est écrit en latin *Nervi* dans un manuscrit du diocèse de Séez. Il veut, dit-on, rappeler le souvenir d'une forêt de chênes qui existait anciennement dans ces lieux ; plusieurs champs se nomment encore *les Chesnes*, *les Chesnots* ; les curés, il y a deux siècles, employaient l'orthographe de *Nerf*, mot qui indiquait la force, la vigueur, la dureté ; on dit encore aujourd'hui quelquefois *Ners-en-Forêt*, etc. Telles sont les traditions conservées dans le pays, et que nous sommes tout disposés à adopter ; elles n'offrent rien, selon nous, que de raisonnable ; Ners aura été un bois de chênes comme Fresné un bois de frênes. Ners, en celto-breton, a le même sens que *nerf*, et veut exprimer également la force et la vigueur[1].

Dans une bulle d'Innocent III, pour le chapitre de Séez, en 1199, l'église de Ners est citée parmi celles qui relevaient de ce chapitre; les chanoines nommaient encore à cette cure avant la révolution. L'auteur du *Gallia Christiana* écrit *Neers*, mais c'est une incorrection.

Le fief de Ners fut cédé aux religieux de Saint-André dans le 13.e ou 14.e siècle. Ils soutinrent à ce sujet un procès il y a soixante-dix ans environ; ils tenaient leurs droits, à ce qu'il paraît, d'un Samson de St.-Sauveur ou de son fils Raoul, qui vivaient vers l'an 1300. Nous lisons ces détails dans un *Mémoire* présenté au Parlement par le dernier abbé, du nom d'*Albergotti*, contre un Dubuisson de Longpré qui se prétendait seigneur de Ners. Le renseignement le plus curieux qu'offre ce mémoire, est le prix de la terre dans le 15.e siècle. Une acre de terre fut vendue, en 1491, moyennant 100 sous de prix principal, et 10 sous *de vin*; plus tard, en 1516 et en 1519, l'acre ne se vendait encore que 100 sous de principal, et 9 sous de vin. Ces mêmes fonds, à présent, « se vendent 1,000 à 1,400 fr. l'acre. » La différence est vraiment prodigieuse[2].

Ners est borné au nord par Beaumais; au levant, par Crocy et par Fourches; au midi par Vignats; au couchant par Perteville et Angloischeville.

[1] Voir Legonidec, Dictionnaire celto-breton.

[2] Le *Mémoire* que nous citons nous a été communiqué par M. Sereuil, maire; il nous l'a remis pour être déposé à la Bibliothèque de la ville.

La contenance est de 375 acres environ, ou 306 hectares, presque tous en labour ; un assez bel herbage et quelques vergers forment les seuls pâturages. Il n'y a point de bois.

La commune ne se compose guère que d'un petit village groupé près du chemin public de Falaise à Trun (l'ancienne route royale de Falaise à Paris); deux fermes en sont détachées, ainsi qu'une petite habitation de maître située près du village des Monceaux, qui dépend de Perteville.

Un léger cours d'eau se montre vers Perteville, et se perd ensuite dans les terres. Après les grands orages il forme un petit torrent qui porte le nom de *Gronde*, et va se jeter dans la Dive, au hameau de Japigny, sur Beaumais; il cause alors quelques ravages dans ce hameau.

La terre est cultivée en trois assolemens : blé, orge et varet; on fait quelques sainfoins, mais sans chercher à innover; on compte 20 chevaux au plus, 45 bêtes à lait, et près de 200 moutons ou agneaux de l'espèce ordinaire.

Le nombre des feux ou ménages est de 26, et celui des habitans de 135 environ. Il y a eu dans cinq ans 8 naissances seulement, sur 11 décès. Outre les cultivateurs, en petit nombre, qui restent sur les lieux, sept hommes vont au-dehors faire les moissons et travailler aux filasses; trois vont vers Paris et Rouen faire le métier de taupiers; cinq sont occupés à la fabrique des bonnets. Cette population est assez sobre, appliquée au travail, et son principal soin est d'amasser un peu d'argent, afin d'acheter, avec le temps, un petit domaine. Cet amour de la propriété tend à augmenter chaque jour le prix de la terre.

Seize enfans vont chercher des leçons, pendant l'hiver, dans les communes voisines de Beaumais ou de Crocy.

Outre le chemin vicinal de Trun, il en existe un autre, nommé le chemin *Ankas* ou *aux Cars*, allant de St.-Pierre à Écouché ; il sert aux marchands de bœufs ou de vaches qui se rendent au Pays-d'Auge. Il forme la limite entre Ners et Crocy.

On trouve fréquemment des ossemens dans les champs de Ners, mais l'on assure qu'ils y ont été apportés de Falaise dans les temps de guerre ou de peste. « Ners était alors la *maladrerie de Falaise*, » disent les habitans, d'après leurs traditions. Les ossemens ne sont jamais renfermés, comme ailleurs, dans des tombeaux de pierre.

Dans un fossé situé près du manoir de Ners, on dut trouver, il y a deux cents ans, des lingots d'or, qui furent vendus pour du cuivre à un fabricant de chaudrons ; il reconnut la nature du métal, le vendit, et acquit, dit-on, un petit champ. Cette anecdote fut racontée au maire actuel par son père, et elle ressemble à beaucoup d'autres de ce genre, que l'on entend tous les jours dans nos campagnes. Elle ne prouve rien, parce qu'elle est incertaine. On voit quelquefois du minerai dans la plaine, mais ce sont des pyrites rondes de fer, formées dans le calcaire.

L'église, assez petite, et qui n'était autrefois qu'une chapelle dans les bois, dédiée à St.-Aubin, est en ruine aujourd'hui, et le chœur est prêt à s'écrouler ; les habitans ont résolu de l'abattre, et de conserver la nef qui est encore bonne. Ils y replaceront la tombe d'un chanoine de Séez, nommé *Louis Sereuil*, qui fut pendant trente-trois ans leur curé, et celle d'un *Gilles Bourget*, mort en 1718. Ils professent le respect pour les morts, et veulent perpétuer le souvenir de ceux qui se sont distingués parmi eux.

Le manoir, construction moderne, est habité par M. Sereuil, maire actuel. L'ancien fief, qui dépendait de St.-André, sert maintenant de ferme. On y voit encore deux petits pavillons en tourelles sans importance, et une espèce de douve sur le devant.

Nous devons les notes sur la petite commune de Ners à l'obligeance de M. Sereuil. L'adjoint est M. François Lecourt.

L'impôt foncier se monte à 2,938 fr.

COMMUNE DE PERTEVILLE.

Nous arrivons à la dernière commune des cantons de Falaise. Elle est désignée, dans un ancien manuscrit, sous le nom de *Perdita villa*, ville perdue. Il est probable que son château, qui fut jadis fortifié, ayant été pris dans un assaut, le nom donné à ce lieu aura perpétué le souvenir de cet événement. Nous n'irons point chercher une autre étymologie.

Nous ne trouvons aucun fait historique sur la commune de Perteville, et les traditions ne nous

apprennent rien non plus sur elle. On dit seulement que les Montgommery de Vignats y avaient
un petit château, vers la Balanderie ; les seigneurs
de Perteville durent être éclipsés de tout temps par
le voisinage de ces barons puissans qui possédaient
tant de domaines dans nos environs. Nous arriverons
tout-à-l'heure à l'une de leurs forteresses féodales.

La commune de Perteville est bornée par Vignats,
la Hoguette, Fresné-la-Mère, Angloischeville et
Ners. Les hameaux sont : le Saussay, la Roche, les
Monceaux, le Mesnil, la Balanderie et Perteville.

Un petit cours d'eau, venant des bruyères, se
montre vers le Saussay, descend dans l'étang de la
Roche, et, coulant ensuite au milieu du vallon de
Fresné, va former, sur Morteaux, le ruisseau de
Cantepie qui se jette dans la Dive. Il arrose les
seules prairies que possède la commune, au nombre
de 20 hectares seulement ; le reste du territoire se
compose de 443 hectares de labour et de 10 hectares
de bois ; en tout 473 hectares ou 538 acres. Les bois
du domaine et de grandes bruyères environnent tout
le sud-est de Perteville, mais n'en dépendent point ;
ils se rattachent à la Hoguette que nous avons dé-
décrite, et à Vignats qui va nous occuper.

L'agriculture n'est pas plus avancée qu'à Fresné
et à Ners. Toujours les trois saisons, toujours l'orge
remplaçant le blé, et la jachère appelée au troisième été pour rétablir la terre. On fait quelques
champs de sainfoin ou de trèfle ; mais sans intelligence, sans adopter le système des alternances,
sans essayer de nouveaux engrais. Tout ce côté de
l'arrondissement est en stagnation. Les habitans

vivent dans leurs routines ; et comme le sol qu'ils négligent ne fournit point à leurs besoins, au lieu de lui demander des richesses qu'ils pourraient en obtenir, avec quelques soins, ils préfèrent s'expatrier pendant plusieurs mois de l'année, et chercher dans des champs étrangers une subsistance qu'ils achètent presque toujours au prix de leur santé et de leur repos. En effet, tous ces moissonneurs qui quittent le toit paternel pour aller dans l'île de France, dans la Beauce et dans la Picardie, recueillir, pendant l'été, des blés qui ne sont pas les leurs, tous ces filassiers qui passent cinq à six mois d'hiver chez des maîtres du dehors, où ils sont traités comme des mercenaires ; ces moissonneurs, ces filassiers, disons-nous, nous les voyons revenir presque toujours chez eux épuisés, souffrans et malades ; ils ont un peu d'argent, mais que de privations pour l'acquérir ! que de maux ils se sont préparés pour leur vieillesse ! Et nous ne parlons pas des habitudes vicieuses qu'ils ont pu contracter quelquefois ; des exemples dépravés qu'ils rapportent dans leur village...

> Rarement à courir le monde,
> On devient plus homme de bien,

a dit un vieux poëte ; et c'est pour la classe non éclairée, pour les simples enfans du hameau que cette vie d'aventures et de course est surtout dangereuse. Ils ne sont pas suffisamment prémunis contre la contagion du vice ; ils deviennent facilement la dupe des charlatans et des fripons ; ils forment des liaisons qui ne sont point celles de la

famille, du foyer domestique. Quelle influence ne
doit pas exercer ensuite sur la population d'une
petite contrée, cette espèce de horde voyageuse qui
y reparaît tous les ans pendant quelques mois de
printemps, c'est-à-dire, pendant la saison des passions, à l'époque où le défaut de travaux champêtres
offre plus de loisir aux hommes pour se livrer à leurs
penchans. Sans avoir la prétention de nous ériger en
moraliste, nous soumettons ces observations aux
hommes qui veulent réfléchir, et nous en tirons la
conclusion que l'émigration qui se remarque dans
toute cette partie de l'arrondissement, est funeste
au pays en général, et aux individus en particulier.
Nous ajouterons que la richesse qui en revient à la
contrée est factice; on y voit, il est vrai, l'argent
circuler un peu plus qu'ailleurs; le bien s'y vend à
un denier fort élevé; mais les champs y sont mal
ensemencés, mal cultivés; mais les produits n'y
sont aucunement en rapport avec les besoins. Supposons pour un moment que la source de ces richesses apparentes vienne à se tarir tout-à-coup;
que le filassier, par suite d'une découverte nouvelle, ne trouve plus à s'occuper au-dehors pendant
l'hiver; que le moissonneur voie d'autres bras que
les siens dépouiller les champs de la Beauce; que
deviendront-ils alors avec leur plaine stérile et leur
famille affamée ? Ils mourront de privations au milieu d'un petit domaine qui eût suffi probablement
à les maintenir dans l'abondance, s'ils l'avaient
cultivé autrement qu'ils ne l'ont fait; s'ils n'avaient
pas placé leur espoir dans de fausses spéculations...
On ne peut donc trop insister, à ce qu'il nous

semble, même sous le rapport de leur intérêt privé,
pour engager les villageois des campagnes que nous
parcourons, à s'attacher plus qu'ils ne le font à la
culture de leurs petits patrimoines. Au lieu de partir,
comme on les a vus jusqu'ici, par essaims, pour
aller travailler au-dehors, qu'ils appliquent leur
industrie sur le sol natal ; qu'ils apprennent à sup-
primer les jachères, qui font perdre au laboureur
une année sur trois ; qu'ils cultivent les herbes pour
élever des bestiaux, qui leur donneront bientôt de
plus abondans engrais ; qu'ils défrichent ces milliers
de bruyères qui les environnent ; qu'ils plantent les
sols ingrats, les landes, les coteaux arides, etc.,
ils seront bientôt étonnés de trouver à leur porte
ces richesses qu'ils allaient chercher ailleurs, à la
sueur de leur front et au prix de leur santé ; leurs
femmes seront plus heureuses, leurs enfans mieux
élevés, leurs familles plus unies, eux-mêmes plus
contens et plus sûrs de leur avenir. Sans doute tous
ces biens ne leur arriveront pas dans un jour, et nous
n'irons pas leur conseiller de renoncer tout-à-coup
à leurs habitudes, d'adopter, d'un moment à l'autre,
un changement de vie qui ne peut être que le résultat d'améliorations lentes et progressives ; les révolutions sociales, même les plus insignifiantes en
apparence, ne sont jamais que le résultat du temps ;
il faut les préparer lentement, en assurer le succès
par de sages combinaisons, par de longs travaux.
Nous dirons au père de plusieurs enfans, qui les
envoie tous chaque année au-dehors, d'en garder
un d'abord avec lui, pour l'aider dans ses tentatives
d'améliorations agricoles ; s'il réussit, comme on

doit l'espérer, dans un premier essai, il gardera deux de ses fils l'année suivante; il leur donnera un intérêt dans ses travaux ; ils acheteront ensemble quelques bestiaux nouveaux, et insensiblement ils n'auront plus besoin de se séparer les uns des autres pour vivre et pour élever les nouveaux membres qui surviendront dans la famille ; la terre bien préparée, bien amendée, suffira pour les nourrir tous. Des champs plus ingrats que les nôtres, ont été ainsi amenés à produire les plus riches moissons. Nous ne proposons point de vaines théories, nous ne rêvons point des chimères ; nous demandons pour nos villages ce qu'on a fait pour ceux de la Flandres, ce qu'on fait pour ceux de la Lorraine, ce qu'on pourra faire pour tous nos départemens, quand les administrateurs voudront encourager par quelques légères récompenses ; quand les riches propriétaires voudront donner l'exemple ; quand les petits cultivateurs voudront s'occuper sérieusement de leurs intérêts. Il y avait un pays autrefois qui était, en apparence, le plus riche de l'Europe ; les trésors du nouveau monde y affluaient de toutes parts ; les heureux habitans, plongés dans les délices, semblaient formés par le Créateur pour jouir de tous les biens sur une terre de bénédictions. Tout-à-coup la mine qui fournissait tous ces trésors vint à se tarir ; les galions cessèrent d'arriver chargés de perles et de lingots ; et, de ce moment, la terre des prospérités devint une terre maudite ; la misère pénétra jusques dans les riches palais, et le peuple espagnol (car c'était lui qui jouissait de tant de biens), et le peuple espagnol, disons-nous, si

fier, si dédaigneux jusques-là, après avoir souffert
quelque temps en silence, après avoir rongé, en
s'indignant, le pain de l'indigence, finit par jeter les
yeux sur le sol fécond qui l'entourait, par songer
à lui demander ce qui manquait à ses pressans
besoins ; et, insensiblement, il recommença à
voir un peu d'aisance renaître autour de lui ; il
put vivre avec les siens, sinon dans le luxe comme
autrefois, au moins dans une honnête et paisible
abondance. Qu'il continue maintenant à chercher
ses richesses dans ses champs ; qu'il se fasse cultivateur, et il pourra redevenir un peuple floris-
sant, il pourra se replacer au rang des premières
nations du monde ; sa richesse sera véritable, elle
sera dans ses mains, elle sera à l'abri des événemens
et des révolutions, et rien ne pourra la lui ravir
désormais... Cet exemple, que nous avons choisi,
est grand, et beaucoup trop grand sans doute pour
le sujet peu étendu qui nous occupe ; il y a trop
de différence entre un modeste canton de Normandie et le puissant royaume des Espagnes ; entre
les petites richesses de nos filassiers et de nos moissonneurs, et les immenses trésors des deux Indes.
Mais il fut toujours permis de comparer les petites
choses aux grandes, *parva licet componere magnis ;*
et, voulant produire quelque impression sur des
esprits peu faciles à émouvoir, nous avons cru
pouvoir recourir à cette comparaison, et nous abandonner à ces digressions. On nous les pardonnera
en faveur de nos intentions. Si nous parvenons à
toucher seulement une personne influente, qui sait
jusqu'où pourrait s'étendre l'heureux effet de nos
discours.

discours. Ce serait pour nous la plus digne récompense de nos efforts.

Ces réflexions trouvaient naturellement leur place au moment où nous quittons un canton dans lequel l'émigration est fréquente, pour entrer dans un autre où elle est plus nombreuse et plus sensible encore. Nous revenons maintenant à notre modeste rôle de narrateur de faits peu importans.

Parmi les fermes de Perteville, on remarque celles de MM. de Bazoches, Morel, de Belleau et Bourienne ; la mieux plantée en arbres de futaie, en très-beaux chênes, est celle de M. de Bazoches. Ce propriétaire possède certainement les arbres de cette espèce les plus remarquables qui soient dans cette partie de l'arrondissement; lui, M. de Morell, que nous avons déjà cité sur Ussy, M. de la Roque, que nous rencontrerons bientôt sur Crocy, méritent bien de leur pays, par le soin qu'ils apportent à préserver leurs domaines de cette manie de dévastation qui semble avoir atteint tous les autres propriétaires de bois. Nous reprocherons toutefois à M. de Bazoches de ne pas replanter aussi bien qu'il sait conserver. Il faut songer aux générations qui viendront après nous. C'est rendre, nous devons le répéter, un service au pays, et faire en même-temps une excellente spéculation pour ses descendans, que de couvrir de bois les portions d'un domaine qui se prêtent le moins à la culture des herbes et des grains; il y a de ces sortes de terrains dans presque toutes nos communes, et particulièrement dans celles qui nous occupent en ce moment. Les propriétaires doivent les remarquer, et y placer l'espèce d'arbre qui y convient le plus. Le bois de Fresné, sur la pente d'une colline au nord-ouest, présente des sapins qui paraissent croître très-rapidement, et se reproduire d'eux-mêmes facilement ; c'est le seul point du pays où l'on en voit de pareils ; les bords du ruisseau offrent des peupliers divers et bien venans, des tulipiers, etc. Que l'on place en chaque lieu ce qui peut y prospérer. Le chêne acquiert une belle étendue sur les hauteurs, ainsi que l'orme, le frêne, etc.

On n'emploie pour la culture, à Perteville, que 45 chevaux de trait, 95 bêtes à lait, et 400 moutons, sur lesquels 100 mérinos. Ce n'est peut-être pas la moitié de ce que contiendrait la commune, avec un autre système d'assolemens.

La population s'élève à 314 habitans, répartis dans 77 ménages ; sur ce nombre on compte 22 filassiers ou moissonneurs, six bonnetiers, deux ou trois tisserands et deux ou trois taupiers. Les villages paraissent bien tenus, et il y règne plus d'ordre qu'à la Hoguette et à Fresné ; les mœurs mêmes, malgré l'émigration, n'y sont pas mauvaises. Le recensement de cinq ans a donné 50 naissances sur 26 décès ; nulle part le résultat n'a été plus favorable. L'air est très-pur et très-sain sur ce plateau ; les habitans d'ailleurs sont sobres en général, et ne fréquentent point le cabaret.

Après avoir signalé les dangers pour nos paysans de courir le monde, nous devons rendre justice à ceux d'entre eux qui savent maintenir leur petite société à-peu-près intacte au milieu de ces causes de dissolution. Les habitans de Perteville méritent, sous ce rapport, plus d'éloge que de blâme ; et même nous n'aurions point placé nos considérations générales dans le chapitre qui les concerne, si, comme nous l'avons observé, le hasard n'eût voulu que leur commune se rencontrât la dernière du canton. Leur agriculture, arriérée et négligée, méritait d'ailleurs des reproches. Trente-six enfans à peu-près suivent les écoles primaires ; un instituteur est placé sur les lieux.

Les deux chemins vicinaux de Trun et de Vignats sont assez bons.

Le château de Perteville est au milieu de la commune, à peu de distance de l'église, et donne assez bien l'idée d'une forteresse de gentilhomme campaguard du 15.e ou du 16.e siècle. Des fossés remplis d'eau entourent les bâtimens carrés, que flanquent quatre tourelles garnies de leurs trous à mousquets. Les toits sont pointus ; des armes sont sur les portes ; et le délabrement, l'abandon de toutes ces masures, rappellent involontairement l'orgueil de nos châtelains de villages, maintenant abattu, et dont il ne reste plus, pour ainsi dire, qu'un souvenir presque digne de pitié. La ferme est dans la maison du maître ; c'est le complément du tableau ; c'est l'image de la société moderne.

Le château ou logis de Fresné, situé, on ne sait pourquoi, sur Perteville, se montre au fond d'un étroit vallon, à la suite d'un joli bois qui s'étend sur les rives d'un petit ruisseau, depuis l'étang de la Roche jusqu'à une assez belle prairie qui enveloppe la maison. Les constructions sont insignifiantes, et du temps de Louis XIV ; le salon, qui fut beau autrefois, est entièrement délabré. Les propriétaires,

MM. de Cauvigny, n'habitent plus cette demeure

autrefois, est entièrement délabré. Les propriétaires, MM. de Cauvigny, n'habitent plus cette demeure qu'ils tiennent de leurs pères. Le château de Perteville appartient à M. de Belleau, allié de leur famille.

Au Saussay, est la maison de campagne de M. Morel, ancien procureur du Roi à Falaise : un jardin, un petit bois, un frais verger, une belle pièce d'eau l'environnent et en font l'ornement. Le maître s'y est retiré depuis quelques années. Une jolie maison neuve se montre au-dessus, au milieu d'un bosquet d'arbres frais et bien venans ; c'est la demeure du maire, M. Lamache-St.-Julien. Tout ce côté de la commune est fort agréable. En suivant le ruisseau, on descend à cet étang de la Roche, dont les bords sont plantés de bois variés ; une foule de poules d'eau volent sans cesse à sa surface. Cette promenade n'est pas assez connue et appréciée des habitans de la ville.

L'église est moderne et sans caractère à-peu-près ; la tour et le chœur ont des ouvertures gothiques insignifiantes ; la nef est de 1740. Dans l'intérieur de l'édifice est la tombe effacée d'un guerrier, et l'inscription d'un *Bernard de Cauvigny*, seigneur, mort en 1746.

La paroisse, comme celles du premier canton que nous venons de parcourir, dépendait du doyenné de Falaise et du diocèse de Séez. Elle est dédiée à S. Pierre ; et le jour de la fête, les jeunes garçons et les jeunes filles se réunissent pour offrir un gâteau au maire et aux principaux de la commune. Ils dansent et se réjouissent ensuite en commun.

L'adjoint de Perteville est M. Blanchard, culti-

vateur ; le desservant , M. l'abbé Osmond. Malgré
nos instances , nous n'avons pu obtenir aucuns
renseignemens de M. le maire. Ceux que nous avons
offerts sont dus en grande partie à l'obligeance de
M. Morel père, de M. Charles Morel et de M. l'abbé
Osmond. Nous les en remercions bien sincèrement.

Dans cette occasion, comme dans plusieurs autres,
s'il nous échappe quelques erreurs, on peut être
sûr qu'elles sont bien involontaires.

Les impôts s'élèvent à 3,386 fr. 73 cent.

RÉCAPITULATION.

En terminant la description de chacun de nos
cantons, nous voulons donner un exposé des résultats principaux qu'ils offrent à l'observateur, sous
le rapport de la statistique seulement. Ce travail est
indépendant de l'exposé général de tout l'ouvrage,
que nous présenterons dans le 7.e cahier. La réca-
pitulation des cantons ne se composera pour ainsi
dire que de quelques chiffres.

Contenance des deux cantons de Falaise, la ville
comprise, 21,237 hectares ou 24,177 acres.

Sur ce nombre, on compte 15,600 hectares environ de terre de labour, et le reste se compose de
prés, de bois, de bruyères et d'habitations.

Ménages, ...   6,411.
Habitans, ...   25,211.
Naissances, pendant cinq ans, depuis 1821 in-
clusivement, jusqu'à 1826 exclusivement, 2,684.
Décès, pendant le même période , . . . 2,290.

Accroissement, ...	394.*
Chevaux, ...	2,106.
Vaches, ...	4,218.
Bœufs d'engrais, ...	220.
Moutons communs, ...	9,522.
Moutons mérinos, ...	2,780.
Moulins à blé, ...	35.
Moulins à huile, ...	2.
Moulins à tan, ...	3.
Filatures de coton par eau, ...	5.
Filatures de coton à bras, ...	4.
Filature de laine, ...	1.
Blanchisseries, ...	3.
Tanneries, ...	8.
Imprimeries, ...	3.
Teintureries, ...	7.
Fonderie de cloches, ...	1.
Ouvriers filateurs, ...	426.
Siamoisiers, tisserands, ...	194.
Bonnetiers, ...	1,610.
Raccommodeuses, blanchisseuses de bonnets, etc., ...	500.
Toiliers, ...	25.
Dentellières, ...	300.
Brodeuses de tulles, ...	200.
Ouvriers tanneurs, ...	45.
Ouvriers teinturiers, ...	15.
Filassiers, moissonneurs, ...	160.**
Maçons, tailleurs de pierre, ...	100.

* La différence porte presque exclusivement sur la ville, qui offre 1,222 naissances sur 976 décès. Excédant, 246.

** Dans les huit dernières communes seulement.

Taupiers, ... 10.

Masse des affaires pour les branches principales d'industrie, telles que la filature des cotons, la bonneterie, la tannerie, etc., à-peu-près 3,500,000 f.

Les propriétaires et fermiers des deux cantons, qui cultivent, plantent, conservent et entretiennent leurs domaines avec le plus d'intelligence et de soin, sont : MM. Montier et Cornet-Lavallée, à Ouilly-le-Basset ; d'Oilliamson et Lecellier, à St.-Germain-Langot ; de Brossard, aux Ils-Bardel ; Lebailly, aux Loges-Saulces ; Bazire, à Saint-Pierre-du-Bû ; Dupont et Demorchêne, à Saint-Vigor-de-Mieux ; de Lannoy, à Noron ; Viel, Huet, de Morell, à Ussy ; Prempain, à Pôtigny ; de Morant, à Torp ; Lamondière, à Saint-Loup-Canivet ; d'Aubigny, à St.-Pierre-Canivet et Aubigny ; Noblet, Charpentier, Brunet, à Falaise ; Fleury, à Villy ; Leclerc, à Évesqueville ; Loriot, Chastelain, à la Hoguette ; de Basoches, à Perteville, etc., etc.

Les principaux manufacturiers et chefs d'établissemens d'industrie, sont : MM. Lebaillif, Coulibœuf, Lagniel-Dujardin, pour la filature des cotons ; Lecomte, pour la filature des laines ; Gondon-Dudouit, Davois, James-Appert, Révérend, Gauthier, Lépiney, pour la bonneterie ; Lepainteur et Lechoix, Fromage, Beaumais, pour les retors et tissus ; Leclerc et Beuselin, Fleuriel, Decour, pour la tannerie ; Enguerrand, Pitel, Gourdel, pour la teinturerie ; Brée l'aîné, pour l'imprimerie ; Mesdames Lormier, Laguel, Porcher, Alliot-Préjardin, Leclerc, Godefroy, pour les dentelles et tulles brodés, etc. Les pépiniéristes les plus renommés sont : MM. Huet, Jouvin, Dieulafait, Bouillard, d'Ussy ; Dalmagne et Bisson, de Falaise. Les meilleurs fabricans de chaux sont Messieurs Quettier, Morand, Moisy, Bouillard, d'Ussy ; Bertrand, de Martigny ; Denys, de Pierrepont, etc.

Enfans recevant l'instruction primaire, 2,039.

Instituteurs primaires, ... 46.*

Pensionnats de jeunes filles dans la ville, 3.

Élèves dans ces maisons, ... 80.

Petit séminaire (tranformé depuis deux mois en pensionnat ecclésiastique), ... 1.

Élèves dans cette maison, ... 45.

Collége, ... 1.

Élèves dans cette maison, ... »

Impôts directs pour la ville et les communes rurales, ... 324,253 fr. 53 c.

Les autres détails ne se trouveront qu'au résumé général sur tout l'arrondissement.

Falaise, le 31 décembre 1828.

F. GALERON.

* Sur ce nombre, il y en a 26 dans la ville, et 20 seulement dans les communes rurales ; ainsi, vingt autres de ces communes en sont encore privées. Le nombre des enfans qui apprennent à lire est d'un sur douze et demi ; il serait bien plus considérable si l'on plaçait des instituteurs dans tous les lieux qui en auraient besoin. Nous devons faire observer aussi, dans cette occasion, que les instituteurs de nos campagnes sont loin d'être tous instruits comme ils devraient l'être ; la plupart lisent mal, écrivent mal, et tous, en général, ont de très-mauvaises méthodes. Ils suivent les vieilles routines, et les enfans apprennent avec eux fort peu de choses, et surtout peu de bonnes choses. Il faudrait une institution préparatoire, une *école normale* de maitres d'écoles au chef-lieu, où l'on en formerait pour nos campagnes ; mais jusqu'ici les administrateurs du département ont repoussé cette heureuse idée de notre ministre actuel de l'instruction publique (M. de Vatimesnil). Elle finira par triompher, comme tant d'autres, des préjugés et des préventions qui s'efforcent de retarder notre développement social.

STATISTIQUE

DE

L'ARRONDISSEMENT DE FALAISE.

QUATRIÈME PARTIE.

DESCRIPTION DU CANTON DE COULIBOEUF.

———

Les communes rurales du canton de Coulibœuf sont au nombre de trente, que nous décrirons dans l'ordre suivant :

Vignats, Fourches, Crocy, le Marais-la-Chapelle, Beaumais, les Moutiers-en-Auge, Norrey, Morteaux, Coulibœuf, Baron, Louvagny, Courcy, Jort, Pont, Bernières, Vicques, Ailly, Ste.-Anne-d'Entremont, Épaney, Tassilly, St.-Quentin-de-la-Roche, Olendon, Sacy, Perrières, Vendœuvre, Morières, Grisy, Ernes, Escures et Favières.

TOPOGRAPHIE PHYSIQUE.

Le canton de Coulibœuf est situé entre la 51.e minute du 49.e degré et la 1.re minute du 50.e degré de latitude nord, et entre la 20.e et la 35.e minute du 2.e degré de longitude occidentale de Paris. Sa forme offre à-peu-près un carré long, dont un des angles semble avoir été enlevé pour composer le premier des cantons de Falaise. Quant à sa longueur, elle est de deux myriamètres deux kilomètres

(quatre lienes et demie à-peu-près), et d'un myriamètre cinq kilomètres (trois lieues) au plus,
dans sa plus grande largeur. Sa surface est entièrement cadastrée, et nous présenterons les résultats
de ce travail à la fin de ce cahier.

Le canton de Coulibœuf est borné au nord par
celui de Bretteville-sur-Laise (Calvados); à l'est,
par ceux de Saint-Pierre-sur-Dive (Calvados) et
Trun (Orne); au midi, par celui de Trun (Orne);
et à l'ouest, par ceux de Falaise (Calvados). La
rivière de Dive le traverse du sud-est au nord-est,
dans une longueur de trois lieues environ, depuis
le territoire de Crocy jusqu'au-delà de celui de
Grisy, en arrosant Beaumais, Morteaux, Coulibœuf, Vicques, Bernières, Jort, Pont, Vendœuvre
et Morières; le Laison coule, à l'ouest, sur Tassilly, St.-Quentin-de-la-Roche et Ernes; l'Ante ne
se montre que sur Coulibœuf, où il va se jeter dans
la Dive; les autres petits ruisseaux sont : la Filaine,
à Vignats et Fourches; Cantepie, à Beaumais; le
ruisseau de Perrières, à Perrières, etc. Beaucoup
de communes sont privées d'eau, et leur plaine
aride et découverte souffre beaucoup dans les étés
secs. Celles du Marais, des Montiers, de Baron,
de Ste.-Anne, d'Épaney, d'Olendon, de Sacy, sont
principalement de ce nombre. Trois ou quatre ont
à peine quelques mauvaises mares, pendant l'été,
pour abreuver leurs troupeaux.

« Pour le canton de Coulibœuf, comme pour
» les cantons de Falaise que nous avons déjà dé-
» crits, nous ne pouvons que devancer, par un
» rapide coup-d'œil, le travail général que nous

» avons promis sur la géologie de l'arrondissement.
» Il sera donc facile de sentir, sans que nous in-
» sistions de nouveau sur ce point, combien doivent
» être vagues et incomplets ces premiers aperçus,
» qui ne peuvent être basés que sur des limites et
» sur des distinctions naturelles.

» Nous rappelerons d'abord ce que nous avons
» déjà brièvement énoncé sur la disposition des ter-
» rains secondaires des plaines et collines basses de
» la partie nord et centrale de l'arrondissement,
» relativement aux terrains plus anciens, sur les-
» quels ils sont adossés vers les limites du Bocage.
» Ceux-ci présentent encore, dans cette partie de
» l'arrondissement, plusieurs caps avancés au mi-
» lieu de la plaine calcaire, et qui se lient au grand
» système du Bocage, plus ou moins directement.
» C'est ainsi que la crête de Vignats paraît être
» l'extrémité orientale d'un groupe de roches an-
» ciennes (grès et calcaires de transition) qui se
» prolonge à l'ouest, vers Corday, Fourneaux, etc.

» A la base de ces terrains anciens, vers le nord,
» s'étendent les plaines de calcaire secondaire ooli-
» thique qui compose la plus grande partie du
» bassin de la Dive, et couvre les communes
» de Crocy, Beaumais, Morteaux, Coulibœuf,
» Vicques, Jort, Vendœuvre, etc., se prolonge
» sur le canton de Saint-Pierre, où il acquiert un
» très-grand développement en épaisseur et en sur-
» face, et s'unit, par Épaney et Sainte-Anne, au
» calcaire des plaines de Damblainville, d'Aubigny,
» de Saint-Pierre-Canivet, etc. La partie de ces
» plaines comprise dans le canton de Coulibœuf

» est , comme celle qui dépend des cantons de
» Falaise , interrompue çà et là par quelques-uns
» de ces îlots de roches plus anciennes , que nous
» avons déjà signalées ; telle est la petite chaîne
» isolée qui traverse les communes de St.-Quentin ,
» Sacy et Perrières.

» A l'est de cette plaine ondulée , formée par les
» calcaires oolithiques moyens, s'élèvent les collines
» plus nouvelles du Pays-d'Ange, qui appartiennent
» en partie aux systêmes supérieurs de cette même
» formation de l'oolithe , et en partie aux terrains
» plus récens , que les géologues nomment *sable*
» *ferrugineux* ou *sable vert*. Sa base présente déjà
» le système argileux de l'oolithe supérieur , vers
» Barou , Norrey , les Moutiers-en-Auge , etc.

» Les plaines calcaires de ce canton sont donc
» dominées , au sud et à l'ouest , par les chaînes
» anciennes du Bocage ; à l'est , par les collines
» plus récentes du Pays-d'Auge ; et çà et là , vers
» le centre , par quelques groupes isolés de roches
» anciennes , perçant les terrains secondaires.

» Dans la description géologique , nous traiterons
» en détail de la distinction et de la description
» de ces terrains , qui sont de la plus grande im-
» portance pour l'industrie et l'agriculture de ce
» canton 1. »

1 Tout ce passage est de M. Desnoyers ; son tableau géologique de l'arrondissement de Falaise paraîtra dans la 8.ᵉ et
dernière partie de cet ouvrage , avec les catalogues d'animaux
et de végétaux , par M. Alph. de Brébisson.

COMMUNE DE VIGNATS.

HISTORIQUE.

On dit que le nom de *Vignats*, en latin *Vinacium*, veut indiquer un lieu qui fut anciennement planté de vignes. Le fait, à la rigueur, est possible, quoique les coteaux arides de la commune paraissent peu propres à se trouver convertis en vignobles : le vin que l'on en tirait devait ressembler à celui de Grisy, de Cesny-aux-Vignes et d'Argences ; on l'aura abandonné dès que l'on aura pu s'en procurer aisément de meilleur.

Vignats était anciennement une baronie des comtes de Montgommery-Bellême ; il en est question, pour la première fois, dans nos chroniques, à l'époque de Guillaume Talvas, l'un de ces seigneurs, qui florissait sous le duc Robert, père du Conquérant, en l'an 1030 environ :

> Li vieil Willame Talevaz
> Ki tint Sez, Belesme è Vinaz,

dit Robert Wace, dans son *Roman de Rou*. Le fils de Talvas, Robert de Bellême, augmenta l'importance de cette forteresse, et elle est citée, après la mort du Conquérant, comme une des places les mieux défendues qui appartinssent aux Montgommery. « Ils possédent, dit Odon à son neveu Robert, les » châteaux très-forts, *fortissima castella*, de Bel- » lesme, d'Essai, d'Alençon, de Domfront, de » St.-Ceneri, de Mamers, de Vignats, et autres, » que Guillaume de Bellesme, Robert, Ives, » Guérin, et leurs successeurs, ont élevés avec

» orgueil, *superbè construxerunt*, et à l'aide desquels
» cette race des Talvas, *Talvatiana propago*, me-
» nace de devenir pour vous redoutable et inexpu-
» gnable, *noxia tibi et inexpugnabilis erit.* » Ce
discours qu'Ordéric Vital prête à l'évêque Odon,
pour exciter le duc Robert contre les Bellêmes,
produisit, à ce qu'il paraît, son effet ; et l'histoire
nous montre plus tard le suzerain assiégeant à plusieurs reprises les forteresses de son vassal. La tentative qu'il fit contre Vignats ne fut pas heureuse,
et l'on vit dans cette occasion l'héritier direct de
Guillaume, le prince qui avait refusé la couronne
de Jérusalem, le vaillant Courte-Heuze, en un mot,
maître de toute la Normandie, échouer avec son
armée devant un château qui renfermait à peine
quelques arpens dans son enceinte. Il est vrai qu'il
fut trahi par ses propres guerriers ; mais la première faute en fut à lui seul, selon toute apparence.
Voici comment Ordéric Vital rend compte, en peu
de mots, de cet événement :

« Le duc rassembla son armée, *exercitum con-*
» *gregavit*, et vint assiéger le château de Vignats,
» *Vinacium castrum*, que défendoit Girard de St.-
» Hilaire. Les assiégés désiroient presque qu'il li-
» vrât l'assaut, disposés à se rendre à lui s'il ten-
» toit un effort hardi ; car ils auroient rougi de se
» soumettre sans résistance, craignant qu'on ne
» les regardât comme des transfuges mal inten-
» tionnés. Mais le duc étoit lent et sans énergie ;
» il manquoit surtout de sévérité ; et Robert de
» Montfort, avec quelques turbulens ses com-
» plices, mirent d'abord le feu à leurs tentes, puis

» jetèrent le trouble dans l'armée, et finirent par
» s'enfuir, entraînant dans cette défection plu-
» sieurs corps qui cherchoient à rendre le duc de
» plus en plus odieux. Alors les assiégés, *castrenses*,
» voyant la honte de l'armée normande, pous-
» sèrent de grands cris de dérision et de mépris
» après elle, la poursuivirent, et, devenus moins
» timides, commencèrent une cruelle guerre contre
» le pays Hiémois, *crudelem guerram per Oximen-*
» *sem pagum cœperunt*, etc. » L'historien ajoute
qu'ils éprouvèrent d'abord quelque résistance de la
part des seigneurs de Grantmesnil, de Montpinçon
et de Courcy ; « mais que, fiers de posséder Château-
» Gonthier, Fourches et Argentan, » ils se portèrent bientôt aux plus grands excès. « Ils parcou-
» roient la province, dépouillant partout les ha-
» bitans ; et quand ils avoient pillé les villages,
» ils finissoient souvent par livrer les maisons aux
» flammes, *direptis omnibus domos flammis tra-*
» *debant.* » Tel fut le résultat d'une entreprise qui
semblait devoir se terminer en quelques jours par
la prise du château assiégé, si Robert eût montré
quelques restes de ce courage qui l'avait distingué
précédemment ; mais les historiens s'accordent à le
représenter, à cette époque, comme étant entièrement énervé par la mollesse ; le temps approchait
où il devait perdre la couronne ducale avec la liberté
dans les champs de Tinchebray.

Henri, son frère, devenu, par sa chûte, roi des
Anglais et duc des Normands, humilia l'orgueil
des Bellêmes, ravagea leurs domaines, et entre
autres, celui de Vignats en 1118, mit dans les fers

le perfide Robert Talvas, et finit par s'emparer de tous ses châteaux et de tous ses biens qu'il donna à ses favoris. Ceux-ci les gardèrent pendant quelque temps; mais, plus tard, ils furent remis, comme nous l'avons vu à l'article de *la Hoguette*, au fils de Robert, Guillaume de Ponthieu, qui rentra en grâce auprès de son souverain. « Henri, dit l'historien de ces événemens, reçut en grâce Guillaume Talvas, à la prière du comte d'Anjou, et » lui rendit toutes les terres que son père avait » possédées en Normandie; il lui abandonna Alençon, Almenesches, Vignats, et les autres châteaux, *aliaque castra*, à l'exception des donjons, *prœter dangiones*, où il voulut placer lui-même » des garnisons. » C'était une dernière garantie qu'il cherchait à conserver, en cas de nouvelles trahisons de la part des membres de cette famille [1].

Mais Guillaume ne ressemblait point à son père, et voulut se montrer digne des bontés de son souverain. Au lieu de conspirer, il songea à expier les fautes de sa race en élevant des monastères. Nous avons vu qu'il fonda celui de St.-André, dans la forêt de Gouffern, en l'an 1130 à-peu-près, et ce fut à cette époque qu'il fonda également, ou que du moins il restaura celui de Vignats, dont les ruines se voient encore à peu de distance de la forteresse qu'avaient élevée ses ancêtres. Il nous reste à consacrer ici quelques souvenirs à cette ancienne institution religieuse qui disparut, comme toutes

[1] Tous ces faits sont consignés dans l'Histoire de Normandie du moine Ordéric Vital; on les trouve aux pages 826 et 851 de la Collection de Duchesne, un vol. in-folio.

celles de nos environs, à la révolution de 1791 ;
nous suivrons, dans cette occasion, la marche que
nous avons adoptée jusqu'ici pour ces sortes d'établissemens.

Si nous en jugeons d'après un ancien titre manuscrit de l'abbaye, que l'on nous a communiqué
et qui porte la date de 1680, le prieuré de Vignats
devait exister dès le 9.ᵉ ou le 10.ᵉ siècle. On ne sait
quel fut son fondateur, mais la maison avait été
érigée, dès le principe, sous le nom de *prieuré de
la baronnie de Vignats*, et, pendant les guerres
et les siéges dont nous avons rendu compte, elle
avait été pillée, dévastée, et même entièrement détruite à-peu-près, de manière qu'elle n'existait pour
ainsi dire que de nom lorsque le fils de Robert
rentra dans les domaines paternels ; il voulut se
signaler, comme nous l'avons vu, par des bienfaits
envers l'église, et l'un de ses premiers soins fut de
relever un établissement qui avait subsisté sous ses
prédécesseurs ; sa conduite, dans cette circonstance,
le fit regarder comme le second fondateur de l'abbaye, et c'est ce qui a sans doute induit quelques
écrivains à lui en attribuer l'érection directe. Voici
comment Arthur du Monstier, qui avait fait tant
de recherches sur les monastères de Normandie,
s'explique au sujet de celui-ci :

« Vers l'an 1130, Vignats tomba dans le partage
» du seigneur, *in partem dei*, probablement par
» la donation des comtes de Bellème, qui, n'écou-
» tant que leur piété, fondèrent ce monastère de
» religieuses de l'ordre de S. Benoît, et le dotèrent
» généreusement. Le roi Henri I.ᵉʳ, en 1135, con-

» firma plusieurs libéralités faites à cette maison,
» dite de *Ste. Marie de Vignats* [1]. »

Les auteurs du *Gallia Christiana* montrent plus
d'incertitude sur l'époque de la première fondation,
et leur récit se rapproche en cela davantage de celui
du manuscrit.

« Il existoit à trois milles de Falaise un ancien
» château-fort des comtes de Bellesmes, nommé
» *Vignats, Vinacium,* près duquel se voit un mo-
» nastère de l'ordre de S. Benoît, dit de *Sainte-*
» *Marguerite de Vignats,* qui subsistoit dès le milieu
» du 12.e siècle, sous Froger, évêque de Séez ; ce
» fut ce prélat qui, du temps de Henri II d'Angle-
» terre, confirma les donations faites aux reli-
» gieuses de cette maison. On ignore quel en avait
» été le premier fondateur ; mais elle dut être des-
» tinée d'abord à recevoir des religieuses de Saint-
» Sulpice de Rennes, car on voit plus tard l'ab-
» besse de ce dernier monastère, nommée *Agnez,*
» abandonner ses droits sur Vignats, en 1272.....
» Parmi les bienfaiteurs de Vignats, on compte
» Ala, dame d'Almenesche, sœur de Robert de
» Bellême, Robert de Castellerault, etc., etc......
» Le monastère s'écarta dans les premiers temps
» des règles d'une sévère discipline, et il y fut ra-
» mené par l'évêque Godefroi, en 1271. La maison
» fut tantôt administrée par des prieures et tantôt
» par des abbesses, jusqu'en l'an 1625. »

---

1 Du Monstier se trompe sur cette dernière dénomination.
L'abbaye portait le nom de *Ste.-Marguerite de Vignats,* tandis
que celui de *Sainte-Marie* était, au contraire, donné quelquefois au monastère de St.-André.

Voici les noms de ces directrices du monastère, soigneusement recueillis d'après les différentes chartes :

Marguerite, prieure, en 1268. — Mathilde, en 1286. — Isabelle, prieure, en 1302. — AElicia, en 13.... — Nicolaa, prieure, en 1367. — Jeanne *de Carrel*, abbesse, en 1418. — Robina, en 1459. — Jeanne *de Bonvoust*, en 1486. — Robina *de Silly*, en 1487. — Louise *de Silly*, en 1541. — Charlotte *de Falaise*, en 1564. (Sa mémoire est demeurée en bénédiction, *cujus memoria in benedictione est.*) — Aguez *la jeune*, en 15.... — Jeanne *Cuellier*, en 15.... — Margueritte *de Medavy*, en 1532. (Comme elle ne vivait ni religieusement ni honnêtement, elle fut enlevée par les seigneurs *de Medavy*, dans la forêt, près de Vignats, et renfermée dans une maison où elle finit ses jours.) — Jeanne *de la Haye*, en 16.... — N. *de Bernay*, en 16.... — Louise *de Medavy*, en 1607. — Anne *de Medavy*, en 1617. (Devenue prieure à dix-sept ans, elle releva le monastère au spirituel et au temporel ; une nouvelle église fut bâtie par ses soins ; elle augmenta le nombre des religieuses ; elle fit ériger pour toujours le prieuré en abbaye en 1625 ; enfin, elle établit à Vignats la même discipline qu'à Almenêches, et, depuis elle, on tira des religieuses de sa maison pour occuper les nouveaux monastères de femmes que l'on fondait en Normandie.) — Marie-Françoise *de Medavy*, fille du maréchal de Grancey, en 1630. (Elle obéra le monastère par des emprunts d'argent.) — Madeleine *de Froulay de Tessé*, en 1672. — Marguerite *de Froulay*, sœur du maréchal de Tessé, en 1678.

(Elle acquit tout ce que les seigneurs de Montgommery possédaient encore au château de Vignats,
par suite de l'acquisition que Jacques de Montgommery de Lorge en avait faite, au 16.e siècle, des
seigneurs de Longueville.) — Françoise-Marguerite
de Froulay, fille du maréchal de Froulay, en 1701.
— Louise-Charlotte *du Plessis-Chatillon*, en 1720.
— Eugénie-Angélique *d'Etampes*, fille du marquis
de Valencey, maréchal de France, en 1729. — N.
de Braque, en 1735. — N. *de Senneville*, en 17....
— N. *de St.-Denys de Verveines*, en 1776. — N. *de
Montaigu d'O*, en 1784. (Cette abbesse, qui fut la
dernière, quitta la maison en 1791, et se retira avec
deux religieuses du nom de *Jarry*, dans la commune d'Hyéville, près de Saint-Pierre-sur-Dive,
où elle mourut de chagrin en 1796.) [1]

Voilà tout ce que nous trouvons de plus important
sur le monastère de Sainte-Marguerite de Vignats,
dans les écrivains connus. Le manuscrit de l'abbaye,
après nous avoir appris que le prieuré dut sa restauration à Guillaume de Ponthieu, et qu'il fut
érigé en abbaye perpétuelle, par un brevet du Roi
et une bulle apostolique, en date de 1625, ajoute :

« Ladite abbaye de Vignats est située et assise
» sur une pièce de terre de son domaine admorty,
» contenant six vingt acres de terre en bois, prez,
» plants, herbages, paturages, terre de labour,
» estang, mare à poisson, landes, brieres, buisson,
» places vagues et garenne, dont quelque partye

---

[1] Ces détails sont tirés du *Gallia Christiana*, tome XI,
page 749, et d'un Manuscrit de l'abbé Hébert, sur le diocèse
de Séez.

» est cultivée et l'autre incultivée et infertile à cause
» de l'ingratitude et stérilité des fonds. Sur la dite
» pièce sont..... deux églises dont la moderne batie
» en 1634, les refectoires, dortoirs, cloitres, cein-
» ture de murs, basse-cour, maison manable,
» colombier relevé en 1578, etc., etc..... La com-
» munauté se compose de quarante religieuses de
» chœur, de douze sœurs converses, de deux ecclé-
» siastiques, d'un procureur et de douze domes-
» tiques, etc., etc. Les revenus sont peu considé-
» rables et les charges tres grandes, etc., etc. »

Cet état, que nous abrégeons, est de 1680, et
fut dressé par ordre du Roi; la citation que nous
en donnons nous dispense de plus longs détails.
A la révolution, l'établissement ne passait pas non
plus pour être fort riche. Les dames tenaient un
pensionnat, où l'on envoyait quelques jeunes filles
des riches familles des environs.

DESCRIPTION.

La commune de Vignats a pour limites Ners,
Fourches, Merry (Orne), Brieux (Orne), Nécy
(Orne), la Hoguette et Perteville; elle forme sur
ce point une des lisières du Calvados. La plus grande
partie de son territoire appartient au Bocage. Le
ruisseau de la Filaine, venant de Brieux, la traverse dans sa largeur, du côté de St.-Nicolas, l'un
de ses hameaux principaux, où fut, dit-on, jadis,
une ville. Les autres villages, au nombre de onze,
sont : le Vieux-Vignats, la Rue-Daves, la Coutron-
gère, la Vieilloterie, le Bois-Daves, la Balanderie,
les Grands-Champs, le Vieux-Fourneau, la Biron-

nerie, la Rue-Creuse et les Vieilles-Rues. Parmi les fermes détachées, on cite la Moissonnière, la Trouillerie, la Davoiserie et la Bruyère-Marquet.

Le sol se compose de 839 arpens métriq. 33 perch. ou 1028 acres, ainsi divisés : Labour, 444 arpens 91 perches. — Prairies, 58 arp. 38 perc. — Pâtures, 32 arp. 28 perch. — Jardins, vergers, 8 arpens. — Bruyères, 155 arpens 78 perch. — Bois, 139 arpens 98 perches.

Les bois sont de médiocre qualité à Vignats, excepté vers le vallon, où l'on voit quelques belles tiges d'ormes. Les penchans des collines peuvent être plantés avec avantage en ajoncs ou en taillis. M. Bazire a voulu coucher en bois une partie de bruyère, et n'a pas réussi. Il fera bien d'essayer de nouvelles espèces de plants, ou de recourir aux semis d'arbres verts, qui probablement obtiendront plus de succès.

La culture des champs n'est pas plus avancée que dans le canton que nous venons de quitter ; on fait du blé, de l'orge, de l'avoine et un peu de sarrasin. On a évalué que les produits nourriraient au plus les deux tiers de la population ; mais les habitans ont une industrie qu'ils vont exercer au loin, et qui contribue à maintenir l'aisance dans le pays : presque tous les hommes sont taupiers ou filassiers, et, pendant l'automne, l'hiver et une partie de l'été, ils travaillent dans les départemens de la Picardie, de la Seine-Inférieure, de l'Eure et dans les environs de Paris ; ils rapportent habituellement 3, 4 et même 600 fr. de leurs campagnes. Plus actifs, plus économes que les émigrans de la Hoguette et de

Fresné, ils ne dissipent point follement ces produits de leurs sueurs, et ils en achètent chaque année un petit champ. Aussi la terre se vend-elle chez eux à un taux élevé. Le nombre des taupiers, filassiers, moissonneurs, est de soixante à-peu-près. On évalue à 20,000 fr. au moins l'argent qu'ils peuvent rapporter tous ensemble dans la commune.

Un four à chaux est sur ce point, comme sur toutes les lisières du Bocage. Le sol offre de la roche de quartz, du porphyre, deux ou trois variétés de marbre, et de la pierre calcaire. Dans le vallon, vers Saint-Nicolas, le ruisseau fait mouvoir trois moulins à deux tournans chacun. On compte pour l'exploitation 40 chevaux, 200 bêtes à cornes et 300 moutons communs.

Vignats n'a pour tout établissement d'industrie qu'une ou deux petites fabriques de rubans de fil nommés *padoux*.

La population s'élève à 694 habitans répartis dans 200 ménages. Les habitations paraissent bien tenues et décentes. Dans cinq années de recensement, on a remarqué 69 naissances sur 50 décès. Un instituteur breveté donne sur les lieux des leçons à soixante enfans.

Deux chemins vicinaux et neuf communaux traversent le territoire. Le principal, qui passe au pied des murs de l'abbaye, est humide, bourbeux et mauvais; la pierre ne manque pas pour le réparer, mais on s'en occupe peu depuis quelque temps; le maire, devenu vieux, n'y peut plus donner tous ses soins comme autrefois. Le chemin de la Davoiserie est mieux entretenu; nous l'avons vu couvert

de cailloux de marbre qui lui ont redonné de la
solidité.

La commune n'a qu'un mauvais cabaret, au
village de St.-Nicolas ; on y vend un petit pain salé
qui porte le nom de *galette de Vignats*. C'est le
rendez-vous des porte-balles et des jeunes filassiers,
au retour de leurs campagnes.

Aux descriptions des lieux nous joindrons maintenant celles des monumens, et quelques nouveaux
souvenirs historiques :

Au-dessus de la vallée où coule la Filaine, à la pointe
de la grande bruyère, on aperçoit une roche qui se
détache de la colline, à laquelle elle tient cependant
par sa base, et qui forme une espèce d'aiguille de
douze pieds de hauteur sur quatre de largeur. Cette
petite pyramide porte le nom de *Roche-aiguë* ou de
Cheminée-au-Loup, à cause de la ressemblance
qu'elle offre avec une cheminée qui se détacherait
du toit d'une maison. On peut s'élever sur *Roche-
aiguë*, et, de ce point, on a la vue des bruyères
de Montabar et du village de Brieux, à droite ;
des côtes d'Auge et du château de Montgommery,
à gauche ; enfin, au-dessous de soi, l'on voit se
dérouler le petit vallon sauvage de la Filaine. Ce
lieu agreste, pittoresque, est on ne peut plus propre
à inspirer de mystérieuses rêveries, et nous avons
pensé qu'il avait bien pu être consacré jadis au
culte des Druides. *Roche-aiguë* se trouverait ainsi
être un de leurs anciens monumens.

Quelques observations viennent naturellement
s'offrir à l'appui de cette opinion : deux fontaines
tièdes et limpides sont au-dessous de *Roche-aiguë*,

et leurs belles eaux, qui coulent à fleur de terre, vont se mêler à celles du ruisseau pour se répandre dans la prairie. Il y a peu d'années, qu'au-dessous de l'une de ces fontaines, et à l'entrée du ruisseau, on trouva un casse-tête de pierre que l'on apporta chez M. de Bazoches, l'un des principaux propriétaires de la commune, qui nous l'a remis, depuis quelques jours, pour le petit musée de la ville. Il nous semble qu'une arme de cette nature, qui remonte certainement aux Gaulois, sert à démontrer que le lieu où on l'a trouvée fut anciennement habité par eux ; on en rencontre de semblables dans le voisinage des monumens qui nous sont restés du culte des Celtes. Nous ajouterons que, parmi les noms que portent divers points de la bruyère, on en remarque deux ou trois qui semblent rappeler d'autres souvenirs druidiques : le *Vau de Lée*, ou Vallon de la Pierre ; les *Conus*, le *Marquet* ou *Martret*, etc., etc. Enfin, nous ferons observer qu'à cinquante pas de *Roche aiguë*, on voit, comme à Noron, une autre *Maison aux Fées* ou *Maison au Loup*, espèce d'étroite caverne de vingt pas de profondeur à-peu-près, où les enfans pénètrent en se glissant entre les fentes des rochers. On débite plusieurs contes sur ce lieu, et ces sortes de récits se retrouvent partout où le culte gaulois a laissé quelques souvenirs. Les vieillards vont jusqu'à dire, dans leur crédulité, que l'ouverture de la *Maison aux Fées* se rétrécit tous les jours, et ils en jugent parce qu'ils y pénétraient autrefois, tandis qu'ils ne peuvent plus y arriver aujourd'hui. C'est la fable de *la Belette*, qui était entrée maigre dans un grenier à blé , par *un trou fort étroit* , et qui s'étonnait de ne pouvoir en ressortir après s'être repue ;

Vous étiez maigre entrée , il faut maigre sortir ,

lui dit un rat plus avisé qu'elle. « Vous étiez petits
» entrés dans cette caverne , dirons-nous, à notre
» tour , aux vieillards ; redevenez petits , si vous
» voulez y rentrer encore. La caverne ne s'est pas
» rétrécie , mais vous avez grossi ; il n'y a point
» là d'autre mystère. Mais pour ce qui est de votre
» *Roche-aiguë* , de votre *Grotte aux Fées* , de votre
» *Vau de Lée* , vous pouvez continuer à en parler
» comme de choses curieuses et anciennes ; vos
» premiers pères ont certainement séjourné dans
» tous ces lieux , et y ont probablement pratiqué
» leur culte. Les monumens qu'ils vous ont laissés
» sont de beaucoup antérieurs à ceux de vos Mont-
» gommery. Les uns et les autres sont très-dignes
» du reste d'attirer également votre attention et
» votre intérêt. »

En descendant le vallon , au-dessous de *Roche-*
aiguë , et à mille pas peut-être de cette pierre mystérieuse , on voit , sur le coteau opposé , un tertre
taillé en glacis qui fut jadis la forteresse des Montgommery. La motte est escarpée vers la rivière , et
défendue sur ce point par sa seule élévation , tandis
que sur les flancs , et surtout du côté de la plaine ,
elle était protégée par de larges et profonds fossés ,
dont les restes se voient encore en divers endroits
du village. La grande enceinte était ovale , et renfermait peut-être un hectare de terrain. L'emplacement de la motte est couvert de débris de roches

et de mortiers qui composaient les fortes murailles. Aucunes portions toutefois n'en sont plus debout aujourd'hui, et on acheva de les démolir il y a peu d'années. Quelques personnes se rappellent d'avoir vu tomber les derniers pans de remparts. Quant au château, il dut être rasé en 1574, quand le dernier Montgommery fut pris à Domfront, et périt à Paris décapité comme un rebelle. On compte encore près de 30 pas de largeur depuis le revers extérieur d'un des fossés jusqu'au revers intérieur. Un champ attenant à cette forteresse, a conservé le nom d'*Acré Bataille* ou d'*Acre de Bataille*. De l'autre côté du vallon, au midi, on retrouve, dans un taillis appartenant à M. Bazire, de hautes tranchées en forme de demi-lune, qui semblaient destinées à défendre, sur ce point, l'abord de la rivière. Les retranchemens ont encore près de quinze pieds d'élévation au-dessus du sol. C'était comme un second camp retranché. Une espèce de cavalier en terre, que l'on appelle *le Butteron* (la Butte ronde), est à l'un des angles, vers la rivière, et devait défendre les abords du camp. Les mouvemens de terrain sont plus considérables de ce côté qu'aux environs du château. Tous ces lieux furent certainement témoins autrefois des combats que se livrèrent les soldats de Courte-Heuse avec ceux de St.-Hilaire. On ne peut les parcourir sans être vivement préoccupé de toutes ces sanglantes querelles de nos pères pour des intérêts d'amour-propre de la plus mince importance. De nos jours, du moins, on ne voit plus de pareilles extravagances. Nos débats ont un plus noble objet, et nos champs ne sont plus dévastés pour les caprices de nos seigneurs.

Les Montgommery possédaient un autre château
fort sur Vignats, à peu de distance de l'abbaye,
en se rapprochant de Falaise. Il n'en reste plus aucune trace aujourd'hui, mais l'emplacement en est
cependant encore reconnaissable. Les fossés, qui
avaient près de vingt pieds de profondeur, ont été
comblés récemment par un propriétaire qui trouva
dans le terrain des ciselures en argent, des débris
d'armes, et des manches d'épées, qui ne furent point
conservés. Le lieu porte le nom de *la Motte*, et
l'ancien chemin *aux Cars* passe un peu au-dessous.
Voici ce que nous lisons sur ce monument, dans
le manuscrit de 1680, que nous avons déjà cité :

« Sur la diste pièce de terre sont compris, situés
» et enclavés vers le midy les vielles mottes ou
» fossez avec quelques marques ou vestiges d'un
» ancien chateau ou manoir seigneurial des comtes
» et barons de Vignats, dont les restes des ruines et
» murailles, avec celles d'un viel et tres ancien
» colombier sur les dittes mottes, furent détruites
» dans les dernieres années, etc., etc. » Les lieux
ont encore bien changé de face depuis cette époque,
comme on peut le remarquer ; bientôt l'emplacement même ne pourra plus se retrouver.

Près de ce *manoir* des Montgommery, M. de
Fourches a élevé un autre petit *manoir* moderne,
ou plutôt une maison de campagne, où il vit en
paix pendant l'été, au sein de la retraite. Là, sans
doute, il est plus heureux dans sa médiocrité, que
ne le furent dans leurs grandeurs tous ces barons
puissans et ambitieux dont il a recueilli l'héritage.

Les ruines de l'abbaye, qui se trouvent à quelques

pas, ne méritent plus maintenant de fixer l'attention.
Quelques ornemens, quelques restes de sculptures
qui se voient encore sur l'un des bâtimens, sont
d'une époque peu reculée, et tout-à-fait insignifians.

Un petit château ou manoir que l'on rencontre
à peu de distance, au sud, offre plus d'intérêt,
moins par lui, cependant, que par les différens
personnages qu'il rappelle à la mémoire. Nous indiquerons à ce sujet ce que nous avons recueilli par
les traditions locales :

Le lieu se nommait et se nomme encore *la Davoiserie*. Il offre une grande cour enceinte de bâtimens, et la maison, irrégulière, n'a par elle-même
rien de remarquable. Mais ce fut-là, dit-on, que
vécut jadis et que mourut une femme qui s'était
fait un nom sur la scène française, et qui obtint,
pendant quelque temps, les hommages d'un des
princes les plus éminens de l'avant-dernier siècle ;
on la nommait *Madame Raisin*, et son amant était
le Grand-Dauphin, le fils de Louis XIV, l'héritier
de la plus belle couronne du monde. Le Grand-
Dauphin cacha Madame Raisin dans la retraite de
Vignats, sans doute pour dérober cette conquête
peu élevée aux indiscrétions de la cour ; du reste
il y venait fréquemment, et tout y est encore plein
de son souvenir. Ses armes, les armes du grand
Roi, sont sculptées en écusson sur les frontons des
remises ; les habitans se redisent, d'après leurs
pères, le nombre des voyages que le prince fit en
ces lieux ; enfin, l'on conserve, dans les familles,
des meubles, des porcelaines, des tableaux qui re-
produisent les chiffres, les emblèmes et les images

des deux amans et de ceux qui furent leurs con-
fidens... C'est ainsi que cette commune réunit à-
la-fois, pour nous, tous les genres d'intérêt et de
souvenirs. On y retrouve des débris de nos plus anciens pères, de ces Gaulois, au-delà desquels nous
ne rencontrons rien sur notre sol ; le chemin *aux
Cars*, comme nous le remarquerons bientôt, pourrait bien y avoir été tracé après eux par les Romains ; dans le moyen âge, cette terre fut désolée
par les fatales querelles des barons avec leurs suze-
rains, et bientôt après, de pieuses cénobites vinrent
appeler sur elle les bénédictions du Ciel ; enfin,
aux jours les plus florissans de la monarchie, nous
voyons le fils du Grand-Louis, l'élève du grand
Bossuet, venir oublier les splendeurs du trône
au fond de ces hameaux, et y cacher d'obscures
amours. Que de lieux, beaucoup plus renommés,
offrent cependant moins de sujets dignes d'intérêt
à la plume de nos historiens. Nous avons dû relever
cet oubli trop complet où Vignats était tombé de
nos jours ; on nous pardonnera, dans une telle
occasion, l'étendue de notre article. L'histoire et
les traditions de tout genre ne peuvent être omis
dans le plan que nous nous sommes tracé[1].

[1] On prétend à Vignats que Louis XIV y est venu lui-
même ; mais le fait est certainement inexact ou du moins très-
invraisemblable. Quant au Grand-Dauphin, non-seulement il y
séjournait, mais il y venait avec une certaine suite. On royait
dans la maison son portrait, celui de son confesseur et celui
de sa maîtresse. Les porcelaines portaient d'un côté les armes
de France, et de l'autre des *raisins* ; rapprochement assez singulier entre la maîtresse et l'amant. Le portrait de Madame
Raisin, peint par Mignard en 1687, fut acheté dans le dernier

Nous ne parlerons pas de la prétendue ville de
St.-Nicolas, parce que nous sommes convaincus

siècle par l'abbé Hébert, et il se voit encore chez M. Lesassier-
Boisauné, à Falaise. La comédienne est représentée en Madeleine, avec une physionomie un peu théâtrale. Le portrait
du Grand-Dauphin est conservé chez M. de Brébisson, avec
celui d'un capucin qui fut son confesseur, et celui d'un co-
médien nommé *Godefroy*, de la troupe de Madame Raisin. Le
portrait du Dauphin est d'un anonyme, mais copié sans doute
sur celui de Mignard qui se voit au musée royal. Parmi les
personnes qui conservent des porcelaines allégoriques, nous
citerons M. de Bazoches qui possède une belle ferme à Vignats, près de la Davoiserie. Il est un de ceux qui nous ont
fourni les détails que nous présentons. Nous en tenons aussi
beaucoup de M. et de Madame Bronck, propriétaires actuels
de la terre, qu'ils entretiennent parfaitement.

L'amour du Grand-Dauphin pour les comédiennes se mani-
festa dans plus d'une occasion. Nous lisons une anecdote destinée à rappeler une aventure assez plaisante qu'elle lui attira :

« Une jeune actrice de quatorze à quinze ans, très-jolie,
» et dont la voix était très-agréable, plut, à ce qu'on dit,
» si fort à monseigneur le Dauphin, fils de Louis XIV, qu'il
» en voulut faire sa maîtresse. On lui en fit la proposition,
» accompagnée d'un riche présent ; mais elle refusa honnête-
» ment l'un et l'autre. Le lendemain, M. le Dauphin étant
» dans sa loge à l'Opéra, elle vint sur le théâtre avant que
» l'on commençât, et, regardant le prince, elle chanta, de
» la meilleure façon du monde, en grasseyant :

> Je ne saurois ;
> Je suis encore trop jeunette,
> J'en mourrois.

» Tous les instrumens répétèrent l'air, et le jouèrent jusqu'au
» moment où la toile fut levée. » *Anecdotes dramatiques*,
tome II, page 576, trois vol. in-12. Paris, 1775.

Il faut avouer que les comédiens en usaient familièrement
avec les princes, dans ce temps-là. Du reste, la leçon était
bonne, et valait bien qu'on nous la conservât.

qu'elle n'a jamais existé. Il y eut sans doute un fort village et peut-être un bourg autour de la forteresse ; mais ce devait être un simple prolongement de camp pour la résidence des familles des défenseurs, en temps de paix, et les constructions y furent probablement peu importantes. L'église, qui sert maintenant d'*annexe*, était petite, adossée à la forteresse, et ne devait contenir qu'une faible population. Elle offre des ouvertures modernes, des contreforts saillans, et seulement à un pied de terre au nord on remarque quelques assises de maçonnerie contrariée. Elle aura été reconstruite dans les derniers siècles. On y voit l'image de Notre-Dame de *Bon-Repos*, qui est en grande vénération dans le pays.

L'autre église, qui sert de paroisse, à un quart de lieue de-là, dans le village principal, est celle que l'abbaye fit relever en 1634. Le travail n'a rien de remarquable. Un if d'une très-belle dimension est dans l'enceinte du cimetière. Sainte Marguerite est la patronne de cette paroisse.

Nous devons nos renseignemens statistiques à M. de Laval, qui remplit depuis plus de vingt ans les fonctions de maire de Vignats. Les autres renseignemens nous ont été fournis principalement par MM. Capelle, de Basoches, etc. C'est à M. de Montfoucault, de la Balanderie, que nous devons la communication du *manuscrit* de l'abbaye, qui sera déposé à la bibliothèque de la ville.

L'adjoint est M. Léon Boutigny ; le curé, M. Tahère ; le percepteur, M. Bertrand.

Les impôts s'élèvent à 4,593 fr. 64 cent.

COMMUNE

COMMUNE DE FOURCHES.

On prétend que le nom de *Fourches* fut donné à cette commune, à cause de la disposition de son territoire qui se termine, au midi, en deux espèces de branches fourchues, au milieu desquelles se trouvent enclavés le village et le château de Saint-Nicolas de Vignats. Nous offrons cette étymologie sous la garantie des principaux habitans de cette localité. Les noms latins donnés à Fourches, dans les anciens titres, sont : *Furca*, *Furcæ* ou *de Furcis*.

La matrice cadastrale de Fourches porte 454 arpens métriques 48 perches 82 mètres, ou 556 acres, ainsi divisés : Labour, 426 arp. 42 perch. 59 mèt.; prairies, pâtures, 17 arp. 2 perch. 30 mèt.; bois, un arpent 66 perches; habitations, jardins, etc., 7 arp. 36 perch. 35 mèt. La qualité du sol est médiocre, et formée d'un calcaire de transition.

Les abornemens sont : Merry (Orne) au levant, Vignats au midi, Ners au couchant, et Crocy au nord. Les hameaux sont : le Gros-de-Fourches, le Mesnil-de-Fourches, le Bout-aux-Merciers et le Beau-Bout. Ces divers groupes se trouvent disposés sur les deux rives du petit ruisseau de la Filaine que nous avons vu à Vignats. Les habitations paraissent neuves, propres et bien disposées. Des massifs d'arbres les ombragent et les enveloppent pour ainsi dire; à droite et à gauche s'étendent, au contraire, des plaines nues qui contrastent avec ces bocages de la vallée; sans être un beau lieu,

Fourches se trouve ainsi du moins offrir une agréable variété ; la vue s'étend assez loin vers le nord.

Soixante-dix maisons renferment la population, qui s'élève à 450 habitans environ. Sur ce nombre, soixante au moins émigrent tous les ans pour aller vers Paris exercer les professions de taupiers et de filassiers. Les taupiers de Fourches sont, plus que tous les autres, renommés pour leur habileté. Trente à quarante se livrent à cette industrie presque exclusivement, et en retirent chaque année des produits très-considérables. On cite des pères de famille qui, avec deux de leurs enfans, ont recueilli 1,500 fr. dans une campagne ; des hommes seuls en ont rapporté jusqu'à 7 à 800 fr. Comme ils sont tous économes, et même avares, dans cette partie de l'arrondissement, ils parviennent promptement à amasser quelque argent, avec lequel ils s'empressent d'acheter un fonds de terre ; chacun est propriétaire, et tend sans cesse à étendre son petit domaine. Aussi les biens sont à un très-haut prix parmi eux, et le plus mauvais sol ne s'y vend pas moins de 1,600 fr. ; les qualités supérieures s'élèvent jusqu'à 2,400 fr., et se louent 45 à 50 fr. au plus. Les champs sont très-partagés, et souvent une seule pièce de quinze arpens appartient à huit ou dix propriétaires. La culture, malheureusement, se perfectionne lentement, ou plutôt on suit la routine, et l'émigration empêche que l'on ne donne aux champs les soins qu'ils réclameraient. Ce sont en partie des cultivateurs du dehors qui se chargent des labours et de la récolte. Il est fâcheux, du reste, qu'on attache si peu d'importance à l'amélioration

des fonds , car on en tirerait certainement un grand
parti. La culture des herbes pourrait surtout être
tentée avec succès. On nous montra, au centre de
la commune , 27 perches plantées en luzerne , qui
ont donné 160 bottes dans une année ; on les laissera
ainsi six ou sept ans, pendant lesquels leur produit
diminuera peu sensiblement. Cet exemple doit
faire sentir l'avantage qu'il y aurait, de toutes manières, à coucher les champs en herbe. Le sainfoin
ne réussit pas aussi bien à Fourches que la luzerne.

On ne compte que 15 chevaux de culture, 90 bêtes
à cornes et 225 moutons , sur lesquels 60 sont mérinos. Dans l'hiver, beaucoup de personnes vendent
leurs bestiaux , à cause de la rareté des fourrages.
Pendant ce temps on ne fait point d'engrais. C'est
un des vices du système suivi dans ces campagnes.

La Filaine fait mouvoir un moulin à deux tournans. Il n'y a point d'autre usine.

La commune reçoit tous les ans près de 25,000 fr.
du dehors , par ses émigrans. Dans l'intérieur, les
femmes s'occupent à filer ; pendant l'hiver , elles
se réunissent le soir, par douzaine, dans les étables,
pour se livrer à ce travail , dont les produits sont ,
du reste, peu considérables.

Presque toutes les familles sont alliées les unes
des autres, et l'on dit communément les *cousins* de
Fourches, pour indiquer que les habitans s'unissent
presque toujours ensemble. On compte six races
principales, qui portent des noms très-répandus ;
ce sont les *Boutigny*, les *Daunou*, les *Hébert*, les
Girard, les *Lebreton* et les *Picard* ; une famille de
Bachelier, qui va s'éteindre, passe pour la plus
ancienne ; elle remonte à 1460.

Les naissances, dans les cinq ans du recensement, ont été de 46, et les décès de 36. Un instituteur réunit quarante enfans à ses leçons.

Parmi les chemins, on remarque celui de Falaise à Merry, celui de Vignats à Crocy, et l'ancien chemin *aux Cars*, qui se montre du côté de Ners, venant de Beaumais ; ils sont passablement tenus.

Fourches ne présente aucune trace d'une forterese ancienne, ni même d'un manoir seigneurial, et cependant nous voyons le château de Fourches, dans Ordéric Vital, indiqué comme une place très-forte, appartenant aux Montgommery. Mais l'historien a évidemment commis une erreur dans cette occasion, et placé sur Fourches celui des deux châteaux de Vignats qui se trouve renfermé dans le territoire de la commune qui nous occupe. Voyons en effet comment il s'exprime :

« Robert de Bellême fonda un château fort sur » un lieu élevé, que l'on nomme vulgairement » Fourches, *qui Furcas vulgo dicitur* ; il y transporta » les habitans de Vignats, et s'efforça de soumettre » à sa tyrannie tous les habitans du pays. »[1]

D'après ce passage, nul doute qu'il ne dût exister un château sur Fourches, et toutefois on n'y reconnaît rien de pareil. Mais l'erreur de l'écrivain s'explique dès que l'on a visité les lieux : le *Vieux-Vignats*, où était le chef-lieu de la baronnie des Montgommery et leur premier château, est à un bon quart de lieue de Fourches ; Robert de Bellême ne trouvant point cet emplacement assez bien défendu, chercha une position plus favorable pour y

[1] Collection de Duchesne, page 691.

établir une autre forteresse, et il choisit la butte de
St.-Nicolas, que l'on nomme encore aujourd'hui le
Nouveau-Vignats, et qui n'est éloignée que de deux
ou trois cents pas de l'église de Fourches et des habitations de cette commune. Fourches et le *Nouveau-*
Vignats se trouvant ainsi rapprochés, réunis pour
ainsi dire, et situés sur le penchant de la même
colline, auront pu être facilement confondus et désignés sous le même nom, surtout dans les premiers
temps. De-là cette méprise échappée à l'écrivain
contemporain, que personne jusque-là ne s'était
occupé de relever. Il nous semble qu'il serait difficile de trouver une autre explication d'un passage
évidemment incorrect[1].

[1] Odolant-Desnos, dans ses *Mémoires historiques sur Alençon*,
semble croire que le château de Fourches pourrait n'être autre
chose que le *Camp de Bieres*, situé à une demi-lieue de-là,
sur la commune de Merry (Orne). Plusieurs motifs nous font
penser que cette opinion n'est nullement fondée ; d'abord,
l'éloignement de Fourches à Bieres est trop considérable pour
que l'on ait pu confondre ensemble ces deux endroits ; ensuite, le camp de Bieres ne paraît avoir porté, à aucune
époque, le nom de *Château de Fourches* ; enfin, la forme du
camp de Bieres, la nature de ses retranchemens, leur disposition, semblent appartenir à une époque antérieure à celle
de Robert de Bellême, à un peuple autre que les Normands.
Il nous est impossible d'entrer ici dans des détails plus étendus
sur ce sujet ; mais notre intention est de les exposer plus tard
à la Société des Antiquaires de Normandie. Caylus, Odolant-
Desnos et M. Dubois, qui ont parlé du camp de Bieres,
semblent ne l'avoir point eux-mêmes visité ; ils l'ont décrit
d'après des étrangers. Nous, du moins, nous motiverons
notre opinion sur ce que nous aurons observé sur les lieux.
Un premier examen nous a convaincu que cet ancien travail
ne devait point être attribué aux Normands.

La plus jolie habitation de Fourches est la maison de campagne de M. Capelle, médecin à Falaise, et maire de cette petite commune rurale. A peu de distance est l'église, monument sans importance, reconstruit à plusieurs époques, et où l'on retrouve un vieux pan de mur primitif, une chapelle seigneuriale à fenêtre gothique du 15.e siècle, et une tombe presque effacée, dont les caractères sont de 1500 environ. L'édifice est long, étroit, sans grâce, et surmonté d'une flèche en bois, mesquine et pointue, comme on en voit quelques-unes dans ces campagnes. L'assemblée a lieu le lundi de Pâques. A la Pentecôte, la fête de Saint Nicolas amène, dans un des champs voisins, une foule nombreuse d'habitans de la ville et des villages d'alentour. Le patron de Fourches est S. Germain.

C'est au maire et à M. Michel, desservant, que nous sommes redevables des détails principaux que nous venons d'offrir. L'adjoint est M. Lebreton.

Les impôts se montent à 2,848 fr. 92 cent. [1]

[1] Après avoir cité les héros qui ont illustré les champs de Vignats et de Fourches, dans les temps anciens, on nous pardonnera de rappeler des notabilités un peu moins illustres, que ces lieux ont produits de nos jours. Fourches qui ne voit plus maintenant ni chevaliers ni preux barons, est du moins encore la patrie de quelques troubadours, et plusieurs de ses enfans, nobles chansonniers de tréteaux, ont porté sa renommée dans tous les marchés d'alentour. Virlouvet, les deux Hébert se sont fait des noms historiques parmi nos Béranger bas-normands; le premier, surtout, était renommé pour sa verve et le trait de ses couplets. Il gagna, dit-on, près de 900 francs de rente, quoiqu'aveugle, à promener sa muse romancière dans les foires de nos cantons. Les chansonniers de Fourches sont devenus les poètes des chaumières et des cabarets.

COMMUNE DE CROCY.

CROCY, *Croceium*, doit venir du latin, et rappeler ou un nom d'homme ou quelque fait particulier qui ne sera point parvenu jusqu'à nous. L'histoire ne nous fournit aucun détail, ni sur cette étymologie, ni même sur d'autres événemens de quelque intérêt survenus anciennement dans cette localité.

Crocy a une lieue environ en longueur, et autant en largeur ; ses abornemens sont : Ommoy (Orne), Merry (Orne), Fourches, Ners, Beaumais, les Moutiers-en-Auge et le Marais-la-Chapelle. Ses hameaux, au nombre de quatorze, se nomment : le Mesnil, le Coisel, le Bourg, la Bourdonnière, les Morillons, la Rue-de-Vitré, la Croix-Pottier, Laudigère, Vitré-Seul, la Gaillarderie, la Rue-des-Cordiers, le Colombier, les Germains et les Moulins.

La matrice cadastrale porte la contenance du territoire à 991 arp. métriq. 34 perch. ou 1189 acres. La division offre, en labour, 858 arp. 36 perch. ; en prés et pâtures, 114 arp. 42 perch. ; en taillis et avenues, 6 arp. 14 perch. ; en jardins et habitations, etc., 7 arp. 42 perch.

Deux rivières coulent sur la commune : la Dive, qui pénètre par ce point pour la première fois dans le Calvados, et la Filaine, qui vient de Fourches. La Dive arrose les basses prairies et fait mouvoir deux moulins à blé offrant trois tournans, et un moulin à papier ; la Filaine coule sur un sol plus élevé, féconde aussi quelques herbages, et fait mouvoir également un moulin à deux roues. Les bords de ces rivières sont garnis des plus beaux peupliers, bugles et ypréaux que nous connaissions dans l'arrondissement. La hache n'en approche jamais, et le propriétaire semble les regarder comme les plus dignes ornemens de ses domaines. Ils appartiennent à M. de la Roque, qui possède près de 20,000 fr. de revenu sur la commune. On porte à 100,000 fr. le produit qu'il pourrait retirer d'un abbatis général de ses avenues et de ses bordages. Honneur à lui, qui sait se préserver de cet appât d'argent qui cause la destruction de tous les bois de nos environs. M. de la Roque est riche, et il peut, mieux que tout autre, attendre le moment d'établir des coupes réglées quand il en sera temps. Il a bien assez d'aisance encore pour faire d'abondantes aumônes de toutes parts, et se montrer le père des malheureux. Son éloge nous est doublement agréable, et nous sommes heureux d'avoir occasion de le publier. Dans ses jardins, nous avons vu de nombreuses pépinières destinées à recouvrir de hauts bois tous les lieux qui en sont dégarnis. Voilà de ces exemples que nous ne cesserons de citer à nos propriétaires et à nos cultivateurs.

La culture des champs de Crocy ne répond pas au soin religieux que l'on y apporte à la conservation des bois. Là, comme dans les communes que nous quittons, on remarque une émigration nombreuse qui entraîne au dehors, pendant huit ou neuf mois de l'année, les bras les plus forts, les plus propres à se livrer aux travaux de l'agriculture. Sur 760 habitans qui composent la population, il y en a près de 80 « qui vont aux moissons, aux

» filasses et aux taupes, » pour nous servir de leur
expression ; les vieillards, quelques fermiers, les
enfans et les femmes restent seuls dans les villages,
et sont chargés de l'exploitation du sol et de l'entretien des ménages. On sent qu'ils doivent suffire
à peine pour les occupations ordinaires, et qu'ils
ne trouvent pas surtout le temps d'essayer des innovations. Ce seraient d'ailleurs les jeunes - gens,
les hommes de trente ans, qui pourraient tenter les
améliorations, s'ils étaient présens, parce qu'ils
auraient l'espoir d'en jouir ; les vieillards, là comme
ailleurs, sont timides, n'admettent les nouveautés
qu'avec réserve, avec crainte, et les repoussent
même presque toujours, pour s'en tenir à leur routine. Voilà sans doute un des grands inconvéniens
de l'émigration. Crocy reçoit, il est vrai, tous les
ans, 25,000 fr. d'argent étranger des émigrans ;
mais qui oserait dire que son sol ne lui offrirait
point un dédommagement de la privation passagère
d'une telle ressource, si ses habitans échangeaient
leur industrie de filassiers contre celle de vrais laboureurs ? Leur richesse, dans le second cas, ne
serait-elle pas d'ailleurs beaucoup mieux assurée ?

La culture se borne, dans cette campagne, aux
céréales ordinaires, qui sont le blé, l'avoine, l'orge
et un peu de seigle. Voici comment on règle les assolemens pour six années : Première année, blé
fumé. — 2.ᵉ, orge non fumé. — 3.ᵉ, *varet* ou jachère. — 4.ᵉ, avoine. — 5.ᵉ, blé fumé. — 6.ᵉ, orge.
Ceux qui font des sainfoins, les sèment dans l'orge,
et les laissent deux ans dans le champ. Ils recommencent ensuite les rotations d'usage. On compte

150 chevaux pour l'exploitation, 250 vaches et 600 moutons communs. Ces derniers composent cinq bergeries particulières, et une qui appartient à la communauté. Nous donnerons ici quelques détails sur la manière dont ce troupeau commun s'administre et s'entretient. L'exemple peut être bon à imiter ailleurs.

Chaque habitant, qui désire avoir un ou plusieurs moutons, sait qu'il existe un berger qui, moyennant un très-léger salaire par tête d'animal, se chargera de les mener chaque jour aux pâturages, de les y surveiller et de les ramener le soir au logis ; trente, quarante, cinquante habitans, demeurant dans des villages rapprochés, se réunissent donc, achètent à eux tous 100 à 120 moutons, et ils en composent ainsi un troupeau considérable. Le matin, à l'heure du départ, le pâtre se place sur une éminence, tire quelques airs de son chalumeau, qui sont le signal convenu, et chacun alors ouvrant dans son intérieur l'étable à son petit troupeau, on voit accourir de toutes parts, en bondissant, vers le lieu du rendez-vous, tous ces animaux timides qui se pressent aussitôt les uns contre les autres, forment un bataillon serré, et se mettent joyeusement ensemble en campagne. Le soir, à un nouveau signal, chaque petit propriétaire vient rechercher ses deux ou trois moutons, auxquels il n'a que peu de soins à donner pour la nuit. Cependant, les divers ménages recueillent par ce moyen, tous les ans, un peu de laine, un peu d'engrais, et souvent un agneau de croît, sans qu'il leur en ait pour ainsi dire coûté aucuns frais sensibles. Tel est l'avantage de ce mode d'établissement de bergeries communes. Il réussit très-bien à Crocy, et, selon toute apparence, il réussira partout où on voudra l'adopter.

Les champs situés vers Ommoy et Merry, sur la rive droite de la Dive, sont bien supérieurs à ceux de la rive gauche. On vend les premiers 1,500 et même 2,000 fr. l'acre, tandis que les autres ne valent pas plus de 800 fr. Les prairies ne sont point d'une excellente qualité, et l'on dit même qu'elles ne suffisent pas entièrement aux besoins des cultivateurs.

Parmi ceux des habitans qui vont travailler aux moissons et aux filasses, vers Paris, il en est qui gagnent 500 fr.; d'autres, 360, et le plus grand nombre, 300. On cite un enfant de douze ans, qui, lui seul, a rapporté, cette année, 100 fr. de sa première campagne. Les taupiers ne sont qu'au nombre de quatre ou cinq, et gagnent quelque chose de plus que les autres. Quant aux femmes qui restent dans les ménages, elles passent le temps à filer, et ce travail, sans être lucratif, leur procure au moins l'occasion de s'occuper tranquillement dans leurs maisons, après avoir vaqué aux petits soins de leurs intérieurs. Dans chaque village, pendant l'hiver, on les voit se réunir dans les étables, pour y passer ensemble la veillée, en causant et en travaillant. Un piquet est planté au milieu de l'appartement commun, et c'est-là que l'on place la chandelle qui doit éclairer toute la réunion; on chante, on rit, on médit, et les heures s'écoulent ainsi rapidement; quand la chandelle prend fin, chaque fileuse régagne son logis. Souvent quelques jeunes-gens, revenus des filasses, se glissent dans l'étable aux fileuses, et c'est-là que commencent les petites liaisons qui amènent plus tard les mariages. A la mi-mars ou à la fin de mars, on rompt les veillées, et l'usage est d'*enterrer alors le chandelier.* C'est une petite fête pour tous ceux qui ont fréquenté l'étable pendant l'hiver. Un festin et des danses, qui se prolongent fort avant dans la nuit, sont les adieux de séparation jusqu'au prochain automne, où les rendez-vous recommencent.

Les fileuses gagnent 30, 40 ou 50 centimes au plus, selon le temps qu'elles donnent chaque jour à leur ouvrage, et selon leur habileté à tourner les fuseaux. On leur paie 80 cent. ou un franc pour un *peset* de chanvre.

Le nombre des maisons est de 280. Sur les 760 habitans, on a remarqué, dans cinq ans, 82 naissances et 74 décès. Les hommes sont, en général, adonnés à la boisson, et même à l'ivrognerie ; ils boivent de grosses eaux-de-vie plus encore que de cidre, et dissipent ainsi, au cabaret, une partie de ce qu'ils ont gagné. Ils passent, dans les environs, pour querelleurs et méchans ; mais depuis quelque temps il semble qu'ils aient adouci leur humeur. Les femmes paraissent lentes ; leurs physionomies sont calmes, leurs traits mous et sans expression ; elles soignent très-bien leurs ménages, et sont également propres dans leurs vêtemens, ainsi que leurs maris. Voici quels sont, du reste, les habillemens des deux sexes. Nous les donnons ici comme étant à-peu-près communs à tous les paysans de cette partie de l'arrondissement.

Les femmes ont un bonnet rond de médiocre hauteur, sans bavolet, et avec deux petites barbes qui s'appliquent et s'emboîtent pour ainsi dire sur les deux côtés de la figure ; leur corsage tombe à moitié taille, se lace sur le devant, et se recouvre d'un petit mouchoir de couleur ; la jupe, d'étoffe de laine, est courte et peu ample ; les bas sont de laine bleue ou grise, et des sabots peu remarquables servent de chaussure.

Les hommes portent le chapeau à rebord un peu large, le gilet rayé, le pantalon d'étoffe ou de toile grise, assez ample, les guêtres blanches ; dans l'hiver, on ajoute une veste ou un tricot de laine sur les vêtemens ; dans l'été, les bras ne sont recouverts que par la chemise ou par une blouse de couleur. Les voyageurs ont quelquefois des casquettes ou des chapeaux cirés ; du reste, ils ne renoncent point aux costumes du pays.

Parmi les chemins publics, qui sont au nombre de trois vicinaux et douze communaux, on remarque principalement celui de Falaise à Trun, qui traverse les deux villages principaux, où il amène beaucoup de passagers. Ce chemin est assez bon du côté de l'église, mais il devient très-mauvais en se rapprochant de la Dive, vers Merry et Ommoy ; on pourrait s'en occuper davantage, à cause de son utilité. Si le projet formé par le maire de Merry, M. Léon Dumesnil, de jeter un pont sur la Dive, se réalisait, le chemin de Trun serait plus fréquenté encore qu'il ne l'est, et il deviendrait indispensable de le réparer, ou plutôt de le refaire à neuf sur quelques points. C'est dans le temps de la foire de Guibray surtout que les voyageurs arrivent en foule par cette voie ; Crocy se trouvant à deux lieues de Falaise, les voituriers s'y arrêtent quelquefois pour se rafraîchir et se reposer. La commune retire donc ainsi quelque avantage de cette circulation. Si elle abandonnait son chemin, les voyageurs passeraient à une demi-lieue de-là, par Beaumais, et elle perdrait une source d'accroissement qu'il lui est si facile de conserver.

La papeterie de Crocy, dirigée par M. Isabelle, renferme vingt-sept pilons, occupe huit ouvriers, et produit des papiers gris et blancs qui se vendent à Falaise et à Caen. M. Brée l'aîné, de Falaise, en emploie, chaque année, plusieurs centaines de rames dans son imprimerie.

Un instituteur et une sœur de la Providence sont chargés de l'éducation des enfans des deux sexes ; ils réunissent 59 garçons et 35 filles.

Pendant quinze ans, Crocy a été le chef-lieu d'un canton d'où dépendaient seize communes formant une population de 5,826 habitans ; la suppression eut lieu en l'an XI (1802). Crocy dépendait anciennement, ainsi que Fourches et Vignats, du bailliage d'Argentan, et les registres de son état civil se trouvent encore en partie égarés dans cette dernière ville ; on en voit aussi quelques-uns au notariat de Crocy, ancien établissement qui devait exister dès 1560, et qui s'est perpétué jusqu'à ce jour, comme les minutes en font foi. La commune renferme également l'étude d'un huissier.

Autrefois, les deux tiers des habitans de Crocy étaient protestans (de la secte de Calvin). Lorsque l'édit de Nantés fut révoqué, un grand nombre de familles s'expatrièrent, passèrent en Angleterre, et il y en eut qui s'établirent dans les îles de Jersey et de Guernesey, où l'on en connaît encore quelques-unes. Les autres religionnaires qui demeurèrent dans le pays, y furent persécutés, ou se virent contraints d'abjurer leur culte. Maintenant il ne reste plus qu'un très-petit nombre de ces individus qui vivent tranquillement et sans faire aucun acte public de religion. Leur cimetière, situé à la Bourdonnière, est conservé comme celui des catholiques, et on les y enterre auprès de leurs devanciers. Les habitans de Crocy tiennent, avec raison, à respecter cette enceinte, où dorment les générations qui sont venues avant eux. « Nos pères sont là, disent-ils, » et, sans les juger, nous devons honorer leurs dé- » pouilles. Que Dieu nous reçoive, avec eux, dans » sa miséricorde. » Ceux qui possèdent, dans leurs jardins, l'emplacement de quelques tombes, ne veulent pas non plus que ces terrains soient livrés à la culture; ils retiennent même, dans leurs baux, les six pieds où reposent leurs parens. On ne peut qu'applaudir à cette pieuse et touchante vénération pour les morts.

Les terres de M. de la Roque n'offrent point de châteaux, mais deux manoirs qui sont peu remarquables. Celui de Vitré-Seul, vers le Marais, est dans la prairie, au milieu de bocages et d'avenues; les eaux de la Dive serpentent à l'entour. Le manoir de Crocy, à l'extrémité d'un bel herbage, sur la Filaine, servait autrefois de demeure au seigneur, qui était protestant; de petites douves le défendaient, et dans leur enceinte se voit encore l'ancienne chapelle des calvinistes, ornée d'une ogive. Les deux manoirs sont délabrés, et l'un d'eux est même converti en ferme.

Près de l'église, on montre une vieille construction, nommée *la Moinerie*, dont les ouvertures sont dans le style de transition, et peuvent appartenir au 12.ᵉ ou au 13.ᵉ siècle. On ne sait trop ce qu'il y eut là jadis, et l'on débite que c'était un bien d'abbaye ou de templiers. Le nom de *Moinerie* semble en effet rappeler quelque ancien prieuré, et nous supposons que ce put être une dépendance de l'abbaye de Troarn, qu'avaient fondée les Montgommery. Nous lisons, en effet, que Crocy et son église relevaient de ce monastère, et une bulle d'Innocent III, en 1210, confirme la donation qui en avait été faite précédemment par des seigneurs. C'est la seule mention de cette paroisse que nous ayons retrouvée dans nos anciennes histoires.

L'église de Crocy mérite quelque attention. Les murs latéraux de la nef et le portail du midi sont normands ; ce portail, comme celui de Guibray, offre plusieurs rangs de zig-zags saillans, surmontés de quelques ciselures. La tour est carrée, avec des arcades de transition. Le chœur est d'un gothique fleuri fort gracieux ; sa corniche est garnie d'une guirlande où la feuille du chêne et la pomme du pin se mêlent avec la vigne. L'intérieur est propre et spacieux pour une campagne ; les fonts baptismaux ont la forme de petite cuve. Le portail de l'ouest ne doit dater que de l'avant-dernier siècle.

Le maire de la commune est M. Labbey de la Roque,

Roque, qui, malheureusement, ne vient plus que
rarement dans le pays. Il y répand encore cependant
de nombreux bienfaits. L'adjoint est M. Gauthier ;
le desservant, M. Guesnon ; le notaire, M. Lucas ;
le percepteur, M. Bertrand ; et l'huissier, M. Coulibœuf. C'est à M. Gauthier, et surtout à M. Coulibœuf, que nous sommes redevables de nos renseignemens les plus importans.

Les impôts directs sont de 5,917 fr. 85 cent. [1]

COMMUNE DU MARAIS-LA-CHAPELLE.

IL existait, il y a cinq ans, une commune du
Marais et une commune de la Chapelle-Souquet ;
elles furent réunies en 1823, sous le nom de *Marais-
la-Chapelle*. Le *Marais* prit autrefois ce nom, parce
qu'une partie de son territoire et de ses habitations
se trouvaient à l'entrée du vallon de Crocy, au
milieu d'eaux croupissantes ; on disait le *Marais de
Crocy*, pour désigner le hameau placé dans le ma-
récage. Peu à peu les habitans s'élevèrent sur la
hauteur, et formèrent une petite association ou
paroisse particulière ; mais on continua à désigner
leur village sous son nom primitif. Les fondemens

[1] M. Boisard, dans son *Annuaire du Calvados*, a commis
une erreur en traçant le cours de la Dive. Il dit qu'elle pénètre dans le département « entre les communes de Fourches
« et du Marais-la-Chapelle. » Cette rivière n'arrose ni Fourches ni le Marais. Elle entre par Crocy dans le Calvados,
partage cette commune dans sa longueur, de l'est au nord,
et se rend de-là sur Beaumais. M. Boisard s'empressera de
rectifier cette faute dans son prochain Annuaire.

des anciennes maisons se retrouvent encore dans les
pâturages situés au-dessous de l'église.

Une petite chapelle, fondée sans doute par un
nommé *Souquet*, avait donné le nom à la commune maintenant supprimée. Cette chapelle est,
selon toute apparence, celle que l'on remarque
encore au milieu du village. La paroisse n'avait,
du reste, que 22 arpens d'étendue (28 acres) avant
la révolution.

Le Marais et la Chapelle réunis ont une longueur
de 1450 toises, sur une largeur de 920 toises. Leurs
abornemens sont, au nord, les Moutiers-en-Auge ;
au levant, Montreuil-Beauvais (Orne) ; au midi,
Fontaine-les-Bassets et Ommoy (Orne) ; au couchant, Crocy. Leur territoire cadastré se compose
de 214 arpens métriques 68 perches de terre de labour ; 14 arp. 32 perch. de prairies ; 5 arp. 50 perc.
de jardins, cours, etc., et 26 perch. de bois taillis ;
en tout, 234 arp. 76 perch. ou 288 acres.

Les hameaux sont : le Marais, le Bas-Marais et
la Chapelle.

Le nombre des maisons est de 105, celui des
feux de 74, et celui des habitans de 330 au moins.
Parmi ces derniers on comptait récemment cinq
octogénaires. Les naissances, durant cinq années,
se sont élevées à 24, et les décès à 23. L'air est sain ;
mais beaucoup d'habitans rapportent des germes
de maladies de leurs campagnes annuelles, et les
fièvres surtout se développent fréquemment parmi
eux ; c'est le résultat de leurs fatigues et des privations qu'ils s'imposent pour revenir avec un peu
d'argent. On compte une cinquantaine d'émigrans

tous les ans; ils vont peigner les lins, les filasses, et recueillir les moissons vers Paris et Rouen; on a vu partir, il y a peu de temps, des vieillards de soixante-deux ans pour ces campagnes. Sans exagération, il ne reste que les femmes et les petits enfans pendant plusieurs mois de l'année. « Parmi » les émigrans, quelques-uns ne demeurent pas » plus de six semaines chez eux; d'autres ne sont » absens que pendant six ou sept mois; et enfin, » il en est qui ne vont qu'aux moissons, et qui ne » sont éloignés que pendant trois mois environ. » Ces derniers se sont mis, depuis peu de temps, à fabriquer de la toile, pendant l'hiver, pour les marchands de Vimoutiers. La bonneterie de Falaise n'a point pénétré jusques-là. Les femmes filent le lin et le chanvre, comme à Crocy.

Les voyageurs rapportent 15 à 18,000 fr. dans le pays, et cette somme est presque entièrement employée à acheter des champs. Aussi le sol, quoique léger et de peu de rapport, se vend 12 et 1,500 fr. l'acre, et se loue 30 fr. au plus. On cultive, comme à Crocy, le blé, l'orge, le seigle et l'avoine. On fait des sainfoins et pas de trèfle; la jachère revient tous les trois ans. « On néglige la pomme-de-terre, » qui, cependant, convient beaucoup au sol. Le » fumier est le principal engrais, mais la *difficulté* » *de s'en procurer est une des principales causes du* » *peu de produit des terres.* On emploie quelquefois » le gâteau de rabette avec une égale quantité de fu- » mier; la rabette seule est un mauvais engrais. On » plâtre peu les sainfoins, d'après le préjugé, fondé » ou non, que les herbes venues par ce moyen sont

» nuisibles aux bestiaux ; on dit aussi que les blés
» manquent souvent dans les champs plâtrés. »
Nous citons ces renseignemens communiqués par
le maire, qui est le meilleur cultivateur du pays ;
ils donneront une idée de l'état agricole de cette
contrée. Le moyen d'y obtenir des engrais de fumier, serait d'y multiplier la culture des herbes,
des pommes-de-terre ; d'y nourrir de nombreux
bestiaux, d'y varier les assolemens en supprimant
les jachères. Que l'on emploie à ces améliorations
une partie des bras qui vont épuiser leur vigueur
dans les champs du Vexin et de la Beauce, et le
pays sera bientôt plus riche qu'il ne l'est.

On ne compte que 18 chevaux de culture dans la
commune, 90 bêtes à cornes, et 280 moutons communs. La principale exploitation est celle du maire,
M. Mesley la Moissonnière, qui réside presque toujours sur les lieux, et qui élève quelques chevaux
et quelques bestiaux de bonnes qualités.

Aucune rivière n'arrose le Marais, et ses basses
terres, vers Crocy, donnent une herbe sans valeur. Un petit torrent descend quelquefois des côtes
d'Auge, et vient ravager la campagne pendant
l'été. Le sol est un calcaire léger que les chaleurs
dessèchent aisément.

Les chemins, au nombre de neuf, dont trois vicinaux et six d'exploitation, sont assez bien tenus.
Les principaux sont dans la direction de Falaise à
Vimoutiers, de Falaise à Trun, et de Trun à Caen ;
le dernier, qui traverse la Chapelle, était surtout
très-fréquenté autrefois, et contribuait à la prospérité de ce hameau ; on y voyait plusieurs au-

berges qui servaient de relais aux voyageurs et aux voituriers. La nouvelle route d'Argentan à Caen a nui beaucoup à cette ancienne voie. Elle est loin cependant d'être encore abandonnée.

Les villages du Marais et de la Chapelle sont très-proprement bâtis et entretenus. L'aisance paraît y régner. Un instituteur y est établi, et reçoit quarante enfans des deux sexes ; vingt autres vont chercher des leçons à Crocy et ailleurs.

On a trouvé, à plusieurs reprises, dans le village du Marais, des squelettes et des ossemens en assez grand nombre, auprès desquels se voyaient des petits vases de terre remplis de charbon. Quelques-uns de ces vases semblaient avoir été mis sous la tête des morts. On ignore à quel siècle remontaient ces débris. Dans le cimetière de la Chapelle, on a remarqué des vases du même genre, en relevant de vieilles tombes. L'église du Marais n'est pas très-ancienne. Le chevet offre une fausse fenêtre à cintre brisé, de 1300 à-peu-près ; la tour, la nef et le chœur sont du dernier siècle ; seulement, à l'un des murs de côté de la nef, on retrouve, à un pied de terre, quelques assises de maçonnerie alternée. C'est le reste d'une église primitive. La Chapelle-Souquet est bien plus remarquable. Le monument est en entier de l'époque de transition ou de gothique primordial. Le portail du nord-ouest s'ouvre en double cintre pointu, soutenu par deux colonnes à chapiteaux d'une simple feuille ; les petites fenêtres ont des lancettes garnies intérieurement de bourrelets. Le baptistère est rond, large et massif. Le bénitier semble supporté par le pied d'une statue renversée ; la nef se trouve au-dessous du sol, et l'on descend trois marches pour y arriver. Cette petite chapelle, dédiée à la bienheureuse Madeleine, relevait anciennement de la commanderie de Ville-dieu, qui dépendait de l'ordre de Malte. Quant à l'église du Marais, *Ecclesia de Paludibus*, selon les vieux titres, elle était dédiée à S. Germain, et relevait, comme Crocy, de l'abbaye de Troarn. « Les deux fêtes patronales sont célébrées de la » même manière ; il y a réunion des habitans des » communes voisines, danses et divertissemens. »

Les notes sur le Marais nous ont été obligeamment communiquées par M. la Moissonnière. Son adjoint est M. Boullier. La paroisse est desservie par M. l'abbé Berte.

Les impôts s'élèvent à 1,053 fr. 82 cent.

COMMUNE DE BEAUMAIS.

Nous revenons aux bords de la Dive, en laissant un moment la lisière du département.

Le nom de *Beaumais* veut dire belle maison, belle demeure, beau manoir ; *mais*, *maz*, dans le moyen âge, s'employaient pour *mansio*, métairie, maison des champs. Ordéric Vital écrit en latin *Belmeius*, *Belmesius*, et un autre historien se sert du mot *bellum mansum* ; le sens est le même dans l'un et dans l'autre cas.

Le sire de Beaumais était un des compagnons de Guillaume à la conquête de l'Angleterre. Son nom se retrouve sur les listes anglaises données par Du-moulin, Duchesne et l'abbé Prévost.

Les Grantmesnil, voisins de Beaumais, y possédaient des domaines dans ces mêmes temps ; parmi les biens qu'ils cédèrent à St.-Évroult, l'histoire mentionne le tiers du moulin de Beaumais, avec sa dîme, *tertiam partem molendini cum decimâ ejusdem* [1].

Un Richard de Beaumais, vicomte de Shrewsbury, devint évêque de Londres en l'année 1107 ; il se distingua par sa magnificence, et fit relever l'église de St.-Paul qu'un incendie avait renversée [2]. La race des Beaumais devait être alors au plus haut point de ses grandeurs en Angleterre. Nous ignorons quelle y fut plus tard sa destinée.

En 1120 environ, un Roger de Baumais se rendit religieux au monastère de St.-Pierre-sur-Dive, et donna ses biens à cette abbaye. Henri d'Angleterre confirma cette donation par une charte, en 1124 [3].

Nous voyons, dans le 13.e siècle, un Guillaume de Corday possédant un fief à Beaumais, qui relevait des Grantmesnil [4].

L'histoire de cette commune ne nous offre aucun autre détail.

Beaumais a trois quarts de lieue d'étendue à-peu-près en tous sens. Les communes qui l'avoisinent sont : Norrey, les Moutiers-en-Auge, Crocy, Ners, Angloischeville et Morteaux. La Dive coule du sud au nord, en arrosant ses prairies, et reçoit la Filaine au hameau de Japigny. Les autres hameaux

---

1 *Ordéric Vital*, dans Duchesne, page 465.
2 *Idem*, page 833.
3 *Gallia Christiana*, tome XI, page 158, *Instrumentorum*.
4 Duchesne, page 1037.

ou villages sont : le Gros-de-Beaumais, l'Ormeau, Cantepie, les Croix, la Rue, la Noë et les Hazets.

La contenance du territoire est de 1020 arpens métriques ou hectares (1250 acres), parmi lesquels 900 arpens en labour, 80 en prairies, et le reste en jardins, cours et habitations. Les champs ont peu de valeur vers Morteaux et les Moutiers.

L'agriculture n'est pas plus avancée que dans les campagnes voisines ; « les hommes voyagent trop, » et négligent leurs propriétés ; » quarante au moins s'absentent pendant une partie de l'année, et reviennent « avec des maladies et un peu d'argent. » Ceux qui demeurent sur les lieux, cultivent d'après les anciens usages, et la terre est tour-à-tour couverte de blé, d'orge, d'avoine et de seigle ; le sainfoin vient seul, de temps à autre, varier les assolemens mal combinés. Soixante chevaux, 165 bestiaux, et 550 moutons communs sont répandus dans les fermes, et sont loin de suffire, comme on le pense bien, pour un territoire de plus de mille hectares. Ce pays est réellement fort arriéré.

Outre les filassiers et les moissonneurs, qui rapportent peut-être 15,000 fr. de leurs campagnes, la commune renferme cinq à six rubanniers, fabricans de *padoux*, et autant de cordiers, qui « font » des têtes de licol. » Les femmes filent le lin et le chanvre dans leurs ménages. Deux moulins à blé se voient sur la rivière, dont l'un offre deux tournans.

Les fermes principales sont celles de MM. Dubourg et Desdiguères. La principale est de 6 à 7,000 fr. de revenu.

On porte à 177 le nombre des maisons, et à 750 celui des habitans ; parmi ces derniers, le recensement de cinq ans, fait en 1826, a donné un mouvement de 86 naissances sur 58 décès. Près de cent enfans suivent, pendant l'hiver, les leçons de l'instituteur ; dans l'été son école est presque abandonnée.

Le chemin le plus fréquenté est celui de Falaise à Trun. Il est en général assez bon, et l'on y donne quelques soins. Toutefois, le pont qu'il offre sur la Dive, près du village principal, est mal construit, trop élevé, sans parapets, et il est indispensable que l'on s'occupe de le rendre moins dangereux. Les hameaux, sur les deux côtés de la rivière, sont bien bâtis et de bonne apparence. La petite vallée de la Dive, fraîche, couverte de grandes haies, se parcourt ainsi en entier avec plaisir ; mais les champs nus et dégarnis qui la surmontent, n'offrent pas le même intérêt, quoique la vue, de-là, soit assez étendue ; il y a loin, en général, de ce pays plat et monotone, aux scènes variées et pittoresques du Bocage.

C'est à Beaumais que l'on trouve, pour la première fois de ce côté, l'ancien *chemin Haussé* ou *Chaussé*, qui paraît avoir été tracé jadis par les Romains, au milieu de nos campagnes. Il venait de la station de Vieux, située à deux lieues de Caen, et se dirigeait, dit-on, vers l'Hyémois, en traversant la plaine vers la lisière du Pays-d'Auge. On voit ce chemin à Cintheaux, à Estrées, à Rouvres, à Olendon, dans notre arrondissement ; on le perd pendant plus d'une lieue, en se rapprochant de Coulibœuf ; et enfin, on finit par le retrouver à Morteaux, et, en dernier lieu, à Beaumais, où il semble se perdre entièrement au hameau de la Noë, près de la Dive. Au-dessus de la Noë, il est vrai, du côté du pont de Crocy, on suit un sentier qui forme une espèce de prolongement du chemin *Chaussé*, vers Merry et Bières, et que l'on peut considérer, sous ce rapport, comme étant une de ses suites, un de ses embranchemens. Mais ce sentier est trop étroit, trop insignifiant aujourd'hui, pour qu'il soit possible de le regarder comme ayant été autrefois le chemin principal ; il ne porte point d'ailleurs ce nom de *Chaussé* ou *Haussé*, qui servait à désigner l'ancienne voie des Romains. Le vieux chemin *aux Cars*, qui passe aussi à Beaumais, de l'autre côté de la Dive, et se dirige sur Écouché, autre station pendant l'occupation des Gaules, ne peut être considéré pareillement, à ce qu'il nous semble, que comme un des embranchemens de la voie maintenant disparue. Nous l'avons rencontré à Ners, à Crocy, à Vignats, et nulle part nous ne l'avons trouvé exhaussé au-dessus du sol ; son nom indique seulement qu'il servait très-anciennement au passage des charriots et des voitures : *Car*, *carrus*, exprime ces deux mots dans la langue du moyen âge. Les Romains ont pu le tracer, mais ils ne lui ont point imprimé le cachet de leurs grands travaux... Nous voilà donc réduit, en signalant Beaumais comme étant un des points où se reconnaît le *chemin Chaussé* des Romains, à regretter de ne pouvoir indiquer d'une manière précise quelle était la direction qu'il suivait en partant de ce village. Les habitans nous ont assuré qu'il se perdait chez eux, et qu'il n'était plus aucunement connu au-delà. On nous en a dit autant à Crocy et dans les environs. Nous souhaitons que d'autres que nous soient plus heureux dans une recherche qui ne laisse pas d'offrir quelque intérêt. Nous nous bornerons à mentionner plus tard ce chemin sur tous les points où nous croirons le reconnaître, en suivant la ligne de sa direction, depuis Cintheaux jusqu'à Beaumais.

Le château de Beaumais est dans le vallon, entre l'église et la rivière. Il se compose d'un ancien pavillon flanqué de tous côtés de bâtimens qui furent élevés à diverses époques. Son irrégularité, son délabrement méritent, du reste, peu d'attention. Le pavillon peut dater de trois siècles. Aux murs extérieurs on voit des petits trous de défense, nommés *meurtrières*. La position est agréable, et justifie assez bien le nom donné à ce lieu. Dans un champ voisin, un peu plus rapproché de l'église, on découvrit dernièrement l'entrée d'un escalier et la voûte d'une espèce de souterrain. Là, peut-être, était le castel des sires de Beaumais. Des fouilles pourraient offrir des résultats plus satisfaisans.

Il nous reste à décrire l'église, une des plus curieuses de l'arrondissement. C'est un monument roman, de l'époque de la Conquête. Elle fut élevée sans doute par le preux baron qui suivit Guillaume dans les champs d'Hastings.

Le chœur, construit en petites pierres de taille carrées, est garni, en dehors et en dedans, d'une double rangée de fausses fenêtres ou arcades, comme

on en voit à Guibray; les cintres sont en demi-
cercle, et les chapitaux des colonnes ornés de simples feuilles, de fleurs, d'enlacemens et de nœuds.
La corniche, élégamment ciselée, est supportée par
des corbeaux de l'espèce la plus bizarre; on y voit
des personnages attachés l'un à l'autre, des bâtons
brisés, des *obscœna*, des têtes de cochon, des oiseaux, etc. Malheureusement, deux fenêtres nouvellement ouvertes ont rompu l'harmonie de ce
morceau vraiment remarquable.

La tour carrée est de côté, comme celle de Sousmont, mais elle n'offre que deux rangs d'arcades
normandes, à trente et quarante pieds de hauteur;
son élévation entière est de cinquante pieds au
moins; huit contreforts plats la soutiennent jusqu'aux premières arcades.

Les deux murs latéraux de la nef sont encore,
en grande partie, en maçonnerie contrariée, *spicatum opus*, mieux marquée que partout ailleurs dans
ce pays. Au midi, se voit l'ancien portail, depuis
long-temps fermé, haut de neuf pieds, à grand
cintre sans zig-zags, et entouré d'une bordure
d'étoiles. Le remplissage de la porte est formé par
plusieurs rangs d'étoiles simples, doubles, triples,
mêlées, confondues, etc. Dans le centre de ces
sculptures primitives, se remarque une espèce de
cordon enlacé, dont les extrémités sont saisies par
deux serpens grossièrement tracés. Ce travail est
très-singulier.

La façade offre un joli portail fleuri, de l'époque
voisine de la renaissance. Des feuilles de vigne, des
raisins l'environnent. Au-dessus est une fenêtre de
gothique flamboyant.

La patronne est la Mère de Dieu.

Le cimetière renferme un bel if et une tombe 1.

Nous devons beaucoup de nos renseignemens sur Beaumais à M. Guyon-Desdiguères, maire de cette commune. Son adjoint est M. Gasse. Le desservant, M. Sevestre, vient de mourir.

Beaumais paie annuellement 5,901 fr. 29 cent. d'impôts.

COMMUNE DES MOUTIERS-EN-AUGE.

L'ANCIEN mot de *Moutier*, en latin *Monasterium*, signifie tout bonnement *église*, comme nous l'avons déjà fait observer. On aura dit *les Moutiers*, lorsque plusieurs églises se seront trouvées réunies sur un même point. Voici ce que nous lisons, à cette occasion, dans un vieux manuscrit sur la commune qui nous occupe :

« La paroisse des Moutiers a deux cures et deux
» paroisses ; l'une nommée *St.-Martin-des-Mou-*
» *tiers*, et l'autre *St.-Gervais-des-Moutiers*.

» On trouve une charte, sans date, par laquelle
» Guillaume de Punelay donne à l'abbaye de Ste.-
» Barbe-en-Auge le droit qu'il avoit de présenter
» à l'église de St.-Martin-de-Punelay, avec toutes
» ses appartenances.....

» Cette donation fut confirmée par Silvestre,
» évêque de Séez, l'an 1219, le 4 de juin....

» L'église, dans la charte, était désignée sous le
» nom d'*Église de Punelay*....

1 Nous pourrons donner le dessin de l'église de Beaumais.

» Présentement, la paroisse se nomme *les Mou-*
» *tiers,* et l'on présume qu'elle acquit ce nom par
» la construction d'une seconde église, en aide de
» St.-Martin; car le mot *Moutier* étoit, dans l'an-
» cienne façon de parler, synonime avec le mot
» *Église.* »

Il résulte de ce passage une confirmation entière
de notre étymologie. Les deux églises sont encore
debout, l'une à côté de l'autre. Le fief de Punelay
était, avant la révolution, le plus important de la
paroisse. Voilà toute l'histoire de cette commune,
qui, du reste, doit le second de ses noms à sa disposition sur la lisière du Pays-d'Auge, dans lequel
elle se trouve enclavée dans une longueur de près
d'une lieue sur une demi-lieue de largeur.

Les Moutiers sont bornés, au levant, par Saint-
Gervais-des-Sablons (Orne); au midi, par Montreuil-Beauvais (Orne) et le Marais-la-Chapelle;
à l'ouest, par Crocy et Beaumais; au nord, enfin,
par Norrey et Grantmesnil.

La contenance est de 961 arpens mét. (1178 acres),
ainsi divisés : Labour, 674 arp.; prairies, 70 arp.;
pâtures, 217 arpens.

Les hameaux sont : Caumont, Saint-Blaise, les
Bruyères, les Petits-Moutiers et les Grands-Moutiers.

La commune des Moutiers est sur un sol de transition : à l'ouest, les champs sont arides, secs, sabloneux, absorbans; c'est un reste de plaine, plat
et sans végétation animée. Au nord, et surtout à
l'est, quelque mouvement se manifeste, des collines
se dessinent, les fonds deviennent argileux, gras, la
pierre manque, les herbes croissent, et les animaux

se montrent plus nombreux au milieu des pâturages et des touffes d'ombrages. Cette nouvelle
contrée ne ressemble point sans doute au Bocage ;
elle n'a point ses brusques coteaux , ses immenses
bruyères , ses paysages variés et pittoresques , mais
elle n'est point non plus uniforme , froide , fati-
gante comme la plaine. C'est une espèce de nature
intermédiaire , c'est un tapis de verdure jeté au
milieu de quelques bosquets ; c'est le pays de pâture ,
c'est le Pays-d'Auge , en un mot. L'arrondissement
offre ainsi , sur ses divers points , des tableaux différens qui nous passent successivement sous les
yeux. Nous essayons de les signaler au lecteur , à
mesure qu'ils se placent sous nos pinceaux.

Les villages , vers la plaine , sont encore bâtis en
pierre blanche , parce que , les chemins étant bons
et le transport du calcaire pouvant se faire aisément,
les paysans préfèrent , autant qu'ils le peuvent , un
abri de moëllon à des murs de bois et de boue ;
mais au-delà de la limite des terrains solides , les
chemins devenant impraticables , les chaumières ne
sont plus construites qu'avec des bois que recouvrent
de larges tuiles , comme les toits de nos maisons. Ce
spectacle a quelque chose de chétif et de mauvais
goût. Les habitans de ces masures sont cependant
plus aisés que ceux de nos hameaux de plaine.

Aux Moutiers , vers Beaumais , on trouve des
champs dont les produits sont presque nuls , et qui
se vendent souvent pour moins de 100 fr. l'acre.
A l'entrée des villages , les meilleurs fonds valent
de 1,000 à 1,200 fr. En s'avançant dans le pays de
pâture , cette valeur des biens se soutient , et rare-

ment on les voit s'élever plus haut ; on montre même aussi, de ce côté, quelques *crières* qui sont de la plus mince estimation. L'usage est de donner trois labours aux champs dans la plaine, et quatre dans le Pays-d'Auge. Les premiers produisent du blé, de l'orge, de l'avoine et du sainfoin ; les seconds, du blé, de l'avoine et du trèfle.

Soixante-douze chevaux, 200 bêtes à cornes et 500 moutons communs, sont les animaux qui servent à la culture. On compte de plus une soixantaine de bœufs d'engrais dans la saison, et douze cents pieds d'arbres fruitiers environ.

Voici quels sont les autres petits détails statistiques :

Les feux sont au nombre de 135.

La population s'élève à 474 habitans, parmi lesquels le relevé quinquennal a offert 46 naissances sur 41 décès. L'air est très-pur et très-sain dans ces lieux, surtout vers la plaine, à l'abri des hauteurs.

Le nombre des filassiers et des moissonneurs est de vingt ; celui des taupiers, de deux ; celui des toiliers, de neuf. Les premiers rapportent peut-être 7 à 8,000 fr. tous les ans dans le pays.

Un four à chaux est établi sur l'emplacement d'une ancienne tuilerie.

Un instituteur, aux Petits-Moutiers, réunit une cinquantaine d'enfans en hiver.

Parmi les chemins, celui de Livarot à Trun est mauvais ; celui de Crocy est passable, et celui de Beaumais est assez bon. « On les entretient comme » on peut » ; mais le défaut de pierre s'opposera toujours à toute amélioration remarquable pour ceux qui conduisent aux pâturages.

Nous indiquerons, en terminant, quelques antiquités découvertes dans la commune.

« En fossoyant dans le cimetière de l'église de
» St.-Martin, dit le vieux manuscrit, on y a trouvé
» de grands tombeaux, des armes, des heaulmes,
» ce qui marque l'antiquité. »

Plus récemment, nous a raconté l'adjoint, en
fouillant dans les champs voisins des deux églises,
on a mis au jour beaucoup de corps renfermés dans
des tombeaux de pierre ; d'autres enfouis simplement en terre, et portant des plaques de fer ar-
gentées sur la poitrine, des chaînes de cuivre suspendues au col, des sabres, de petites haches très-
courtes, en fer, etc. Un de ces corps avait un bassin
en cuivre à ses côtés, etc. ; mais ces divers objets
ne furent point recueillis, et on n'en trouve plus
aucunes traces dans le pays ; nous avons vu seulement un tombeau de cinq pieds renversé sur le
bord d'un chemin.

L'adjoint paraît convaincu que de nouvelles
fouilles ameneraient infailliblement des découvertes
du même genre. Ses propriétés contiennent, à ce
qu'il assure, beaucoup de tombeaux et de débris
anciens ; le voisinage des cimetières et le chemin
même en sont remplis.

Ces détails paraissent dignes d'intérêt. On ne peut
douter que quelque grand combat n'ait été livré
anciennement dans ces cantons. La tradition dit,
à ce sujet, qu'il y eut jadis un camp dans la plaine,
vers le Marais. On prétend aussi que les Grantmesnil avaient un emplacement fortifié sur les hauteurs, et l'on montre des monticules factices qui

leur servirent, dit-on, de retranchemens. La vue des armes, des chaînes, et surtout des monnaies, s'il s'en rencontre parmi les débris, aiderait promptement à expliquer tout ce mystère; on reconnaîtrait à quelle époque appartiennent les restes des guerriers. Malheureusement nous n'avons rien retrouvé, et provisoirement nous demeurons dans l'incertitude. Plus tard, nous pourrons faire exécuter quelques recherches sur ces emplacemens [1].

Nul château n'existe sur la commune. Les habitations de M. Cosnard et de MM. de Brasdefer sont les plus soignées et les mieux disposées.

L'église dédiée à St.-Martin, est de trois époques. L'abside ronde, en arrêtes, avec une espèce de petite tour en moëllon, est du temps le plus reculé. Le dessous de l'autel s'est enfoncé, et l'on y a remarqué un petit souterrain voûté, où l'on n'a pu pénétrer encore. La nef, soutenue par des pilastres

[1] L'abbé Hébert, ancien curé de Morteaux, qui avait recueilli un petit cabinet d'antiquités, aujourd'hui dispersé, possédait quelques fragmens venus des Moutiers. Un de ses manuscrits nous offre, à cette occasion, les détails suivans :
« Octobre 1780. Reçu de M. Levavasseur un anneau antique de bronze, trouvé au doigt annulaire d'un squelette, » dans un tombeau de pierre, aux Moutiers.

» Février 1781. Acheté 36 sols, d'un homme des Moutiers, » un plat de terre rouge, une espèce de gobelet et une fiole » de verre, trouvés dans un tombeau antique, en pierre, » aux Moutiers; le plat était posé sous les reins d'un sque- » lette, le gobelet au côté droit de la tête, et la fiole au côté » gauche; la fiole a été cassée. »

L'abbé Hébert mentionne encore, en cet endroit, une médaille romaine de *Constance Chlore*, venue de Beaumais. Ces divers objets annonceraient un établissement romain. Le chemin Chaussé passe à une demi-lieue des églises des Moutiers.

avec des arcades normandes, est du siècle des Grantmesnil; il y eut, dit-on, jadis, des bas-côtés, « et l'on faisait la procession autour de l'édifice, in- » térieurement. » La tour et le portail sont récens. Les ouvertures ont été refaites sur presque tous les points du monument, qui tombe en ruines.

L'église de St.-Gervais, plus petite, mais mieux entretenue, n'a de remarquable qu'un portail de gothique primordial, et un bénitier formé d'une colonne romane, ayant le bassin creusé dans son chapiteau. Saint-Gervais, et une chapelle de Saint-Blaise, située à l'extrémité de la commune, hors le Pays-d'Auge, avait été donnée au monastère de St.-Évroult, par Robert de Grantmesnil, dans le 12.e siècle. Elle existait donc à l'époque où Saint-Martin fut donné au monastère de Ste.-Barbe-en-Auge. La chapelle de St.-Blaise a disparu dans le dernier siècle. Un revenu était affecté à sa conser-vation, mais les curés s'en emparèrent, et laissèrent tomber le monument.

Avant la révolution, la paroisse avait deux curés qui se querellaient continuellement pour les dîmes. Maintenant elle n'a même pas un desservant, et se trouve réunie à Norrey pour le spirituel. Les deux cimetières subsistent encore séparés l'un de l'autre par le chemin, ainsi que les églises.

Le maire des Moutiers est M. Samuël de Bras-defer. En son absence, M. Périgot, son adjoint, nous a complaisamment fourni toutes les notes que nous lui avons demandées. C'est lui qui nous a également remis l'ancien manuscrit que nous avons cité. Les impôts se montent à 4,990 fr. 37 cent.

COMMUNE DE NORREY.

HISTORIQUE.

Ordéric Vital et Guillaume de Jumièges donnent à cette commune les noms de *Nucetum* et *Nuceretum*. Ces deux mots, ainsi écrits, indiquent évidemment un lieu planté de noyers. L'étymologie est forcée, si l'on ne s'attache qu'à l'expression française de *Norrey*; mais elle devient incontestable quand on s'arrête aux noms adoptés par les deux écrivains des 11.e et 12.e siècles.

Les seigneurs de Grantmesnil, renommés entre les barons normands, possédaient les terres de Norrey, et voulurent y fonder un monastère, au temps de Guillaume-le-Grand. Nous citerons d'abord le passage du moine de Jumièges, qui concerne cet événement :

« En ce temps-là, Robert de Grantmesnil, voyant la fragilité des choses d'ici-bas, résolut d'élever, avec son frère Hugues, une maison de religieux.... Ce qu'apprenant Guillaume, fils de Giroie, il en fut vivement ému, et, venant trouver les deux frères, il leur dit : « J'apprends, mes chers neveux,
» que vous avez l'intention de construire une ab-
» baye ; je m'en réjouis, et je vous promets de vous
» aider de tout mon pouvoir. Mais je désire tou-
» tefois savoir quel lieu vous avez choisi pour fonder
» cette maison, et ce que vous vous proposez de
» donner à ceux qui s'y consacreront à la milice
» du Seigneur. » Les frères répondirent : « C'est à
» Norrey, *apud Nuceretum*, que nous désirons,

» avec l'aide de Dieu, lui élever un château fort,
» *castrum*, en lui abandonnant nos églises, nos
» dîmes, et tout ce que nous pourrons lui donner
» dans notre pauvreté. » Guillaume alors reprit :
« Saint Benoît, maître des moines, *monachorum*
» *magister*, veut qu'un monastère soit construit de
» manière à ce que toutes les choses indispensables,
» telles que l'eau, le moulin, le pétrin, *pristinum*,
» le jardin, soient placées dans l'enceinte du cou-
» vent, afin que les religieux ne se trouvent point
» dans la nécessité de sortir, ce qui nuit toujours
» au salut de leurs ames. Les champs de Norrey
» sont, il est vrai, assez fertiles, *satis fertilia sunt*,
» mais une riche forêt, mais d'abondantes eaux,
» dont vos religieux auroient sans cesse besoin, en
» sont éloignés [1]. » Le vieux Giroie en conclut
qu'il faut choisir un autre lieu pour établir un monastère, et il indique l'ancienne maison de Saint-
Évroult, que l'on n'aurait qu'à restaurer. Le conseil
prévalut, et Norrey fut abandonné. Il paraît, cependant, qu'on y avait déjà fondé un prieuré,
comme on le voit par les récits, un peu plus
étendus, du moine Vital, historien de St.-Évroult.
Suivons, à son tour, cet écrivain, dans ce qu'il dit
à ce sujet :

 « A l'exemple de plusieurs seigneurs puissans,
Hugues de Grantmesnil et Robert résolurent, pour
le repos de leur ame et celui de leurs aïeux, de
fonder une maison religieuse sur les domaines qu'ils
avaient recueillis à titre d'héritage.

» Ils choisirent donc, pour remplir ce dessein,

---

[1] Guillaume de Jumièges, dans Duchesne, page 279.

une maison de campagne qu'ils possédaient à Norrey,
près de Grantmesnil, et ils firent aussitôt com-
mencer ce grand travail ; mais Guillaume, fils de
Giroie, leur oncle, ayant connu leur intention,
vint les trouver et leur dit : « J'apprends avec joie,
» mes chers enfans, que le Dieu tout-puissant a
» daigné inspirer vos cœurs, et qu'il vous a amenés
» à lui consacrer une maison. Mais vous voyez que
» le lieu où vous avez commencé de bâtir, n'est point
» propre à servir de demeure à des moines, parce
» que l'eau et la forêt en sont éloignées. Si vous
» m'en croyez, je vous indiquerai un emplacement
» beaucoup plus favorable, etc. » Il dit et il entraîna en effet les deux frères dans le bourg d'Ouche,
où ils relevèrent en peu de temps, par ses conseils,
l'ancienne maison du pieux Évroult.

« Cependant, un abbé de Chatillon, nommé
Gislebert, et quelques religieux qui s'étaient déjà
réunis avec lui à Norrey, voyant le brusque changement d'avis de Hugues et de Robert, refusèrent
de les suivre, et les accusèrent même de légèreté,
levitatis, pour avoir abandonné la construction
commencée. Ils s'attachèrent à Roger de Montgommery, qui leur fit don de Troarn, pour y
fonder un monastère. » Ainsi, Norrey n'eut plus
d'autre gloire que d'avoir été le berceau de deux
des plus puissantes maisons religieuses de nos environs. « Son église, sa dîme, la terre de son presbytère, et une terre de trois charrues de labour,
furent donnés, dès ce temps-là, aux religieux du
convent d'Ouche[1]. »

[1] Ordéric Vital, dans Duchesne, pages 460, 462, 465.

Plus tard, les Grantmesnil firent de nouvelles largesses à la maison de St. Évroult, et le fils de Hugues, Robert, comte de Leycestre, donna, entre autres, aux religieux « l'église, le manoir, la dîme » de Norrey, avec ses dépendances ; le droit de pâ- » turage dans tous les herbages de Grantmesnil ; » la dîme de tout ce qui se consommerait dans la » maison de campagne et le château fort de Grant- » mesnil, pendant la résidence des seigneurs ; les » droits de la fête de Norrey ; le patronage de la » fête de St.-Gilles ; la chapelle de Ste.-Trinité du » château fort.... ; la dîme du gibier, des agneaux, » des béliers, des *castrats*, et même du grand bois, » sur toute l'étendue des fief, domaine et château » fort, *castrum*, de Grantmesnil, etc., etc. » Nous citons seulement une petite partie de toutes ces libéralités qui embrassent, sur d'autres points du pays, près de quarante paroisses. La charte de Robert de Leycestre fut confirmée par Henri I.er d'Angleterre, en l'année 1135[1].

Toutefois, malgré les grands biens des Grantmesnil sur Norrey, il s'y trouvait d'autres fiefs que les leurs, à ce qu'il paraît. Nous voyons, en effet, un Durandus Durade possédant un de ces fiefs, vers le temps de Philippe-Auguste. Il relevait, il est vrai, de celui de Grantmesnil[2].

[1] La charte de Robert est dans un manuscrit sur le diocèse de Séez ; celle du roi Henri se lit dans le *Gallia Christiana*, page 206, *Instrumentorum*.

[2] Collection de Duchesne, page 1037. Le registre de Philippe-Auguste écrit *Noerem* au lieu de *Nucetum*. (Note de M. de Beaurepaire.) Duchesne écrit *Noereium*.

Du reste, les religieux de St.-Évroult se maintinrent jusqu'à la révolution dans la possession de plusieurs des biens qu'ils avaient reçus des anciens seigneurs. Ils nommaient encore à la cure, ou la faisaient desservir par un des leurs.

DESCRIPTION.

Norrey a trois quarts de lieue de longueur, sur une demi-lieue de largeur ; sa distance de Falaise est de trois lieues environ ; ses abornemens sont : Grantmesnil, les Moutiers-en-Auge, Beaumais, Morteaux, Barou et Abbeville.

Les hameaux, au nombre de huit, se nomment : le Village-de-l'Église, les Rouges-Terres, les Écornés, le Hamel, la Prairie, les Caussis, les Hauts-Fossés et la Couture.

La contenance, d'après le cadastre, est de 843 arpens métriques, ou 1039 acres ; la division offre : Labour, 590 arp. ; prairies, pâtures, 176 arp. ; taillis, 74 arp. ; jardins, maisons, etc., 8 arp.

Aucun ruisseau n'arrose le territoire ; le bois de Grantmesnil renferme seulement une fontaine ; ces lieux sont bien tels, sous ce rapport, que le vieux Giroie les décrivait il y a près de huit siècles.

Comme aux Moutiers, le sol est de deux espèces. On voit des champs cultivés vers le sud et l'ouest, quelques crières ou terres vagues au nord, et le reste, s'enfonçant dans le Pays-d'Auge, offre des pâtures ou de petites prairies. On récolte le blé, le seigle, l'orge et l'avoine ; on fait un peu de sainfoins et de trèfles. L'agriculture est en stagnation.

Dans les pâturages on met, pendant l'été, des

vaches et des bœufs d'engrais, qui se vendent ensuite pour Paris ou Rouen. Le nombre de ces bestiaux extraordinaires est de 50 environ ; les autres, qui servent communément à l'exploitation, se montent à 80. On compte 50 chevaux de trait et 300 moutons.

La population est de 335 habitans répartis dans 116 maisons. Le recensement de cinq ans a offert 29 naissances sur 34 décès.

Vingt ou trente émigrans vont aux filasses, vers Paris, « selon que les chanvres sont plus ou moins » abondans ; » ils peuvent rapporter 7 à 8,000 fr. chaque année, tous ensemble. La commune renferme de plus sept à huit toiliers. Deux tuileries y existent sur la lisière du Pays-d'Auge, au-delà du village principal. La tuile de Norrey est assez estimée, quoiqu'elle soit encore mal préparée, mal dressée et sans rebord suffisant. On ne sait pas, en général, fabriquer de bonne tuile dans l'arrondissement de Falaise.

Un instituteur, qui ne paraît pas convenir au conseil municipal, réunit 15 à 20 enfans. Dix à quinze autres vont s'instruire au dehors.

Les chemins, vers Morteaux, sont bons et solides. Vers Grantmesnil, ils sont creux, défoncés, et pour ainsi dire impraticables. On met des troncs en travers pour soutenir les terres. Il est facile de sentir combien les voitures doivent difficilement circuler dans de pareilles voies. On ne peut trop cependant accuser les autorités locales. La pierre leur manque, et celle qu'ils font venir de Barou leur coûte plus de 12 fr. la toise. A Baron, sur les lieux, on la leur vend 8 fr. Les maisons du village, vers la plaine, sont encore toutes en pierre, et bien construites. Dans le pays de pâture, elles sont de bois et de boue.

Nous avons à visiter, sur Norrey, le château fort et le bois des Grantmesnil. Bien que ces seigneurs aient donné leur nom à l'une des communes de l'arrondissement de Lisieux, ils appartiennent cependant au nôtre, puisque leur baronnie, leur forteresse et leurs principaux domaines sont sur notre territoire.

M. Alex. de Beaurepaire reconnut, le premier, il y a six ans, l'emplacement de la baronnie de Grantmesnil sur Norrey ; voici ce qu'il écrivait en 1822 :

« Le château des anciens sires de *Grente Mesnil* devait être au lieu aujourd'hui connu sous le nom de *la Barohnie*. Il n'y reste aucune construction en pierre, mais on distingue très-bien les anciens fossés qui ne sont comblés qu'en partie. Ils sont d'une fort grande étendue, et forment une triple enceinte dont l'aspect répond parfaitement à l'idée d'un château habité par des seigneurs puissans et guerriers.

» Au bout de l'enceinte arrondie des anciens remparts, se voit, sur un plan plus bas, plus allongé, plus resserré, une place également entourée de fossés, et appelée *la Trinité* ; c'était le nom de l'église que Hugues de Grantmesnil avait fait construire avant de fonder son abbaye. »

M. de Beaurepaire appuie son opinion sur d'autres raisons puissantes : « 1.º l'emplacement appartenait au domaine, avant la révolution ; 2.º près de-là, également sur Norrey, se voit une futaie connue sous le nom de *Bois de Grantmesnil*, dépendant autrefois du fief de la Baronnie, et maintenant encore possédé par l'hospice de Caen!; 3.° près des remparts, il y a vingt ans, on découvrit une certaine quantité de pierres, dont la forme arrondie a donné lieu de penser qu'elles avaient pu servir à l'arme de la fronde ; 4.° enfin, dans un vieux titre du chartrier des Tyrmois de Bel-Hôtel, on lit que Jean de Corday rendit hommage au Roi, dans le 15.° siècle, et promit de faire la garde *au château de la Baronnie de Grantmesnil, quand château y aurait.* »

Ces motifs nous semblent sans réplique. Nous avons dernièrement aussi visité le lieu, avec M. de Beaurepaire, et nous avons été comme lui convaincu que *la Baronnie*, désignée sous ce nom par Cassini, est bien le château fort, le *castrum* des Grantmesnil. La motte principale, où est la maison neuve de l'abbé Périer, était le centre de la forteresse. Quelques-uns des fossés d'alentour ont encore quinze pieds de profondeur, et les redoutes en terre, cinq à six pieds. L'enceinte est triple. C'est une image de ce qu'on voit à Vignats et au château *Gann*. Le lieu nommé *la Trinité*, est l'emplacement de la chapelle que nous avons vu mentionnée dans la charte de Robert, fils de Hugues, comme attenant à son châtel, *capellam Trinitatis de castro meo.* Le *Logis du Bois*, qui se trouve au-dessous, sur Grantmesnil, ne devait être qu'un manoir sans importance. C'était sans doute la maison des champs,

1 Ce bois est de cinquante arpens, et *aménagé* à dix ans.

la *villa de Grentmesnil*, dont parle la même charte.

Les sires de Grantmesnil étaient très-illustres dans le 11.e siècle. Le plus ancien, Robert, périt dans un combat, percé d'un coup de flèche ; on l'enterra près de l'église de Ste.-Marie de Norrey, en dehors, *secùs Ecclesiam St Mariæ apud Nuceretum sepultus est.* Hugues, son fils, suivit Guillaume à la conquête de l'Angleterre, et se distingua au combat d'Hastings. Il fut comblé de biens par le vainqueur. C'est lui que nous avons vu, avec son frère, relevant le monastère de Saint-Évroult, où il se fit moine sur la fin de ses jours [1]. Le fils aîné de Hugues, Robert, comte de Leycestre, donna, comme son père, de très-grands biens aux monastères. Un de ses frères, nommé *Guillaume,* suivit les d'Hauteville en Pouille, et devint l'époux d'une des filles de Guiscard. Il mourut à son retour de la guerre sainte. Tous les autres membres de cette famille, qui avait été nombreuse, disparurent promptement, à ce qu'il paraît. Ordéric Vital a donné des détails étendus sur les principaux d'entre eux.

L'emplacement de l'église actuelle est certainement le point où l'on avait essayé de fonder un monastère. La tour carrée, les arcades de la nef et

1 Un poëte contemporain, Robert Wace, a conservé le souvenir des dangers qu'avait courus, à Hastings, le sire Hugues de Grantmesnil :

Un vassal de Grentemesnil	Et li cheval sailli avant,
Fut mult li joi en grant peril ;	Vers les Engleis ala corant ;
Kar sun cheval li tresporta,	E li Engleiz ki s'aperchurent
Por poi que il ne trebucha	Hachiés levées li corurent ;
A un boissun k'il treissailli :	Mais li cheval s'espoenta
Par li regvet li frein rompi ;	Atière vint, d'unc il torna.

les murs des bas-côtés sont romans, à plein cintre, en maçonnerie contrariée, et du temps des fondateurs. Le portail, un peu plus récent, offre une ogive de transition. Le chœur ne date que de 500 ans. On remarque dans ce chœur des vitraux coloriés chargés de fleurs-de-lis, et représentant quelques petits personnages drapés. A l'un des piliers romans de la tour, on aperçoit les traces d'anciens caractères qui semblent remonter à l'époque primitive. Plusieurs couches successives de blanc les ont fait disparaître en partie. Nous regrettons de n'avoir pu jusqu'ici reconnaître ce qu'ils peuvent exprimer. Nous y reviendrons plus tard.

L'église de Norrey est dédiée à sainte Anne. Le cimetière contient la tombe de *l'abbé Périer* et de *Madame Françoise Périer*, récemment décédés.

Les habitations principales sont celles du maire actuel, M. Lenormand de Saint-Germain ; de l'ancien maire, M. François Périer, et de l'adjoint, M. Bourget. C'est aux deux premiers, et à M. de Beaurepaire, secrétaire d'ambassade, que nous sommes redevables de nos principaux renseignemens. Le desservant est M. Delivet.

Les impôts s'élèvent à 4,352 fr. 89 cent.

COMMUNE DE MORTEAUX.

Mort-Eaux, Morte-Eau, *Mortua aqua* ; ce mot porte avec lui son étymologie. La Dive, qui coule aujourd'hui assez vivement et à plein bord dans un lit étroit, aura probablement jadis couvert les près du vallon de Morteaux, et y aura formé une espèce de lac ou de marais. Ces eaux stagnantes, ces *mortes-eaux*, auront servi d'abord à désigner le lieu, et l'expression, se perpétuant par l'usage, sera devenue insensiblement le nom de la commune. Nous avons fait, au Marais, une observation du même genre. Morteaux est au-dessous de Norrey, en se rapprochant de Falaise.

La dîme des foires de Saint-Georges et celle des moulins de Morteaux, fut cédée à l'abbaye de Saint-Pierre-sur-Dive, par Ernault de Persi, *de Perseio*, au commencement du 12.e siècle ; la donation fut confirmée, en 1124, par Henri I.er d'Angleterre [1].

Robert Louvel, *Lupellus*, possédait un fief à Morteaux, sous Philippe-Auguste [2].

La maison de St.-Ladre, à Falaise, jouissait fort anciennement du privilége de nommer à la cure de Morteaux. Un jugement du bailli de Caen la maintint dans ce droit, en 1319 [3].

En 1418, Henri V d'Angleterre renouvela, en faveur des bourgeois de Falaise, le droit de nomination à cette église paroissiale de Saint-Georges de Morteaux, et les Falaisiens conservèrent ce droit jusqu'à la révolution ; la charte de Henri est conservée à la Tour de Londres [4].

Tel est, en peu de mots, l'historique de cette commune.

Morteaux a 5,000 mètres de longueur, sur 2,600

1 *Gallia Christiana*, *Instrumenta*, page 160.

2 Duchesne, page 1037.   3 Notes de M. de Brasdefer.

4 On en voit une copie au chartrier de la ville.

de largeur, et 14,080 de circonférence ; sa contenance est de 633 arpens métriques, ou 775 acres, ainsi distribués : Labour, 519 arpens ; prairies et pâtures, 100 arp. ; jardins, friches, habitations, 14 arpens.

Les abornemiens sont : Beaumais, Angloischeville, Fresné-la-Mère, Villy, Damblainville, Coulibœuf, Barou et Norrey.

Outre le petit bourg de Morteaux, on compte neuf villages ; savoir : Cantepie, le Hamel, Blocqueville, le Bourneuf, le Quard'eau, les Perrey, Ste.-Catherine, Cantecotte et le Carrelet.

Les rivières sont : la Dive, l'Ante, et la Canteraine, que nous avons mal-à-propos désignée, à Fresné, sous le nom de *ruisseau de Cantepie ;* la méprise est venue de ce que c'est au hameau de Cantepie que la Canteraine se jette dans la Dive.

Les eaux de la Dive sont abondantes, vives, leur limon est peu fécondant ; les bois blancs qui croissent sur leurs rives, sont secs et de bonne qualité.

Les eaux de l'Ante sont plus grasses, plus fertilisantes, les prés qu'elles arrosent produisent de plus riches récoltes ; mais les bois qu'elles font croître, au contraire, sont lourds et peu estimés. Le qualité de ces eaux vient surtout des immondices qu'elles entraînent en traversant la ville.

Les poissons que produisent ces deux rivières sont : la truite, le *dart*, l'anguille, la *vandaise*, la perche et l'écrevisse. La Dive fait mouvoir un moulin à deux tournans qui appartint, dit-on, jadis, aux rois de France ; plus tard, à Charles de Bourbon, comte de Soissons, en 1603 ; et enfin, dans les derniers temps, aux Melfort et aux d'Aligre. Ce moulin paraît aujourd'hui mal entretenu, mais on y fait de belle farine.

Les terres sont de qualités médiocres vers Norrey, mais meilleures vers Coulibœuf. « On les cultive » en trois saisons : la première, blé ; la seconde, » orge ; la troisième, seigle ou avoine, avec graines » de sainfoin. Les sainfoins durent trois ans, et » donnent du repos à la terre. L'orge est l'espèce » de grain qui convient le mieux au sol.

Les cidres de Blocqueville sont assez estimés, quoiqu'ils se gardent peu long-temps ; on en fait de très-bonnes eaux-de-vie. Les arbres fruitiers s'élèvent à-peu-près à cinq mille.

On emploie pour engrais le fumier et la tourte de rabette ; mais on conserve des préjugés contre la rabette, qui, dit-on, donne une première récolte abondante, mais fatigue le sol et nuit à la levée suivante. Cette remarque ne paraît fondée que dans le cas où l'on ne mélange pas suffisamment les tourteaux avec le fumier. On rejette aussi, comme dangereux, à Morteaux, l'emploi du plâtre dans les sainfoins.

Le nombre des chevaux peut être de 60, celui des bêtes à cornes, de 140, et celui des moutons, de 240, sur lesquels 160 sont mérinos.

L'industrie est plus en honneur que l'agriculture. On fabrique principalement des fils et des toiles pour les marchés voisins, de Vimoutiers et de St.-Pierre. On compte au moins vingt tisserands occupés de ces travaux, et un plus grand nombre encore de fileuses. Quarante autres des habitans

vont

vont au loin *peigner* les lins et le chanvre, et quinze
font la campagne de Paris pendant les moissons.
Ils ne recueillent pas, à eux tous, moins de 10 à
12,000 francs, qui assurent, à ce qu'on prétend,
« l'aisance dont jouit la commune. » Mais on convient en même-temps que ces émigrans reviennent
presque toujours avec des maladies « qui abrègent
leurs jours, » et qu'ils rapportent des germes conta-
gieux qu'ils communiquent à leurs familles. Quelle
richesse que celle que l'on acquiert à de pareils prix !

Morteaux compte encore trois boulangers qui
contribuent à l'approvisionnement de la ville, deux
maréchaux, deux charpentiers, deux tailleurs
d'habits, deux cordonniers, deux bourreliers,
deux bonnetiers, un atelier de maçon, etc., etc.
On ne peut qu'applaudir à cette activité d'un petit
village. Les habitations n'y paraissent pas aussi
bien tenues que vers Fourches et Crocy.

Le nombre des maisons est de 177, ou 160 feux.

La population est de 650 habitans.

Les relevés de cinq ans ont offert 44 naissances
sur 55 décès ; le résultat est ainsi très-défavorable [1].

---

[1] Le maire pense néanmoins que l'air est sain, et il cherche
à l'établir par des tableaux ou relevés, assez curieux, faits
sur d'anciens registres. Ainsi, dans cent ans, ou de 1701 à
1800, il a trouvé que 45 individus étaient morts au-delà de
80 ans ; l'un d'eux avait même atteint 100 ans, et un autre
102 ans. Dans ce moment, il existe encore à Morteaux
des vieillards de 90 ans et une femme centenaire. Un tableau
des décès, pour les douze dernières années, a établi qu'il y
avait eu 73 morts au-dessous de 50 ans, et 76 au-dessus de
cet âge. Si l'air de Morteaux est sain, malgré les brouillards
de la vallée, à quoi donc attribuer l'excédent des derniers
décès sur les dernières naissances ! N'est-ce point à l'émigration et aux fatigues qu'elle entraîne ? Cette réflexion s'offre
ici d'elle-même.
« Dans 129 ans, de 1637 à 1766, Morteaux n'a présenté

Deux instituteurs réunissent soixante enfans de l'un et de l'autre sexe.

On connaît sur Morteaux une immense carrière, ouverte et exploitée depuis des siècles, et dont la pierre sert à la construction des villages voisins. Sa qualité n'est pas à beaucoup près aussi recherchée que celle d'Aubigny, son grain n'est pas aussi serré, ne résiste pas également aux gelées, mais, bien posée, elle se conserve encore long-temps, et elle est surtout d'un prix infini à l'entrée d'un pays où l'on commence à n'en plus trouver, comme aux Moutiers et à Norrey. Les *carriers* de Morteaux découvrent d'abord le sol, puis, arrivés aux bancs qu'ils veulent exploiter, ils ouvrent des galeries ou *rues*, qu'ils prolongent plus ou moins loin. Ils extraient de cet endroit 1800 pieds cubes de *carreau* par année, ce qui équivaut à une perche de terrain arrachée à la culture; il leur faut ainsi 160 ans pour découvrir une acre entière; et comme on compte six acres bouleversées de la sorte, on en conclut que l'on n'exploite pas la carrière depuis moins de neuf cent soixante ans. Ce calcul est très-hasardé sans doute, et toutefois il faut convenir que la vue de l'emplacement donne l'idée de travaux immenses.

» que 33 enfans naturels; » c'est un environ dans quatre ans. On ne nous dit pas si, de nos jours, le pays est aussi *moral* qu'autrefois.

Depuis 1751 jusqu'en 1826, c'est-à-dire, pendant un espace de 76 ans, on a compté sur les registres 1,032 naissances et 393 mariages. Les trente-huit premières années avaient offert 586 naissances, et les trente-huit dernières n'en ont donné que 446; il y a eu par conséquent une diminution sensible, et les mariages cependant ont été en même nombre pendant les deux périodes. Nous ignorons les causes de cette décroissance de population. Morteaux renfermant en ce moment un docteur en médecine et un chirurgien, ils pourront s'occuper de la solution de ce problème.

Il semble qu'une ville entière ait été tirée de ces champs en désordre. C'est au village de Cantepie, vers Beaumais, qu'est située cette carrière, qui n'occupe guère habituellement aujourd'hui que deux ou trois ouvriers.

Le meilleur chemin de Morteaux est celui de Falaise à Livarot ; il traverse la Dive sur un pont étroit, qui ne sert qu'aux gens de pied et aux bêtes de somme ; deux autres chemins vicinaux sont très-mauvais. Parmi les chemins d'exploitation, on en voit deux mauvais et neuf assez bons.

Le chemin *Chaussé* des Romains passe à Morteaux, vers Norrey, et dans la direction de Beaumais. Les habitans disent que ce fut Henri IV qui le fit construire en revenant de Caen ; mais M. de Brasdefer l'a trouvé cité dans un ancien titre de son chartrier, à la date de 1472. M. de Brasdefer prétend qu'il se dirigeait sur le camp de Bieres. Sur quelques points il domine le sol, et partout il est d'une grande solidité. En plantant des arbres sur ses bords, on a reconnu qu'il offrait en-dessous une espèce de maçonnerie. Des tranchées y seront ouvertes plus tard, pour l'examiner avec plus de soin.

M. Robine, en fouillant dans un pré, au-dessous de ce chemin, et près de la Dive, a trouvé une médaille fruste en M. B. de *Faustine la jeune*, qu'il nous a remise pour le cabinet de la ville.

Il y a sept ans, on découvrit, au hameau de Blocqueville, des tombeaux en pierre, à six pieds de profondeur. Un des squelettes qu'ils renfermaient avait une chaîne que l'on n'a pas conservée. On n'a pu nous apprendre rien de plus à ce sujet.

C'est près de ce hameau qu'est la terre et l'habitation de campagne de la famille de Blocqueville, de Falaise. Dans leurs jardins, on remarque un immense catalpa, le plus beau qui soit dans toute la contrée.

L'habitation de M. de Brasdefer, et celle de son neveu, M. Letellier de Blanchard, sont au centre du village principal, près de la Dive. L'une et l'autre sont agréablement situées et entourées.

La nef de l'église de Morteaux, monument gothique du commencement du 13.e siècle, sans ancienne tour ni bas-côtés, est remarquable pour son ensemble. Les fenêtres sont étroites et élevées. Le portail, à trois cintres brisés, soutenus par trois colonnes, est entouré de nervures et de feuillages de chêne. La nouvelle tour le masque malheureusement, et nuit à l'harmonie de cette partie de l'édifice.

La petite porte du midi et le chœur sont du 17.e siècle. On lit dans le chœur l'épithaphe d'un *François de Coulibœuf*, seigneur du lieu, et celle d'un ancien pasteur, nommé *Philippe*.

Le maire de Morteaux est M. de Brasdefer; l'adjoint, M. Quettier; le curé, M. Desval.

Les impôts s'élèvent à 5,244 fr. 38 cent. [1]

1 De tous les maires de l'arrondissement, M. de Brasdefer est celui qui nous a donné jusqu'ici le plus de renseignemens et avec la meilleure grâce. Nous regrettons de n'avoir pu consigner qu'une petite partie de ce qu'il nous a communiqué. Nous y reviendrons dans la 7.e partie de l'ouvrage, et nous citerons surtout plusieurs fragmens précieux sur les usages et les préjugés des paysans de ces cantons.

La famille des Brasdefer est très-ancienne et très distinguée

COMMUNE DE COULIBOEUF.

C'est moins à son importance que Coulibœuf doit l'avantage d'être le chef-lieu du canton qui porte son nom, qu'à sa situation à-peu-près centrale au milieu des communes dont ce canton est composé. On en jugera par l'exposé que nous allons offrir :

Selon Huet, Coulibœuf tire son nom de deux mots anglo-saxons, qui veulent dire *Village de la Fontaine*. Cette étymologie nous semble forcée et invraisemblable. D'autres font dériver ce mot de *collum bovis* ou *coleus bovis*, et nous sommes plus porté à nous arrêter à cette opinion qu'à la première. Nous ne savons cependant à quelle particularité un tel nom peut faire allusion.

Nous trouvons un Ernault de Corlibof ou Collibof, qui possédait des fiefs à Abbeville, paroisse voisine, dans le 11.e siècle ; il en céda religieusement la dîme à l'abbaye de St.-Évroult [1].

M. de la Rue cite un Hugues de Coulibœuf parmi les bienfaiteurs de l'abbaye d'Ardennes, vers 1150 [2].

Enfin, nous avons déjà parlé d'un Fraslin de

dans le pays : l'un d'eux, Jean, était vicomte de Falaise en 1287 ; un autre Jean avait cette même qualité en 1380 ; Michel était un des notables de Falaise, en 1418 ; Girard fut reconnu noble en 1450, ainsi que ses *prédécesseurs, ayant toujours fait les guerres.* Ce Girard est cité dans Montfaut. Jean *de Brasdefer* fut nommé curé de Morteaux en 1479 ; etc.

1 *Gallia Christiana*, page 206, *Instrumentorum*, et charte des Grantmesnil.

2 *Essais sur Caen*, tome II, page 102.

Coulbœuf, abbé de St.-André, dans le 16.e siècle, qui avait été chargé, par le pape Léon X, de la réformation du chapitre de Séez, en 1522[1].

Tels sont les souvenirs, assez insignifians, que nous présente cette commune.

Coulibœuf est à deux petites lieues de Falaise, et son territoire se compose de 512 arpens métriques 41 perches, ou 608 acres, ainsi divisés : Labour, 443 arp. ; prairies, pâtures, 62 arp. ; bois, 7 arp.

Les communes limitrophes sont : Ailly, Vicques, Louvagny, Barou, Morteaux, Damblainville et Sainte-Anne-d'Entremont.

Les divisions de villages présentent : le Grand-Coulibœuf ou le Bourg, le Pont-à-Launay et le Petit-Coulibœuf.

La Dive, venant de Morteaux et se dirigeant sur Ailly, traverse la commune du sud-ouest au nord-est. Ses prairies sont froides, mais d'un assez bon produit ; ses bords sont plantés de peupliers, de saules, d'ormes, de bugles, qui croissent rapidement et embellissent la vallée.

L'Ante pénètre aussi dans la commune, vers l'ouest, et va se perdre dans la Dive, au-dessous du Petit-Coulibœuf.

Les meilleurs prés donnent deux récoltes, avec un regain, et se vendent jusqu'à 6,000 fr. ; le grand herbage, contenant 25 acres environ, est très-estimé, et nourrit 25 à 30 bœufs dans la saison.

Les meilleurs champs se vendent 3,000 fr. à l'entrée du village principal. Vers les hauteurs et les monts d'Éraines, qui se rattachent au nord de la

---

[1] *Gallia Christiana*, page 746, *P. P.*

commune, on en trouve de qualités bien inférieures
et de la plus mince valeur. On y récolte le blé, le
seigle, l'orge, l'avoine et le sainfoin.

Quarante chevaux, 130 vaches et 220 moutons
communs sont employés à la culture. La principale
exploitation est celle de M. Moutier.

Le nombre des feux est de 134, celui des habitans
de 400, et les recensemens quinquennaux ont donné
42 naissances sur 39 décès. Un instituteur réunit
une trentaine d'enfans à-peu-près.

La fabrique principale est celle des toiles et des
chandelles ; on compte 8 tisserands, 3 épiciers, un
drapier, un boulanger, deux forgerons et un bon
teinturier. Ce point est ainsi passablement industrieux, et il peut s'y faire pour 50,000 fr. d'affaires
tous les ans, par approximation. Six habitans, au
plus, vont au-dehors travailler aux moissons et aux
filasses. Un moulin à blé à deux tournans occupe
encore deux ou trois personnes. Les maisons sont,
en général, bien bâties et couvertes en tuiles ;
l'aisance paraît régner dans les ménages.

Autrefois la commune avait un marché chaque
semaine, et possédait deux foires, l'une en avril
et l'autre en novembre ; elle a perdu depuis trente
ans ces diverses institutions.

Les trois chemins principaux, conduisant à Trun,
à Falaise et à Jort, ne sont pas tous convenablement entretenus. Le dernier surtout, le long de la
vallée, est très-mauvais, et presque impraticable
pendant l'hiver.

On dit qu'au bord du chemin qui conduit à Louvagny, on découvrit un grand nombre de corps,

il y a plusieurs années. Toutes ces campagnes sont remplies d'anciens débris de ce genre. Faut-il les attribuer à quelque grande catastrophe, à quelques grands combats survenus dans les environs ? Le chemin de Louvagny coupe en travers l'emplacement du chemin *Haussé* des Romains.

Anciennement, il y avait au Grand-Coulibœuf, près du pont jeté sur la Dive, un château, avec douves, fossés et pont-levis. On le fit disparaître pour élever le château neuf, en 1780. Ce dernier édifice, vaste et de belle construction, qu'entourait un petit parc et que bordait le grand herbage, était la résidence des seigneurs d'Oilliamson, il y a quarante ans. Il est occupé, depuis cette époque, par plusieurs familles qui le laissent tomber en ruine.

La jolie maison de la Madeleine, au Petit-Coulibœuf, appartient encore à M. le chevalier d'Oilliamson. C'est près de-là, dans une espèce de mauvaise chaumière peu décente, qu'est établi le prétoire ou l'audience de M. le juge de paix.

L'église de Coulibœuf est un petit monument moitié gothique, moitié moderne, peu digne, en général, de fixer l'attention. Les fondemens de la nef et de la tour laissent voir des arrêtes en maçonnerie qui rappellent un premier édifice depuis longtemps renversé. Dans le chœur on lit, incrustée dans un mur, l'épitaphe de *Henry de Oillenson en son vivant chev. baron de Vilerville, lequel a été misérablement assassiné le 1.er juin 1626.* Sa dépouille est dans un caveau placé au-dessous, avec celle de *Julien de Oillenson,* mort en 1616, et de plusieurs autres membres de cette même famille. Dans la nef, également dans le mur, on voit l'épitaphe de *Georges Guillaume, de Neufchatel en Suisse, assassiné près le corps de son mestre, en 1626, agé de 70 ans.* Ce fut au pont Angot, entre Vicques et Ailly, qu'arriva le tragique événement que rappellent ces épitaphes[1].

Le cimetière renferme les tombes de trois autres *d'Oilliamson*, et celles de deux curés, parmi lesquels on cite avec attendrissement le dernier mort, *M. l'abbé de Corday*. M. de Corday était également recommandable par sa piété, par sa charité chrétienne et par sa modération. Il a laissé 150 fr. de

[1] Voici, en abrégeant le récit, comment l'abbé Hébert raconte, dans son manuscrit, la mort de M. de Vilerville:

« Il arriva à Jacques de la Moricière, seigneur de Vicques » et doyen de la cathédrale de Bayeux, une funeste affaire. » Étant à sa terre de Vicques, et passant au pont Angot, il y » rencontra Henry d'Oillamson, avec lequel il avait eu plu- » sieurs fois querelle, laquelle se renouvela. Ils en vinrent » aux mains. Le doyen tira un coup de pistolet dans la tête » du sieur de Vilerville, qui tomba mort; un laquais qui le » suivait essuya le même sort. » Le doyen se sauva ensuite chez son évêque, et ne se remontra que «lorsque cette mal- » heureuse affaire fut accommodée. » Mais quelque temps après, « passant à St.-Pierre-Canivet, enveloppé du manteau » de son laquais, quelques gentilshommes le prenant pour un » autre avec lequel ils avaient eu démêlé, le tirèrent d'un » coup de fusil, et il tomba mort sur-sur-le-champ. Il fut rap- » porté à Vicques, et inhumé dans le chœur!... » L'heureux siècle, sans doute, que celui où les doyens de chapitre tuaient ainsi leurs ennemis à coups de pistolet dans la tête, puis ac- commodaient l'affaire avec la famille, et finissaient par être eux-mêmes tués à coups de fusil, dans les champs, quand on les *prenait pour d'autres*..... En vérité, ce bon temps n'est pas trop regrettable aujourd'hui.

revenu pour les pauvres de sa paroisse. Sa mémoire vit dans les cœurs de tous ceux qui l'ont connu.

Le curé actuel du canton est M. l'abbé Delaplanche. Son église est sous l'invocation de saint Martin.

M. Guerne est depuis quinze ans juge de paix de Coulibœuf; il a pour greffier M. Letellier.

C'est à M. Malfilatre, médecin et maire de Coulibœuf, à M. Lemaitre, adjoint, à M. Lesassier, instituteur, et à M. Robine, que nous devons les détails que nous donnons sur cette commune. Le percepteur est M. Quettier.

Les impôts sont de 5,050 fr. 36 cent.

COMMUNE DE BAROU.

Barou, *Barrow*, dans nos anciennes langues, signifient tombeau ou palais; les barrows du comté de Cornouailles et des îles Hébrides, sont des monticules factices élevés sur la tombe des Celtes fameux ou des Druides. Nous ignorons si quelque monument de ce genre a donné le nom à la commune qui nous occupe; il y exista un petit château fort, *castellum*, mais les autres souvenirs sont tout-à-fait effacés.

Les Grantmesnil avaient un fief sur Barou, *apud Barou*, dans le 11.º siècle. Deux parts de la dîme de ce fief furent par eux donnés à Saint-Évroult, quand ils dotèrent ce mon stère[1].

[1] *Gallia Christiana*, page 206, *Instrumentorum*, et charte de Robert de Grantmesnil.

Un Robert de Juvigny ou de Joigny, *de Jovineio* ou *de Juoneio*, possédait deux fiefs sur Baron, vers le temps de Philippe-Auguste. Le domaine, à cette époque, était plus important que ceux de Norrey, de Beaumais et de Morteaux[1].

Dans le 14.ᵉ et le 15.ᵉ siècle, les Harcourt et les Tilly eurent la seigneurie de Baron, et possédèrent son château. Après eux, en 1600, une alliance mit cette terre dans la main du comte de Soissons, Charles de Bourbon; et, depuis ce prince, les d'Aligre, les Ste.-Hermine et les Melfort en ont joui successivement[2].

A ces faits, peu importans, se bornent les seules notions que nous ayons obtenues sur l'histoire de cette commune.

Baron, comme Norrey et les Moutiers, est sur la lisière du Pays-d'Auge ; sa longueur est d'une lieue environ, sur trois quarts de lieue de largeur.

Les abornemens sont : Louvagny, Vaudeloges, Abbéville, Morteaux et Coulibœuf.

Les hameaux sont Baron et Mahé.

Huit cent dix-neuf arpens mét., ou 1003 acres, composent le territoire, qui se divise en 577 arp. de labour, 180 arp. de prairies et pâtures, 55 arp. de taillis, et 7 arp. de jardins et habitations. Presque tout ce sol est mauvais ou de médiocre qualité ; au midi surtout, vers Norrey, sont des champs non défrichés, ou *crières*, dont on ne tire presque aucun parti. Les pâtures, même les meilleures, sont peu estimées.

1 Duchesne, p. 1037, et notes de M. Al. de Beaurepaire.
2 Notes de M. de Brasdefer.

Quarante-cinq chevaux, 50 vaches et 380 moutons sont employés par les fermiers pour l'exploitation. Ils y ajoutent une quarantaine de petites vaches d'engrais pendant les beaux jours. Ce pays est chétif. On ne cultive guère que le blé, vers l'est, dans les fonds mouillés ; à l'ouest, on récolte le blé, l'orge et l'avoine, comme dans la plaine.

Les maisons sont au nombre de 75, et les habitans ne s'élèvent pas à plus de 211. Cinq ans, parmi eux, ont offert l'énorme disproportion de 15 naissances sur 27 décès[1]. La misère, l'indolence, le défaut d'industrie se réunissent pour dépeupler ce petit coin de terre. On y voyait de bons ouvriers il y a peu de temps, des charpentiers, des menuisiers, des serruriers, etc. ; mais ils ont disparu ou sont allés habiter ailleurs. On ne connaît plus qu'un établissement, une tuilerie, où l'activité se soutienne ; elle occupe quatre ouvriers, et ses produits sont assez estimés. Cinq à six tisserands peut-être, et autant d'autres petits artisans, forment toute la population occupée des villages ; aussi des maisons y tombent en ruine, et l'aisance ne paraît point y régner. Il faudrait qu'un esprit actif, un bras industrieux imprimât le mouvement à cette population, lui donnât l'exemple, l'arrachât à ses routines, et lui apprît à tirer, par une nouvelle culture, des produits de ses champs les plus ingrats, les plus indéfrichables en apparence. Malheureusement, tout dort, les maîtres et les fermiers. Les temps ne sont pas arrivés pour ces

[1] En 1826, il est mort, à Barou, une femme âgée de plus de cent ans.

hommes dont la simplicité est passée en proverbe depuis long-temps dans le pays [1].

Barou n'a ni instituteur ni desservant. Douze à quinze de ses enfans vont chercher des leçons à Coulibœuf et à Louvagny ; les fidèles sont réunis à Louvagny pour le spirituel.

Le bois de Barou, qui contient 66 acres environ, renfermait autrefois de beaux chênes ; maintenant il est en taillis, et principalement composé de coudriers et d'arbustes peu estimés. Dans ce bois on voit arriver, à la fin du printemps, un grand nombre d'oiseaux de proie, nommés *busards*, ou *ovains*, dans le pays ; ils sont très-farouches, très-carnaciers, et détruisent beaucoup de gibier. Cette contrée, néanmoins, est encore une des plus giboyeuses de l'arrondissement. On y chasse le lièvre, le lapin, et la perdrix grise principalement.

Les carrières de Barou fournissent une espèce de

---

[1] On dit communément, dans le canton, *un tour de Barou*, pour désigner une action niaise, une *bêtise*. On met aussi sur le compte des habitans une foule de traits de bonhommie qui leur sont certainement, pour la plupart, étrangers. Nous pourrions aisément égayer les lecteurs de cet ouvrage, en rappelant ici quelques-unes de ces facéties qui occupent les loisirs de nos paysans. Mais notre intention n'est point d'humilier une population honnête, et qui, même sous le rapport de l'esprit, vaut, à coup sûr, beaucoup mieux que sa réputation. L'historien doit peindre les mœurs et les lieux avec vérité, mais en évitant le scandale et les personnalités inutiles. Quand il attaque les hommes, il faut qu'il y ait un intérêt direct pour le public, et, alors, il fait un acte de courage et de bon citoyen. Les méchans et les sots seraient trop dangereux, s'il ne se trouvait pas des gens de bien assez fermes pour les démasquer et les faire apprécier.

moëllon grossier, et sans épaisseur, qui se durcit à l'air et se conserve très-bien dans les constructions ; on le trouve à deux ou trois pieds de profondeur ; on en extrait peut-être une soixantaine de toises chaque année. Cette commune fournit encore une terre jaune, de glaise, excellente pour bâtir.

Les chemins sont très-mauvais ; le sol est tellement humide et argileux, et la pierre d'ailleurs est si molle, qu'il est très-difficile et presque impossible de les entretenir convenablement.

Le château féodal de Barou, qui passait pour le plus remarquable de toute cette contrée, fut renversé, il y a douze ans, par M. de Colomby. Nous en avons vu un petit dessin, ainsi que des fragmens de sculptures conservés dans les cours, et nous croyons qu'il devait remonter à la fin du 15.ᵉ siècle. Il fut élevé sans doute par les Harcourt, qui possédaient alors le domaine. Ce fut le dernier comte de Drummond-Melfort qui le vendit, à la fin du dernier siècle, aux alliés de la famille de M. de Colomby. Le comte de Melfort, d'une race anglaise venue en France avec les Stuarts, était maréchal-de-camp, et publia un *Traité sur la Cavalerie*, dont les frais de publication dérangèrent sa fortune. On croit que ce furent ces embarras de finances qui l'engagèrent à aliéner son domaine. Le château était enceint de douves, de murs crénelés, et l'on y accédait par deux ponts-levis. En le démolissant, on trouva dans ses fondemens plusieurs monnaies de divers âges de la monarchie.

Le château moderne est petit, mais de bon goût et bien bâti. Une jolie rotonde est au centre, vers les bosquets. Nous n'en connaissons pas de plus gracieux dans tout ce canton.

L'église a la forme des monumens romans, mais elle a été reconstruite à plusieurs époques : un fragment du mur primitif offre des assises alternées ou en arrêtes ; les fenêtres sont presque toutes à ogives ; la tour est moderne.

Le maire est M. Jolivet de Colomby, et l'adjoint M. Cendret.

Les impôts s'élèvent à 3,119 fr. 27 cent[1].

COMMUNE DE LOUVAGNY.

« LOUVAGNY porte en latin le même nom que Louvigny, près de Caen : *Lovineium*, *Lovigneium* ; ils relevaient également de Grantmesnil. Mais Louvagny, *Lovineium apud Barou*, était une des quatre seigneuries de cette mouvance qui possédaient plus d'un fief, tandis que Louvagny n'en possédait qu'un, ainsi que les vingt-huit autres seigneuries[2]. » Le mot de *Louvagny* rappelle un nom d'homme, ainsi que *Pótigny*, *Soulangy*, etc. ; c'était la demeure autrefois de *Lovinius* ou de *Lovinus*.

Un Roger de Guitot donna sa terre de Louvagny, près de Courcy, à l'abbaye de St.-Pierre-sur-Dive,

[1] Nous n'avons pas été plus heureux auprès de M. le maire de Barou, qu'auprès de celui de Perteville. L'un et l'autre ont refusé de concourir à nos travaux, et de nous donner aucuns renseignemens. Ceux que nous offrons sont dus à l'obligeant M. de Brasdefer. On peut être assuré de leur exactitude.

[2] Notes de M. Alexandre de Beaurepaire.

an moment de sa fondation. Une charte de Henri Ier confirma la donation en 1124. *Concedo terram quam dedit,..... in Lovigneio juxtà Curseium* [1].

Les Templiers avaient une chétive commanderie à Louvagny, lors de leur destruction. « Elle était » si pauvre, qu'on n'en trouve aucune mention, » excepté dans l'année où les Templiers furent ar- » rêtés. » Guy Pasnaye était le seul chevalier qui y résidât. Il pouvait à peine y vivre, et l'enquête établit qu'il n'avait même « point de cave. » Guy Pasnaye fut le seul Templier du bailliage de Caen qui soutint l'innocence de l'ordre pendant les en- quêtes, et l'on fut réduit à le mettre à la question, à la *gehenne*, pour l'amener à des aveux. Ce Tem- plier ne fut point exécuté [2].

Tels sont les seuls faits qu'offre l'histoire de cette commune.

Nous céderons maintenant la plume à M. Alex. de Beaurepaire, secrétaire d'ambassade, qui a rédigé lui-même la statistique de Louvagny. Pendant deux mois de loisir qu'il a passés dans sa famille, il a bien voulu se charger de ce petit travail. Nos lec- teurs y gagneront quelques observations pleines d'intérêt sur le pays :

« La commune est bornée au nord par Jort et Courcy, à l'est par Vandeloges, au midi par Barou, à l'ouest par Coulibœuf et Vicques.

» Son territoire contient 540 arpens ou hectares (662 acres).

[1] *Gallia Christiana*, page 206, *Instrumentorum.*

[2] *Essais historiques sur Caen*, par M. l'abbé de la Rue, tome II, pages 416, 420 et 428.

II

« Il y a en labour 450 arp. ; en pâtures, 64 arp. ;
en cours et jardins, 5 arp. ; en bois, 21 arp.

» Le territoire forme la transition entre le sol
argileux du Pays-d'Auge et le sol léger et calcaire
de la plaine ; aussi se partage-t-il en deux qualités
de terrains, dont le plus fertile est celui qui offre
le plus de fonds, le plus d'*humus* au-dessus de la
pierre ou de l'argile.

» L'hectare en labour, de première qualité, peut
se louer 50 fr. par an, et se vendre 1,800 à 2,000 f. ;
l'hectare de mauvais fonds peut se louer 15 fr., et
se vendre 5 à 600 fr.

» Les pâtures peuvent s'évaluer à un produit
moyen de 140 fr. par arp. ; comme elles sont ren-
fermées dans une grande exploitation, il ne s'en
vend point, et leur valeur ne peut être appréciée.

» Trois mille pommiers à-peu-près sont sur la
commune ; leur qualité est d'un tiers inférieure à
celle du Pays-d'Auge.

» Les essais pour cultiver l'ajonc marin, ou
vignon, ont été peu satisfaisans ; les pommes-de-
terre s'introduisent assez lentement, malgré les
efforts tentés par M. de Louvagny pour faire connaître l'utilité de cette culture.

» L'engrais principal, et à-peu-près unique, a
été jusqu'ici le fumier. Depuis quelques années,
cependant, divers propriétaires sèment la tourte
de rabette ; ils pensent que, seule, elle donne au
sol un stimulant qui l'épuise après l'effet produit,
et que le meilleur moyen de l'employer est de la
mêler avec le fumier.

» On exploite la terre avec les chevaux, qui sont

Tome 2.   25

au nombre de 35 ; il y a en outre 70 bêtes à cornes et 350 moutons de l'espèce commune. On connaît 15 à 20 ruches d'abeilles, et le produit annuel de chacune d'elles est évalué à 5 ou 6 fr. »

M. de Beaurepaire décrit le mode de culture dans les deux terrains différens :

« Dans la partie argileuse, où sont les grosses terres, le blé *chicot* rouge, le gros blé blanc à barbe, et l'avoine, conviennent particulièrement. On donne quatre labours, en comptant celui des semailles : l'un en avril, un autre en juin, un troisième en août, et le dernier à la Saint-Michel. D'ordinaire, on sème du trèfle dans le blé au mois de mars ; on laisse ce trèfle deux ans en terre ; on le remplace par une jachère, et l'on refait du blé la quatrième année. C'est le meilleur assolement donné à ces terres. »

L'usage ancien, dans les petites terres, est de régler ainsi les assolemens : Première année, blé. — 2.e, orge, avec graines de sainfoin. — 3.e, 4.e, 5.e, sainfoin. — 6.e, avoine. — 7.e, orge. « Cela fait sept récoltes sur un seul fumier, et ce système a le désavantage de faire produire à la terre deux céréales de suite, usage blâmé par les agronomes. » Le régisseur de la terre de Louvagny procède, au contraire, suivant une autre méthode : il sème son sainfoin dans le seigle ou le blé *chicot*, après avoir bien fumé le sol ; la 2.e et la 3.e année, il fauche le sainfoin ; la 4.e, il le fait pâturer ; la 6.e, il fait de l'avoine ; et la 7.e, il donne une jachère. « Il tire ainsi du sol beaucoup plus de produits que les autres cultivateurs.

» Dans ces terres légères on ne donne que deux labours avant le blé, l'un en juin, l'autre en septembre.

» Les propriétaires qui font labourer leurs terres par des étrangers, paient 9 fr. 55 c. par hectare, ou 8 fr. par acre. »

Tel est l'état de l'agriculture locale, constaté par l'observateur. Il y joint des détails fort importans sur le projet qu'il a conçu, et déjà en partie réalisé, d'adopter un nouveau mode d'exploitation pour le domaine de Louvagny, dont il est propriétaire. Voici ce qu'il a fait, et ce qu'il se propose de faire à ce sujet :

La terre se compose d'un ancien parc muré de 130 acres, et de 260 acres de champs, en général de mauvais fonds, mais se tenant de toutes parts, et formant une vaste plaine, d'où la vue s'étend au loin sur toutes les lignes d'un horizon des plus étendus pour le pays. Un ingénieur anglais a été appelé pour tracer le dessin d'un grand parc irrégulier sur ce vaste plateau, animé seulement par quelques légers mouvemens du sol et deux ou trois filets d'eau. Le plan a été aussi simple que judicieux. L'ingénieur a jeté des masses de verdure, des *bordages* de bosquets sur toute la lisière du plateau, choisissant de préférence, pour établir les plus épais massifs, les points qui se prêtaient le moins à la culture des herbes, et laissant de larges ouvertures vers les lignes de l'horizon les plus variées et les plus pittoresques. Le cadre ainsi disposé, il a tracé de spacieux sentiers à l'intérieur, désigné les champs qui seraient couchés en pâture, ceux qui produiraient des céréales, ceux où l'on établirait des pièces d'eau, ceux que l'on parsemerait de groupes d'arbres verts. Alors a commencé le travail des plantations et celui du *couchis* en herbes pour tous les champs que l'on y avait destinés. Le propriétaire rend compte en détail de la dernière de ces opérations, qui, selon lui, est la plus importante, la plus digne d'obtenir la publicité, par les avantages de ses résultats immédiats.

Le *couchis*, à Louvagny, s'est pratiqué pour essai, la première année, sur un champ de deux acres ; on a procédé de la manière suivante :

« 1 . Mi-octobre, labour en *réage*, fort et profond, à quatre chevaux, évalué à.. 40 fr.

» 2.º En avril suivant, labour en *travers*, de........ 35

» 3.º Hersage, de.. 10

» 4.º En mai, labour en *réage*, de........................ 35

» 5.º Hersage, de... 10

» 6.º Semis des graines du premier mélange........ 10

» 7.º Hersage en dessus.. 10

» 8.º Semis d'un second mélange......................... 10

» 9.º Dernier hersage et léger émottage avec le rouleau, ensemble de.. 20

   » Total pour les travaux préparatoires....... 180 fr.

 » La graine pour semence, venue de Paris et rendue sur place, a coûté de plus.................................. 169

 » Enfin, un millier de bannelées portées sur le champ, depuis les semis, pour améliorer le fonds, sont évaluées à.. 300

 » Les frais de tout genre se montent donc à....... 649 que le propriétaire a avancés avant de rien recueillir. »

Maintenant voyons ce qu'il a obtenu :

La première année a donné... 678 bottes de foin.

La seconde,..................... 922

  Total des deux années... 1600 bottes, représentant un prix courant de............................. 494

sans compter « le pâturage des vaches et moutons sur le pré, qui peut s'évaluer encore à............................. 150 fr.

Voilà donc déjà 644 fr. retirés dans deux années; c'est-à-dire, le montant des avances, moins 4 fr. seulement; le propriétaire eût été en conséquence dès ce moment remboursé, s'il n'eût dû ajouter à ses frais le produit des deux acres, qui se serait élevé, d'après les baux, à 70 fr. annuellement, ou 140 fr. pour deux ans; ce déficit le laisserait encore au commencement de la troisième année, avec une avance de 144 fr., plus, l'expectative d'un revenu courant de 70 fr.; en tout 214 fr. Mais cette troisième année, d'après le résultat, lui rapporta le terme moyen de huit cents bottes, ou plus de 300 fr.; et il se vit alors totalement désintéressé, et possédant un fonds d'un produit bien supérieur à celui qu'il en retirait antérieurement. D'après le calcul le plus modéré, cette opération aura pour effet de retirer d'un champ *de 50 fr. de revenu au plus, « un produit moyen de 210 fr. »* Nous appelons sur ces procédés toute l'attention des cultivateurs de nos campagnes. C'est un des hommes les plus éclairés du pays, un de ceux qui ont le plus voyagé, le plus étudié, qui leur soumet ces observations, ces résultats de ses travaux et de ses expériences. Il n'est plus question ici de théorie, mais de pratique. « On expose, telle qu'elle a été exécutée, une opération qui n'a rien de difficile ni de savant; on dit en quoi elle a consisté, ce qu'elle a coûté, ce qu'elle a produit. » Les champs que l'on a couchés en fourrages étaient peu favorables pour la culture des céréales; les foins qu'ils produisent aujourd'hui peuvent égaler les meilleurs de la contrée.

Nous avons dit que les graines de semence étaient

venues de Paris ; c'est M. Vilmorin, grainetier du
Roi, qui les a fournies, d'après les indications
qu'on lui avait adressées sur la nature des terrains. Les mêmes mélanges ne conviendraient pas
sans doute pour toute espèce de sol ; mais un bon
fournisseur ne s'y trompe jamais. Ce qui perd nos
cultivateurs qui couchent leurs champs en herbages, c'est le mauvais usage économique de prendre
leurs semences parmi les balayures des granges.
A Louvagny on avait usé de ce moyen, et l'on n'a-
vait pu réussir. En suivant le procédé nouveau, en
achetant ses graines au-dehors et chez un habile
praticien, M. de Beaurepaire a fait quelques frais
de plus, il est vrai, mais les résultats l'ont bien
payé de ses avances. Puisse cet exemple n'être pas
perdu dans une campagne où il serait très-avan-
tageux d'augmenter la culture des herbes, qui
donneraient les moyens de multiplier à leur tour
le nombre des bestiaux de tout genre, objet si important pour notre agriculture [1].

1 Le sol de Louvagny que l'on voulait coucher en herbe,
« est d'une nature grasse, forte, participant à l'argile qui
en forme la seconde couche à une profondeur de quelques
centimètres. Voici les mélanges fournis par M. Vilmorin :
» Pour le premier semis, sur deux acres : Timothy, 4 liv.
— Herd grass, 2 livres. — Cretelle, 3 livres. — Poa commun,
8 livres. — Trèfle rouge, 3 livres. — Trèfle blanc, 6 livres.
— Lupuline, 4 livres. — Trèfle jaune, 2 liv. — Jacéa, 1 liv.
Lotier velu, 2 livres.
» Pour le deuxième semis : Houlque, 8 livres. — Fétuque
des prés et élevée mélées, 2 livres. — Fétuque rouge tra-
çante, 6 livres. — Fétuque fausse ovine, 3 livres. — Fro-
mental, 20 liv. — Petit fromental, 1 liv. — Ray grass, 20 liv.
— Vulpin des prés, 2 livres. — Pimprenelle, 8 livres.

La seconde opération faite sur la terre de Louvagny, a été le semis et le plantage des bois de diverses natures, sur les lisières du parc extérieur.
Depuis trois hivers on y travaille continuellement, et bien que le succès ne puisse répondre prochainement aux efforts du propriétaire, on doit
croire qu'il n'aura qu'à se féliciter plus tard de ses
tentatives pour élever de grands bois sur ce sol
ingrat. La sécheresse des étés lui aurait nui plus
que tout le reste, et les deux derniers ont été, heureusement pour lui, frais et mouillés. Cette partie
de son essai est toutefois celle qui lui sera le plus
onéreuse provisoirement, les champs qu'il y consacre ne devant de long-temps lui donner aucuns
revenus, sans qu'il cesse pour cela d'en payer les
impôts au fisc. Aussi, dans une vue d'économie
publique, estime-t-il que le Gouvernement ferait
un acte de sagesse en « accordant une exemption de
tout impôt, jusqu'au jour de la jouissance, au propriétaire qui couvrirait de bois les terres ingrates
pour d'autres cultures. Ce serait, selon lui, la plus
juste des primes d'encouragement, » et ce département surtout en pourrait retirer de grands avantages
pour l'avenir.... « Cet objet, recommandé par plusieurs conseils généraux, est digne de toute l'attention de nos Députés et de nos administrateurs. »

Nous regrettons de ne pouvoir présenter ici toutes
les considérations de M. de Beaurepaire sur d'autres
points d'agriculture ou d'économie qui ne rentrent
pas assez dans le cadre de cet ouvrage. Nous pourrons revenir sur quelques-unes dans notre *septième*
partie. Nous ferons observer seulement encore ici

que de nouveaux instrumens, moins grossiers que
ceux du pays, venus d'Angleterre en franchise de
droit, ont été introduits sur le domaine, et que les
paysans, qui les voulaient repousser d'abord, ont
fini par en faire usage, et même par les trouver
plus commodes que les leurs. Ce qui frappait le plus,
à ce qu'il paraît, l'ingénieur anglais qui a tracé le
plan du parc, M. *John Ross*, c'était l'imperfection
de nos instrumens aratoires.

Dans le but d'exciter l'émulation de trois de ses
fermiers, pendant son absence, M. de Beaurepaire
avait établi, il y a quelques années, une prime
annuelle « de 200 fr. en faveur de celui d'entre eux
qui ferait le mieux valoir. Chacun d'eux devait
nommer un arbitre, et le propriétaire en choisir
un quatrième; le rapport devait être fait par écrit,
et les observations importantes ainsi consignées,
étaient destinés à devenir une utile leçon pour tous
ceux de la commune; la prime devait être adjugée
par la majorité des arbitres désignés. »

A toutes ces idées, à tous ces projets d'un riche
propriétaire, on reconnaît un homme animé de
l'amour le plus pur et le plus vrai du bien public.
Malheureusement, les plus sages conseils ne sont
pas toujours compris, même par ceux qui auraient
tout intérêt à s'y conformer. M. de Beaurepaire
l'éprouva pour sa nouvelle tentative. « A peine la
prime eût-elle été, pour la première année, dis-
putée et décernée, qu'elle éprouva des entraves,
telles que le caractère de nos gens de campagne en
apporte ordinairement aux innovations, à celles
mêmes qui n'ont pour but que d'améliorer leur

sort. Au lieu d'envisager cette prime comme un moyen de s'instruire, de se distinguer, et d'acquérir en outre la somme promise, les trois cultivateurs feignirent de n'y voir qu'une sorte d'investigation dans leurs affaires de ménage, une espèce d'enquête du maître sur la terre, et force fut dèslors de renoncer à la mesure. » Ce fut aussi de ce moment que le propriétaire se chargea de faire valoir lui-même ses domaines. Quoique éloigné, il donna ses instructions, et il obtint les résultats que nous venons d'exposer.......

La commune de Louvagny renferme 39 maisons, 35 feux et 155 habitans. Le nombre des naissances, dans cinq ans, a été de 16, et celui des décès de 10. L'air est sain. L'aisance règne dans le village, où l'on ne trouve pas un seul mendiant. « Le partage d'un bien communal, qui eut lieu il y a quarante ans, est signalé comme l'origine de l'état d'amélioration qu'on y remarque pendant ces derniers temps. On y bâtit des maisons à un étage, chose qui ne se voyait point autrefois. Quatre à cinq individus seulement vont travailler aux moissons, vers Paris, d'où ils rapportent 250 fr. environ; un seul est basestamier; quelques autres font le commerce des vaches à lait dans les foires, et le reste cultive la terre. Tous vivent frugalement, et sont de mœurs douces et honnêtes.

Deux individus exploitent une petite carrière de pierre blanche un peu grossière; on la recherche, parce qu'elle est dure et qu'elle résiste à la pluie et aux gelées. Elle se vend 5 fr. le mètre. Une autre pierre blanche, large, plate, et propre à la construction en moëllon , se vend 7 à 8 fr. la toise du pays. C'est cette dernière que l'on a employée pour les murs du parc, en 1650 ; la maçonnerie en est tellement solide , que pour leur entretien , sur un développement de 3,700 mètres , un entrepreneur n'a demandé que 12 francs par année. On n'y dépense pas habituellement la moitié de cette somme. A l'est de la commune , on trouve une terre d'argile propre à faire de la brique ; on y construit en ce moment une tuilerie.

La commune pendant long-temps n'a point eu d'instituteur. Quelques enfans allaient à Barou , à Vaudeloges et à Coulibœuf ; le plus grand nombre « étaient privés d'enseignement , et les pères de famille appelaient un maître de tous leurs vœux. Il en vint un enfin au mois de décembre 1828, et il réunit aussitôt une trentaine d'enfans. Le défaut d'instruction , dit à cette occasion celui qui nous fournit ces détails, peut être considéré comme le fléau principal d'une petite population telle que celle qui nous occupe. Elle entretient dans son sein un esprit étroit, intéressé, défiant ; elle l'empêche de tirer tout le parti possible de ce qu'elle possède , et par suite , un de ses effets les plus pernicieux, est d'amener le morcellement excessif des propriétés, &c. »

Le château de Louvagny fut bâti à la fin du 17.e siècle ; et bien qu'il ne remonte pas au temps des guerres de la féodalité, « sa forme représente ce que les Anglais, dans leur nomenclature architectonique, appellent *castellated house* , c'est-à-dire, un manoir arrangé en château ou en fort. La construction des remparts ou fossés , des bastions , des meurtrières de la tour, de la porte élevée au nord, et percée pour un pont-levis, atteste la pensée du fondateur, qui déploya du reste une véritable grandeur dans les dehors du château, dans le parc et dans les avenues de la terre. » Du haut de la tour on a une large vue sur tout le pays [1].

L'église est moderne et insignifiante. Une chapelle seigneuriale y est adossée, au-dessous de laquelle est le caveau sépulcral des Beaurepaire. A la voûte sont leurs armoiries et celles de toutes les femmes qui sont entrées par alliance dans la famille [2].

[1] On peut voir dans l'atlas le château de Louvagny dessiné par M. DE VAUQUELIN. Il est pris de l'intérieur du jardin, vers le cimetière.

[2] Cette famille de Beaurepaire portait dans le principe le nom de *Gaultier*. Une alliance avec une *Jacqueline de Beaurepaire*, en 1497, amena ces Gaultiers à solliciter la faveur de porter le nom maternel. Charles IX le leur accorda en 1561, « d'autant que Coignon de Beaurepaire est en danger de briefvement périr et demeurer esteint. »

Louis de Beaurepaire fut page des ducs de Lorraine et de Guise, puis finit « par bien mériter et par être très-bien connu du roi Henri le-Grand. » On lit son épitaphe dans le chœur de l'église, ainsi que celles de *Prégente d'Olkanson* et de *Madeleine le Fournier*, ses deux femmes.

« Julien, son frère, sieur de Pierrefitte, fut attaché au prince de Condé, puis devint gentilhomme de la chambre de Henri IV. » Ce prince lui donna des commandemens importans, et le combla toujours de bontés. On conserve dans le chartrier du château plusieurs lettres ou billets de cette main auguste. Voici la copie d'un de ces autographes qui composent le glorieux héritage de la famille des Beaurepaire de Louvagny :

« M.ᵉ de Pyerrefytte, je me remes d'un afere que j'afec-

Le maire de Louvagny est M. Sanson ; l'adjoint,
M. Lalande; le desservant, M. Jardin.
Les impôts s'élèvent à 2,321 fr. 58 cent.

COMMUNE DE COURCY.

HISTORIQUE.

On assure dans le pays qu'il y eut jadis à Courcy
un établissement romain, et cette opinion est suffisamment confirmée par des monumens que l'on a
retrouvés dans le sol, et par le nom même que
porte la commune. *Courcy*, en effet, que nos anciens écrivaient en latin *Courceium*, *Corceium* et
Corciacum, ne peut évidemment désigner autre

» tyonne fort a ce que vous an escryt le sieur du Plessys je
» vous prys de vous y amployer a ce quyl reusysse et ce fesant
» vous me feres cervyce tres agréable lequel je recoñoytray
» côme vous vous en poures assurer et en fere estat ansamble
» vos cervyces. Sur ce je prye Dieu quyl vous ayt M^r. de
» Pyerrefyte an sa saynte garde. Ce xxe desambre a Vernon.
HENRY.

Au dos : *A Monsr de Pyerrefyte.*

Henri de Beaurepaire, issu de François et de Diane de
Montmorency, fut tué au combat de Tongres, en 1693. Ces
seigneurs et leurs successeurs se voient encore rangés dans
le caveau de la chapelle, entourés de leurs linceuils de plomb.
Nous les avons visités avec un de leurs descendans, qui ne
peut qu'honorer leurs vieilles ombres. M. Alexandre de Beaurepaire a rempli successivement les fonctions de chargé d'affaires près les cours de Constantinople, de Londres et de
Madrid; il est un de ceux qui nous font le plus vivement regretter de nous être interdit toute espèce de jugement sur
les hommes distingués de cet arrondissement qui sont encore
vivans.

chose que la demeure de *Courcius* ou de *Corcius*.
Ce mot, à finale latine, est tout romain, et il nous
sera d'ailleurs facile d'assigner plus tard une époque
probable au séjour des conquérans de la Gaule sur
cette partie de notre territoire.

Après les Romains, dans le 8.e siècle, on prétend que les *Alains* s'emparèrent des champs de
Courcy, et s'y établirent en maîtres. On se fonde sur
des traditions et sur le nom d'*Alainiers* de Courcy,
que portent encore les habitans de cette commune
parmi tous leurs voisins. Les *Alainiers* sont les
descendans des *Alains*. C'est ainsi, suivant M. de
la Rue, que le nom d'*Alamannia* ou *Allemagne*,
a été laissé par ces hordes de barbares à d'autres
lieux de nos cantons où elles avaient résidé. « *Ala-*
mannia, dans l'origine, a dû signifier *colonie d'A-*
lains [1]. » Nous citons ces opinions, sur lesquelles
nous avons des données trop vagues pour oser les
adopter ouvertement. Nous devons avouer toutefois
qu'elles ne nous paraissent point, à beaucoup près,
dénuées de tout fondement.

Les Normands remplacèrent à leur tour les *Alains*
sur ce point, et c'est à ces nouveaux maîtres que
Courcy doit sa plus grande célébrité. Nous tâcherons d'esquisser rapidement dans ce chapitre les
événemens qui se rattachent à cette localité, depuis
qu'une famille de seigneurs puissans eut élevé sa
forteresse féodale sur les débris des anciens camps
de ses devanciers.

Ce fut sous le règne de Richard II, aïeul du

[1] *Essais historiques sur Caen*, tome I.er, page 352, et Mémoire de M. l'abbé Lépinard, sur Courcy.

Conquérant, qu'un teuton, nommé *Baudric*, avec
son frère Wiger, vint offrir ses services aux ducs
de Normandie. Richard l'accueillit favorablement,
le combla de grands biens, et l'allia même à sa
famille en lui donnant pour femme la nièce du
comte de Brionne, qui était lui-même son neveu.
Le teuton Baudric eut plusieurs enfans, auxquels
il distribua les grands fiefs qu'il avait reçus ; et
Robert, le troisième des fils, obtint le domaine
de Courcy où il s'établit, ainsi que sa race. On
attribue à Baudric la fondation de la forteresse,
qui doit remonter en effet au temps de ce guerrier.
La nature d'une partie des constructions se rapporte évidemment, comme on le verra, à la première moitié du XI.e siècle.

Courcy fut érigé en baronnie en faveur de Robert, fils de Baudric. Plus tard, cette baronnie
« fut appelée la première à l'échiquier d'Alençon,
» et soixante-trois fiefs nobles en relevèrent jus-
» qu'au temps de la révolution. [1] » Les barons de
Courcy eurent « toujours séance aux échiquiers
» de Normandie. »

Le vaillant Richard de Courcy, fils de Robert,
fut un des premiers barons qui s'attachèrent à la
fortune de Guillaume partant pour l'Angleterre.
On lit son nom sur toutes les listes des conquérans.
Il obtint de grands biens dans les comtés de Sommerset et d'Oxford, et sa baronnie anglaise fut
établie à *Stoke Courcy*, dans le Sommerset ; ce
lieu devint la résidence de quelques-uns de ses descendans [2].

[1] Mémoire de l'abbé Lépinard. [2] Notes de M. de Gerville.

Richard fut un des favoris de Guillaume, qui le retint à sa cour, et l'on retrouve le nom de cet illustre seigneur au bas d'un grand nombre de chartes souscrites par le duc au profit des principaux établissemens religieux de notre province. M. de la Rue, dans ses *Essais historiques sur Caen*, et le *Gallia Christiana*, citent parmi ces chartes celles qui concernent les abbayes de St.-Étienne et de Ste.-Trinité de Caen, celle du Plessis-Grimoult, &c., &c. On voit également le nom de Richard sur plusieurs chartes anglaises, et notamment sur deux qui ont pour objet l'église de Dunelmens[1]. Enfin, il fonda lui-même un prieuré à Perrières, comme nous le verrons bientôt, et il fut un des bienfaiteurs du monastère de St.-Étienne de Caen[2]. Tous les seigneurs de cette époque se distinguaient ainsi par des libéralités plus ou moins fastueuses envers l'église. Nous avons vu déjà cinq maisons religieuses fondées dans nos environs par les Panthou, les Aubigny-Moubray, les Montgommery et les Grantmesnil : les Courcy, non moins fameux, ne pouvaient, sous ce rapport, faire moins que tous leurs voisins.

Après la mort du Conquérant, Richard se retira de la cour, à ce qu'il paraît, et vint se renfermer dans sa forteresse de Courcy, où il songea à se défendre contre les injustes vexations des seigneurs de Montgommery-Bellême qui aspiraient à dominer sur tout le pays. Robert, l'aîné des fils de Guillaume, qui gouvernait la Normandie depuis la

1 *Monasticon anglicanum*; tome I.er, pages 44 et 49.

2 *Essais sur Caen*, tome II, page 18.

mort de son père, était trop faible pour maintenir
l'ordre entre ses barons, et, prenant alternative-
ment parti pour les uns et pour les autres, il ne
savait même pas amener le succès dans les rangs
de ceux pour lesquels il se déclarait. Nous l'avons
vu échouant devant une des forteresses des Bellêmes
qu'il était venu assiéger avec son armée 1. Nous
allons le montrer maintenant allié de ces mêmes
Bellêmes qui voulaient s'emparer du château de
Courcy, et dans cette entreprise il ne sera pas plus
heureux que dans la première. Mais du moins ce
siège offrira un plus grand nombre de faits d'armes
qui méritent d'être conservés. D'un côté se trouvaient les Courcy et les Grantmesnil, de l'autre le
fameux Robert de Bellême et le duc de Normandie.
Entre de tels vaillans personnages, des combats qui
se prolongèrent pendant plus de trois semaines, ne
peuvent manquer de présenter un certain intérêt
pour ceux qui visitent les lieux où se passèrent tous
ces divers évènemens.

Nous emprunterons nos récits au moine de St.-
Évroult, qui fut le contemporain de tous ceux que
nous allons citer. Nous traduirons cet écrivain
presque toujours littéralement.

« .... Hugues de Grantmesnil et Richard de
» Courcy se soulevèrent les premiers contre l'inso-
» lence de Bellême, et garnirent leurs châteaux
» d'armes, de soldats et de munitions de tout genre.
» Ces chevaliers avaient déjà les cheveux blanchis
» par l'âge, mais ils montraient un courage égal
» à leur noblesse, et de récentes alliances les

1 Voir l'article *Vignats*, page 298 de ce volume.

unissaient

» unissaient dans cette occasion, non moins que
» la nécessité. En effet, Robert de Courcy, fils de
» Richard, venait d'épouser une des filles de Hugues
» de Grantmesnil, et cette union promettait aux
» deux familles une nombreuse postérité... Bellême
» les voyant ligués contre lui, et n'espérant pas
» en triompher aisément, eut recours au duc de
» Normandie, qu'il amena, par des promesses et
» des prières, à lui prêter son assistance....... Il
» .... Ce fut au mois de janvier de l'an du
» Seigneur 1091, que le duc Robert vint mettre le
» siége devant Courcy. Mais voulant témoigner
» quelques ménagemens pour les seigneurs distin-
» gués qu'il venait assaillir, il négligea de pousser
» l'attaque avec une extrême vigueur. Bellême, au
» contraire, pendant près de trois semaines, usa
» de toutes ses ruses et de toutes ses forces contre
» les assiégés, et multiplia les assauts de tout genre
» pour enlever la forteresse. Mais les défenseurs de
» la place lui opposèrent toujours une vive résis-
» tance, et il fut constamment repoussé avec honte.
» Il fit élever contre les remparts une grande ma-
» chine que l'on nomme *beffroi*, et il la pourvut
» abondamment de tous les appareils de destruc-
» tion. Par ce moyen, toutefois, il ne parvint pas
» à réduire encore les assiégés. Chaque fois qu'il
» renouvelait une attaque contre Courcy, il voyait
» arriver de Grantmesnil, de nombreux défenseurs
» qui le forçaient de renoncer à son entreprise, et
» de se porter vers un autre point. Dans une des
» sorties, la garnison de Courcy prit plusieurs sei-
» gneurs, parmi lesquels se trouvèrent Guillaume

» de Ferrière et Guillaume de Rupière, dont la
» rançon lui fut d'un grand secours. Mais le sort de
» la guerre vint bientôt à changer, et le vainqueur,
» à son tour, fut défait par le vaincu. Ives, l'un
» des fils de Hugues, et Richard, fils de Gislebert,
» furent eux-mêmes faits prisonniers par les assié-
» geans, ainsi que quelques autres, et Robert les
» fit renfermer dans une dure prison..... Le vieux
» Hugues ne pouvait plus alors porter les armes,
» à cause de son grand âge, mais sa sagesse et ses
» conseils suffisaient pour l'élever au-dessus de tous
» ceux de son parti. Fatigué d'un si long siége, il
» résolut d'envoyer vers le duc un message conçu
» en ces termes :

» *J'ai servi votre père et votre aïeul pendant long-*
» *temps, et j'ai enduré pour eux beaucoup de fa-*
» *tigues ; je vous ai également servi avec fidélité, et*
» *je ne saurais concevoir en quoi j'ai pu vous offenser,*
» *et mériter d'être ainsi attaqué par vous comme un*
» *ennemi? Je vous reconnais publiquement pour mon*
» *seigneur, et je ne combattrai jamais contre vous.*
» *Consentez à recevoir 200 livres que je vous offre,*
» *éloignez-vous de cette place seulement pendant un*
» *jour, et laissez-nous nous mesurer pendant votre*
» *absence avec Robert de Bellême. Les chances ne*
» *pourront devenir égales entre nous que par ce*
» *moyen ; car il est évident qu'il met sa confiance*
» *dans la protection que vous lui accordez, et que,*
» *de notre côté, nous sommes plus retenus par le*
» *respect que nous gardons pour vous, que par la*
» *crainte qu'il nous inspire.* »

On ne voit point dans l'histoire que le duc Robert

ait été touché de cette juste réclamation, et qu'il ait laissé les deux partis se mesurer librement ensemble. Incapable de prendre une vigoureuse résolution, il soutenait Bellême, sans cependant lui prêter l'appui de toutes ses forces. Il s'aliénait par cette conduite molle et incertaine l'esprit de tous ses vassaux, destin ordinaire des princes faibles et sans caractère.

Voici quelques nouveaux détails sur la suite du siége :

« Un four était situé en dehors des remparts,
» entre le beffroi et la porte de la forteresse, et là
» on venait cuire le pain pour la provision des
» assiégés qui n'avaient pas eu le temps d'élever un
» nouveau four dans l'intérieur des retranchemens
» avant l'arrivée de l'ennemi. Ce fut aux environs
» de cette construction que se livrèrent les plus
» vifs combats, et plusieurs guerriers y perdirent
» misérablement la vie, au milieu d'une grande
» effusion de sang. La garnison protégeait ceux qui
» venaient préparer le pain, et les soldats de Bel-
» lême faisaient tous leurs efforts pour enlever ces
» provisions. C'était une cause toujours nouvelle
» de carnage et de mêlée. Un jour, pendant que
» l'on travaillait dans le four, les deux partis s'ani-
» mèrent tellement les uns contre les autres, que
» les armées en vinrent à un combat général, où
» périrent près de vingt hommes, et où un plus
» grand nombre encore furent blessés, qui ne
» purent goûter de ces pains qu'ils avaient achetés
» de leur sang, *qui de panibus emptis cruore suo non*
» *gustaverunt*. A la vue des assiégeans, chaque jour

» les alliés de la garnison pénétraient dans le châ-
» teau, et le duc, par sa négligence, les favorisant,
» ils amenaient à leurs amis les renforts d'armes
» et de vivres dont ils pouvaient avoir besoin......
» .... Une fois il arriva que Bellême ayant été
» repoussé, un de ceux qui le poursuivaient monta
» dans le beffroi, et y mit le feu du côté du nord.
» Ce fut ainsi que, par un juste jugement de Dieu,
» fut consumée cette machine que le tyran avait
» effrontément élevée pendant les jours de la
» sainte Nativité du Sauveur. »

L'historien rend compte, après ces détails, de
l'arrivée devant la place, de Girard, habile évêque
de Séez, *solers episcopus*, qui venait pour rétablir
l'union entre ses fideles divisés. Il ne put réussir,
et Bellême s'oublia même jusqu'à lui faire un très-
grand affront. L'évêque fut tellement contristé de
ce mauvais succès, qu'on le reporta malade à Séez,
où il mourut peu de temps après. Le siége se pour-
suivit encore pendant quelques jours.

« Mais dans le cours de la dernière semaine,
» Guillaume-le-Roux, roi des Anglais, vint aborder
» en Normandie avec une grande flotte, et dès que
» le duc Robert en fut informé, il quitta le siége
» en toute hâte, avec Bellême et tous ceux qui les
» avaient suivis, et chacun regagna ses châteaux
» et ses foyers. » Ainsi se termina cette entreprise
contre deux seigneurs qui n'avaient pas mérité l'injuste aggression du duc. L'orgueil de Bellême fut
humilié, et le pays, pour quelque temps, fut dé-
divré de sa tyrannique oppression. Quant au vieux
Hugues et au vieux Richard, ils allèrent saluer

le roi Guillaume, et s'attachèrent à son parti jusqu'à ce que l'union fût rétablie dans la province[1].

Enfin, après cinq ans de trouble et de désordre, on vit le duc Robert s'entendre avec ses frères, et, l'amour des expéditions lointaines s'emparant de lui, il appela ses vassaux à le suivre à la grande croisade que l'on prêchait alors. Parmi les hauts barons normands qui montrèrent le plus d'empressement pour l'accompagner, on cite les seigneurs de Grantmesnil et de Courcy. C'étaient les fils de ces vaillans guerriers qui avaient conquis l'Angleterre. Ils étaient, comme leurs pères, pleins d'ardeur pour les aventures, et le besoin de la gloire faisait battre leurs cœurs. On sait quels exploits signalèrent les héros de cette grande expédition, et ce que firent surtout les Normands commandés par leur duc, qui mérita qu'on lui offrît la couronne de Jérusalem. Nous devons revendiquer ici, pour Robert de Courcy, fils de Richard, une part de cette moisson de lauriers que rapportèrent dans les champs de leur patrie les pieux soldats partis de nos cantons.[2]

Très-peu de temps après son retour de la croisade, Robert de Courcy combattit avec les Montgommery contre les Manceaux ; il fut blessé dans une sanglante mêlée, près du ruisseau de Riollet en Sonnois, et l'histoire nous assure même qu'il y perdit l'œil droit, *oculum Robertus dextrum amisit.* Sa rançon fut ensuite chèrement payée au comte

1 Voir l'*Histoire Ecclésiastique* d'Ordéric Vital, édition de Duchesne, pages 691, 692, 693, 696 et 722.

2 Voir les listes des compagnons de Robert, dans Masseville, dans Dumoulin, et tous nos anciens chroniqueurs.

du Maine, dont il était devenu le prisonnier dans ce jour fatal aux Normands[1].

Le nom de Robert de Courcy se voit sur plusieurs chartes pour St.-Évroult, pour St.-Pierre-sur-Dive et pour le prieuré de Perrières. Il continuait les libéralités de son père envers l'église[2].

En 1119, Henri I.er régnant sur l'Angleterre et la Normandie, les habitans de Courcy, *Curceienses,* et ceux de quelques forteresses voisines, eurent l'idée de se révolter en faveur de Guillaume, fils de Robert, qu'ils voulaient reconnaître pour duc. Henri déjoua leurs projets, et les fit promptement rentrer dans le devoir. Il livra aux flammes le château des Bailleul qui avaient excité le mouvement contre lui. Depuis ce temps, la garnison de Courcy ne songea plus à secouer le joug d'un maître qui savait si bien se faire respecter. Robert II de Courcy devait vivre encore à cette époque[3].

Son fils, Robert III, se signala l'année suivante au combat de Brenmale, où le roi de France, Louis-le-Gros, fut vaincu par les Normands. La bataille était gagnée, et les Français s'enfuyaient en désordre, quand le jeune Robert de Courcy, *Robertus de Curceio junior,* se laissant emporter par son courage, se précipita dans les Andelys, au milieu d'eux, et fut fait prisonnier par un groupe de combattans qu'il croyait être de son parti. De tous les chevaliers normands, il fut le seul pris, mais non comme un lâche, *non ut ignavus,* car il ne

1 Ordéric Vital, page 768, et Odolent Desnos, page 220, tome I.er. — 2 *Gallia Christiana,* pages 156, 159 et 208. *Instrument.* — 3 Ordéric Vital, page 849.

se rendit qu'au milieu de la ville, et quand il se trouva seul cerné par une multitude d'ennemis, *In hostium oppido solus à multis vallatus*. Robert fut retenu en prison jusqu'à la paix qui survint peu de temps après[1].

Plus tard, ce Robert III, devenu baron de Courcy, se déclara pour Geoffroi d'Anjou, pendant les troubles qu'amena la succession de Henri I.er, en 1138. Il rendit surtout un signalé service à Geoffroi, en lui faisant connaître un grand complot que l'on avait formé contre lui, et en le mettant à portée d'échapper à ses ennemis par une prompte retraite[2]. Pour prix de ce dévoûment, il devint quelque temps après grand-sénéchal de Normandie sous les ducs Geoffroi et Henri II; son fils Guillaume le fut également dans la suite, sous le second de ces princes. La dignité de sénéchal était la première de Normandie, sous la constitution de nos ducs. « C'était le grand-sénéchal qui présidait l'é-» chiquier en l'absence du souverain. » On le nommait aussi le *grand-justicier*[3].

Guillaume de Courcy, fils de Robert III, fut encore un des barons normands qui suivirent le fameux roi Richard à la troisième croisade; il est de plus compté, ainsi que son fils Robert IV, parmi les bienfaiteurs de l'abbaye de Troarn. La bouillante valeur et la libéralité envers l'église, vertus de ces temps chevaleresques, étaient, comme on le voit, héréditaires dans cette illustre maison de seigneurs normands[4].

1 Ordéric Vital, page 855. — 2 *Idem*, page 916.
3 M. de la Rue, *Essai sur Caen*, tome II, pages 245 et 247.
4 *Idem*, page 274, et Masseville, tome II, page 103.

On voyait à la même époque fleurir, au-delà du détroit, un membre de la branche anglaise de Courcy, qui devait porter la gloire de ce nom à son plus haut point. *Jean de Courcy*, sous Henri II, fut un des guerriers qui contribuèrent le plus puissamment à la conquête de l'Irlande ; pour récompense on le nomma plus tard gouverneur de ce royaume. Jean de Courcy fut encore un des champions de Henri II dans la grande querelle qui eut lieu avec la France pour le duché de Normandie ; il vint dans cette province, combattit et s'en retourna vainqueur. Les premiers lords d'Irlande sont les descendans de ce Jean de Courcy [1].

Nous trouvons encore d'autres seigneurs distingués dans la branche normande de Courcy, aux époques suivantes :

Sous Philippe-Auguste, Robert IV de Courcy avait mérité, pour sa valeur, d'être un des bannerets de Normandie ; il est cité parmi les seigneurs de ce pays qui possédaient le plus de grands fiefs dans la province [2].

Guillaume de Courcy figure dans les rôles normands comme devant au roi, en 1271, le service de cinq chevaliers, dont quatre pour le fief de Courcy ; ce service durait quarante jours. Les quatre chevaliers de la baronnie de Courcy, qui comparurent aux revues de Tours, en 1272, furent Guillaume et Nicolas de Courcy, Richard Carbonnier et Jean Baratte [3].

[1] Notes de MM. de Gerville et A. Leprévôt.
[2] Duchesne, page 1038, et Rôles normands.
[3] Rôles normands, St.-Alais, pages 256 et 265.

On trouve un nouveau Guillaume de Courcy figurant aux revues passées à Pontorson, par Duguesclin, en 1371. Ce seigneur fut un de ceux que le roi chargea de défendre les côtes de Normandie contre les Anglais, en 1388[1].

Jean de Courcy, son fils, devint gouverneur de Paris sous Charles VI, et, ayant été accusé d'intelligence avec les Anglais, il fut emprisonné et mis en jugement. Ses ennemis prétendaient qu'ayant demeuré en Angleterre auprès de la reine Élisabeth, il avait reçu des présens du gouvernement anglais, et qu'il devait en toucher encore des pensions secrètes qui le mettaient en état de soutenir « *le grand équipage et la grosse dépense* qu'il faisait. » Le Parlement s'occupa de cette grave affaire, et « ayant
» pénétré les motifs de l'accusation, et reconnu la
» probité et la fidélité du sire de Courcy, il le dé-
» clara innocent par arrêt, à la confusion de ses
» ennemis. Alors, ajoute l'historien, tout ce qu'il
» y avait de gentilshommes de Normandie à Paris,
» se rassemblèrent pour aller en corps tirer Courcy
» de prison, et rendre sa délivrance aussi hono-
» rable que la détention avait été injuste........ Le
» mérite seul de ce seigneur lui avait gagné la con-
» fiance du Roi, et c'était ce même mérite qui lui
» attirait l'envie des courtisans qui s'étaient portés
» ses accusateurs....[2] »

Le même Jean de Courcy se trouvait à la journée d'Azincourt, si funeste aux armes françaises. Il

[1] Rôles normands, Saint-Alais, page 286, et Masseville, tome IV, page 17. — [2] Masseville, tome IV, pages 26, 27, et le *Religieux de St.-Denys.*

perdit tous ses biens lors de l'invasion anglaise,
mais Henri V les lui restitua en 1411. Richard de
Courcy, son successeur, obtint de Henri VI une
sauve-garde, en 1430[1].

Jean II, seigneur d'Aussonvillers et de Courcy,
fut trésorier de France, *galliarum ærarii præfectus*,
quelque temps après l'expulsion des Anglais. L'un
de ses fils, Godefroi, devint évêque de Coutances,
vers 1478, et trente ans plus tard, en 1509, il
vint mourir à Courcy, *in castro de Curceio*, d'où
il data son testament. Godefroi, par cet acte,
entre autres institutions, donnait seize bourses
pour autant de pauvres jeunes-gens qui devaient
recevoir l'éducation gratuite au collége d'Harcourt,
à Paris. Ils devaient être formés dans les principes
de la morale, des belles-lettres et des beaux-arts,
in moribus, litteris et bonis artibus. Le sage évêque,
comme on le voit, était bien au-dessus du siècle
où il florissait. Combien en est-il peu, même de
nos jours, qui sachent faire de leurs richesses un
emploi aussi honorable[2].

Nous trouvons des Courcy reconnus nobles, et
comme tels dispensés de la taille, sur toutes les anciennes listes de 1463, de 1549, &c. Ils portaient
sur leurs armes *d'azur avec des frettes d'or*. En 1591,
on en vit un chargé par Mayenne de la distribution
des vivres pendant le siége de Rouen par le roi
Henri IV; et le dernier qu'ait cité l'histoire, fut
tué au siége de Carthagène, en Amérique, au mois

[1] Manuscrit de l'abbé Hébert et Rôles normands.

[2] *Gallia Christiana*, pages 8;6 et 898.

de mai 1697 [1]. Du reste, dès cette époque, ces seigneurs avaient aliéné les domaines paternels, et
portaient seulement le titre de *seigneurs de Magny*
et *de Vieuxfumé*. Aujourd'hui, leurs derniers descendans existent encore ignorés, à ce qu'il paraît,
à Magny-le-Freule, près de Mésidon, et à Boissi-le-
Sec. *Sic transit gloria mundi.* La branche anglaise,
du moins, a mieux soutenu son nom, et le premier
baron d'Irlande, *lord Kinsale*, comme nous l'ob-
servions il n'y a qu'un moment, est encore un des
descendans en ligne mâle et directe du fameux Jean
de Courcy. Les grandeurs sont restées à celui-là,
pour suppléer au besoin à la gloire [2].

C'est ici que se terminent les longs détails que
nous avons cru devoir donner sur une des races
les plus illustres qu'ait vu naître la province. Personne n'avait encore relevé l'antique honneur de
Courcy, et cette tâche semblait nous être imposée
par la nature du livre que nous voulons offrir au
public. La baronnie de Courcy fut acquise, il y
a deux cents ans, par les seigneurs d'Oilliamson,
qui portèrent, jusqu'à la révolution, le titre de
marquis de Courcy [3].

DESCRIPTION.

Courcy, lisière de l'arrondissement vers le Pays-

1 Monfaut, Chamillard, Masseville, tome V, page 312,
et tome VI, page 298.

2 M. Aug. Leprevost, notes du *Roman de Rou*, tome II,
page 245.

3 Il existe une Notice sur Courcy, par M. Richomme, de
Falaise, dans le tome III des *Mémoires de la Société des Antiquaires de la Normandie*; mais elle est tellement incomplète,
qu'on ne peut la regarder que comme un essai.

d'Auge, est borné au nord par Lieury et Tôtes ;
à l'est, par Réveillon et Vaudeloges ; au sud, par
Louvagny ; et à l'ouest, par Jort. C'est un pays de
plaine, extrêmement plat, qu'arrosent trois petits
ruisseaux nés de fontaines au milieu des herbages ;
le Douet-de-Houle, le plus important des trois,
remplit les douves du château fort, et va se perdre
à une lieue de-là, dans la Dive. Les cours d'eau de
Couënon et de Posnée, moins considérables, se
dessèchent dans les chaleurs. « Le parc renferme
» aussi des sources d'eaux ferrugineuses » depuis
long-temps abandonnées.

Le territoire se compose de 617 arpens métriq.
de labour ; 27 arp. de prairies ; 110 arp. de pâtures
et vergers ; 117 arp. de taillis, et 25 arp. d'habitations, jardins, &c. ; en tout, 896 arp. métriq.
ou 1100 acres. Le sol est en général de qualité médiocre. Les pâturages renferment environ 150 vaches
ou petits bœufs d'engrais pendant la saison. La culture s'y fait au moyen de 40 chevaux, 45 bêtes à
cornes et 300 moutons communs. Outre les grains
ordinaires, le blé, l'orge, l'avoine, on voit des
champs de sainfoin, de trèfle, de pommes-de-terre,
de lin et de chanvre. L'habitant laborieux fait assez
bien valoir son domaine, quoique par un système
vicieux. On compte un quart des fonds en blés,
un quart en menus grains, un quart en prairies
artificielles, et le dernier quart en jachères. Mille
à quinze cents arbres fruitiers donnent un cidre
assez agréable.

Le nombre des feux est de 109, et celui des habitans de 376 ; les naissances de cinq années se

sont élevées à 25, et les décès à 32. Les femmes filent le chanvre et le lin ; douze hommes sont tailleurs de pierre ; deux sont charpentiers, et un est couvreur ; tout le reste se livre aux travaux des champs. Cette population n'est point tracassière ni déréglée. Descendant d'une race belliqueuse et mêlée, elle a pris des mœurs simples et douces ; les fils des aventuriers et des preux sont les paysans les plus casaniers et les plus tranquilles de nos cantons. La chicane même ne trouble point leurs hameaux. Trente de leurs enfans vont au-dehors chercher des leçons, à défaut d'un instituteur placé sur les lieux.

Les chemins vicinaux et communaux sont au nombre de sept, et les chemins d'exploitation au nombre de quatorze. On emploie chaque année 500 fr. à les réparer, et cependant ils sont encore mauvais pour la plupart. La nature peu consistante du sol rend leur entretien extrêmement difficile.

Courcy possédait autrefois un marché et des foires. C'étaient des fondations de ses anciens barons. Ces foires et ce marché ont été transférés dans la suite à St.-Pierre-sur-Dive. On montre encore dans le village l'emplacement des anciennes halles. On montre aussi le lieu où « se tenoient les pleds » et gage-pléges ; la justice se rendoit aux gens de » la baronnie aux pieds d'un orme monstrueux, » non loin d'une porte de la seconde enceinte qui » est encore debout. » Un collége, fondé par les seigneurs, était destiné aux enfans de la commune ; dans le dernier siècle on détourna les revenus qui étaient réservés à cette institution, et les exercices furent aussitôt supprimés. « Le curé était recteur, » et les vicaires et chapelains étoient professeurs. » Courcy n'a plus que des souvenirs de toutes ses anciennes prospérités.

Le bois de Courcy, percé d'avenues, et d'une étendue de 116 arpens, est la plus belle propriété de ce genre qui soit dans le canton. Il se divise en dix coupes inégales qui donnent, année commune, 6 à 7000 bourrées et 4000 fagots au moins. Le gibier que l'on y trouve consiste principalement en perdrix et en lapins. Il est à un demi-quart de lieue environ du village. Une habitation, nommée *Langrais*, que l'on voyait à l'entrée autrefois, a été récemment détruite. Le parc, le bois et quelques champs, évalués ensemble à 10,000 fr. de revenu, sont en ce moment en vente.

Nous décrirons maintenant les monumens anciens.

Nous avons dit que les Romains avaient occupé le pays; outre le nom de la commune, voici les raisons que nous avons de le penser :

A quelques centaines de pas du château fort, vers l'est, on montre un champ, nommé *les Chatelets*, qui fut autrefois enceint de fossés, protégé par des tours, et que la culture n'a envahi que depuis quinze à vingt ans. On assure que l'on y a trouvé des tuiles et des briques de forme antique, et l'on veut, d'après des traditions, que là ait subsisté primitivement un camp romain. Le fait est très-possible, assez probable même, et cependant nous ne pouvons l'appuyer d'aucune preuve incontestable. Mais un peu au-dessous, en se rapprochant du château, dans un champ nommé *Sous-Cufour*, « à l'entour duquel dut exister une ville, » les habitans, à plusieurs reprises, ont découvert des monnaies romaines de cuivre, dispersées ou réunies. Une fois, il y a vingt ans à-peu-près, dans un seul vase de poterie, on en recueillit une centaine au moins. Elles ont été livrées à plusieurs particuliers ; mais il en existe encore beaucoup dans le pays. Trois nous ont été données pour le cabinet de la ville : l'une par le maire de Courcy, à l'effigie de *Marc-Aurèle*, et deux par M. Melun, de Coulibœuf, aux effigies d'*Antonin Pie* et de *Lucile*. Les autres, que nous avons vues, sont d'*Adrien*, d'*Antonin Pie*, de *Faustine* mère, de *Marc-Aurèle*, de *Faustine* jeune, de *Lucile* et de *Commode*. Tous ces monumens, comme on le voit, appartiennent à une seule époque, au 2.e siècle de notre ère. M. l'abbé Lépinard a vu un vase de poterie, découvert près de-là, « dans lequel se trouvaient des cendres et des charbons » ; un petit anneau de cuivre, qu'il nous a remis, en était peu éloigné. Il a vu encore une espèce de caveau voûté en forme de crypte, « où une petite lampe oxidée était placée dans un mur, dans la direction du sud. » On y remarquait de plus « les ossemens de deux individus dont l'un étoit plus petit que l'autre. » Tous ces objets sont évidemment romains ; ils attestent qu'en ces emplacemens ont séjourné les conquérans des Gaules. Ajoutons à cela que le chemin *Haussé* devait passer à une petite lieue de-là environ, à l'ouest, vers la Dive. Si l'établissement n'a pas duré très-long-temps, il faut au moins accorder qu'il a dû subsister jusqu'à

la fin du 2.e siècle, *Commode* n'étant mort que
dans le cours de l'année 192...

S'il peut y avoir quelque doute sur le lieu précis
où campaient les Romains, il n'y en a pas certainement sur l'importance de la forteresse des Courcy,
et sur l'étendue du terrain qu'elle occupait dans le
temps des guerres de notre moyen âge, ainsi que
la plupart des grands châteaux de ce genre ; elle
se composait de trois enceintes, dont la plus grande,
embrassant tout le village et l'église actuelle, était
seulement défendue par des fossés profonds, et renfermait toute la population des vassaux de la baronnie qui résidaient à Courcy. Quelques-unes des
rues du village portent encore des noms qui rappellent cet ancien état de choses ; ainsi, l'on connaît
la rue des *Fossés*, la rue des *Loges*, la rue *Ferrée*,
&c., &c. Du reste, cette troisième enceinte n'existe
plus, et les anciens se souviennent seulement d'en
avoir vu les traces dans leur première jeunesse.

La seconde enceinte est très-bien marquée ; les
fossés sont existans sur plusieurs points ; les tours
de défense ne furent renversées qu'à la fin du dernier siècle ; et enfin, la porte d'entrée est debout
encore et très-entière. Cette porte présente une
ogive simple de quinze pieds de haut, avec la rainure à demi-marquée de la herse, dans l'intérieur ;
des souterrains ont été retrouvés tout récemment
en dessous, se dirigeant de différens côtés. Les gens
de guerre étaient campés ou logés dans cette partie
du château.

La dernière enceinte, ou le noyau de la forteresse, offre une masse carrée de remparts de cinq
pieds

pieds d'épaisseur, flanqués de douze tours, dont quelques-unes peuvent avoir encore trente pieds d'élévation. Les constructions sont en moëllon, et les assises inférieures en *arétes* parfaitement marquées. La porte était à l'ouest, entre deux grosses tours, sur l'une desquelles s'élevait le beffroi. La maison des seigneurs était dans cette enceinte, ainsi que la prison et une très-ancienne petite chapelle dédiée à Ste.-Catherine. La fenêtre du fond de cette chapelle est romane, mais les ornemens du dehors, plus récens, datent seulement du 15.e siècle. La maison des seigneurs a disparu, et l'on ne voit plus qu'une ferme sur l'emplacement. Les douves sont encore remplies d'eau vers l'ouest et le nord; le pont-levis est remplacé par une chaussée.

La masse de la forteresse de Courcy, fort imposante encore, malgré son état de dégradation, est ce que l'arrondissement possède de plus remarquable et de plus entier dans ce genre, après le château de Falaise. Sa position, dans une campagne très-plate, semblait mal choisie pour soutenir une vive attaque, et nous avons vu cependant qu'elle fut en vain battue pendant trois semaines, par une armée féodale commandée par un chef expérimenté. En dehors, vers le nord, au-delà du cours d'eau de Couënon, le voyageur observe de grands mouvemens de terrain qui annoncent une position militaire. C'était-là, selon toute apparence, le camp de Bellême. Peùt-être le duc de Normandie, simple spectateur, était-il placé aux *Chatelets?* Le four était, d'après les uns, situé au nord, et selon d'autres, sur le point nommé *Sous-Cufour,* où les

27.

monnaies romaines ont été récemment trouvées.
Du reste, tous ces alentours ont été infailliblement
le théâtre de scènes de carnage; et quand on parcourt aujourd'hui ces anciens champs de désolation, au milieu des nombreux troupeaux qui s'y
égarent avec tant de sécurité, on est naturellement
amené à réfléchir sur les révolutions qu'entraînent
les siècles, et à comparer ce qui est de nos jours
avec ce qui fut jadis. Chaque souvenir des sanglans
démêlés de nos pères, fait alors bénir l'heureuse
paix qui règne maintenant dans nos contrées. On
apprend à reconnaître combien nous valons mieux
que toutes ces générations de héros et de preux qui
se battaient si vaillamment, mais si déraisonna-
blement, pour les plus frivoles intérêts. Honneur
aux braves, sans doute, quand la bravoure est nécessaire; mais honneur, avant tout, aux peuples
civilisés qui vivent dans l'union et le calme, à
l'abri de sages lois. Dieu préserve nos fils de re-
tomber jamais sous ces règnes de despotisme et de
barbarie, connus sous le nom de *féodalité !...* [1]

M. l'abbé Lépinard, dans un petit mémoire qu'il

[1] M. Charles de Vauquelin a fait un dessin du château de
Courcy, qui se voit dans l'atlas du troisième volume des
Mémoires de la Société des Antiquaires de Normandie ; la forteresse est prise du milieu du parc, vers le sud-est. M. le
marquis d'Oilliamson, qui possède encore cet ancien monument, l'a représenté, pour notre ouvrage, vu de la seconde
enceinte : on aperçoit les deux tours qui soutenaient la porte
d'entrée, et la ferme paraît dans l'intérieur, avec des accessoires qui rappellent la destination actuelle des constructions.
Le contraste est ainsi assez habilement saisi. On voit à-la-fois
quel fut et quel est aujourd'h Courcy.

nous a remis sur Courcy, parle « de tablettes de
» cuivre, conservées jadis dans le chartrier du
» château, sur lesquelles étaient gravés les faits
» mémorables des barons et les événemens de la
» province. On les fit couler, dit-il, lors de la
» *fonte des cloches*, au commencement du dernier
» siècle, et ainsi périt une des plus importantes
» chroniques de Normandie. » Voilà un de ces faits
qu'il nous suffira de signaler aux réflexions des
lecteurs. Les vandales qui transformèrent en *cloches*
les tablettes historiques du chartrier de Courcy,
doivent inspirer, à ce qu'il nous semble, plus de
pitié que de colère...

Il nous reste à noter, parmi les objets trouvés à
Courcy, un *salut* d'or du roi Henri V d'Angleterre,
et le *sigillum* d'un *Fralin de Catilon*, qui date du
14.ᵉ ou du 15.ᵉ siècle. Catillon est le nom d'une
commune peu éloignée, et les seigneurs qui l'habi-
taient se seront sans doute anciennement alliés à
ceux de Courcy.

L'église de Courcy est de plusieurs époques : le
chœur présente extérieurement une double rangée
de petites arcades rondes, se croisant les unes sur
les autres, de manière à offrir dans leurs enlacemens des ogives pointues. C'est le premier ornement
roman de ce genre que nous ayons remarqué dans
l'arrondissement. Près de l'autel, intérieurement,
on voit d'élégantes ciselures du temps de la renaissance. La nef et la tour sont modernes. Au pied
d'un des petits autels, dédié à S. Léonard, est une
chaîne de fer devenue l'objet d'une superstition
dans les environs. On croit qu'en y attachant les

enfans *noués* et rachitiques, l'intercession du saint suffit pour les guérir. On y vient donc « de six à huit lieues, ce qui ne manque pas de valoir quelque chose à l'église, » comme on nous le fit observer sur les lieux. La chaîne de S. Léonard de Courcy était autrefois en argent, et datait du temps des croisades. On la vendit, il y a cent ans, pour *payer le fondeur* qui avait mis en *cloches* les tablettes du chartrier. Les autres patrons de l'église sont les SS. Gervais et Protais. Le jour de la fête « une » assemblée nombreuse obstrue le cimetière, les » carrefours et les rues adjacentes. »

Sur la pointe du chœur est un tigre sculpté qui regarde le château. C'était, à ce qu'on prétend, l'emblême de la force militaire des anciens barons de Courcy.

Dans la forteresse existait une chapelle de saint Ferréole, où les fidèles se rendaient anciennement en grande foule, *quò populorum finitimorum turba frequens confluebat.* Une chronique en fait mention à la date de 1030 à-peu-près, et par conséquent dès le temps de Baudric-le-Teuton. La forteresse existait donc dès cette époque très-reculée de nos annales normandes. On ne connaît plus aujourd'hui que de nom cette chapelle de S. Ferréole[1].

Nous devons beaucoup de nos renseignemens sur Courcy à M. Lépinard, maire de la commune, et à son frère, M. l'abbé Lépinard. L'adjoint se nomme M. Guillaume Gautier, et le desservant, M. l'abbé Coulibœuf.

Les impôts se montent à 5,171 fr. 05 cent.

[1] Voir à ce sujet le *Neustria Pia*, page 497.

COMMUNE DE JORT.

JORT est écrit *Jorra* dans un vieux chroniqueur.
Ce mot pourrait alors exprimer un lieu sale, marécageux, bourbeux. On expliquerait cette qualifi-
cation donnée au village, en admettant que les premières maisons ont pu s'élever au bord du marais
qui se voit encore près de Jort. L'emplacement aurait été signalé comme sale, mal tenu, mal propre,
et tel est en effet le sens du mot *Jore* dans la langue
romane.

On dit aussi que Jort doit son nom aux *Jorovasses*
ou *Jorovistes*, espèce de peuplade étrangère qui vint
s'établir sur ce point, après l'invasion de la Gaule.
Nous rechercherons plus tard si cette opinion peut
avoir quelque fondement.

Le seigneur de Jort était à la conquête. Il est cité
par tous les historiens, et notamment par Robert
Wace, qui le place, avec le baron de Courcy, au
nombre des plus vaillans compagnons de Guillaume :

Cil de Corcie et cil de Jort,
I unt cel jor maint Englès mort ; 1

dit-il, pour peindre le grand carnage qu'ils firent
l'un et l'autre dans la journée d'Hastings. Un Jean
de Jort, *de Jorrá*, le fils ou le petit-fils du premier,
fut tué dans un combat livré aux bords de l'Orne,
à Geoffroy d'Anjou, en 1138. L'histoire dit que
c'était un noble et beau guerrier, *nobilis et pulcher
miles.* Sans doute il fut le dernier de sa race, et

1 *Roman de Rou*, tome II, page 245.

depuis lui, du moins, le nom de ces seigneurs ne se voit plus dans nos chroniques [1].

La comtesse Lesceline, qui fonda le monastère de St.-Pierre-sur-Dive, en 1046, avait, à ce qu'il paraît, la suzeraineté d'une partie des domaines de Jort, et ce fut elle, entre autres, qui céda aux habitans le marais dont nous avons déjà parlé, et celui de Macel qui en est voisin. La tradition et d'anciens titres confirment ce fait [2]. Du temps de Lesceline, Richard de Courcy donna, de son consentement, à la maison de Saint-Pierre, des biens qu'il possédait à Jort, à Macel et à Pont, *in Macel, in Jort, et in Pontibus* [3]. Robert, fils de Niel, *filius Nielli*, donna également pour sa sœur et pour lui, avec l'aveu de ses frères, l'église de Jort, ainsi que six champs, *ecclesiam de Jort cum sex agris* [4]. Enfin, quelque temps après, Raoul de Montpinçon, échanson de Guillaume-le-Grand, *dapifer Guillelmi magni*, offrit à St.-Évroult les trois moulins de Jort, dont il était propriétaire [5]. Jort se trouva ainsi, en grande partie, possédé par les gens de main-morte, et on n'en retrouve plus pour ainsi dire aucune mention dans la suite. M. le maire de la commune ajoute aux particularités que nous venons d'offrir, que le duc Guillaume lui-même fit une libéralité à l'église de Jort d'une somme de 300 liv., par un acte dont il a vu la copie, il y a treize ans, dans le chartrier de Vendœuvre. Nous

---

1 Orderic Vital, page 916. — 2 Notamment un acte de 1678, que nous indique M. Gracbard, maire du lieu.
3 *Gallia Christiana*, pag. 156 et 159. — 4 *Idem*, page 203.
5 Orderic Vital, page 585.

donnons le fait sous sa garantie, n'ayant pu le vérifier nous-mêmes[1].

Nous passons maintenant à la description de cette localité.

Jort est borné au nord par Vendœuvre et Pont; à l'est, par Morières et Courcy; au sud, par Louvagny, Vicques et Bernières; à l'ouest, par Perrières. Le territoire s'étend sur les rives de la Dive, et se compose de champs et de prairies. On compte 550 arpens métriques de fonds en labour, 70 de prairies, 7 de maisons et jardins, 30 de friches, chemins, rivières et grosses haies; en tout 657 arpens métriques, ou 804 acres.

Outre le grand village, on connaît deux hameaux, Massel ou Macel, et le Moulin-*Fouleux*.

La Dive, qui reçoit le Douet-de-Houle venant de Courcy, offre des eaux belles en général, mais froides, et dangereuses pour ceux qui voudraient s'y plonger. On les répand dans les prairies qu'elles fertilisent, et elles fournissent à tous les besoins des habitans. Elles ne font plus mouvoir aucun moulin sur la commune.

On cultive les champs de Jort comme ceux des environs. Les grains sont les mêmes, ainsi que les assolemens. Seulement, l'orge y croissant d'une qualité supérieure, c'est à cette espèce de grain que les laboureurs s'attachent principalement. « L'orge » de Jort est le plus blanc et le meilleur du pays; » c'est celui que les acheteurs recherchent de pré- » férence dans les marchés. Le blé est inférieur, » et ne croît qu'à force d'engrais, de soins et de » dépenses. »

1 Mémoire de M. Grachard, page 3.

Les engrais sont le fumier d'animaux et la tourte de rabette mélangés. On obtient de très-bons résultats en jetant sur les champs des démolitions de maisons, et des terres neuves, ou qui depuis longtemps n'ont point servi à la végétation.

Il y a peu d'arbres fruitiers, et l'on ne s'occupe point de les multiplier. On est convaincu que le sol sablonneux, sec et aride, ne leur convient point. M. Grachard est presque le seul qui en ait planté depuis quelque temps, et il pense que ses travaux ne seront point perdus. Son exemple alors pourra trouver des imitateurs.

Le bois, en petite quantité, ne consiste que dans quelques haies et buissons. Toutefois, depuis le partage des marais, en 1793, on a planté dans ce sol mou, et jusque-là perdu, beaucoup de peupliers qui se développent très-rapidement. Les bois verts y vont être également essayés, et, s'ils réussissent, ce point du territoire deviendra l'un des plus précieux pour les habitans.

On compte à Jort 50 chevaux de culture, près de 100 bêtes à cornes, et 800 moutons communs. Le nombre des maisons est de 100, et celui des feux de 120. La population s'élève à 460 habitans. Cinq années de recensement ont offert 46 naissances sur 45 décès. On voit plusieurs vieillards de 80 ans, et deux de 90 ans.

L'industrie locale est nulle à-peu-près, et l'agriculture occupe presque tous les bras. Six à huit individus vont aux moissons vers Paris, sans en rapporter de grands avantages. Deux bonnetiers, un maréchal, un charron, un bourrelier, quatre charpentiers, deux tourneurs et deux aubergistes, composent toute la partie de la population qui n'est point purement agricole.

Le besoin de l'instruction commence à se faire sentir, et près de 70 enfans reçoivent, en hiver, les leçons d'un instituteur placé sur les lieux. Dix environ sont instruits gratuitement. L'esprit tracassier et un peu turbulent des habitans s'améliorera ainsi par degrés. Une vertu précieuse que l'on nous signale parmi eux, est la charité ; dès qu'il se trouve dans leur village quelque famille indigente, chacun s'empresse de la secourir aussitôt, « sans ostentation et avec le plus grand désinté- » ressement. »

Trois chemins vicinaux et 26 chemins de communication, traversent la commune de Jort dans tous les sens. Le principal est celui de Trun (autrefois celui d'Exmes), qui passe au milieu de la grand'rue du village, et n'a pas moins de six à sept mètres de largeur sur presque tous les points. Perrières, peu éloigné, offre de très-bonne pierre dans ses rochers de quartz, pour l'entretien de tous ces chemins. C'est avec les rochers de Perrières que l'on a encaissé la nouvelle route de Falaise à Rouen, qui traverse aussi Jort, au lieu où trois ponts ont été jetés, depuis tant de siècles, sur les trois bras de la Dive que l'on remarque en cet endroit. L'ouverture de la nouvelle route contribuera certainement plus tard à augmenter la prospérité de la commune, et donnera plus de valeur à son territoire. Déjà, pendant les foires, il y passe une grande quantité de voituriers et de voyageurs. C'est aussi un point de passage pour les troupeaux de bœufs qui vont aux pâturages du Pays-d'Ange.

Jort possédait anciennement une haute justice seigneuriale, et, par sa position, son importance et la facilité de ses abords, cette localité pouvait devenir le chef-lieu d'un canton. La justice de paix eût été là au moins aussi bien placée, à ce qu'il nous semble, qu'à Coulibœuf. L'inspection de la carte routière et territoriale du canton suffit pour en convaincre. Coulibœuf est d'ailleurs caché dans un vallon, tandis que le groupe de Jort se montre avec assez d'avantage sur la rive gauche de la Dive, au-dessus de laquelle il est un peu élevé. Le siége d'un notariat est depuis très-long-temps établi sur ce point.

Jort est sur l'emplacement d'une ancienne ville, si l'on en croit les habitans. Voici comment ils soutiennent leur opinion à ce sujet :

D'abord, les champs voisins de l'église sont encore désignés parmi eux comme ayant été jadis couverts d'habitations. On y trouve des débris et des fondemens de maisons ; et dans le cimetière, qui est très-grand, ainsi que dans les jardins environnans qui en faisaient autrefois partie, on découvre fréquemment des rangées de corps placés à la suite les uns des autres, et très-serrés, comme dans les temps très-anciens. On en montre aux voyageurs, en différens endroits, et on indique un champ situé sur le chemin de Courcy, qui s'appelle vulgairement *le Champ sur la Ville*, d'après les traditions.

Il est certain, ensuite, que l'église est plus grande

que la population ne le comporte, ce qui fait sup-
poser que dans l'origine la commune était plus
peuplée qu'elle ne l'est de nos jours.

Enfin, dans des anciens actes, et notamment
dans un de 1373, on voit Jort désigné comme une
ville : « Joûte au couchant, y est-il dit, la *grande
rue de la ville de Jort, etc., etc.* »[1]

Ainsi, la tradition, les titres et l'examen des
lieux, se réunissent pour démontrer ce qu'avancent
les habitans. Il ne reste plus maintenant qu'à reconnaître à quelle époque cette ville put être fondée
et dut être florissante. Quelques observations ser-
viront peut-être pour le démontrer aux amis de la
science :

Dans les champs voisins de l'église, et notamment dans celui qui porte le nom de *la Cour de Jort*,
on a découvert, dans les derniers temps, des tombeaux de pierre blanche, un tombeau de terre cuite,
un vase de poterie grise rempli de cendres et d'osse-
semens calcinés, des fragmens de poterie rouge à
reliefs, des morceaux de briques à rebord, un grand
anneau de cuivre, et des monnaies de bronze des
empereurs. Les tombeaux contenaient des ossemens,

---

1 Pièce citée par M. Grachard, notaire et maire, dans un
mémoire qu'il nous a remis, et dont nous avons extrait presque
tous nos renseignemens. M. Grachard est un des administrateurs les plus complaisans que nous ayons trouvés dans l'arrondissement, et nous nous empressons de lui témoigner ici
notre reconnaissance particulière. Nous regrettons de n'avoir
pu citer tout son travail. Il restera déposé dans les archives
publiques de la bibliothèque de la ville, avec tous les autres
mémoires que nous recevons sur le pays, et que nous ne pouvons présenter que par extraits.

et l'anse de celui qui était en terre cuite, seule partie que l'on en ait conservée, portait, en caractères romains, les trois lettres initiales E. R. P. (*erit perpetuum*). Le vase a été sauvé, et il est maintenant déposé, avec ses cendres, au musée de la ville. Parmi les monnaies, il en existe deux à l'effigie de *Néron*, dont une avec le revers : *Securitas Augusti*; et une autre à l'effigie de *Domitien*. Nous publierons une partie de ces objets qui nous ont été remis par le maire. En attendant, nous pouvons affirmer qu'ils sont tous romains, et qu'ils dénotent, par leur réunion, l'emplacement de quelque station ou *villa* romaine, placée anciennement sur ce point. Les monnaies indiqueraient qu'elle remonterait au premier siècle de notre ère. Mais d'autres fouilles feraient peut-être connaître de nouvelles pièces d'une époque un peu plus récente. Du reste, le nom de *Jorovasses* ou *Jorovistes*, que les habitans de Jort donnent à leurs premiers devanciers, s'appliquerait assez bien à une petite colonie de Romains qui serait venue après la conquête. Nous ferons observer aussi que la voie romaine (le vieux *chemin Haussé*) devait passer ou sur Jort, ou à une demi-lieue de-là, vers Bernières ; que Courcy en est peu éloigné, et qu'enfin toute cette campagne a dû être occupée militairement pour défendre les bords de la Dive, vers l'entrée du Pays-d'Auge, et l'extrémité de la petite plaine qui s'étend à droite de la route actuelle de Falaise à Caen. Tous ces rapprochemens, toutes ces considérations sont de nature, à ce qu'il nous semble, à donner l'idée que s'il y eut une ville à Jort, elle dut être fondée et occupée par les Romains.

Les *villa* de ces peuples, en pays conquis, n'étaient
pas toutes aussi importantes que nos cités actuelles.
C'étaient souvent de simples villages, avec des retranchemens et des soldats pour les défendre. Nous
nous réservons toutefois de faire plus tard en ce
lieu de nouvelles recherches, pour confirmer nos
conjectures. Le temps seul nous a manqué jusqu'ici
pour mettre fin à cette exploration, qui ne peut être
sans intérêt.

Il y avait un château de Jort autrefois ; mais ce
qui en reste est peu remarquable. Le travail peut
avoir 250 ou 300 ans. Deux anciennes tours, per-
cées de meurtrières, se voient encore sur les côtés.

Jort possédait aussi, il y a plusieurs siècles, un
établissement de *léproserie* ou *maladrerie*, qui subsistait encore en 1646. Aujourd'hui on ne connaît
même plus l'emplacement qu'il occupait.

Voici comment l'église de Jort était appréciée par
un de nos antiquaires qui la visitait en 1823 :

« Monument remarquable par son architecture
» qui appartient à l'époque de la transition du style
» circulaire à l'arc à ogive....... L'arcade du chœur
» est en ogive, avec des zig-zags et contre-zig-zags.
» Le portail, qui est dans le style roman, présente
» de très-beaux détails ; mais il y a une réparation
» intérieure, faite dans le 16.e siècle, qu'il ne faut
» pas confondre avec le travail primitif. Cette église
» paraît appartenir au 12.e siècle, comme celle de
» Pont, qui est d'un goût barbare. »[1]

Nos observations sont conformes à celles du

[1] Extrait d'une lettre de M. Édouard Lambert, de Bayeux,
du 24 janvier 1829. M. Lambert a fait d'autres observations

voyageur que nous citons, et nous ajoutons seulement que quelques-uns des détails de la fenêtre de
face et du portail, sont fort délicats et dignes d'une
attention particulière. Dans le chœur et les chapelles, sont les tombes de plusieurs curés et seigneurs; du nombre des derniers est un *Gratien
Gaultier*, celui même qui, sous Charles IX, porta
le premier le nom de *Beaurepaire*, comme nous
l'avons dit à l'article de *Louvagny*. Ces Gaultiers de
Beaurepaire étaient seigneurs de Jort. *Jacques*, l'un
d'eux, mort en 1636, est inhumé *au chancel* de l'église.

Le cimetière, bien tenu, clos de bons murs,
renferme trois tombes de curés, une croix et un
jeune if. La paroisse est sous l'invocation des saints
Gervais et Protais. Elle est desservie par un jeune
prêtre, M. l'abbé Tranchand.

L'adjoint est M. Philippe Rivière.

Les impôts, qui ne s'élevaient, en toute nature,
qu'à 88 liv. en 1676, se montent aujourd'hui à
5,392 fr. 04 cent.

qui viennent à l'appui de celles que nous avons présentées:
« J'ai remarqué, dit-il, en face de l'église, une grande
» quantité d'ossemens humains, avec des briques, des tuiles
» à rebord, des fragmens de poterie grise couverte d'un
» vernis noir, de terre grise à foulon, sans vernis; de poterie
» d'un rouge vif, avec le beau vernis des vases romains. Une
» partie des tuiles et des vases grossiers portaient l'empreinte
» du feu. J'ai recueilli un fragment qui contient l'aile droite
» d'une aigle éployée, etc......» C'est *sur l'emplacement même
de la nouvelle route*, et par conséquent sur un point assez
éloigné de la *Cour de Jort*, que le voyageur a trouvé ces objets.
L'établissement s'étendait donc sur une surface assez considérable. Les traces de feu remarquées sur les débris, annon-
ceraient-elles que la *villa* romaine aurait péri par un incendie!

COMMUNE DE PONT.

ON dit communément dans le pays, quand on parle de quelque objet fort ancien, qu'il est *vieux comme les ponts de Jort*. Il paraît qu'en effet il y eut dès les temps les plus reculés des ponts jetés à Jort sur la Dive, au point où on les voit encore aujourd'hui. Ces ponts ont donné le nom à la petite commune qui nous occupe. On aura dit le *hameau du Pont* ou *des Ponts*, pour désigner un groupe qui se sera formé au passage de la rivière. Nous avons cité un extrait d'une charte du 11.ᵉ siècle, où il est parlé de la cession faite à un monastère, d'un domaine situé à Pont, *terram quam tenuit Ricardus in Pontibus*. L'étymologie du mot est dans ce passage, qui, du reste, est le seul dans nos chroniques où il soit fait mention de cette localité.

La commune de Pont est séparée de Jort par la rivière de Dive et par les trois ponts que traverse la nouvelle route.

Elle est bornée par Perrières, Sacy, Vendœuvre, Jort et Bernières

Elle se compose de 185 arpens métr. de labour, treize de prairies, neuf de bois, six de cours, jardins, maisons, &c.; en tout, 213 arpens métriq. ou 261 acres.

Le village, situé sur la route, est très-fréquenté, et six chemins vicinaux ou communaux y aboutissent.

Le nombre des maisons est de 22;

Celui des habitans, de 75.

Dans cinq ans il y a eu 11 naissances et 5 décès ;
Huit à dix enfans suivent les écoles primaires ;
La culture se fait au moyen de 6 chevaux, de 12 vaches et de 100 moutons communs.

Les habitans sont laboureurs, journaliers, et deux seulement sont bonnetiers, et 3 aubergistes.

Telle est en peu de mots la statistique de cette petite commune, qui a cependant été, pendant quelques années, le chef-lieu d'un canton. On le supprima, ainsi que celui de Crocy, pour en former celui de Coulibœuf.

La propriété principale, celle qui absorbe presque tout le territoire, en s'étendant sur les communes voisines, est celle de M. de Vermenoux, que possédait tout récemment encore M. de Béville de Pont. Le château, agréablement situé, au milieu de prairies et de bosquets, près de la Dive, est un des plus remarquables de toute cette partie de l'arrondissement. Il est neuf, d'une belle apparence et de l'accès le plus facile. Ses dépendances, consistant en 224 arp. mét., sont évalués à près de 18,000 f. de revenu. Un des anciens propriétaires, M. de Béville, avait été officier supérieur du génie militaire sous le maréchal de Broglie, et avait levé plusieurs plans des campagnes d'Allemagne, pendant la guerre de sept ans. Nous avons sous les yeux celui de la bataille de Berghen, gravé par lui en 1759. Son fils, le dernier maire de la commune, chevalier de Cincinnatus, fit, sous Washington, la guerre de l'indépendance, en 1780. Il vit retiré dans une commune voisine.

L'église est un petit monument fort insignifiant que l'on veut détruire pour favoriser l'alignement

de

de la route. Le portail, roman pur, avec les ornemens du 11.ᵉ siècle, mériterait cependant d'être conservé ou attaché à quelqu'autre édifice.

La commune doit être supprimée, et réunie prochainement à Vendœuvre ou à Jort ; la paroisse fait déjà partie de celle de Vendœuvre.

L'adjoint est M. Ph. Morel, qui nous a fourni quelques détails, ainsi que M. de Vermenoux.

Les impôts s'élèvent à 1,857 fr. 26 cent.

COMMUME DE BERNIÈRES.

Le mot *Bernières*, selon Huet et M. de la Rue, est saxon ; il veut dire *grange*, *grenier*, *fenil*, &c. Les anciens l'écrivaient en latin *Berneriæ* ou *Bernieræ*. Nous trouvons six communes de ce nom en Normandie, sur lesquelles il y en a trois situées dans le Calvados.

Un seigneur de Bernières était à la conquête ; et depuis ce temps on en trouve un second qui devint évêque de Séez, un troisième qui fut trésorier de France, et enfin, plusieurs autres qui se signalèrent dans les armes, pendant le 17.ᵉ siècle. Nous ne savons lesquels de ces seigneurs appartiennent à la commune qui nous occupe, mais nous avons lieu de penser qu'ils lui étaient presque tous étrangers. Les traditions du moins nous donnent peu d'indications qui puissent nous porter à les lui attribuer. Deux parts de la dîme de Bernières furent données à St.-Évroult, par Robert de Vaux, au commencement du 11.ᵉ siècle ; et peu de temps après l'église de Bernières fut cédée, avec le prieuré de Perrières, à l'abbaye de Marmoutiers, située dans la Touraine. Voilà les seuls faits bien constatés que présente à l'écrivain l'histoire de cette commune.

Bernières, situé sur la rive gauche de la Dive, à la pointe des monts d'Éraines, s'étend entre Jort, Perrières, Ste.-Anne, Ailly et Vicques. La campagne est entièrement découverte, et les bords de la rivière sont seulement garnis de quelques rangs de peupliers. Le sol est léger, sablonneux et calcaire. Le territoire se compose de 365 arpens métriques, ainsi divisés : Labour, 323 arp. ; prairies, 30 arp. ; bois, 7 arp. ; cours, jardins, rivière, &c. , 5 arp.

Le village présente un petit groupe assez pittoresque lorsqu'on l'aperçoit du revers oriental des monts d'Éraines. Il offre plusieurs sources de belles eaux, parmi lesquelles il en est une assez renommée, que l'on appelle *la Fontaine St.-Pierre.* On la recherche, parce qu'elle guérit, dit-on, « les rousseurs et les maux d'yeux. »

L'agriculteur se plaint de sa terre qui, selon lui, est ingrate, et le paie mal de ses soins. Il la cultive encore d'après les routines, à l'exception de quelques petits essais qui ont été faits d'après un grand propriétaire voisin qui a donné le signal et l'exemple des utiles innovations. Les grains cultivés sont le gros blé à barbe, le blé franc, en petite quantité, le seigle, l'orge et l'avoine. Il y a peu de pommiers. Les engrais sont les fumiers d'animaux, trop peu abondans, et la tourte de rabette, contre laquelle quelques-uns conservent encore de fâcheuses préventions. Le nombre des chevaux est de 25, celui des bêtes à cornes de 60, et celui des moutons de 350, tous communs.

Tout le monde est agriculteur pendant l'été ; mais dans l'hiver, plusieurs des habitans s'occupent à des travaux différens, sans cependant chercher au loin leurs moyens d'existence. On voit alors dans le village deux ou trois tisserands et autant à-peu-près de charpentiers, de maçons, de menuisiers et de couvreurs. Les femmes filent un peu de lin pendant les longues veillées. Chacun vit de son travail, comme il peut, sans quitter le sol où il est né.

Un moulin à deux tournans, nouvellement établi, est en pleine activité.

« Deux cent vingt habitans au plus forment une » cinquantaine de ménages, logés dans des maisons » basses, couvertes presque toutes en chaume, et » très-rapprochées les unes des autres. » Dans les 5 ans du recensement on a remarqué 23 naissances et 22 décès. L'air passe pour être frais et sain. Un instituteur et une institutrice donnent des leçons à 70 enfans des deux sexes, parmi lesquels il y en a un tiers au moins qui sont de la commune.

Deux chemins vicinaux et quatre communaux traversent le territoire. Leur fond est assez solide, surtout vers la montagne. Le chemin *Haussé* devait autrefois passer au milieu de ces champs, à moins qu'il ne franchît la Dive aux ponts de Jort, pour se jeter dans le vieux chemin d'Exmes, que l'on nomme aujourd'hui *le chemin de Trun*. Nous n'avons découvert rien de certain à cet égard. Nous perdons le chemin *Haussé* à l'entrée de Perrières, pour ne le retrouver qu'à Morteaux. Dans cet intervalle il n'a pu s'étendre que sur l'une des deux rives de la Dive, et par conséquent sur le territoire de Jort et de Vicques, ou sur celui de Bernières et d'Ailly. Les établissemens romains trouvés à Jort et à Courcy, peuvent donner à penser qu'il se sera prolongé plutôt sur la rive droite de la rivière, que sur le bord où nous nous trouvons. Toutefois, si les monts d'Éraines furent aussi occupés militairement, comme il y a quelque sujet de le croire, il est présumable qu'un bras du chemin s'avançait de ce côté ; on n'en peut retrouver sur les lieux ni la trace ni le souvenir.

L'ancien fief de Bernières n'offre rien que l'on puisse signaler, et l'on dit seulement qu'il était possédé, dans les derniers siècles, par des seigneurs nommés *La Rue*, puis ensuite par un chevalier d'Artaignan. Les *La Rue* avaient construit une chapelle dédiée à S. Marc, dont on montre encore les fondemens. Le domaine appartient à MM. de Béville de Vicques.

« L'église est très-moderne, et ne remonte qu'à » l'année 1774. Sa forme régulière présente un rec- » tangle oblong, sans la moindre sculpture... Au- » dedans, elle est bien sèche, bien sonore, bien » aérée ; l'extérieur est petit et mesquin. » Le cimetière, enfermé et comme encaissé dans des murs de quatre à six pieds d'élévation, n'a que peu d'étendue. S. Pierre est le patron du lieu. Sa fête se célèbre avec la plus grande simplicité.

Le maire est M. Butant ;

L'adjoint, en même-temps instituteur, est M. Guesnou ;

Le desservant est M. Lemierre.

Les impôts s'élèvent, pour 1829, à 1,434 fr. 30 cent 1.

COMMUNE DE VICQUES.

Le mot de *Vicques* vient de *Vicus*, qui veut dire *bourg*, *village*, *groupe d'habitations*. Nous avons peu d'étymologies plus simples que celle-là.

1 Nous avons reçu, il y a deux ans, sur Bernières, un mémoire de vingt-trois pages, signé *Guesnon*, *élève*. C'est l'œuvre d'un écolier de talent, qui aime son pays et qui le juge assez bien pour un observateur de vingt ans. Nous aurions voulu le citer plus souvent, mais le style animé et poétique de l'auteur eût contrasté d'une manière un peu trop tranchante avec les formes naturellement plus austères du reste de cet ouvrage. Nous ne terminerons point cependant sans donner au public un passage de cet écrit. Nous choisirons de préférence, dans le chapitre des *opinions et préjugés*, ce qui concerne l'espèce d'effroi que la vaccine inspire encore à quelques paysans ignorans, et l'opposition qu'ils apportent à l'introduction de cette bienfaisante découverte dans leurs ménages et dans leurs hameaux.

« Qu'une petite vérole fasse sentir son influence conta-
» gieuse, dit M. Guesnon, qu'un chirurgien vienne répandre
» au sein des familles le bienfait préservatif de la vaccine,
» on verra des mères serrer leurs enfans dans leurs bras avec
» une espèce de terreur, les éloigner du chirurgien comme
» d'un bourreau, et s'écrier que l'on veut donc les torturer
» et les *écorcher vifs*... N'employez pas les raisonnemens;
» le préjugé est trop profondément enraciné, ou plutôt est
» devenu inhérent à leur nature... Mais qu'un médecin bien-
» veillant, qu'un pasteur philantrope, à force d'exhortation
» et de prières, parvienne à les entraîner, dès-lors il se
» constitue responsable de tous les maux qui surviendront

Un Jean de Vicques, *John de Wild*, était huissier de l'échiquier anglais sous Richard I.er ; l'office qu'il occupait était ancien et héréditaire ; on ne voit point cependant de seigneur de ce nom au temps de la conquête 1.

« Un vaillant capitaine, du nom de *Vicques*,
» Normand de nation, fut tué à l'assaut de Saint-
» Quentin, en 1554. »2

Un autre de Vicques était avec le duc de Montpensier, au siège de Falaise, en 1589 3.

Des seigneurs de la Moricière succédèrent aux de Vicques, auxquels ils tenaient par alliance.

» à l'enfant. Malheur à lui si la jeune créature éprouve une
» fièvre vermineuse, si la dentition la fait souffrir, si elle
» est faible, si elle meurt, ne fût-ce qu'à quinze ans, ce sera
» la suite, à coup sûr, du malheureux vaccin... Et, en sup-
» posant l'enfant préservé de tout accident, en le supposant
» robuste, joyeux, doué de tous les avantages d'une heureuse
» constitution, croit-on qu'au moins les parens seront con-
» vaincus ? Nullement..... Ce sera son tempérament qui aura
» résisté au vaccin ; on sera trop heureux qu'il n'ait pas *tourné*
» comme celui de tel autre enfant qui vient de mourir, étouffé
» par les vers, pour avoir été vacciné. »

Voilà une observation malheureusement trop juste encore. Le préjugé n'est plus général, mais il continue à régner parmi les classes les moins éclairées de nos cantons. Instruisons donc ces hommes grossiers, afin qu'ils comprennent mieux leurs intérêts. L'ignorance, comme on le voit, est aussi un des fléaux de l'humanité.

Outre le mémoire de M. Guesnon, dont nous pourrons offrir plus tard d'autres extraits, nous devons quelques renseignemens statistiques sur Bernières, à M. Butant, maire.

1 Extrait de *Madox*, communiqué par M. de Beaurepaire.

2 De Bras, page 160. — 3 Voir de Thou, *Histoire universelle*, et Masseville, tome 5, page 268.

Nous trouvons une Hélène de la Moricière, *è stirpe de Vicques*, abbesse de Villers-Canivet, en 1598. Ce fut son neveu, doyen de la cathédrale de Bayeux, qui tua M. d'Oilliamson de Vilerville, en 1626, au pont Angot. Ce doyen avait séjourné à Rome dans sa jeunesse, et s'était toujours fait remarquer par un caractère bouillant et emporté[1].

La commune de Vicques est bornée par Couliboeuf, Ailly, Jort et Louvagny. Elle se compose du village de Vicques et du hameau de Vicquette, situés l'un et l'autre sur la Dive. Le territoire offre 191 arpens métriq. de labour, 62 arp. de prairies et pâtures, deux arpens de bois, et 13 arpens de maisons, chemins, jardins, &c. ; en tout 268 arp. ou 328 acres.

Les champs sont de médiocre qualité, et les meilleurs, vers le vallon, produisent 200 gerbes par acre environ, tandis que ceux des hauteurs ne donnent au plus que 120 gerbes. Les prairies sont plus estimées, et fournissent des foins « en assez » grande abondance. On vend les fourrages 45 fr. » environ les cent bottes de 15 à 18 livres. » Le bois croît aisément le long des eaux, surtout le peuplier. « On estime que le peuplier, qui est bon » à couper au bout de 25 à 30 ans de plantation, » rapporté au moins un franc de rente à celui qui » le possède. » Les pommiers sont peu cultivés. L'agriculture est la même qu'à Jort et à Courcy. On y emploie 25 chevaux, 50 bêtes à cornes, et 200 moutons au moins, tous communs. On fauche les prés, au lieu d'y élever ou d'y nourrir des bes-

1 Voir l'article *Coulibœuf*, page 373.

tiaux. Les engrais principaux sont les fumiers et le marc de rabette mélangés. « Les blés fumés de » cette manière sont généralement meilleurs que » les autres ; les champs sont moins remplis de » mauvaises herbes. On met ordinairement quatre » cents tourtes ou 2000 livres pesant de rabette sur » une ancienne acre de 160 perches.

» On apporte dans la commune, pendant la » floraison des sainfoins, 150 ruches d'abeilles qui » font d'excellent miel. A l'automne, on les renvoie » dans le Bocage pour la floraison des sarrasins. »

Presque tous les habitans de Vicques sont culti-vateurs, à l'exception de six bonnetiers, six tisse-rands, deux cordonniers, un charpentier et un couvreur. « Les femmes filent et vont chercher de » l'herbe dans les champs pour leurs vaches. » On trouve dans le village un bon moulin à deux tour-nans qui ne manque jamais d'eau. Le nombre des feux est de 40, et celui des habitans de 172. Dans cinq ans on a compté 17 naissances sur 9 décès. L'air est sain, et l'on voit plusieurs vieillards de 80 ans. Les enfans, au nombre de vingt, vont chercher des leçons à Coulibœuf et à Bernières.

« Les orages sont rares. Ceux qui viennent du » couchant sont divisés par les monts d'Éraines.

» Il y a quatre chemins vicinaux et neuf com-» munaux. Celui de Jort à Trun, sur un fond dur » de sable blanc, est généralement bon. Les autres » sont plus ou moins mauvais, quoiqu'on les répare » au moyen de la prestation en nature... On re-» trouve ici, comme presque partout, les incon-» véniens de la loi actuelle sur les chemins pu-» blics. » (Celle du 28 juillet 1824.)

On voyait anciennement sur un gué de la Dive, entre Vicques et Vicquette, un pont, dit le *Pont Angot*, qui a disparu depuis quelque temps. On vient de le relever, mais pour les gens de pied seulement. Les chevaux n'y pourront plus passer. Ce point était cependant très fréquenté par les gens du Pays-d'Auge, qui le choisissaient de préférence à tout autre pour se rendre aux marchés de Falaise 1.

Il y avait autrefois, vers Coulibœuf et Ailly, un château fortifié, ceint de fossés, et défendu par des tours et des ponts-levis. Les fossés ont été comblés, le pont a disparu, et la maison actuelle, réparée et

1 Le gué du pont Angot, qu'enveloppent, la nuit, d'épais ombrages, a été long-temps et est même encore un lieu redouté par les vieilles des villages voisins. On se souvient de voyageurs qui y ont été battus ou jetés dans l'eau par de mauvais génies; on a dû voir une *dame blanche* assise sur l'étroite planche du pont, dont elle défendait l'abord à ceux qui ne la priaient pas à genoux; des fantômes s'y sont montrés; des *lëtices*, des *chiens noirs* y ont apparu aux bergers et aux enfans; une femme mystérieuse y a lavé sa lessive à la pâle clarté des étoiles... Chaque hiver, pendant les longues soirées, la doyenne du hameau redit quelqu'une de ces vieilles histoires aux fileuses ses voisines. Le plus grand nombre n'y croient qu'à demi; mais elles se promettent toutes néanmoins de ne jamais passer de nuit près du pont redoutable. C'est encore un effet de l'ignorance, qui tend à maintenir sous le chaume les superstitions et la sotte crédulité. Quand nos paysans seront plus généralement éclairés, alors seulement ils ne repousseront plus le bienfait de la vaccine; alors ils ne redouteront plus, ni les chiens noirs, ni les dames blanches, ni les loups garous. Qu'on leur donne donc le degré de science qui convient à leur position. Dût-on nous reprocher de tomber dans les redites, nous ne cesserons d'insister et de revenir sur ce point. (Observations puisées dans le mémoire de M. Guesnon.)

remise à neuf, n'offre plus rien que de moderne.
Un bâtiment, qui se voit dans les basses-cours,
présente seul encore quelques meurtrières. Au milieu de l'ancienne enceinte est une petite chapelle
bien conservée, qui remonte à trois siècles environ.
Le style de la porte est postérieur à la renaissance.
La cloche porte le nom de *François de la Moricière*,
seignr de Vicques, *chevalier de l'ordre du Roi*. Elle
fut fondue en 1601. François de la Moricière était
le père du doyen dont nous avons parlé. On prétend
qu'avant cette famille, ceux qui possédaient le domaine et portaient le nom *de Vicques*, étaient de
la race des *Bailleul*, qui donnèrent deux rois à
l'Écosse. Nous ne contesterons point ce fait, sur
lequel toute espèce de donnée nous manque. Voilà
cinquante ans environ que la terre et le château
furent acquis par M. de Béville, maréchal-de-camp,
dont les enfans résident encore sur le lieu. C'est
M. le baron Henry de Béville de Vicques qui est en
ce moment maire de la commune, et c'est à lui
que nous devons les notes qui ont servi de base
principale à notre travail.

L'église de la commune était autrefois sur le bord
du chemin de Trun, à un quart de lieue du village,
sur un exhaussement triangulaire, où se trouve
encore le cimetière. Les maisons avaient très-anciennement été bâties à l'entour; mais insensiblement, à ce qu'il paraît, on les rapprocha des eaux,
et l'abbé de Corday, dernier curé de la paroisse
avant la révolution, rasa le vieux monument pour
élever celui que l'on voit actuellement au hameau
de Vicquette, près des habitations. Cette dernière

construction est petite, insignifiante, et ne sert plus
au culte, la paroisse étant réunie à Bernières ; seulement on y montre « un autel dédié à S. Roch,
» qui est en grande vénération dans le pays ; l'on
» y vient de différens côtés en pélerinage pour les
» fièvres. » La paroisse, comme les dernières que
nous venons de citer, relevait, dans l'ancien temps,
du doyenné de Falaise.

L'adjoint est M. Guillaume Amfrie.

Les impôts directs sont de 2,126 fr. 86 cent.

COMMUNE D'AILLY.

Le mot Ailly, *Alleium*, *Allium*, *Aillieum*, peut
s'interpréter de différentes manières.

Les ailliers, *aillii*, étaient des oiseaux de proie ;
et s'il y en eut beaucoup, comme on le prétend,
sur les monts d'Éraines, il est possible qu'ils aient
donné leur nom à quelque point de la campagne
où ils se retiraient en plus grand nombre que sur
les autres.

Allium, en latin, veut dire *ail*, espèce de plante
sauvage que l'on trouve sur les terres blanches de
ces contrées. Par *aillie*, dans le moyen âge, on
entendait un ragoût rempli d'ail, ou un lieu dans
lequel l'ail croissait en abondance.

Enfin, *aille*, d'après Roquefort, signifie *côté*,
flanc, *bord*, *extrémité* ; et si l'on jette un regard sur
Ailly, on voit qu'il se trouve placé à l'extrémité des
monts d'Éraines, et sous le flanc oriental de cette
grande butte de sable, vers les bords de la rivière de

Dive. Nous présentons, au surplus, ces étymologies, sans prétendre nous arrêter à aucune de préférence. *Alliacum* pourrait aussi désigner la demeure d'*Allius*, en donnant à ce lieu une origine romaine.

Un Simon d'Ailly, du temps de Robert I.er de Courcy, dont il était vassal, dans le 11.e siècle, fonda un petit prieuré au pont Angot, qui fut bientôt après réuni à Perrières [1].

Les seigneurs d'Ailly ne se retrouvent plus guère que dans le 16.e siècle, époque à laquelle ils avaient fait don de la dîme de leurs domaines à l'église de Séez. Un baron d'Ailly servait parmi les gentils-hommes normands, sous les ordres de Montpensier, pendant les guerres du roi Henri-le-Grand contre les Ligueurs. Il se trouvait au siége de Honfleur, en 1594 [2].

Ailly est borné par Coulibœuf, Sainte-Anne, Bernières et Vicques.

Baigné par la Dive et dominé par les monts d'Éraines, le village est frais, ombragé, et présente un joli groupe de verdure, au milieu des champs arides qui l'environnent de plusieurs côtés.

Son territoire se compose de 306 arpens métriq., ou 375 acres, ainsi distribués : Labour, 267 arp. — Prairies, pâtures, 24 arp. —Taillis, futaies, 11 arp. —Jardins, maisons, &c., 4 arp.

Outre le village, il existe un petit hameau nommé *Canton*.

La culture est en progrès, et nous en parlerons à l'article de *Sainte-Anne*.

---

1 Manuscrit sur le diocèse de Séez, par l'abbé Hébert.
2 Masseville, tome V, page 365.

Elle se fait au moyen de quinze chevaux, de cinquante vaches et de 160 moutons communs.

Les habitans, au nombre de 105 au plus, répartis dans 27 ménages, sont presque tous laboureurs ou journaliers.

On a compté parmi eux, dans cinq ans, treize naissances sur douze décès.

Quinze enfans vont chercher des leçons primaires dans les environs.

Un chemin vicinal et trois chemins communaux servent à communiquer avec les lieux voisins.

A cet exposé se bornent les seuls détails que le maire nous a transmis sur l'état de sa commune.

Quant à l'ancienneté du lieu, nous avons vu chez M. de Vauquelin-Deschesnes une petite meule de pierre grise, brisée, de quinze pouces de diamètre environ, que l'on a récemment découverte dans le sol. Cette meule évidemment fit autrefois partie d'un moulin à blé romain. A-peu-près sur le même point, on avait trouvé des monnaies diverses qui n'ont point été conservées. Il eût été cependant fort important et fort curieux pour nous de pouvoir assigner l'époque à laquelle elles remontaient.

M. de Vauquelin a fait également recueillir, parmi les fondemens d'un vieux bâtiment détruit, peu éloigné du château, des fragmens d'une armure en cuivre, à mailles, à demi-calcinés et décomposés. Le travail semble se reporter au moyen âge et au temps de la chevalerie. En examinant de près ces fragmens, on est amené à penser que l'édifice qui les renfermait put être détruit par un incendie.

Deux des échantillons ont été remis dans le cabinet de la ville.

Le château d'Ailly, qui n'est ni grand ni ancien, offre toutefois dans son ensemble, et avec son entourage, une des fabriques les plus jolies et les mieux entendues qui soient dans le pays. Sur le devant, des massifs, bien disposés, masquent les bâtimens des cours, et dirigent la vue vers la plaine et la grande avenue de Sainte-Anne. Les lignes de cet horizon sont simples et d'un effet noble et imposant. Du côté de la rivière, des groupes de beaux maronniers s'étendent sur les eaux, et laissent entrevoir une vaste prairie que l'on suit jusqu'à Coulibœuf. Partout la végétation est forte et animée. Les maronniers furent plantés au mois de janvier de l'an 1700.

M. de Vauquelin-Deschesnes, le plus riche propriétaire des environs et même de l'arrondissement, habite le château d'Ailly qu'il ne quitte à aucune époque de l'année. Ami des lettres et de la science, il s'est entouré de quelques-uns de leurs produits et de leurs plus riches merveilles. Déjà nous avons cité un magnifique manuscrit in-folio sur vélin, de la *Chronique de Normandie*, qu'il nous a bien voulu confier pour travailler à notre ouvrage. Parmi les autres raretés littéraires que renferme son château, nous noterons le beau travail de *la Description de l'Égypte*, publié par l'Institut, et le grand *Voyage pittoresque en Grèce*, de M. de Choiseuil-Gouffier.

L'église d'Ailly, située près du château, est un petit monument roman de la fin du 11.ᵉ siècle.

Une porte étroite, à cintre plein, avec bâtons rompus, maintenant recouverts, se remarque à l'un des côtés du chœur. Parmi les corbeaux, il en est de grimaçans et de hideux. L'intérieur est gothique de première date. La paroisse, aujourd'hui supprimée et réunie à Coulibœuf, a pour patron S. Gerbold, évêque de Séez.

Le maire se nomme M. Gabriël Chauvel, et l'adjoint, M. Nicolas Chauvel.

Les impôts s'élèvent, d'après la matrice, à 1,828 fr. 98 cent.

COMMUNE DE Ste.-ANNE-D'ENTREMONT.

Voici comment on raconte, d'après une tradition, l'origine de la petite commune que nous allons décrire :

Au temps de Lesceline, comtesse d'Eu, qui fonda, vers l'an 1046, le monastère de Saint-Pierre-sur-Dive, un jeune chevalier de sa suite vint chasser sur les hauteurs d'Éraines, et dans les bois qui couvraient les flancs de la montagne du côté de Bernières et d'Ailly. Un sanglier partit devant le chasseur qui le suivit jusque dans un petit vallon, entre deux collines, où les chiens l'atteignirent et lui firent de profondes blessures. L'animal furieux se jetait sur ce qu'il rencontrait, et, dans un de ses mouvemens, il atteignit le trop ardent chevalier, qui tomba baigné dans son sang. On lui donna des secours qui semblèrent d'abord inefficaces, et, le coup paraissant mortel, on crut devoir en prévenir Lesceline, qui lui portait un vif intérêt. Lesceline

accourut, et trouva le malheureux jeune homme
à demi-expirant. Son regard était presque éteint,
et la vue de sa châtelaine lui rendit à peine assez
de force pour la remercier, par un sourire, de ses
bontés et de ses derniers soins. Lesceline alors se
jeta à genoux, et, saisissant une image de Sainte-
Anne, qu'elle portait ce jour-là suspendue à son
cou, elle promit à la bienheureuse Mère de la
Vierge de lui élever en ce lieu une chapelle, si,
par son intercession, elle voyait se rétablir celui
qui faisait l'objet de sa prière. Le vœu de la comtesse fut entendu, et le sang qui cessa de couler
aussitôt de la plaie, donna l'espoir que les jours du
chasseur pourraient être sauvés. On le vit en effet
se ranimer en peu de temps, et bientôt il se trouva
en état de marcher et de parcourir les lieux témoins
de son malheur, et du miracle que le Ciel avait fait
pour lui. La chapelle s'éleva à quelques mois de-là
sur ce point, et Lesceline la fit consacrer et dédier
à sainte Anne. Un hameau se forma ensuite au
sein du vallon, et on lui donna le nom de la sainte
patronne. Le mot d'*Entremont*, qu'on y ajouta,
servit à désigner la situation du lieu. Un acte reli-
lieux, d'une époque voisine de la fondation, appelle
le village : Sainte-Anne-entre-les-Monts-d'Éraines,
Sancta Anna intrà montes Arenarum [1].

Ste.-Anne fut, en 1375, réunie à Perrières, et

[1] Cette anecdote, espèce de fabliau du moyen âge, était
fréquemment racontée par l'abbé de Corday, ancien curé de
Vicques, mort curé de Coulibœuf en 1825. Nous la tenons
de quelqu'un qui l'avait entendue de la bouche de cet ecclésiastique, si regretté dans le canton.

n'eut

n'eut plus dès-lors que le titre de *succursale* de cette
paroisse, jusqu'à la révolution. Un procès qui
s'éleva à ce sujet, dans l'avant-dernier siècle, fut
jugé en faveur de Perrières, vers 1637. Ste.-Anne,
de nos jours, est devenue une commune; mais il
est peu probable qu'elle conserve long-temps ce
titre. Le petit nombre de ses habitans et le peu
d'étendue de son territoire la feront sans doute
prochainement réunir à Perrières ou à Bernières,
ou plutôt même encore à Ailly.

Voici maintenant, en quelques lignes, la statistique de cette localité :

Contenance, 198 arpens métriq., ou 242 acres;
parmi lesquels : En labour, 162 arp. — En pâtures,
36 arp. — En maisons, jardins, &c., 5 arp.

Abornemens, Bernières, Ailly, Coulibœuf, Damblainville, Épaney et Perrières ;

Chemins, un seul, vicinal ;

Chevaux, 14. — Vaches, 16. — Moutons, 120,
communs ;

Maisons, 15. — Habitans, 50 ;

Naissances, dans cinq ans, 7. — Décès, 2 ;

Enfans suivant les écoles, 8 à 10 ;

Industrie, l'agriculture.

D'après ce petit résumé, que nous tenons du
maire, on pourrait regarder St.-Anne comme un
point insignifiant, d'autant plus que le sol, presque
entièrement composé de coteaux arides, semble
peu propre à arrêter l'observateur. Mais ces champs
si ingrats en apparence, cette nature si infertile
pendant long-temps, un possesseur riche et obstiné
dans ses résolutions, s'est chargé de les animer et

Tome 2. 29

d'y répandre la vie avec la fécondité. Ses grands
efforts ont amené de grands résultats, et nous ne
pouvons aujourd'hui passer au milieu de cette
campagne qu'il a couverte de moissons, sans dire ce
que nous y avons vu, ce que nous y avons admiré,
sans payer à l'utile propriétaire la part d'éloges que
nous croyons lui devoir au nom de la société.

M. de Vauquelin-Deschesnes a étudié l'agriculture-pratique en Angleterre, et il a voulu l'appliquer sur le sol le plus aride de nos cantons, pour
montrer sans doute quel parti en tireraient nos cultivateurs, s'ils cherchaient à l'essayer enfin sur les
champs de la plaine qu'ils assolent si malheureusement encore, à l'exemple de leurs pères. Si telle a
été, comme on peut le penser, l'idée de l'habile
agronome, on doit regarder qu'il a complètement
réussi, et nous appelerons tous ceux que n'aveugle
pas une injuste prévention, à visiter avec nous la
petite *ferme-modèle* qu'il a formée à Ste.-Anne. Là
on ne voit plus l'éternel système des céréales subs-
tituées à des céréales ; de la jachère appelée pour
reposer la terre ; de la faible charrue de nos
paysans traînée par deux mauvais chevaux ; des
fumiers enfouis pendant dix mois dans des fosses
profondes ; des bestiaux mal nourris, mal soignés,
mal parqués, &c. M. de Vauquelin a substitué
partout des instrumens forts et perfectionnés aux
instrumens grossiers qu'il a trouvés dans le pays ;
il a adopté la culture alterne, en supprimant entièrement les jachères ; il a couvert ses champs de
fumiers non pourris, non privés de leurs sucs
principaux, mais seulement combinés, en sortant

des étables, avec des terreaux ou des excitans appropriés aux besoins des lieux; il a élevé des bergeries larges, bien aérées, des vacheries que l'on peut visiter et nétoyer sans déranger ou blesser les bestiaux, que l'on pourvoit de fourrages sans s'exposer à aucune atteinte; M. de Vauquelin, en un mot, a résolu à-peu-près le problème que nous cherchons à expliquer depuis le commencement de cet ouvrage; et s'il n'est point arrivé encore au point de perfection où il est possible d'atteindre, c'est peut-être que les obstacles qu'il a eu à vaincre dans ses terres ingrates, l'auront forcé de tenter plus d'un essai infructueux; c'est que d'immenses défrichemens faits sur la montagne ont long-temps occupé ses forces et son attention; c'est qu'enfin il a pu se trouver découragé par le peu de justice qu'on lui a rendu dans les environs, et par la prévention absurde et même l'espèce de dénigrement brutal avec lesquels on a accueilli ses exemples et ses conseils, que soutenaient cependant les résultats les moins contestables.

Nous dirons ce qui nous a le plus frappé dans l'examen de la ferme de Ste-Anne :

1.º *Les défrichemens.* Le revers de la montagne d'Eraines, qui domine Ste.-Anne, offre un sol calcaire oolithique très-léger, très-chargé de pierre, et sur lequel on remarque pour toute végétation une petite herbe très-sèche, très-basse, qui ne sert depuis long-temps que de pâturage aux moutons. M. de Vauquelin a fait défoncer ce sol à une profondeur considérable, au moyen de charrues très-fortes, traînées par six à huit chevaux, et conduites par deux, trois et même quatre laboureurs. Ces champs nouveaux, ainsi entr'ouverts, paraissent tellement encombrés de pierres, que l'on ne conçoit pas que le grain puisse trouver où s'y attacher, et cependant c'est-là que nous avons vu, depuis plusieurs années, les plus belles moissons en sainfoin, en avoine, en orge et en blé. Il faut deux hommes et six chevaux pour défricher dans un jour une perche de terre ; un soc de 5 fr. ne dure que quatre jours ; les avances en labour seulement ne s'élèvent pas ainsi à moins de 300 fr. pour une acre entière, qui rapporte ensuite 200 à 250 gerbes. A ce prix, le début est onéreux sans doute ; mais à mesure que l'assolement se forme, à mesure que la terre devient plus mouvante, plus facile à retourner, les frais diminuent, et se trouvent bientôt réduits à ceux des champs ordinaires. M. Lullin de Châteauvieux prétend que pour appliquer le système moderne à des campagnes gâtées par l'assolement ancien, il ne faut guère moins de 450 fr. d'avance par chaque hectare, après quoi les produits, triplés au moins, ne tardent pas à ramener le capital. Nous ne savons si M. de Vauquelin a mis plus de 450 fr. par hectare, en avances de tout genre, pour ses défrichemens, mais il est hors de doute que le rapport de ses champs est prodigieusement supérieur à ce qu'il fut jadis : une partie de la montagne est encore inculte ; qu'on la compare à celle qu'il a mise en plein rapport.

2.° *Les instrumens aratoires.* M. de Vauquelin a fait venir une partie de ses instrumens d'Angleterre, d'autres ont été fabriqués chez M. Molard, à Paris, et le reste a été préparé ou refait sous ses yeux ; et d'après sa direction, suivant les améliorations qu'il croyait convenir aux localités. Nous avons remarqué surtout ses charrues à défrichemens, sa charrue à butter les pommes de terre, le grand extirpateur construit sur ses dessins, et un énorme cylindre double, ou rouleau recouvert, que deux cultivateurs voisins ont déjà imité, après avoir reconnu ses avantages. Les rouleaux du pays sont tellement légers, qu'ils effleurent à peine la terre ; celui-là brise au moins la motte, et raffermit le sol autour de la plante, ce qui remplit le but que l'on doit se proposer, en promenant cette machine, après l'hiver, sur les jeunes récoltes que les gelées ou les pluies d'avril ont trop déchaussées.

3.º *Les grains et les herbes.* Nous avons dit que sur la montagne défrichée, le blé, l'avoine et les sainfoins devenaient remarquablement beaux, eu égard surtout aux terrains sur lesquels on les faisait croître. Dans le vallon, ils sont fort beaux également, et on les voit au milieu de champs de luzernes, de vesces, de turneps et de pommes de terre destinés à la nourriture des bestiaux. Les turneps ne sont guère cultivés que là dans l'arrondissement, et ils le sont avec un plein succès. Les pommes de terre sont semées en planches, et se buttent avec la charrue. Des prairies naturelles ont aussi été formées sous les versans, d'après les procédés déjà cités à Louvagny, et n'ont pas moins bien réussi 1.

1 La culture des navets anglais et de Suède, nommés aussi *turneps* et *rutabaga*, seraient surtout d'une grande utilité pour la

4.° *La bergerie, la vacherie, les bêtes à laine et à cornes.* La bergerie de M. de Vauquelin est bien plus spacieuse, bien plus aérée que celles du pays, quoique cependant encore trop peu ouverte, à ce qu'il paraît ; les rateliers, rangés à l'entour, sont droits et appliqués au milieu d'une planche inclinée de manière à ne pouvoir nuire à la laine de l'animal, qui cependant recueille jusqu'à la graine des fourrages sur un léger rebord de la planche d'appui. La vacherie est double, avec un couloir au milieu, par où l'on donne la nourriture aux bestiaux qui sont placés sur les deux côtés, devant leurs rateliers. On peut les voir ainsi manger sans danger pour soi et sans les gêner. Les bestiaux sont nourris constamment à l'étable, et on ne les fait sortir que quelques minutes tous les jours pour les conduire à l'eau et pour renouveler leur litière. Ils sont frais, bien garnis de chair, en général, et surtout ils font

nourriture des bestiaux dans nos plaines, si nos laboureurs voulaient les placer dans leurs assolemens. Voici ce que dit de cette espèce de légumineuse M. de Châteauvieux, l'un des meilleurs agronomes connus :

« Parmi les phénomènes de l'économie anglaise, il en est » un dont l'importance a été incalculable, et qu'on n'a point » essayé jusqu'ici de transporter dans la région du nord de la » France ; je veux parler de l'introduction des turneps, qui, » traités en grand, donneraient les moyens de nourrir les » bestiaux en plein champ pendant la mauvaise saison, à » l'exception de quelques jours rigoureux où il faudrait les » mettre à l'abri.

» .... C'est à l'introduction de la culture du turneps que » les Anglais attribuent l'immense accroissement de leur » bétail et la fertilisation de leur sol, qui en été l'inévitable » conséquence. »

beaucoup de fumiers qui deviennent la plus grande ressource et la plus grande richesse des champs. L'usage anglais de tenir les bestiaux à l'étable, est encore un de ceux qu'il serait à propos d'adopter dans nos plaines, où l'on manque surtout de fumiers. On serait forcé par suite de cultiver plus de plantes fourragères, et de pratiquer la culture alterne. Les améliorations s'enchaîneraient ainsi l'une à l'autre. Les moutons, promenés tous les jours sur les hauteurs, dans les champs dégarnis ou dans l'avenue d'Ailly, sont forts, bien pourvus de laine, et de la plus belle apparence. On pourrait en nourrir un plus grand nombre sur ces coteaux...

Nous ne parlons pas en détail de la façon des fumiers, des mélanges d'engrais ou *composts*, du système des divers assolemens, parce que ces objets nous meneraient trop loin pour cet ouvrage, et que d'ailleurs M. de Vauquelin a montré peu d'empressement pour nous fournir les renseignemens qui nous auraient été nécessaires à ce sujet. Il a vu le peu de faveur avec laquelle on accueillait ses innovations, et il en a conclu que le public ne s'intéresserait pas plus à l'exposé de son système, qu'au tableau-pratique qu'il en offrait depuis quinze ans. Il a dédaigné de faire un appel à l'opinion sur des travaux dont il poursuit maintenant le cours, dans le seul but de leur utilité. Voilà l'effet que l'injustice produit ordinairement sur une ame fière et élevée. Du reste, il arrivera, dans cette occasion, à M. de Vauquelin, ce qui arrive à tous ceux qui sont plus avancés que ce qui les entoure. Accueillis par l'envie et l'injustice dans le principe, on ne

finit qu'avec le temps par apprécier leurs intentions et leurs efforts. Dans vingt ans, dans trente
ans au plus, l'agriculture actuelle de Sainte-Anne
deviendra celle de tout le pays. Alors seulement on
comprendra celui que l'ignorance et les préjugés
osent encore décrier aujourd'hui ; alors seulement,
ce riche gentilhomme qui passe ses jours à cultiver
ses champs, au lieu de dépenser follement ses revenus dans une grande ville ; sera dignement placé
dans l'estime publique ; son nom restera cher et
honoré dans la contrée, au milieu de laquelle il
aura laissé de grandes leçons et de beaux exemples. 1

1 Le seul raisonnement qui mérite une réfutation, parmi
ceux que nous avons entendus contre les améliorations agricoles de M. de Vauquelin, consiste à mettre en avant sa
grande fortune, à soutenir qu'il n'obtient ses résultats qu'à
force de frais et d'avances, et qu'il serait déjà ruiné depuis
long-temps, s'il n'était qu'un simple propriétaire de 8 à
10,000 liv. de rente. Il y a du vrai et du faux dans cette argu-
mentation. Sans doute, M. de Vauquelin a fait de grands
frais ; mais il les a faits en raison des moyens dont il pouvait
disposer ; il eût tenté moins, s'il eût eu moins de ressources ;
et, dans ce cas, nous sommes convaincus qu'il eût encore
retiré de ses terres, avec le temps, des avantages propor-
tionnés à ce qu'il aurait avancé. Chacun travaille selon ses
facultés, et il n'est personne qui s'obstine dans un système
désastreux, quand une longue expérience lui a démontré qu'il
ne lui en reviendra jamais rien de profitable. Admettons donc,
avec le public, que M. de Vauquelin a beaucoup dépensé
d'abord ; mais affirmons hardiment aussi, d'après l'expérience,
que le temps d'en recueillir les fruits est arrivé pour lui ; qu'il
cesse un moment de défricher de nouveaux fonds, et il pourra
dès-lors démontrer clairement, à coup sûr, combien ses produits sont de beaucoup supérieurs à ce qu'ils furent dans le
principe, sans que sa culture soit devenue pour cela propor-

Des essais de plantations d'arbres verts ont été faits sur un des points de la montagne, et l'on ne peut juger encore du succès qu'ils obtiendront. Autrefois, les versans et les vallons furent certainement couverts de châtaigniers et de grands bois, mais M. de Vauquelin ne pense pas que les sommets en aient jamais été couronnés, comme l'ont prétendu *Duchesne* et *Belleforest.* On y voit deux petits

tionnellement plus coûteuse que celle de ses voisins. Un de ces derniers, qui paraît bien informé, nous a lui-même assuré que la terre de Ste. Anne, qui était au plus, anciennement, d'un revenu de 1,500 fr., ne doit pas produire aujourd'hui moins de 6,000 fr. Voilà un argument qui peut servir de réponse à bien des déclamations...

Du reste, si nous ne donnons pas ici le tableau complet de l'agriculture de Ste.-Anne, nous indiquerons, comme en contenant les principes bien mieux exposés que nous ne pourrions les offrir, les excellens ouvrages de nos savans agronomes modernes, MM. *Arthur Young*, *John Sainclair*, *Mathieu de Dombasle*, *Chaptal* et *Lullin de Châteauvieux.* Leurs ouvrages sont déposés dans la bibliothèque nouvelle que la ville vient de composer, et nous nous trouvons heureux d'être à portée de les communiquer à ceux qui voudraient les lire et les étudier. Nous pouvons aussi affirmer, pour en avoir fait personnellement plusieurs fois l'expérience, que M. de Vauquelin met le plus grand empressement à montrer son établissement de Ste.-Anne à ceux qui désirent le visiter. Il est avant tout convaincu que la fondation d'une *ferme-modèle*, sur le plan de celles de Roville ou de Grignon, serait le plus grand service que l'on pût rendre à ce département; et bien que la sienne soit sans doute imparfaite, sous ce rapport, il ne peut méconnaître qu'un examen impartial de sa pratique pourrait être déjà d'une grande utilité à ceux qui voudraient le faire dans ses environs. Allez-y donc, agriculteurs arriérés de nos campagnes, et apprenez là du moins à marcher un peu en avant.

taillis de bouleau d'une apparence assez chétive.

Les champs d'Ailly ne sont pas tous assolés comme ceux de la ferme de Sainte-Anne, mais autour du château on en voit quelques-uns chargés de très-beaux fourrages. C'est la réserve destinée pour le service de la maison. Dernièrement nous y avons remarqué des navets de Suède, des pommes de terre et des luzernes comme on en chercherait vainement dans les environs.

La plus grande partie de la petite chapelle de Ste.-Anne est romane du 11.e siècle. Sa vue confirme le récit des anciens sur sa fondation, qu'ils attribuent à Lesceline. M. Charles de Vauquelin, de Sacy, l'a dessinée dans notre atlas, et nous engageons nos lecteurs à jeter les yeux sur cette jolie composition. Ils y verront reproduite, avec esprit, une réunion champêtre assez nombreuse qui s'y forme tous les ans, le jour où l'on y célèbre le souvenir de la bienheureuse patronne. Qui sait si cet usage ne remonte pas à quelque fête instituée dans le principe par l'illustre fondatrice?

Le maire de Ste.-Anne est M. Boschet, et l'adjoint, M. P. Girard. Nous ne concevons pas trop comment on a pu y former jusqu'ici un conseil municipal. Les impôts sont de 448 fr. 88 cent.

COMMUNE DE PERRIÈRES.

HISTORIQUE.

Au milieu du petit bassin calcaire qui s'étend entre les bords du Laison et ceux de la Dive, on voit çà et là percer, à travers la campagne, une chaîne de

rochers anciens, qui donnent à ces points de la
plaine un peu de la physionomie du Bocage. Placés
sur un banc de ces rochers, les lieux qui nous occupent en ont évidemment tiré leur nom. Les mots
Petraria, *Pétrariæ*, Perrières, n'ont jamais pu désigner qu'une carrière à pierre, ou un champ rempli
de pierres.

En l'an 1076, un pieux seigneur, Richard de
Courcy, et sa femme, nommée *Gandelmonde*, fondèrent un prieuré à Perrières, sur les biens qu'ils
y possédaient. Voici quelques extraits de la charte
de fondation qui avait lieu en faveur du monastère
de Marmoutiers, situé en Touraine :

« ...... Moi Richard...... j'ai résolu de donner en
» cette vie au Dieu tout-puissant, par les mains
» des pauvres, une partie des biens que je possède,
» afin de mériter, après le temps, de les recevoir
» au centuple dans l'éternité......

» J'accorde donc aux frères qui habitent dans le
» couvent qu'on nomme Marmoutiers, *in cœnobio*
» *quod majus-monasterium vocatur*, quelque chose
» de ce que j'ai recueilli à titre héréditaire........ et
» entr'autres, l'église élevée en l'honneur de Saint-
» Vigor, non loin du fleuve de la Dive, *non procul*
» *à fluvio qui appellatur Diva*, avec tout ce qui dé-
» pend de cette église, et tout ce que je pos⸱ ⸱ ⸱ dans
» son voisinage...... Plus la dîme de deux moulins
» tant que je vivrai, plus une mesure de froment
» chaque année, pour la nourriture du moine qui
» résidera sur le lieu........ Plus toute l'étendue de
» terrain que peut parcourir une charrue pendant
» la durée de trois stations, &c., &c.... Ces biens

» je les donne libres et quittes de toute contes-
» tation possible de ma part ou de celle de mes
» successeurs...... Et pour que cet écrit reçoive un
» caractère de force et de perpétuité, Guillaume,
» roi des Anglais, fils du comte Robert, l'a revêtu
» du signe de sa main, et l'a donné à confirmer à
» ses fidèles dont les noms suivent : »

Et au-dessous, en effet, sont les signes,

De Guillaume, roi ; de Mathilde, reine ; de Jean,
archevêque ; d'Odon, évêque ; de Gilbert, évêque ;
de Roger de Beaumont, de Raoul de Montpinçon,
de Guillaume d'Arches, de Gaulthier Giffard, et
de plusieurs autres.

Viennent ensuite plusieurs petites donations faites
par divers particuliers et seigneurs du voisinage,
comprenant des biens situés à Ailly, à Couliboeuf,
à Bernières, à Épaney, à Jort, &c., &c. Ceux qui
les reçurent étaient le prieur Guillaume et les moines
Hardoïn et Robert. Plus tard, en 1109, le fils du
fondateur, Robert de Courcy, joignit ses libéralités
à celles de son devancier, et une nouvelle charte fut
par lui souscrite. On y lit que « pour son salut,
» pour celui de sa femme Roher, pour celui de ses
» fils Robert, Hugues, Guillaume, Richard, Ives,
» Philippe, Simon et Gervais, il a résolu de déposer
» dans les trésors célestes, *in celestes thesauros*, par
» la main des pauvres, quelque chose qu'il puisse
» également recouvrer au centuple, *centupliter*,
» dans la vie éternelle, » et il donne donc, entre
autres, le vivier de Perrières, *vivarium de Petrariis*,
la vigne de Montpinson, avec le vendangeur, *vineam
de Montpinsone, cum ipso vinitore*, et des dîmes de

(457)

porcs, d'agneaûx, de veaux, de fromages, &c.
L'acte fut passé sur la motte de Courcy, *in motâ de
Curceio*, et nous y remarquons que ce fut dans ce
prieuré de Perrières fondé par sa piété, que voulut
être enterré, avec sa femme Gandelmonde, le vaillant
Richard de Courcy, qui avait été, comme nous
l'avons vu ailleurs, un des fidèles compagnons et
l'un des favoris du Conquérant. Les restes de ce
vieux baron reposent peut-être encore dans l'ancienne église du lieu. Que nos dernières générations
y respectent son sommeil!...

En 1146, et dans les années suivantes, de nouvelles chartes vinrent assurer de nouvelles richesses
à la maison de Perrières. Parmi les concessions qui
lui furent faites, on trouve celles des églises de Po-
mainville, de St.-Arnulphe, de Ste-Anne et d'Épaney. Dans le nombre de ceux qui souscrivirent ou
approuvèrent ces actes, on lit les noms du pape
Adrien IV, de la reine Mathilde II, de Girard,
évêque de Séez, de Henri II, de Robert III de Courcy,
de Guillaume de Merry, et de plusieurs seigneurs
des environs.

Enfin, vers 1286, les religieux de Perrières, ré-
clamant plus de droits que les premières chartes ne
leur en accordaient, Guillaume de Courcy, homme
d'armes, *Willelmus de Courceio, miles*, songea à
s'élever contre leurs prétentions. Il eut à ce sujet
quelques discussions avec eux devant le vicomte de
Falaise, à la suite desquelles il fut amené à renoncer
à tous ses droits par des considérations dont le prétexte était dans sa piété, *ob amorem Dei et salutem
animæ suæ et antecessorum*, mais dont la réalité

reposait dans le désir qu'il avait de conserver la paix et la tranquillité, *desiderans pacem et tranquillitatem*. On reconnaît dans ce passage tout l'esprit du siècle. On amenait alors les seigneurs à se dépouiller envers l'église, en leur promettant le pardon de leurs fautes et les biens de l'autre vie ; et lorsqu'ils résistaient à ces inspirations, on les menaçait ou on les tourmentait jusqu'à ce qu'ils fissent l'abandon de ce que convoitaient les monastères. Ingrats envers les Courcy, auxquels ils devaient leur établissement, les moines du prieuré finirent par arracher au faible Guillaume des droits et des priviléges que ses aïeux s'étaient réservés. Ainsi, ce fier homme d'armes qui peut-être dans les combats avait vingt fois affronté la mort, ne sut rien opposer dans cette occasion à des tracasseries qu'on lui suscita du fond d'un couvent. Il est même à remarquer que ce ne fut plus de *la motte de Courcy* qu'il signa son acte de concession, comme un de ses pères, mais bien du monastère de St.-Martin de Marmoutiers, *ex ipso cenobio beatissimi Martini*. Cette dernière observation expliquerait à elle seule tout le mystère de ce dernier abandon fait par les Courcy [1].

Le prieuré, devenu riche et puissant, renferma des religieux jusqu'en l'année 1723. A cette époque on supprima le couvent, et ses biens furent seulement régis par les abbés de Marmoutiers. Ainsi, les revenus de ce domaine étaient portés dans la Touraine.

[1] Toutes les chartes que nous citons sont en manuscrit, dans le travail inédit de l'abbé Hébert sur le diocèse de Séez, que nous avons déjà plusieurs fois cité. Ces chartes n'ont jamais été publiées dans aucun ouvrage.

Dans un ouvrage anglais, de *Madox*, un Guillaume de Perrières est cité comme ayant vécu sous
le roi Henri II ; un Pierre de Perrières, *Peter de Pe-
treriis*, est également indiqué du temps de Henri III.
Nous ne savons si ces seigneurs étaient partis de
ce canton[1].

DESCRIPTION.

Perrières se compose de 698 arp. métr. de labour ;
de 47 arp. de prairies et pâtures ; de 28 arp. de
rochers, terres vagues, &c. ; de 7 arp. de bois ; de
7 arp. de jardins et maisons ; en tout, 787 arpens
métriques, ou 933 acres.

Les abornemens sont : Jort, Bernières, Sainte-
Anne, Épaney, Olendon, Sacy et Pont.

Les hameaux, au nombre de trois, sont le
Breuil, sur les Prés et la Rivière.

Un phénomène que l'on remarque sur cette commune, contribue à sa prospérité et à son embel-
lissement. C'est une petite rivière qui prend sa
source à son entrée, dans le hameau de Fontaine,
dépendant encore d'Épaney, et qui, après avoir
coulé pendant une demi-lieue, en arrosant et fécondant la campagne, se perd et disparaît entièrement avant de quitter le territoire. La rivière de
Perrières, très-limpide, très-fraîche, très-poisson-
neuse, fait mouvoir deux moulins dans son cours.
Dans l'été, on répand ses eaux dans les prés, où
elle se trouve absorbée sans qu'on en retrouve aucune trace. Dans l'hiver, elles arrivent jusque dans
un fossé de la ferme du Breuil, où le sol sablonneux et spongieux les engloutit. On suppose qu'elles

[1] Note de M. Alex. de Beaurepaire.

peuvent être portées, à travers les terres, jusqu'au lit de la Dive qui est peu éloigné.

Les prés, d'assez bonne qualité, sont plantés en vergers, et entourés de belles haies d'ormeaux. Les habitations, qui s'étendent en longueur dans la petite vallée, et que dominent çà et là quelques pics de rochers, présentent en général des groupes gracieux et champêtres. Au centre du reste de la plaine, toute cette masse animée et pittoresque est d'un agréable effet. C'est une espèce de petite oasis dans cette campagne un peu trop dégarnie.

Les terres sont d'une nature légère et facile à cultiver. On leur donne quatre ou trois labours avant le blé, selon leur force. Un quart est cultivé en sainfoin, trèfle ou luzerne ; un quart en blé ; un quart en orge ou avoine, et le reste laissé en jachère. Malgré le voisinage de Ste.-Anne, on songe peu à adopter les pratiques nouvelles. Quand on reproche aux laboureurs leurs routines, ils répondent : « Nos pères faisaient ainsi, nous faisons comme » eux, et après nous on fera probablement comme » nous. Ne cherchons point à être plus sages que » nos anciens. » C'est, comme on voit, le *statu quo* réduit en principe, et appliqué malheureusement à un art qui ne doit point de sa nature être stationnaire. Aussi, ceux-là même qui semblent repousser, au nom de la sagesse antique, des innovations qu'ils ne comprennent point, sont-ils les premiers à nous avouer en même-temps qu'ils font usage de la tourte de rabette, de la poudrette et du plâtre pour engrais, et qu'ils s'en trouvent très-bien ; « que le » plâtre sur-tout fait de grands effets dans leurs

foins ;

» foins, trèfles et verdages, et qu'on s'en aperçoit
» même aux blés qu'on fait après ces dernières ré-
» coltes. » Sans doute qu'en agissant ainsi, ils ou-
blient que leurs anciens ne faisaient usage ni du
plâtre ni de la rabette. Sans cela, devraient ils se
décider à les employer dans leurs terres? Voilà un
petit échantillon, entre mille, des inconséquences
humaines.

Quarante-cinq chevaux, 130 vaches et 450 moutons communs sont employés à la culture.

Il croît à Perrières, dans le printemps, une
grande quantité de champignons connus sous le
nom de *morilles*. On en a recueilli, cette année,
jusqu'à 400 dans un champ de sainfoin appartenant
au maire. Ce produit végétal est renommé dans les
environs, ainsi qu'une espèce de violette très-déli-
cate et très-parfumée, qui se trouve de toutes parts
en abondance dans les nombreuses haies de ce petit
bocage. Les pharmaciens de Falaise et de St.-Pierre
recherchent cette violette pour sa qualité supérieure.
Des enfans en vendent quelquefois pour 20 et 30 fr.
dans la saison.

Vingt acres des monts d'Éraines dépendent de la
commune. On a de ce point un large coup-d'œil
sur tout le bassin de la Dive. Au-dessous, la nouvelle route de Falaise à Rouen parcourt la campagne
dans son étendue. Vingt-cinq autres chemins, tant
vicinaux que communaux, traversent Perrières.

Cent deux maisons renferment la population,
qui s'élève à 400 habitans. Dans cinq ans il y a eu
49 naissances et 39 décès. Outre les agriculteurs, il
y a 8 tisserands, 12 bonnetiers et 15 filassiers et

30

moissonneurs. Les femmes âgées filent le lin et le
chanvre. Un instituteur réunit 40 enfans, la plupart du lieu.

La commune ne renferme point de château, et
seulement on y trouve « une grande ferme qui
» se nomme *le Logis*, où il y a un colombier. »
Les principaux propriétaires et cultivateurs sont :
MM. Gallot, Bouquerel, Manoury et Chauvin. On
remarque dans le village une famille du nom anglais de *Herfort*.

La ferme du prieuré offrait une enceinte murée,
avec une porte d'entrée comme à un château. Au
dedans est l'ancienne grange de dîme, la plus belle,
à-coup-sûr, qui soit dans l'arrondissement ; elle a
40 pas de longueur sur 24 de largeur. Une voiture
peut tourner dans l'intérieur, avec plusieurs chevaux. Les moines y rassemblaient 45,000 gerbes de
grain. Sa forme est celle d'une église, avec des bas-
côtés, de gros fûts de colonnes à chapiteaux fleuris
et un beau portail à ogives de première époque. Ce
travail peut dater environ de la fin du 13.e siècle.

L'église, peu éloignée, présente dans sa fenêtre
de façade, dans ses murs de côté surmontés de
corbeaux, dans son ancienne abside ronde, et dans
quelques-uns de ses pans construits en arêtes, des
restes de la fondation primitive qui remonte aux
premiers Courcy. Le reste a été rouvert ou rétabli
à diverses époques, et notamment les trois grandes
fenêtres de l'ancien chœur, dont les religieux avaient
fait pour eux une chapelle particulière, maintenant
délaissée. C'est une chose assez singulière que la vue
de ce monument, dont la nef, séparée du chœur

par un grand mur, sert d'église pour la paroisse; tandis que la partie supérieure, qui était la plus élégante, n'est plus qu'une grange ou un grenier à foin à l'usage du fermier voisin. L'église est dédiée à S. Vigor. Son dernier desservant, l'abbé Decour, mort il y a 15 mois, n'a point encore été remplacé.

M. Laurent Gallot est maire à Perrières, et M. Auguste Gallot y est adjoint et instituteur. Le premier nous a secondé beaucoup dans notre travail. Les impôts s'élèvent à 4,874 fr. 69 cent.

COMMUNE D'ÉPANEY.

Épaney, *Spanaium*, ou plutôt *Espannum*. Nous ne trouvons aucun sens applicable à ce mot, si ce n'est peut-être celui d'*épinaie*, ou lieu planté et couvert d'épines. Cet arbuste, en effet, est à-peu-près le seul que l'on voie s'élever dans la plaine nue d'Épaney. Sa douce fleur y répand une odeur, au printemps, qui charme le voyageur. Plus d'une fois nous l'avons éprouvé personnellement, en nous promenant, à cette époque, dans cette campagne.

La moitié de la dîme d'Épaney, *decimæ de Spanaio*, fut donnée à Saint-Évroult, en 1100 à-peu-près, par Raoul de Montpinson [1]. Plus tard, cette même dîme d'Épaney devint le sujet d'une discussion entre les moines de Marmoutiers et ceux de St.-Évroult; le pape Adrien IV et deux évêques de Séez, Jean et Girard, l'adjugèrent au premier de ces monastères. Le prieuré de Perrières en eut la jouissance. [2]

[1] Orderic Vital, page 584.   [2] Chartes sur Perrières.

Nous trouvons, dans le commencement du dix-septième siècle, un *Jehan Le Saulx*, sieur d'Épaney ou d'Espanay, qui mit au jour une tragédie d'*Ada-mantine* ou *le Désespoir*. Corneille n'avait pas encore paru sur la scène française, et l'art dramatique était dans l'enfance parmi nous. L'ouvrage de Jean Le Saulx est mauvais, comme tout ce qu'on nous donnait alors en ce genre. « Sur cinq person-» nages qui servent à l'action, deux sont tués, et » deux meurent de désespoir. » Le style n'est pas au-dessus de la conception. L'ouvrage, in-12, imprimé à Rouen en 1608, est dédié à messire Gilles de Séran, sieur de Canivet et d'Iclon. C'était le Mécène du sieur d'Espaney [1].

[1] Nos lecteurs pourront juger de la façon de l'auteur et de sa fécondité, par les six vers qu'il a mis en tête de son poème :

Sçachez que dans trois jours   Pour plustost la donner,
J'ay parfuy le cours   A la nuit ténébreuse
De cette œuvre amoureuse,   Que de l'abandonner.

Voltaire paraissait fort glorieux d'avoir fait une tragédie en six jours, bien qu'on lui écrivît qu'il n'eût pas dû *se reposer le septième*. Il ne se doutait pas sans doute qu'un poëte bas-normand eût fait plus fort que lui en ce genre, plus d'un siècle auparavant. Un autre échantillon de *cette œuvre amoureuse* prouvera la naïveté des mœurs de la scène française à l'époque où elle parut : Deux amans malheureux, Darimant et Bezemonde, se rencontrent dans une forêt où ils se sont donné rendez-vous :

Qui peut à vos douleurs donner de l'allégeance ?

dit alors Bezemonde à son amant ;

Je n'en puis espérer que par la jouissance,

lui répond celui-ci ; et sur ce, une princesse Cilinde, leur commune confidente, les unit tout bonnement en mariage, en *les faisant embrasser*, et ajoute :

Vous estes mariez. Ne reste que la nuit
Pour esteindre vos feux.

Sans doute voilà qui est bien, mais malheureusement sur-

La commune d'Épaney est moins éloignée de Falaise que les précédentes, et elle ne s'en trouve guère même à plus d'une lieue. Elle est bornée de ce côté par Damblainville, Versainville et Saint-Pierre-Canivet ; les autres abornemens sont : Soulangy, Tassilly, Olendon, Perrières et Ste.-Anne. Son étendue est de trois quarts de lieue environ, tant en longueur qu'en largeur.

Le territoire se compose de 1114 arpens métriq., ou 1339 acres, ainsi répartis :

Labour, 1081 arp. — Prés, pâtures, 5 arp. — Taillis, 12 arp. — Maisons, jardins, friches, &c., 12 arpens.

Presque tout le sol est en plaine sèche et dégarnie, excepté vers le hameau de Fontaine, qui tient presque à Perrières, et qui, comme cette commune, est sur une saillie de rochers. C'est à Fontaine qu'est la source de la petite rivière de Perrières. De l'autre côté d'Épaney, vers Saint-Pierre, est une ferme, ombragée de grands arbres, dans un petit enfoncement, nommée le *Valmoger*. Les monts d'Eraines fournissent aussi à cette commune quelques arpens qui sont peut-être les points les plus ingrats de ce grand dépôt calcaire jeté au milieu de nos campagnes.

vient avant *la nuit* un second amant qui provoque Darimant ; et de-là un combat où les deux rivaux s'entre tuent aux yeux de Bezemonde, « qui se perce elle-même de désespoir. » Tel est le dénouement de cette œuvre vraiment tragique.

On trouve quelques détails sur l'auteur de l'*Adamantine* dans la *Bibliothèque du Théâtre français*, tome I.er, page 417 ; dans l'*Histoire du Théâtre français*, tome III, page 565 ; et dans la *Biographie universelle*, Michaud. La famille de cet écrivain réside encore dans le pays, où elle est justement estimée.

L'agriculture à Épaney n'a rien de remarquable. Elle se fait au moyen de 52 chevaux, de 200 bestiaux et de 600 moutons communs.

Les habitans, rassemblés dans des villages assez bien bâtis, où l'on compte 150 maisons, sont au nombre de 668. L'air est plus pur et plus sain parmi eux que partout ailleurs, si l'on en juge par les résultats. Dans les cinq ans du recensement on y a compté 96 naissances sur 48 décès. L'année 1825, prise isolément, vit vingt nouveaux-nés et deux décédés seulement. Nulle part les résultats n'ont été plus satisfaisans. La jeunesse, nombreuse en ce lieu, y est aussi un peu turbulente et difficile à contenir. Il serait à désirer qu'une école gratuite et bien dirigée y fût établie. Un maître habile et prudent rendrait certainement de très-grands services. Près de 60 enfans suivent les leçons de l'instituteur primaire, que l'on a chargé d'apprendre à lire à cette population[1].

Outre la classe des laboureurs, on compte à Épaney 28 tisserands, 60 bonnetiers, et 12 filassiers et moissonneurs allant travailler au dehors. Bien qu'il n'y ait d'autre eau dans le village principal, qu'une grande mare qui sert aux bestiaux et aux ménages, un teinturier s'y est établi. On ne remarque ni aisance ni misère dans la commune.

[1] Une éducation raisonnable serait d'autant plus utile à nos paysans, que les superstitions, compagnes de l'ignorance, règnent encore plus généralement qu'on ne le pense parmi eux, et y causent des désordres de plus d'un genre. En voici un exemple que nous avons eu occasion de constater *juridiquement*, cette année, dans la commune même d'Épaney :

Quatre à cinq jeunes filles du hameau de Fontaine,

Parmi les voies de communication, le chemin de Falaise à Croissanville est le plus important. Depuis que la nouvelle route de Falaise à Rouen, par St.-Pierre, est ouverte, il est très-négligé. Cette nouvelle route passe sur la commune, vers les monts d'Éraines. Le chemin *Haussé*, venant d'Olendon, se jetait et se perdait dans l'ancien chemin de Croissanville, aux *Quatre-Vents*, en se dirigeant vers Perrières. Il traversait ainsi quelques champs d'Épaney. C'est à-peu-près sur ce point que ses traces nous ont échappé. Les chemins de la plaine sont creux, en général, comme des canaux, et l'on y donne fort peu de soins ; leurs fonds sablonneux et durs permettent toutefois de les parcourir presqu'en tous les temps de l'année.

ennuyées de leur célibat, s'adressèrent à une femme qu'on leur désignait comme *sorcière*, afin d'en obtenir des maris. La vieille leur demanda, à diverses reprises, de la farine, du sarrasin, de la crême, du beurre, et d'autres petites friandises de ce genre, leur promettant, à ce prix, de *leur tirer les cartes*, et de leur procurer ce qu'elles désiraient. Pour assurer le succès, elle n'exigeait qu'une seule chose, c'était le secret le plus absolu sur ce qui lui serait apporté. Les jeunes filles, pendant quelque temps, lui donnèrent en effet tout ce qu'elle demandait, et se cachèrent même si bien de leurs parens qu'elles volaient, que ceux-ci ne s'en doutèrent point. Mais voyant enfin que les cartes ne leur amenaient point d'amans, elles finirent par s'interroger, par s'entendre, par s'apercevoir qu'on les avait dupées, et elles vinrent alors, de dépit, dénoncer la *sorcière* au procureur du Roi. La justice intervint, et le fait d'escroquerie fut parfaitement établi. La *sorcière*, depuis ce temps, est sous les verroux, où elle a été condamnée par jugement à passer une année. Leçon salutaire, mais insuffisante... Le mal subsistera malgré les condamnations, et il a besoin d'un autre remède...

L'ancien logis ou manoir d'Épaney est dans le grand village, à peu de distance de l'église. Il ne mérite point d'arrêter l'attention. Le propriétaire, M. de Sémalé, n'y réside point.

L'église est grande, bien entretenue, mais entièrement moderne. Un bas-côté, nouvellement élevé, a augmenté son importance. Un bel if est dans le cimetière

Le maire, M. Devienne, nous a donné quelques détails sur la localité. L'adjoint est M. Cloppied ; le percepteur, M. Malfilâtre. La paroisse est desservie par M. Desmasures.

La cote de l'impôt se monte à 5,370 fr. 62 cent.

COMMUNE DE TASSILLY.

Tassilly, *Tassiliacum*, d'après Mabillon, signifie *Ville-Taillac*, ou plus vraisemblablement *ville* ou *demeure de Tassilius*. S'il en est ainsi, ce nom est celui de quelque personnage fort ancien, dont le souvenir n'est point venu jusqu'à nous. Ces lieux, comme nous le verrons bientôt, furent occupés d'abord par les Gaulois, puis ensuite par les Romains.

Dans le 6.e siècle, un miracle dut avoir lieu à Tassilly. En voici les détails extraits d'une chronique sacrée : « En traversant le pays d'Exmes, un très-
» saint personnage (S. Germain, évêque de Paris)
» se détourna de sa route, et vint à la Ville-Taillac,
» *ad villam Tasiliacum*, où on lui offrit une femme
» affligée de deux maladies, la vieillesse et la cé-
» cité. Cette chétive créature demanda en tremblant

» la santé, et l'évêque, touché de sa prière, lui
» versa de l'huile sur les yeux, et lui rendit la vue.
» On mit devant elle un miroir, et les ténèbres
» qui l'entouraient se dissipèrent aussitôt. » [1]

Ce prétendu miracle est le seul événement que
nous sachions sur Tassilly.

La commune rentre en partie dans cette contrée
de transition que nous avons notée en parlant de
Bons et d'Ussy. Le village, placé dans un enfoncement où coule le Laison, est frais et bocager,
tandis que les champs plus élevés, vers Olendon,
sont nus et dégarnis. L'éloignement de Falaise est
de deux lieues environ.

Les limites sont : Épaney, Olendon, St.-Quentin,
Bons et Soulangy.

On compte 433 arpens métr. de terres en labour,
14 arp. de prairies, 9 arp. de bois, maisons, jardins, &c.; en tout, 456 arp. ou 558 acres.

Outre le village, il y a le petit hameau de Poussendre, sous la roche de St.-Quentin.

La culture est comme dans les environs. On re-
voit là des vignons ou ajoncs, que nous ne trouvions
plus depuis long-temps dans la plaine. Vingt-cinq
chevaux, 50 vaches, et 250 moutons, parmi lesquels 150 mérinos, sont employés par les agriculteurs. Ceux-ci recommencent aussi sur ce point à
faire un peu de sarrasin.

Il y a deux ans, près du village, on montrait

---

[1] Venance Fortunat, *Vie de S. Germain*, dans l'ouvrage intitulé : *Acta Sanctorum ordinis sancti Benedicti*, Paris, 1668,
page 233. Ce passage a été communiqué à M. Langevin par
M. de Manne, conservateur de la bibliothèque du Roi.

un petit bois, connu sous le nom de *Chesnaie de Tassilly*. Là étaient les plus beaux chênes du pays, au nombre de près de cent. Les vandales qui ont dévasté le domaine de Bons ont rasé ce bois qui en dépendait. Nous avons encore vu debout, il y a peu de mois, le plus grand des chênes qui avait 50 pieds de tige jusqu'aux premières branches, et 11 pieds de circonférence.

La population de Tassilly s'élève à 200 habitans au plus, réunis dans 42 ménages. Le dernier recensement a donné 19 naissances sur 17 décès. La culture des terres occupe presque tous les bras, et l'on ne compte que deux bonnetiers et deux cordonniers. La commune renferme un bon moulin à un seul tournant, et un four à chaux.

Il n'y a point d'instituteur, et quinze enfans au plus vont s'instruire au dehors.

Deux chemins vicinaux et deux communaux traversent le territoire : le principal conduit à Ouilly-le-Tesson. Un calvaire est planté sur la droite, un peu au-dessus du village et de l'église.

Dans la campagne, vers Olendon, le voyageur rencontre un emplacement connu sous le nom de *Champ de la Guerre*. Cette dénomination se rattache sans doute à des souvenirs que nous allons retrouver sur St.-Quentin.

La plus grande ferme du lieu, qui n'est que de 3,000 fr. de revenu, présente un corps de constructions dont une portion date de 300 ans. Dans l'intérieur, on remarque, sur une cheminée, le chiffre 1577. Cette propriété appartient à M. de Cussy.

Au fond de la vallée, la jolie habitation de Pons-
sendre, possédée depuis fort long-temps par la famille Fouquet-Dulomboy, avait été restaurée par
un de ses membres, il y a trente ans. La maison
ancienne, mais rafraîchie, est entourée d'arbres
verts et de massifs, qui en font une espèce d'ermitage, dont l'effet pittoresque est encore augmenté
par les bruyantes eaux que l'on entend rouler au-
dessous, dans les ravins, et par la masse énorme du
rocher de St.-Quentin qui domine tout le paysage.
Au fond des jardins s'élève, dans une île, un joli
petit pavillon de retraite et d'étude. Un sage pourrait
se plaire dans cette solitude, et nous la souhaitons
à celui qui fuirait le monde pour venir passer ses
jours dans la méditation, au sein des grands tableaux de la nature. Ce lieu est un de ceux qui
nous souriraient personnellement le plus dans toute
cette partie de l'arrondissement.

L'église de Tassilly est en partie romane et en
partie gothique. La nef a des murs surmontés de
corbeaux à têtes doubles, à figures de chats, à
feuilles échancrées, &c. Leurs fenêtres, vers le
nord, sont longues, étroites et à cintre rond ; enfin,
d'anciens petits portails masqués s'y voient sur les
côtés, avec quelques restes de zig-zags presque effacés. Tels sont les caractères primitifs du monument. Le chœur est plus récent, et l'on y remarque
des modillons très-simples, et une fenêtre carrée
gothique à compartimens, comme à Pierrepont.
La tour, au centre, est à quatre faces et sans caractères.

Dans le cimetière sont deux tombes sculptées en

l'honneur de M. Fouquet-Dulomboy, ancien maire, mort il y a cinq ans, et d'un de ses jeunes fils, décédé en 1820. Un if presque desséché s'étend sur cette enceinte.

C'est M. Dulomboy fils, l'un de nos collaborateurs, qui est le maire actuel de Tassilly. Il a pour adjoint M. Philippe Hamel.

La paroisse, réunie à celle de St.-Quentin, a le même saint pour patron. Elle dépendait autrefois du doyenné d'Aubigny.

L'impôt se monte, pour cette année, à 3,265 fr. 17 cent.

COMMUNE DE St.-QUENTIN-DE-LA-ROCHE.

Sous le rapport de son ancienneté, de ses monumens, et de sa physionomie pittoresque et originale, la commune de St.-Quentin est une des plus remarquables de l'arrondissement. Nous la décrirons avec quelques détails :

C'est un rocher qui lui a donné son nom, et ce rocher, qu'une violente commotion de la nature a séparé de la chaîne de Poligny qui se voit de l'autre côté, se montre presque de toutes parts hérissé de pics menaçans, bordé d'abîmes, et chargé de bruyères ou de moissons brûlées, qui ne font qu'ajouter à sa sauvagerie et à sa rudesse naturelles. Au-dessous, et à cent pieds de profondeur au moins dans ses flancs déchirés, le petit ruisseau du Laison roule au sein des débris tombés de la montagne, et, après avoir donné le mouvement à quelques fabriques, va se perdre dans un enfoncement, au nord, où se trouve établi le hameau de St.-Quentin, à l'abri de plusieurs coteaux. L'église est sur la hauteur, au milieu de quelques chaumières, et au-delà, vers l'est et Olendon, les champs se joignent à la plaine, et laissent entrevoir à l'entour un vaste horizon. Tout ce tableau, varié et animé, appelle vivement l'attention ; et le rocher de St.-Quentin, avec son entourage, est ainsi devenu célèbre depuis long-temps parmi les merveilles du pays. Aussi le voyageur qui l'entrevoit de loin, en parcourant le grand chemin de Falaise à Caen, qui se trouve à peu de distance, s'éloigne fréquemment de sa route pour venir un moment s'égarer sur ses sommets. Un petit monument funèbre élevé récemment sur la pointe la plus escarpée, et quelques débris re-trouvés dans le sol, ajoutent encore à l'intérêt que cet emplacement si pittoresque inspire naturelle-ment à ceux qui sont avides de vives émotions. C'est au sein de ces lieux que nous avons à nous arrêter, et nous y décrirons successivement tous les objets qui réclament de notre part un examen particulier. Nous tâcherons de les reproduire avec assez de soin pour qu'on puisse aisément les reconnaître. Nous présenterons toutefois, avant tout, selon notre usage, la statistique de la localité :

Saint-Quentin est borné au nord par Sousmont et Ouilly-le-Tesson ; à l'est par Olendon ; au midi par Tassilly ; à l'ouest par Pôtigny. Son territoire, composé de 195 arpens métriques, ou 238 acres, se divise en 168 arp. de labour, 8 arp. de pâtures, 14 arp. de rochers, bruyères, bois taillis, et 3 arp. de maisons, jardins, &c.

Un dixième au plus des terres est de qualité supérieure, évaluée à 1,000 ou 1,200 fr. par acre, et rapportant 2 à 300 gerbes. Les fonds médiocres sont de moitié au moins inférieurs, et le sol des bruyères est presque sans valeur. L'agriculture se fait au moyen de 12 chevaux, de 35 vaches et veaux, et de 205 moutons, sur lesquels il y en a 125 environ de race espagnole. La plus importante ferme est de 80 acres, et ne produit pas au-delà de 2,600 fr.

La population ne s'élève pas à plus de 116 habitans répartis dans 28 ménages épars sur le rocher ou groupés dans le village. Cinq années de recensement ont offert parmi ces familles neuf naissances sur neuf décès. Six de leurs enfans seulement vont chercher des leçons de lecture au dehors, à Sousmont ou à Ouilly.

Le Laison, venant de Tassilly, où il porte le doux nom de *Poussendre*, fait mouvoir, sur la commune, trois petits moulins à huile et autant de moulins à blé, formés par MM. Porcher et Pitrou, dans la gorge de la montagne et dans le vallon qui s'ouvre au-dessous. Ces établissemens occupent dix bras au moins, et dans le village on compte de plus deux tisserands-toiliers et un horloger-mécanicien, dont l'habileté est renommée dans les environs. Ces divers travaux, avec la culture des champs, occupent les habitans de cette petite communauté, que les produits de leur sol aride et ingrat ne suffiraient pas pour nourrir. Il y a peu d'années, ils tiraient de leurs blocs de rochers des pavés et des pierres plates qu'ils vendaient ensuite au dehors; mais ils ont renoncé à cette industrie qui est maintenant abandonnée. C'est le pavé de Sousmont qui semble être aujourd'hui le plus recherché dans tout le pays.

Un des chemins vicinaux de St.-Quentin vient de Falaise, par Tassilly, et le second se rend à St.-Pierre-sur-Dive, en traversant les campagnes, vers Olendon. Ces deux chemins coûtent en général fort peu de soins à la commune, ainsi que les autres voies de communication moins importantes, tracées presque partout sur un fond de rocher. Il faudrait un chemin qui conduisît jusqu'à la route, par Pô-tigny, mais on ne paraît point y avoir songé jusqu'à ce jour. Ce serait ainsi, cependant, que l'on attire-rait de plus en plus les voyageurs vers ce lieu remar-quable, auquel ils n'accèdent en ce moment de ce côté qu'en suivant un sentier bourbeux le long de la prairie. Quand on sera parmi nous moins indif-férent pour tout ce qui peut contribuer d'une ma-nière plus ou moins directe à la prospérité des loca-lités, on ne négligera plus tous ces moyens de succès qui seraient cependant, pour la plupart, d'une si facile exécution. Le petit chemin que nous deman-dons suivrait la bruyère de Pôtigny, et amènerait, en ligne droite, le voyageur jusqu'au hameau de Poussendre, à la pointe de la montagne.

C'est-là que commence le déchirement, et c'est de-là, qu'en suivant le ruisseau qui bouillonne sur les rochers, on arrive au milieu de ce gouffre ef-frayant, que l'on désignait anciennement avec tant d'énergie sous le nom de *Brèche-au-Diable*. Rien ne ressemble mieux en effet à un ouvrage infernal que cet affreux bouleversement d'une montagne entre

ouverte jusqu'en ses fondemens. Plus on avance
vers le nord, et plus l'horreur semble redoubler,
et l'abîme devenir profond et menaçant? Si quelque
chose, dans nos campagnes, peut donner une faible
idée de ces immenses déchiremens des rochers des
Alpes, que l'on retrouve décrits dans tant de voyages,
ce doit être l'entrée septentrionale de la gorge de
St.-Quentin. Les moulins suspendus aux flancs du
coteau, et les petits aqueducs, ou augets de bois,
qui leur portent les eaux à douze ou quinze pieds
d'élévation, ajoutent encore à la singularité de tous
ces tableaux, et redoublent le mouvement et la vie
parmi cette nature si sauvage et si tourmentée.
Nous n'avons rien vu jusqu'ici dans l'arrondissement que l'on puisse comparer à cet emplacement,
qui n'a pas plus de mille pas en longueur ; les bords
de la rivière d'Orne, vers Harcourt et Clécy, sont
bien plus élevés, bien plus escarpés, mais leur physionomie plus grandiose n'étonne pas autant que
ces deux murailles de la gorge de Saint-Quentin,
si âpres, si rudes et en même-temps si rapprochées
l'une de l'autre, que l'on pourrait croire qu'elles
sont prêtes à se rejoindre par un mouvement opposé
à celui qui les sépara. Nous avons visité cinquante
fois peut-être ce lieu singulier, et jamais sans une
impression profonde, que nulle part nous n'avons
plus vivement ressentie [1].

[1] Nous connaissons plusieurs dessins de la *Brèche-au-Diable*,
qui en rendent plus ou moins imparfaitement l'effet ;
L'un est dans l'atlas du premier volume des *Mémoires de la
Société des Antiquaires de Normandie* ; — Un autre, plus achevé,
mais trop gracieux, de M. Ch. de Vauquelin, se vend chez

Quant

Quant au sommet du vieux rocher qui couronne ces abîmes, les anciens Gaulois, nos aïeux, qui cherchaient pour leurs campemens des points difficiles, et autant que possible inexpugnables, s'y étaient, à ce qu'il paraît, retranchés dans les temps qui précédèrent l'invasion des Romains, et leurs braves y avaient même soutenu, selon toute apparence, plus d'un assaut meurtrier. L'histoire, il est vrai, est muette sur ces évènemens, mais les indices certains s'en sont retrouvés dans les couches de ces chétives bruyères qui recouvraient la pointe occidentale du coteau sauvage. Là, comme on travaillait, il y a trente ans, à défricher l'emplacement où devait être placé le tombeau de Madame Joly-Dulomboy, dont nous parlerons bientôt, on découvrit une vingtaine au moins de casse-têtes en silex et en pierres différentes, qui avaient appartenu à d'anciens guerriers ensevelis dans ces

le libraire Mancel, à Caen ; — Un troisième a été composé pour cet ouvrage, par M. le marquis d'Oilliamson ;

Enfin, M. Dulomboy fils en achève deux différens, d'une dimension double au moins des premiers, qu'il se propose de publier prochainement par souscription. Ceux-là seuls présenteront un développement suffisant pour donner une idée exacte de l'ensemble et de la profondeur du déchirement. Nous croyons que l'on peut leur présager à l'avance un grand succès dans le pays.

Parmi les descriptions qu'on a données avant nous de ces lieux, nous citerons celle qui se lit dans un petit vol. in-18, consacré par M. Dulomboy père, aux mânes de *Marie-Élisabeth Joly*, sa femme, (Paris, Delangle, an 7 de la république); et une autre qu'offre une dissertation de M. Lange, insérée dans le premier volume des *Mémoires de la Société des Antiquaires de Normandie*, que nous venons déjà d'indiquer.

lieux mêmes. Quelques-uns des squelettes étaient entiers encore, et leurs armes chéries se trouvaient sous leurs têtes ou à leurs côtés. D'autres étaient brûlés, calcinés, et il n'en restait que des fragmens plus ou moins reconnaissables. M. Dulomboy recueillit plusieurs casse-têtes qui avaient jusqu'à « six pouces et demi de longueur sur deux et demi » de largeur »; il les déposa au cabinet du Roi, où ils doivent se trouver encore aujourd'hui. Son fils en conservait une douzaine environ, de formes diverses, qu'il nous a remis presque tous pour le cabinet de la ville. Nous en offrons deux échantillons, l'un entier et l'autre brisé, dans une planche de notre atlas. Nous y joignons au-dessous la pointe très-oxidée d'une flèche en fer trouvée dans le même lieu, et qui doit être également un ouvrage gaulois. Parmi les casse-têtes ou hachettes en pierre, il y en a qui ne sont qu'ébauchés ou à demi-dégrossis; ce sont probablement des rebuts qu'auront rejeté les ouvriers qui préparaient ces armes. Leur matière est tantôt de silex poli, tantôt de jade assien, ou jade vert, et le plus souvent de quartz et de grès pris dans les rochers voisins. Quelques-uns sont tellement petits, qu'ils n'ont pu évidemment appartenir qu'à de très-jeunes enfans. Nous en noterons un, trouvé il y a un an, dans des fouilles que l'on pratiquait pour nous, qui n'a pas plus de deux pouces de longueur sur un pouce au plus d'épaisseur. Il ressemble à un bien petit marteau qui ne serait point emmanché. Un autre a la forme d'une faible hache de fer très-plate et très-polie. Entre les échantillons dessinés, on en peut remarquer un brisé qui offrait un trou dans son épaisseur, comme pour recevoir le manche d'un de nos marteaux. La partie inférieure se terminait en une pointe que l'usage semble avoir émoussée.

Nous avons recherché soigneusement sur la montagne de Saint-Quentin quelques débris de monumens religieux celtiques, et nous n'en avons jusqu'ici retrouvé aucune trace. S'il y en eut, comme l'assure M. Langevin, ils auront à-coup-sûr disparu depuis long-temps. Nous sommes du reste bien plus portés à croire que ces lieux auront anciennement servi de camp retranché, que d'enceinte druidique sacrée. Les armes que l'on a retrouvées près des tombeaux annoncent des héros bien plutôt que des prêtres. La position, toute militaire et forte par elle-même, n'avait besoin que de peu de secours pour devenir, dans des temps barbares, le point le plus redoutable des environs.... 1

1 Si les prêtres gaulois eurent quelque monument dans cette campagne, ce fut sans doute sur l'autre partie du rocher, vers Pótigny. On peut se rappeler une *pierre ronde* que nous y avons notée à la page 172 de ce volume, et que nous avons regardée comme un souvenir de la religion des Druides. Les paysans de Pótigny semblent d'ailleurs plus remplis d'anciennes idées superstitieuses que leurs voisins, et c'est de leur côté seulement que l'on nous a parlé de *trésors* cachés sous des rochers, de fantômes, d'apparitions nocturnes, et surtout de prétendus combats de S. Quentin avec le Diable, qui auraient amené le déchirement de *la brèche* et les merveilles de l'autre partie de la montagne, A Saint-Quentin, on s'occupe peu de ces récits, et l'on montre simplement le vaste horizon, le gouffre, les *cercueux* (ou cercueils) romains, et surtout le tombeau nouvellement élevé sur les rochers. On paraît regarder comme un radotage tous les vieux dictons des *carrirs* de Pótigny.

Après les Gaulois, ce furent les Romains qui s'établirent sur ces hauteurs, et ces maîtres nouveaux y ont laissé de bien plus nombreuses traces de leur passage que ceux qui les avaient devancés. Nous passerons successivement en revue tout ce que nous avons reconnu de ce peuple envahisseur, au milieu des petits champs qui environnent l'église. On reconnaîtra aisément à ce détail qu'il dut y avoir, pendant un moment, sur le rocher de St.-Quentin, une *villa* ou station romaine. Nous présenterons surtout dans ce travail ce que nous avons vu et observé par nous-mêmes :

Tombeaux, Sépultures. A l'opposé de la pointe du rocher où l'on avait trouvé les squelettes et les casse-têtes gaulois, les laboureurs ont mis à découvert, à différentes reprises, des squelettes rangés et serrés les uns près des autres, des débris d'ossemens à demi-brûlés, et enfin, des tombeaux de pierre blanche, renfermant les restes de personnages qui semblaient avoir été distingués. La terre sèche du rocher avait parfaitement conservé la partie solide des corps, et la peau seule et les chairs en avaient disparu. Dans les sépulcres, que recouvrait une pierre plate, on retrouvait un, deux et quelquefois trois corps symétriquement étendus les uns près des autres. Dans un petit champ que l'on défrichait, nous avons vu sept de ces monumens, tous de six pieds environ de longueur, plus larges vers la partie supérieure que vers le bas, inclinés de l'ouest à l'est, et composés d'une simple pierre creusée en auge, et n'offrant d'autre singularité qu'un léger enfoncement tracé dans le fond, à

l'endroit où la tête avait reposé. Nous avons fait
enlever le plus grand, le mieux conservé de ces
tombeaux, et il est déposé maintenant à l'hôtel-
de-ville de Falaise. Les ossemens ont été rejetés dans
le sol, où ils pourront séjourner pendant de nouveaux siècles. Ce champ de sépulture, évidemment
romain, comme les divers objets trouvés à l'entour,
et même dans les tombeaux, suffiraient pour le démontrer, avait échappé long-temps aux ravages
des générations. La sauvagerie du lieu l'avait préservé des recherches de nos devanciers. Mais le jour
des conquérans de notre pays est enfin venu, et leur
dernier sommeil a été troublé au milieu de cette
terre qu'ils avaient cru soumise pour toujours. Les
petits-enfans des vaincus ont pu se jouer avec les os
du guerrier qui brûla le toit de leurs pères. Telle est
la loi sévère des représailles, et nous-même nous
avons recueilli avec indifférence les débris de leurs
monumens funèbres. Ah! sans doute, on doit avant
tout le respect aux cendres de l'homme de bien qui
s'endormit tranquillement aux champs paternels,
en confiant sa dépouille à la piété de ses fils; mais
que nous font les restes de ces soldats étrangers qui
ne furent confiés à nos champs que comme des
témoignages de la défaite et de la dépendance de
nos pères...

Armes et Ornemens de bronze et de fer. Près des
sépulcres on a trouvé des lames d'épées de fer oxi-
dées, de vingt pouces au plus de longueur ; des
poignées d'épées et de couteaux ; des coins de bronze ;
des pointes de piques et de lances ; un bracelet ciselé ; et divers petits objets de ce genre, tous en

bronze. Les laboureurs, il y a peu de temps encore, livraient ces objets aux marchands de fer, pour le plus vil prix, et l'on a ainsi perdu plusieurs morceaux très-précieux et très-importans. Parmi ceux que nous recueillons depuis trois ans, on peut remarquer un coin de bronze oxidé, un bracelet de bronze à ciselure, et le petit manche, également de bronze et ciselé, d'un ancien couteau de sacrifice. Ces trois objets, dignes de quelque attention, ont été reproduits dans la planche de l'atlas où sont les coins de pierre que nous venons de décrire.

Poteries, Terres cuites, Débris de constructions. Nous citerons, en ce genre, comme trouvés par nous à St.-Quentin, des morceaux de vases rouges à reliefs, dont nous offrirons plus tard des échantillons ; deux fragmens d'urnes cinéraires brisées ; des restes de vases gris et bruns ; des briques à larges rebords, et des morceaux de cimens très-bien conservés. Un ancien cultivateur, nommé Jean Pitrou, nous a donné bien des regrets en nous assurant que dans son petit champ, il y a trente-cinq ans, il avait découvert plusieurs vases rouges entiers, *avec de beaux dessins,* qu'il laissa briser comme inutiles et sans valeur. Ces vases étaient à-peu-près de la grandeur d'un de nos chapeaux ordinaires. Les débris que nous possédons n'ont guère plus de deux à trois pouces en longueur comme en largeur.

Monnaies, Médailles. Les vieillards de Saint-Quentin ont trouvé, lors du défrichement, des médaillons de deux pouces de diamètre, que leurs enfans ont dispersés dans leurs jeux. Nous n'avons pu nous procurer, en monnaies romaines, venues de ce lieu, que les cinq suivantes, qui sont dignes d'intérêt, et qui font vivement regretter ce qu'on a perdu dans ce genre :

1.º Une consulaire, en argent, de la famille *Cal-purnia*, portant à la face une tête d'*Apollon*, et au revers, un *cheval libre au galop, avec un cavalier*, et les mots : *L. Piso. Frugi.* Cette pièce est un sesterce ;

2.º Une impériale G. B. d'Antonin-le-Pieux, *Antoninus Aug. Pius, P. P. Tr. P. XI*, ayant au revers une *femme sacrifiant*, avec cette légende, à demi-effacée : *AN..... Cos III , S. C.* ;

3.º Une impériale, en argent, de Philippe I.ᵉʳ, *Imp. Philippus Aug.*, ayant au revers une *Victoire marchant*, et la légende : *Virtus Augg. T.* ;

4.º Une impériale, P. B. d'Aurélien, *Imp. C. Aurelianus Aug.* ; ayant au revers une *femme et l'empereur se donnant la main*, avec ces mots : *Con-cordia militum. S.* ;

5.º Une impériale, P. B. de Constantin I.ᵉʳ, *Constantinus, P. F. Aug.*, ayant au revers *le soleil debout, levant la main droite, et tenant un globe de la gauche*, avec ces mots : *Soli invicto comiti. T. F. P. T. R.* [1]

On voit par ces cinq pièces que, la dernière étant de l'an de Rome 1075 à-peu-près, ou 322 après J. C., l'emplacement de Saint-Quentin dut être occupé au moins jusques dans le 4.ᵉ siècle de notre ère. C'est ainsi que les monnaies peuvent servir à reformer l'histoire oubliée des localités ; et, sous ce rapport, on ne saurait noter avec trop de soin celles que l'on découvre dans nos campagnes.

[1] Trois de ces monnaies ont été données à la ville par M. Dulomboy.

Le campement romain de Saint-Quentin devait être établi sur tout le plateau peu étendu du rocher. On y accédait, selon toute apparence, par un embranchement de l'ancien *chemin Haussé* des Romains, que nous indiquerons plus tard, à moins d'une lieue de-là, sur Rouvres et sur Olendon.

Le moyen âge n'offre rien sur St.-Quentin, que la petite église de transition, plantée sur le rocher, près des tombeaux romains, et montrant pour tout ornement son portail gothique primordial, sa fenêtre de chevet à compartimens rayonnans, ses bourrelets circulant autour des cintres intérieurs, et ses modillons non sculptés. M. Dulomboy père a publié que ce monument avait servi de temple autrefois aux Druides, mais cette opinion ne peut même pas être discutée. Les Gaulois adoraient leurs dieux sur les lieux élevés, comme les anciens Perses, et ne leur édifiaient d'autres monumens que de grands autels de pierre, où ils immolaient leurs victimes. La simple église de St.-Quentin n'a jamais évidemment servi qu'au culte chrétien. Sa date ne peut remonter au-delà du 13.e siècle.

Le pasteur du petit troupeau de Saint-Quentin, M. l'abbé Taillebosq, vit dans une humble demeure, près de son église, au milieu des chaumières des plus pauvres de ses paroissiens. La frugalité, la simplicité de cet homme de Dieu nous ont été souvent racontées, et nous les rappelons volontiers dans cet ouvrage. Le nom de ce pieux cénobite semble rappeler une origine anglaise.

Autrefois un if d'une immense grosseur couvrait le petit cimetière, et vingt générations peut-être

avaient passé sous son ombrage ; on l'abattit il y
a trente ans, et l'on trouva dans ses racines « un
» nombre prodigieux de têtes humaines. » Un
nouvel if s'élève maintenant près du même lieu,
et les fils de nos fils le verront sans doute un jour
dominer sur ces hauteurs. Cet arbre est le fidèle
compagnon des morts dans presque toute la région
que nous venons de parcourir.

Nous ne pouvons terminer nos descriptions sans
parler du dernier monument élevé dans ces lieux
en l'honneur d'une femme qui s'était rendue célèbre
dans les jeux brillans de la scène. *Marie Joly* se fit
de bonne heure un nom parmi nos meilleures comédiennes françaises, et, à trente-sept ans, on la
citait comme la plus spirituelle, la plus intelligente
des servantes de Thalie. Un heureux avenir semblait
lui être promis, quand la mort la frappa brusquement au milieu de ses succès. Son époux, Monsieur
N. Fr. Fouquet-Dulomboy, et les comédiens, ses
confrères, lui firent élever un monument que l'on
transporta, selon ses derniers vœux, avec sa dépouille embaumée, sur le rocher de Saint-Quentin.
Elle repose là, dans un caveau taillé dans le roc,
au bord de l'abîme, et sur les lieux mêmes où dor-
maient, depuis tant de siècles, les débris des vieux
soldats gaulois. Le mausolée, en pierre blanche,
à quatre faces, a été sculpté par Lesueur, artiste
connu pour avoir élevé précédemment le monument
d'Ermenonville pour J. J. Rousseau. Madame Joly-
Dulomboy est représentée sur la face principale,
couchée et endormie, entre les génies éplorés de Mel-
pomène et de Thalie. Des inscriptions rappellent

ses talens et la douleur de sa famille. Dans un rayon de deux cents pas, la demeure funèbre est protégée par une double enceinte. Des mélèzes, des pins toujours verts, répandent à l'entour une teinte de tristesse. Depuis trente ans on visite ce lieu, presque autant pour le monument de Madame Joly, que pour le rocher de la *Brèche-au-Diable*. Aussi, fréquemment, le designe-t-on maintenant, même dans le pays, sous le nom de *Mont-Joly*. Le *Mont-Joly* et la *Brèche-au-Diable* ne doivent, à l'avenir, être considérés, par les étrangers, que comme un seul et même emplacement [1].

Le maire de la petite commune de Saint-Quentin est M. François Hamel, agriculteur. Nous lui devons plusieurs de nos détails sur la statistique du lieu. L'adjoint est M. Jacques Pitrou.

Les impôts, pour 1829, sont de 1,379 fr. 80 cent.

COMMUNE D'OLENDON.

Nous ne connaissons point le sens direct du mot *Olendon*, que l'on écrivait autrefois *Olendona*. Les explications forcées que nous en pourrions donner, ne s'appliqueraient que difficilement à la localité.

[1] Nous renvoyons, pour les détails plus étendus sur le monument et sur sa translation à St.-Quentin, au petit volume in-18, déjà cité, de M. F. Dulomboy. On y remarque, entre autres poésies adressées à Madame Joly, quelques strophes de MM. Andrieux, de l'Institut, et Delrieu, auteur tragique. On y voit également deux airs gravés pour cette femme célèbre, par MM. Gaveaux et Grétry.

Une planche d'objets antiques que nous donnons sur Saint-Quentin, a été dessinée et lithographiée par M. Alphonse de Brébisson.

Un Robert d'Olendon, *de Olendino*, était chanoine de l'abbaye de St.-Jean, vers le temps de sa fondation, en 1134. Plus tard, dans le 13.e siècle, un Richard Casrea possédait à Olendon, *apud Ollandone*, onze fiefs militaires qui relevaient de Grantmesnil. L'histoire n'offre aucun autre fait qui mérite qu'on le conserve.

Olendon a pour limites Épaney, Tassilly, Saint-Quentin, Ouilly-le-Tesson, Rouvres, Sacy et Perrières. Assis au milieu de la plaine, son territoire est en général plat et uniforme ; il se compose de 686 arpens de labour ; 13 arp. de prairies et pâtures ; 7 arp. de taillis ; 11 arp. de friches, et 10 arp. de maisons, jardins, &c. ; en tout, 727 arp. métriq., ou 884 acres.

Le village principal, ombragé et frais, donne à la partie centrale de la commune, où il se trouve, un peu de mouvement, ainsi que quelques petits bois qui s'étendent jusqu'à Sacy ; deux autres hameaux, le Mont-de-Tassilly et les Quatre-Vents, sont plus insignifians et plus dégarnis. Dans le grand village, on voit naître un joli ruisseau qui, après avoir traversé les bocages et deux ou trois fermes, disparaît dans un fonds de prés, comme celui de Perrières. Il est bien loin toutefois d'être aussi considérable que ce dernier. Ses eaux sont d'un grand prix pour les habitans, qui ont de plus deux fontaines et trois petits étangs.

Les éternelles céréales, blé, orge et avoine, forment la base de la culture, avec le sainfoin. On accorde souvent à la terre un an de repos sur trois. L'orge y est plus cultivé que l'avoine, et on lui

donne, au printemps, des soins particuliers. Après
deux labours, on émotte le champ avec la fourche,
on arrache les herbes, que l'on brûle, et l'on sème
en donnant le dernier labour, presque dans la poussière. Tous ces travaux sont longs, pénibles, et les
procédés nouveaux les diminueraient beaucoup.
Les meilleurs fonds sont du prix de 1,000 fr. l'acre,
et les mauvais de 600 fr. environ. La principale
terre, celle des héritiers de M. Douësy, d'une
étendue de 260 acres, est évaluée à un revenu de
près de 6,000 fr. La terre du Château ne vaut pas
plus de la moitié de ce prix.

Quarante-deux chevaux, 90 vaches et 500 moutons communs composent tout le bétail et les animaux de culture de la commune.

La population est portée à 320 habitans environ,
répandus dans 88 maisons. On remarque parmi eux,
dans les cinq ans de recensement, 23 naissances sur
20 décès. Le sol étant ingrat ou mal cultivé, 50 individus vont aux moissons et un peu aux filasses
vers Paris ; ils en rapportent peut-être 6 à 7,000 fr.
dans le pays. On compte encore, entre autres professions, cinq toiliers, deux siamoisiers, cinq bonnetiers et deux fabricans de retors. Dans le printemps, les cultivateurs apportent du Bocage cinq à
six cents ruches, dont les abeilles se répandent dans
les sainfoins ; de-là dans cette contrée un commerce
de miel assez important. Voilà toutes les ressources
et les richesses de la commune. Autrefois, on y
exploitait, du côté de Tassilly, des carrières de
pierres blanches, dont la qualité paraît estimée ; on
prétend qu'elles peuvent résister pendant les hivers

à l'humidité. Ces anciennes et grandes carrières sont maintenant abandonnées. Un four à chaux se voit dans la campagne.

Un instituteur est établi sur le lieu ; il donne des leçons à vingt-cinq enfans.

Deux chemins vicinaux et douze chemins communaux, au moins, parcourent la commune. Entre les plus grands, nous avons remarqué, venant du côté de Rouvres et se dirigeant sur les Quatre-Vents, l'ancienne voie romaine, dite *chemin Haussé*, que nous reverrons plus tard bien mieux tracé sur la rive opposée du Laison. Le *chemin Haussé*, sur Olendon, n'offre rien de particulier, et son cours n'est même pas égal. Il passe un peu au-dessus du village, vers Sacy, en traversant le filet d'eau qui forme le petit ruisseau. Sa direction est à-peu-près de l'ouest à l'est 1

Près de Sacy, dans un fossé profond, au-dessous du bois carré, les anciens montrent une fontaine qui fut autrefois recouverte de maçonnerie, et qui est maintenant encombrée et abandonnée. On ne

---

1 Il résulte de renseignemens que nous nous procurons en ce moment même, que ce n'est point vers Bernières, mais vers les *Ponts de Jort* que se dirigeait le *chemin Haussé*, en partant des Quatre-Vents ; il se jetait au-delà des ponts, dans le chemin actuel de Trun, et c'est même encore au moment où il quitte ce chemin, qu'on le retrouve, avec son ancien nom, à Morteaux. Il passait entre Vicques et Courcy, entre Louvagny et Couliboeuf, et toute cette campagne était ainsi militairement occupée par les Romains. Elle faisait partie de l'Hiémois, et se trouvait entre le camp fortifié de St.-Quentin, à l'ouest, et l'ancienne ville d'Exmès, à l'est. Peut-être y avait-il aussi un poste sur les monts d'Éraines.

ait trop quel fut son usage, et l'on croit qu'elle portait les eaux au parc de Sacy, qui se voit un peu au-delà. Sa construction, qui devait être assez forte, n'a plus aujourd'hui de caractère. Nous en reparlerons en décrivant la commune voisine. Ses eaux peuvent venir du ruisseau qui se perd à quelques centaines de pas en-deçà, dans des champs un peu plus élevés.

Le château d'Olendon sert maintenant de ferme. Sa partie la plus ancienne a peut-être deux cents ans, et sa façade date seulement de 1715. Il appartient à Madame de Lapallu. Les avenues et l'entourage sont insignifians.

Le *logis* de M. d'Olendon, qu'occupe en ce moment le maire, et l'habitation de la Roche, bâtie par M. d'Ouesy, n'ont rien non plus de remarquable. Autrefois, la famille d'Ouesy-d'Olendon réunissait dans une seule maison toutes ces principales propriétés. On voit dans le chœur de l'église les tombes de ces seigneurs du lieu.

Cette église avait une nef romane et un chœur de transition. Le portail, orné de zig-zags et d'étoiles simples, est soutenu par deux colonnes encaissées. Des corbeaux, à têtes et à reliefs, soutiennent la corniche de la nef, et des dents de scie celle du chœur. La tour est au milieu de l'édifice. La paroisse est dédiée à S. Jean, dont la fête se célèbre le 24 juin. Elle a pour desservant M. l'abbé Allais.

C'est à la complaisance du maire, M. de Boispinel, chevalier de St.-Louis, que nous devons nos renseignemens. Son adjoint est M. Laurent Gallot.

Les impôts sont de 3,414 fr. 96 cent.

COMMUME DE SACY.

Sacy, en latin *Saceium*, indique un lieu couvert de rochers. Là, comme à Perrières, on voit percer au-dessus de la plaine calcaire ces masses de grès quartzeux, dont la chaîne s'étend depuis le ruisseau du Laison jusqu'à la Dive, en s'inclinant de l'ouest à l'est. Le plus élevé de ces rochers portait le vieux château de Sacy. On avait, de ce point, sur cette campagne plate et dégarnie, un coup-d'œil assez étendu.

Un sire de Sacy passa la mer avec Guillaume, et parut dans les champs d'Hastings :

..... Cil d'Oillie et cil de Sacie ,

dit Robert Wace, en associant ainsi dans ses vers le nom, jusqu'ici peu connu pour nous, des Sacy avec celui de ces Ouilly dont nous avons rappelé ailleurs la gloire et la haute fortune. Les sires d'Ouilly et de Sacy étaient voisins, et peut-être s'unirent-ils par les liens d'une confraternité d'armes, au moment d'affronter les hasards d'une mémorable expédition. Nous avons déjà vu les sires de Jort et de Courcy, partis des mêmes campagnes, réunis de la même manière dans les chants de l'Homère normand [1].

Une branche des Sacy dut s'établir, ou du moins séjourner en Angleterre. Dans les titres de l'abbaye de Tichefeld, en Southampton, on voit un Émeric

---

1 Ouilly-le-Tesson est une des communes les plus rapprochées de Sacy, et c'est-là que nous retrouverons bientôt, en définitive, le vieux château féodal qui fut le berceau de l'ancienne famille d'Ouilly.

de Sacy, *Emericus de Sacy*, deux fois cité, comme premier témoin, au pied de chartes de donations faites à cet établissement religieux, par une Éva de Clinton, et par des seigneurs du nom d'*Escures*[1].

Dans ce pays, un Robert de Sacy, *Robertus de Saceio*, le même peut-être que l'on avait vu combattre au temps de la conquête, figure dans les secondes chartes de la fondation du prieuré de Perrières, par les Courcy, vers la fin du 11.e siècle[2].

Un des fils de Robert de Sacy, ou peut-être son petit-fils, nommé *Robert* comme lui, est cité parmi les témoins de la grande charte que le roi Henri I.er d'Angleterre accorda pour St.-Évroult, en l'année 1138[3].

Environ soixante ans plus tard, un Jean de Sacy possédait un fief militaire entier dans la *baillie* de Lisieux, *in balliâ Lexou*, peu éloignée de son domaine[4].

Enfin, en 1272, nous voyons un Richard de Sacy, *Ricardus de Sacy*, figurer aux revues de Tours, pendant la quinzaine de Pâques, parmi les guerriers qu'envoyait alors la vicomté de Falaise au roi de France, Philippe-le-Hardi, pour combattre dans ses armées[5].

Tous ces seigneurs que nous venons de citer, pour un espace de plus de 300 ans, appartiennent évidemment à la commune de Sacy qui nous occupe, et

1 *Monasticon Anglicanum*, pages 662 et 664.
2 Chartes manuscrites sur Perrières.
3 *Gallia Christiana*, pages 210, *Instrum.*
4 Duchesne, *Feoda Normanniæ*, page 1010.
5 *Rôles Normands*, St.-Allais, page 279.

non à celle de Sacey, dans la Manche, comme l'ont prétendu deux de nos savans antiquaires normands, MM. de Gerville et Aug. Leprévost. Ces deux écrivains, si justement distingués, n'avaient pas, comme nous, visité les champs de Sacy, ni recherché probablement avec autant de soin les titres de cette famille, quand ils ont avancé une opinion à laquelle ils ne semblent pas d'ailleurs attacher une grande importance. Ils nous permettront donc de ne point partager leur avis dans cette occasion, et même nous leur demanderons de revenir au nôtre, s'ils veulent bien le reconnaître fondé après un sérieux examen. L'emplacement de l'ancien château, que nous visiterons bientôt, leur prouvera qu'il y avait une forteresse de puissans seigneurs dans les lieux que nous assignons pour berceau à la famille qui nous occupe. Ce sera le dernier et le meilleur argument que nous ayons à leur présenter à l'appui de notre opinion 1.

Nous avons en ce moment à décrire la localité :

1 C'est dans le *Roman de Rou*, tome II, page 536, que M. Leprévost a prétendu que le sire de Sacie était parti de Sacey, bourg du département de la Manche, et M. de Gerville avait, avant lui, fait entendre, dans son travail sur les châteaux de l'arrondissement de Mortain, que Sacey était en effet la seule commune qui pût réclamer ce guerrier du nom de *Sacy*, porté sur les listes de la conquête. Chacun de nous cherche la vérité dans ses écrits, et c'est en comparant ce que nous publions de part et d'autre, que l'on parviendra à éclaircir les points douteux, et à rassembler les élémens propres à composer plus tard une bonne histoire nationale normande. Pour nous, tous nos travaux et tous nos efforts ne cesseront d'avoir pour but de contribuer à ce résultat, que nous appelons de tous nos vœux.

Sacy est borné au nord par Ernes et par Vendœuvre ; à l'est par Pont ; au midi par Perrières
et par Olendon ; à l'ouest par Rouvres et par Mézières. Le territoire, composé de 949 arp. métriq.,
ou 1162 acres, se divise en 889 arpens de labour ;
10 arp. de bois ; 18 arp. de roches, 2 arp. de pâtures, et 30 arp. de maisons, jardins, chemins, &c.

On ne voit à Sacy, ni prés, ni vergers, ni ruisseaux, et de toutes les communes que nous venons
de parcourir, celle-ci est incontestablement une des
plus arides et des plus défavorablement situées. Sans
le nouveau château, qui présente quelques bosquets
dans son entourage, et une belle avenue de pommiers vers Mézières, aucun point ne nous aurait
offert jusqu'ici plus de monotonie dans nos excur-
sions. Le village, élevé en longueur sur les deux
côtés du grand chemin de Falaise à Croissanville,
est un des mieux bâtis et des plus considérables de
l'arrondissement. Depuis le parc du vieux château
jusqu'à la grille du nouveau, il a un demi-quart
de lieue au moins d'étendue. On ne voit dans la
plaine, ni fermes, ni hameaux détachés.

Tous les grains se cultivent dans les champs ; et
surtout le blé, l'orge et l'avoine. Les laboureurs
n'ayant point de prés naturels, ont recours aux
sainfoins et à d'autres fourrages annuels qui amènent
par degrés, chez eux, la suppression des jachères.
Quelques-uns ont essayé de la rabette seule pour
engrais, et n'en ont éprouvé jusqu'ici que de bons
résultats. Le trèfle incarnat, introduit nouvellement
par M. Ch. de Vauquelin, est la meilleure amélioration que la culture locale semble avoir éprouvée

depuis quelque temps. M. de Vauquelin a placé ce fourrage avec avantage dans ses assolemens, et il prétend qu'il est également bon en vert et en sec. La graine qu'il en fait cueillir et préparer chez lui, se vend aisément 6 à 7 sous la livre. Il évalue que les meilleurs fonds de Sacy peuvent être d'un produit de 50 fr. par acre, les médiocres de 35 fr., et les mauvais de 15 fr. au plus.

Le labourage se pratique au moyen de 65 chevaux, et l'on compte en bestiaux et troupeaux 120 vaches et près de 700 moutons, dont 80 mérinos. Deux cents ruches viennent du dehors pendant la floraison des sainfoins, et sont reportées dans le Bocage au temps des sarrasins. Les habitans ne pouvant ou ne voulant tous se livrer à la culture, il en part une vingtaine au printemps, pour aller vers Paris travailler aux moissons, et ensuite aux filasses. Quant à l'industrie locale et aux professions, on compte à Sacy 12 bonnetiers, 10 tisserands-toiliers faisant de belle œuvre, un bourrelier, un maréchal, 3 cordonniers, un charpentier et un tourneur. Le village étant sur un chemin fréquenté, renferme aussi deux auberges.

La population se monte à 520 habitans répartis dans plus de 120 maisons. On a remarqué, dans cinq ans, 52 naissances parmi eux, sur 44 décès.

Un instituteur réunit 75 garçons, et une sœur institutrice donne de plus des leçons à 40 jeunes filles. Là, du moins, comme on le voit, on ne néglige pas entièrement l'instruction du premier âge.

Le chemin principal va de Falaise à Croissanville, et la poste y passe encore quelquefois. Dix-

huit autres chemins traversent en tous sens le territoire. Sans être bons ni soignés, ils sont cependant
praticables pour la plupart pendant tous les temps
de l'année.

Le vieux château, comme nous l'avons dit, se
montrait sur la pointe la plus élevée des rochers
qui dominent la plaine, et se composait d'une enceinte double, dont la trace se reconnaît aisément
dans presque toute son étendue. Le fossé de la dernière enceinte était creusé dans le roc vif, et sé
verra probablement pendant bien des siècles encore.
Il se trouve à quinze ou vingt pieds de profondeur
au-dessous de la roche, en plusieurs endroits. Un
dessin que nous en donnons dans l'atlas, indiquera
à ceux qui ne visiteront point les lieux, la nature
et la forme de ce travail. On amenait les eaux dans
les fossés, par des conduits souterrains, de la fontaine que nous avons notée sur Olendon, au-dessous
du bois carré. En creusant dans le sol, on a retrouvé une partie des canaux, en terre cuite, qui
servaient à cet usage. Du reste, on ne se souvient
plus d'avoir vu de constructions d'aucun genre sur
la double enceinte, et seulement le lieu a conservé
le nom *du Châtel* ou *des Châtelets*, sous lequel on le
distingua toujours. Partout où se retrouvent de ces
Châtels ou *Châtelets*, on peut être assuré qu'il y eut
une forteresse ou un camp retranché dans les temps
anciens. Nous en appelerions volontiers, au besoin,
sur ce point, à MM. de Gerville et Leprévost
eux-mêmes.

Près des *châtelets* on voit un petit manoir, dont
les débris n'offrent pas moins d'intérêt que les

restes du château fort. Ce fut là que vécut, dans ses derniers jours, ce vieux barde normand, ce Vauquelin de la Fresnaye, dont nous avons parlé au commencement de cet ouvrage, et dont les écrits, renommés parmi ses contemporains, ont survécu après plus de deux cents années, au milieu des souvenirs littéraires de notre patrie. Fils et neveu de magistrats, Vauquelin avait été lui-même un magistrat très-estimé, non moins qu'un écrivain fameux, et son fils, des Yveteaux, était devenu, après lui, l'honneur d'un nom qui s'est soutenu avec éclat jusqu'à nos jours dans cette contrée. Ailleurs, nous avons rappelé successivement ce qu'avaient fait de plus remarquable les membres les plus distingués de la famille, et il nous resterait seulement à parler ici de celui de leurs descendans qui est devenu pour nous, dans l'exécution de cet ouvrage, le plus utile et le plus dévoué des coopérateurs. Mais nous cédons à regret aux convenances, qui ne nous permettent pas même la vérité sur nos amis, et nous devons d'ailleurs épargner la modestie du plus simple et du meilleur des hommes. Nous nous bornerons donc à rappeler que le nom de *Sacy* est devenu depuis trois siècles, pour ainsi dire, inhérent à celui de *Vauquelin*, et que les souvenirs des premiers seigneurs, plus puissans peut-être et plus belliqueux, se sont entièrement effacés devant ceux des nouveaux châtelains. C'est par la culture éclairée des arts que ceux-ci, comme on le sait, se sont toujours distingués [1].

[1] Même sous le rapport de l'ancienneté et de l'illustration militaire, la race des Vauquelin ne devait pas être inférieure

Le manoir des Vauquelin tombe en ruine aujourd'hui, ainsi que le colombier qui le domine, et les murs du très-grand parc qui enceint presque toute la chaîne des rochers de ce côté. Un allié de la famille, à qui cette partie de la terre est échue, a cessé d'y résider, et la demeure du vieux chantre de l'*Art poétique*, des *Idilies* et des *Satyres*, est devenue l'habitation délabrée du fermier de ce domaine, qui s'y retire avec sa famille. C'est à l'autre bout du village, vers l'église, que l'héritier mâle de la maison s'est établi, dans un petit château plus gracieux, plus moderne et mieux entouré. Là, de

à celle des Sacy, dont elle avait, à ce qu'il paraît, recueilli l'héritage à titre d'alliance et de successibilité. Nous avons vu des détails sur cet objet, consignés dans des manuscrits de famille, mais nous aimons mieux les citer par extrait, d'après un des ouvrages mêmes de la Fresnaye qui les avait rappelés dans ses vers. Il dit, en désignant les siècles de nos premiers Normands :

> Dès ce temps mes majeurs dejà nobles vivoient,
> Et nos ducs généreux en leurs guerres suivoient :
> Mais Vauquelin du Pont, Vauquelin de Ferrières,
> Capitaines portoient gonfanons et banieres,
> En passant l'Océan quand leur grand Duc normand
> Alla contre l'Anglois tous ses sujets armant,
> Et plantèrent leur nom en Glocestre et Clarence,
> Dont il reste aux vieux lieux mainte vaine apparence ;
> Là sont peints et bossés nos écus et blasons
> Tels que nous les portons encore en nos maisons...
>
> . . . .
> Les miens furent conjoints toujours en nobles lignes,
> Avec ceux de la Heuse et ceux de Bois-Hubont,
> Avec ceux de Sacy . . . . . . etc., etc. . . . . . .

Voilà bien l'alliance avec les *anciens Sacy* établie. Nous renvoyons, au surplus, pour les renseignemens plus étendus sur les principaux personnages de la famille *Vauquelin*, aux pages 102, 103, 122, 137, 138, 152, 153, 154 du premier volume de cet ouvrage.

hauts bosquets donnent du moins un peu d'ombrage, et de grands massifs de gazon servent à récréer la vue, que la plaine aride a fatiguée dans les environs. L'intérieur est orné des produits des arts, avec ce sage discernement qui décèle le goût du maître. Ombres des Vauquelin, vous pouvez vous égarer au sein de cette simple et jolie retraite du dernier de vos descendans. Tout y est digne de vous et du beau nom que vous avez laissé !...

Le petit monument religieux de Sacy nous reste à visiter, et nous y remarquons plusieurs détails d'architecture gothique du meilleur temps de la transition. Les jolies fenêtres du chœur et la petite porte de côté sont ornées de zig-zags, de fleurs et de colonnes déjà élégantes. Les corbeaux, encore grimaçans, ne sont plus tout-à-fait grossiers. La tour carrée, de deux époques, laisse voir des rangs d'*arêtes* surmontés de maçonnerie nouvelle. La nef, et surtout le portail, sont modernes. Dans la chapelle repose, comme nous l'avons dit ailleurs, *Jean de Vauquelin de la Fresnaie*, avec plusieurs de ses enfans. Son portrait se voit sur l'autel. Le cimetière, entouré de murs, renferme un vieil if qui offre le phénomène d'un vaste sureau croissant dans son intérieur. La paroisse est dédiée aux saints Gervais et Protais. M. Brunet en est le desservant.

Le maire est M. Lemarchand ; l'adjoint, M. Lafontaine. Les impôts se montent à 7,144 fr. 47 c. [1]

[1] Nous avions écrit le mot de *Sacy* par deux *ss*, *Sassy*, dans la première partie de cet ouvrage, d'après le cadastre et la feuille de Cassini. L'examen des vieux titres et des noms de famille nous a ramenés à la véritable orthographe.

COMMUNE DE VENDOEUVRE.

VENDOEUVRE, *Vendopera*, *Vendora*, veut dire, selon Huet, une *grande étendue de terrain*, ou un *lieu exposé au vent*. Nous croirions aussi volontiers que, dérivé de *vendita opera*, le mot pourrait indiquer un lieu où l'on trouvait des ouvriers prêts à se louer pour un salaire, des manœuvres, des *vendans-d'œuvres*, si l'on peut s'exprimer ainsi. Du reste, nous n'affirmons ni ne contestons rien formellement sur ce point. L'art d'interpréter les vieux mots est trop conjectural pour que nous osions nous offrir pour modèle ou pour guide sur une matière aussi délicate.

Nous voyons un Jacques Le Paulmier, sieur de Vendœuvre, qui se distingua dans les armes pendant le 17.ᵉ siècle. Brigadier des armées du Roi, « il se trouva, disent les auteurs de la *Biographie* » *universelle*, à quarante-huit siéges ou batailles, » dont il écrivit la relation. » Né à Vendœuvre en 1624, il y mourut le 13 avril 1702. Son talent pour l'impromptu l'avait rendu célèbre, et, comme écrivain, il avait de plus retouché, avec Conrart, avant d'abjurer la religion réformée, « la version » surannée des psaumes de Marot et de Bèze. » Le Paulmier de Grentemesnil, son oncle, avait long-temps résidé à Vendœuvre avant lui, et y avait composé plusieurs écrits, dont les Biographes nous ont conservé les titres. Il correspondait fréquemment, du sein de sa retraite, avec l'illustre Daniel Huet, évêque d'Avranches, son ami, qui nous a donné le premier, sur sa vie et sur ses ouvrages, un article détaillé. Les deux Le Paulmier avaient mis, dès cette époque, en célébrité le nom de Vendœuvre parmi leurs contemporains [1].

Le bas de la commune est situé sur la Dive, mais ses hauteurs s'étendent vers la plaine, du côté de Sacy. Elle a pour abornemens Jort, Pont, Sacy, Ernes, Grisy et Morières. Son territoire se compose de 541 arp. de labour, 52 arp. de prairies, 58 arp. de bois, et 15 arp. de maisons, cours, jardins, &c. Total, 667 arp. métriq., ou 818 acres.

Le village, frais et assez bien bâti, se montre dans le vallon, près de la rivière, tandis que dans la campagne on ne voit que les deux fermes détachées du bois Tilly et de Pierrefitte. La première se joint au bois le plus étendu qui soit dans cette plaine dégarnie, vers Ernes; la seconde se rapproche de Pont, et n'offre rien de remarquable. C'est de cet ancien fief de Pierrefitte que les Beaurepaire avaient pris un de leurs surnoms à la fin du 16.e siècle.

Les prés de la Dive, à Vendœuvre, sont entourés de peupliers, d'ormes et de saules, et leur aspect annonce de bons produits; on les fauche au printemps, et on les fait pâturer en automne. Un beau moulin à trois tournans se voit au milieu d'eux, un peu au-dessous du château.

La culture des champs se fait en trois années, dont la dernière en jachère, que l'on remplace quelquefois cependant par des sainfoins. Les fumiers

[1] Voir Masseville, tome VI; Huet, *Origines de Caen*, et *Huetiana*; Servin, *Histoire de Rouen*; et Michaud, *Biographie universelle*.

et la rabette sont les engrais dominans. Presque tous les habitans sont cultivateurs ou journaliers ; ils emploient 40 chevaux, 100 vaches à-peu-près, et 340 moutons de race indigène. Près des trois quarts du territoire appartiennent à un même propriétaire, qui réunit là, dit-on, près de 30,000 fr. de revenu. Nulle part on ne trouve une plus grande quantité de gibier dans cette partie du canton.

La population se compose de 300 habitans, et les ménages s'élèvent à 75 environ. On a compté, dans cinq ans, 37 naissances sur 25 décès. Les enfans du village, au nombre de 25 à 30, vont, en hiver, chercher des leçons élémentaires chez des maîtres du dehors.

Parmi les chemins, il en est un principal qui va de Pont à Grisy, en passant devant le château, et un second qui vient de Caen par Sacy. Les autres sont épars çà et là dans la campagne. Ils sont tous en général creux, sablonneux, et en médiocre état d'entretien.

Le château offre une assez jolie petite fabrique moderne, placée un peu au-dessus de la Dive, dont les prés, les eaux et les ombrages forment, sur le devant, un rideau assez animé. L'art n'a pas jusqu'ici fait de grands frais pour embellir cet entourage, mais il en tirerait facilement un très-grand parti. La maison, qui n'a que sept fenêtres de face, en comptant le rond-point, est double cependant, et peut contenir une assez nombreuse famille. Les avenues et les grands bois que l'on a plantés dans les environs, semblent destinés à augmenter son importance. Malheureusement, le maître de ce grand domaine est éloigné, et le silence attriste des lieux que sa présence seule pourrait animer. Mais il remplit des devoirs publics, et il mérite mieux de la patrie, que s'il demeurait oisif au sein de son château. M. le comte actuel de Vendœuvre, après avoir rempli pendant dix années les fonctions de maire de la ville de Caen, occupe en ce moment le poste plus important de préfet du département de la Vienne. Cette petite commune que nous décrivons, semble ainsi destinée à donner de nos jours, comme autrefois, des hommes distingués et utiles à notre pays. Déjà le père de M. de Vendœuvre avait lui-même été maire de Caen avant la révolution, et s'était trouvé le président de l'élection de Falaise, aux assemblées provinciales de 1787. Voilà des titres que nous ne pouvons omettre dans un ouvrage tel que celui qui nous occupe.

Il existe, à ce qu'il paraît, un chartrier dans le château, mais nous ne savons s'il contient des titres précieux. Nous avons remarqué une ferme ancienne un peu au-dessous du beau moulin nouvellement reconstruit.

L'église est en forme de croix, et presque toute moderne. Une portion de la tour, placée au centre, et le croisillon de gauche offrent seuls quelques marques de style gothique. Le petit dôme, couvert en ardoise, est d'assez bon goût. Dans le cimetière on voit un très-petit if et un calvaire.

La paroisse est dédiée à S. André. Le desservant se nomme M. Lemarchand.

C'est M. Lefebvre, maire, qui nous a fourni les renseignemens statistiques ; l'adjoint est M. Lehère.

Les impôts sont portés à 6,455 fr. 48 cent.

COMMUNE DE MORIÈRES.

Le nom de *Morières* semble rappeler quelque grand désastre, quelque funèbre événement survenu dans ces champs, aujourd'hui si paisibles et si peu remarquables. *Morier*, *Morie*, s'employaient dans le moyen âge pour exprimer un dommage, une perte, une fin tragique, une mort. Nous verrons bientôt si quelque observation ou quelque souvenir pourrait justifier une semblable étymologie.

Morières est situé sur la rive gauche de la Dive, et son territoire, composé de prairies marécageuses et de champs à demi-inclinés vers le midi, embrasse une étendue de 320 arp. mét., ou 392 acres, qui se divisent ainsi :

Terres de labour, 241 arp.; prairies, 72 arp.; maisons, jardins, &c., 5 arp.

Les abornemens sont : Grisy, Carel, Lieury, Courcy, Jort et Vendœuvre.

La population, composée de cultivateurs et de quelques marchands de vaches, se monte à 150 habitans qui forment 40 ménages. Dans cinq ans ils ont vu naître 12 individus, et en ont vu périr 19. La culture se pratique au moyen de 20 chevaux, de 40 vaches, et de 180 moutons communs.

Un instituteur réunit 30 enfans, dont la moitié environ soit de la commune.

Trois chemins vicinaux, trois chemins communaux et la nouvelle grande route de Falaise à Rouen, traversent le territoire, et le rendent de la plus facile exploitation.

Le plus beau domaine, la principale ferme, appartenant à M. de Bonneval, se montrent près du grand chemin, en arrivant de Falaise par Jort et Macel. Les bâtimens sont renfermés dans une cour carrée de belle apparence, un peu au-dessus de la prairie, vers Vendœuvre. Le village, bien bâti, est plus rapproché de Carel, au nord. Les grands prés, connus de tout temps sous le nom de *Marais de Morières*, sont très-bas, et couverts d'eau pendant une partie de l'année. Dans l'été, on en tire cependant encore quelque parti pour les faucher et les faire paître. Peut-être les eaux que l'on y laissait croupir autrefois, produisirent-elles, à une époque reculée, quelque contagion qui aura désolé et dépeuplé les hameaux voisins. De-là le nom de *Morières*, ou lieu malfaisant, dangereux, donné à cet emplacement. Cette conjecture est loin d'être sans fondement.

D'un autre côté, dans les champs voisins de Morières, au nord, mais sur le territoire de Carel, qui est limitrophe et dépendant de Lisieux, on découvrit, il y a six ans, en ouvrant la nouvelle route, une vingtaine de monnaies gallo-romaines et barbares, en or, en argent et en cuivre, que nous croyons devoir noter ici en passant. Ces monnaies furent recueillies par M. Beauval, maire de Carel, qui nous les a communiquées, et qui en a même fait remettre cinq ou six pour le cabinet de la ville. La plupart représentent des triomphes, des guerriers traînés dans des chars, et deux portent le nom d'*Ateula*, qui n'est autre que celui d'Attila, tel qu'il était articulé par les grosssières nations qu'il traînait à sa suite. Des tombeaux de

pierre blanche, en forme d'auge, ont été trouvés
près de-là, et l'on peut croire que ces lieux furent
témoins d'un combat, ou servirent de campement
à quelque peuplade dévastatrice, et peut-être même
à des soldats romains du Bas-Empire. M. l'abbé de
la Rue a prétendu que des Alains occupèrent quelques-unes de nos campagnes, et M. Lépinard assure
qu'il s'en établit à Courcy même, où les Romains
avaient auparavant séjourné. Courcy, Morières et
Carel se tenant, il est fort possible qu'une bataille
ait eu lieu sur un de ces points entre les ravageurs
de la Gaule, au 5.e siècle ; le nom de *Morières* ou
Champ de Mort, se trouverait donc encore ainsi
expliqué. Toutefois, nous croyons plutôt encore
que ce mot est le résultat des maladies causées par
la stagnation des eaux des prairies. On voit par les
relevés que nous avons donnés, pour cinq années,
que les décès y excèdent encore aujourd'hui de
beaucoup les naissances.

L'église de Morières, longue et sans croisillons ni
bas-côtés, offre des caractères de plusieurs époques.
Un pan de la nef, au midi, de quinze pieds d'étendue
sur quatre d'élévation, est construit en arêtes, et
renferme un beau portail romain à zig-zags très en
relief, et plus marqués que partout ailleurs. C'est
le reste d'un édifice plus ancien. Le corps de l'église
paraît être du 13.e siècle, et présente de longues
fenêtres ogivales partagées par des meneaux. Le
grand portail et la tour, assez jolie, sont de 1769.
Cette paroisse, dédiée à S. Jean, est maintenant
réunie à Carel, ce qui semble contrarier beaucoup
les habitans. Carel n'est même pas de l'arrondisse-

ment, et ils aimeraient mieux, disent-ils, faire partie de Vendœuvre ou de Grisy. Morières avait une belle fête patronale le jour de St.-Jean ; elle est maintenant insignifiante et même abandonnée.

Nous devons quelques détails statistiques à M. André, maire de la commune depuis long-temps. L'adjoint est M. L. Guesnon ; le percepteur, M. Pichon. Les impôts sont de 1,910 fr. 99 cent.

COMMUNE DE GRISY.

GRISY, *Griseium* ; ce mot se rattache, ou à un nom d'homme oublié, ou à quelque particularité qui nous est inconnue.

Grisy est situé au-dessus de Vendœuvre, sur la rive droite de la Dive, à près de quatre lieues de Falaise. Son sol, aride en général et ingrat, offre une étendue de 236 arp. métriq., ou 289 acres, sur lesquels on compte, en labour, 228 arp. ; en prairies et pâtures, 5 arp. ; en maisons et chemins, 3 arp. Les abornemens sont : au midi, Vendœuvre ; à l'ouest, Ernes ; au nord, Donville ; au levant, Carel et Morières.

Le village s'étend en longueur, en suivant la vallée, et offre une assez bonne apparence. Il est peuplé de cultivateurs et de journaliers qui ne quittent point le pays. Toute l'industrie se borne ensuite à deux ou trois bonnetiers, un tailleur et un maçon.

Les champs, de faible produit, ne sont pas non plus cultivés avec une grande intelligence. On assole d'après les vieux systêmes. Un seul propriétaire,

M. Lemerle, a fait quelques essais, et c'est notamment à lui que l'on doit l'introduction des luzernes qui se répandent dans la campagne. Cinq à six fermes composent les exploitations ; la principale, celle du château, est évaluée à 4,000 fr. de revenu environ.

On emploie 35 chevaux, 70 vaches et 300 moutons communs dans ces divers établissemens ruraux. La population est de 172 habitans, et le nombre des feux de 40. Parmi les habitans, il y a eu 24 naissances et 13 décès pour le dernier recensement de cinq ans. La différence est grande avec Morières, comme on le voit. Une douzaine d'enfans vont apprendre à lire au dehors.

Autrefois on cultivait la vigne sur le coteau de Grisy, espèce de butte calcaire sans couche végétative, qui domine sur la campagne. La vigne de Grisy donnait de mauvais vin, et les anciens du lieu ont vu détruire les derniers ceps. On montre encore l'emplacement de la demeure du gardien, que désignait Cassini, de son temps, sous le nom de *Maison du Vigneron*. M. de Brévedent a semé et planté sur le coteau quelques petits arbres verts, genêts, genièvres et vignons, qui n'ont que peu réussi.

Les chemins, entretenus par corvées, sont passables. Les principaux conduisent à Sacy, à Pont, à St.-Pierre, à Ernes, &c. On traverse la Dive au pont du château, qui est une propriété particulière, ou à celui de Donville, un peu au-dessus de la commune.

C'est à Grisy que nous quittons les bords de la Dive,

Dive, pour ne plus les retrouver. La Dive était appelée, dit-on, *la Divine*, par les anciens, et on l'honorait à cause des richesses qu'elle répandait dans les fertiles vallées qu'elle arrose en gagnant la mer. Ses eaux, chez nous, sont froides, et ses bords plats et peu gracieux en général. La plupart de nos prairies, depuis Crocy, sont d'un médiocre produit, et leur avantage principal est d'être bordés de bois blanc, d'arbres à fruits et d'ormeaux, qui sont d'un grand secours au milieu des campagnes dégarnies qui les environnent. Nous avons visité ce pays sans enthousiasme, et nous ne le regretterons point en nous rapprochant du Bocage, que nous ne retrouverons malheureusement qu'après avoir franchi deux lieues de pays plat, vers la plaine de Caen.

Il existe à Grisy, sur le bord du chemin de Vendœuvre, et au point de séparation des deux communes, une croix romane très-ancienne et très-remarquable. Elle se compose de quatre colonnes en faisceau, supportant des croisillons lourds, ronds, peu développés, qui ont à leur centre des médaillons à étoiles, et à leurs pointes applaties des reliefs en forme d'enlacemens. Cette espèce de limite, posée par de pieuses mains, ne peut dater de moins de sept cents ans, d'après la nature de son travail. On la trouvera dessinée dans l'atlas. Depuis quelque temps elle s'incline vers le chemin, et si elle tombait, les voituriers la briseraient infailliblement. C'est aux administrations locales de veiller à la conservation de ce petit monument curieux 1.

1 Nous devons la connaissance de cette croix romane à M. Alph. de Brébisson, notre collaborateur, qui s'est chargé

Le château, ou plutôt *le logis* de Grisy, est une longue construction irrégulière qui domine une belle cour de ferme, au centre de laquelle est une pièce d'eau. Un grand jardin, les prairies de la Dive et un petit bosquet en forment l'entourage. Le pavillon de gauche offre des fenêtres de deux cents ans de date à-peu-près, avec des armes sculptées et un croissant sur la lucarne. La façade est de 1702. Les anciens propriétaires étaient MM. Lejeune de Grisy, conseillers au parlement. Le propriétaire actuel est M. de Brévedent.

L'église est dans le style gothique primordial, offrant à la nef de petites fenêtres longues à laucettes, avec des bourrelets en dedans. Le portail est roman, orné de quatre rangs de zigzags surmontés d'une moulure d'assez bon goût. Le chapiteau des colonnes d'appui semble avoir été refait à une époque plus moderne. A un portail de côté se lit une inscription gothique de reconstruction, du 2.ᵉ de mai 1484. La tour est large, carrée, surmontée d'une terrasse crénelée. La vue, de-là, s'étend au loin. Dans le cimetière est un ancien if à demi-rongé par le temps, et la tombe d'un jeune *Desmarais*, mort en 1826.

On prétend qu'autrefois les seigneurs de Grisy étaient protestans, qu'il y eut à ce sujet des combats, qu'ils furent massacrés, que leur maison fut démolie, et que ce dut être à cette occasion qu'on

de la publier dans le prochain N.ᵒ de l'Ouvrage. MM. Dibon et Passy, antiquaires normands, qui ont voyagé, il y a trois ans, dans les Orcades, assurent y avoir vu fréquemment de ces sortes de croix, très-rares dans notre pays.

crénela la tour de l'église. On a trouvé en dehors
du cimetière beaucoup d'ossemens épars et un ca-
davre que recouvrait une grande pierre plate, ayant
des têtes de mort sculptées aux quatre coins. On
voit que ces débris peuvent se rapporter aux époques
des guerres civiles. On indique un emplacement où
dût être l'ancien prêche.

Aujourd'hui, la paroisse est elle-même supprimée, et c'est pareillement à Carel (hors arrondissement) que les habitans sont réunis pour le spirituel. S. Brice est le patron du lieu.

C'est M. Lecouvreur, maire, et M. Lemerle,
de Falaise, propriétaire dans la commune, que
nous avons consultés sur la localité. L'adjoint est
M. Maintrieu.

Grisy paie 3,744 fr. 47 cent. d'impôts.

COMMUNE D'ERNES.

Nous croyons que le nom d'*Ernes* n'est qu'une
contraction de celui d'Éraines, et doit avoir le
même sens : *Arena*, ou *de Arenis*, *arène* ou *champ
de sable*. Un coteau sablonneux domine de la même
manière une campagne légère et blanchâtre. Si l'on
rejetait cette étymologie, il faudrait s'arrêter au
sens du mot *ernel*, qui, dans le moyen âge, indiquait un lieu en friche, une terre abandonnée.

Un Guillaume d'Ernes ou peut-être d'Éraines,
de Arenis, se trouvait à la dédicace de la basilique
de St.-Évroult, en 1098 [1].

Froger, évêque de Séez, vers 1180, donna l'église

[1] Orderic Vital, dans Duchesne, page 777.

d'Ernes au prieuré de Sainte-Barbe-en-Auge, de l'ordre des Augustins. « A cette donation assistèrent
» Guillaume de Sola ou de Soliers, et Roger de
» Combray, qui discutèrent vivement sur le droit
» de patronage. Lisiard, successeur de Froger,
» tenta, par tous les moyens, d'enlever cette église
» aux religieux de Ste.-Barbe, au temps du prieur
» Gaultier. Mais enfin, à la prière du roi, *rogatus*
» *à rege*, il leur en laissa la paisible possession [1]. »
Voilà ce que nous savons sur l'ancienneté de cette commune.

Au nord, son territoire est borné par Condé-sur-Laison, Ifs et Favières ; à l'ouest, par Mézières ; au midi, par Sacy ; à l'est, par Vendœuvre et Grisy.

Le village est dans un vallon qui s'étend du sud au nord, en gagnant le cours du Laison ; au-dessus sont des coteaux arides qui se joignent, vers l'est, au bassin qu'arrose la Dive. Un hameau de Fossard se voit au nord-ouest, au-delà des bords du Laison. Le sol se compose de 822 arp. de labour ; 15 arp. de prairies ; 13 arp. de bois ; 16 arp. de cours, vergers, chemins, maisons ; 2 arpens de bruyères, terres vagues, &c. ; en tout, 868 arp. métriq, ou 1062 acres [2].

Les champs d'Ernes sont cultivés en trois saisons : on fait du blé, puis de l'avoine ou de l'orge, puis on donne un an de repos ; pauvre système, que

1 *Neustria Pia*, page 726.

2 Nous donnons ici, selon notre usage, la mesure en anciennes acres du pays, ayant 160 perches de 22 pieds. L'acre d'Ernes, était également de 160 perches ; mais par exception, chaque perche n'avait que 16 pieds, et chaque pied n'était que de 11 pouces. On ne sait à quoi tenait une pareille singularité.

l'usage de semer des sainfoins a seul un peu dérangé jusqu'à ce jour. On emploie à cette culture 72 chevaux, 172 vaches et 350 moutons communs. Autrefois, une riche famille, celle des seigneurs d'Ernes, possédait une grande partie du sol ; leur héritier aujourd'hui, M. de St.-Paul, n'a pas plus de 4,000 fr. de revenu sur les lieux. Les fonds sont très-divisés, et chacun a son petit champ, son jardin et sa maison. La misère n'y règne pas, sans que l'aisance soit toutefois très - grande. On remarque une dépopulation progressive depuis plusieurs années, par suite du désir d'émigrer et de changer de pays, qui se manifeste chéz les jeunes-gens. La profession principale, celle de maçon, occupe près de cinquante individus qui vont exercer cette industrie dans les environs, partant le lundi pour revenir le samedi, ou même le matin pour revenir le soir. C'est vers Croissanville, St.-Pierre et Lisieux qu'ils se rendent principalement. Trois carrières ouvertes, près du village, occupent deux ouvriers, et la pierre, bien qu'un peu molle, est recherchée dans le voisinage. La plus belle maison de Saint-Pierre-sur-Dive en a été bâtie, et l'on en extrait également des auges pour les pressoirs et les écuries. La commune renferme encore 5 tisserands-toiliers, 2 bonnetiers, 6 filassiers, et 2 petits marchands. Il y a sur le Laison un moulin à blé.

La population s'élève à 533 habitans, parmi lesquels on a compté, dans cinq années, 64 naissances sur 52 décès. Les maisons sont au nombre de 164. Un instituteur réunit 50 enfans des deux sexes en hiver, et 40 en été, tous de la commune.

Le chemin principal, celui de Falaise à Croissanville, passe dans la plaine de l'est, au-dessus
du village, et traverse un enfoncement connu sous
le nom de *Coupe-gorge*. On ne se souvient plus de
l'événement qui l'a fait désigner ainsi. Les autres
chemins se dirigent vers Caen, Rouvres, Olendon,
St.-Pierre-sur-Dive, &c. On en compte 27 en tout,
dont 23 ruraux.

Un phénomène naturel, fort renommé dans tout
le pays, s'observe sur la commune que nous décrivons. Voici comment l'a raconté un très-vieil
historien français :

« Une rareté remarquable en ce territoire, c'est
» qu'au village d'Arnes, situé d'ailleurs en pleine
» campagne et destitué de tous fleuves et ruisseaux,
» la mer, distante de-là de huit ou neuf grandes
» lieues, y roule quelquefois de ses eaux en si
» grande abondance, et par conduits incognus,
» qu'elles y font un lac ou estang garny de plusieurs
» sortes de bons poissons, et qui se sèche aussi
» quand elles se retirent. »[1]

A ce récit merveilleux d'un écrivain crédule,
nous opposerons ce que nous a fort clairement exposé le maire, homme judicieux et éclairé, avec
lequel nous avons visité l'emplacement où s'observe
le phénomène.

Le lieu se nomme *Noire-Mare*, et se trouve au
point le plus bas de la commune, au-dessous du

[1] André Duchesne, *Antiquités des Villes de France*, pag. 1004.
Les détails donnés par cet écrivain, sont en tout semblables
à ceux de la *Cosmographie* de Belleforest qui avait paru cinquante ans auparavant. L'un et l'autre écrivent *Arnes* au lieu
d'*Ernes*, ce qui confirmerait notre première étymologie.

village, sur le chemin d'Olendon. A des époques irrégulières, quelquefois tous les ans, quelquefois tous les trois, quatre et cinq ans, on voit tout-à-coup jaillir de terre des eaux très-claires, très-limpides, qui couvrent les petits champs voisins, et y séjournent jusqu'à deux et trois mois. Pendant ce temps, l'eau est presque toujours si abondante, qu'en la dirigeant, on la ferait aisément servir à donner le mouvement à un moulin. On a pris des anguilles dans ce singulier étang. Des habitans y ont puisé des eaux pour leur ménage, comme à une fontaine, pendant trois mois, et n'en ont jamais été incommodés. Les arbres ne meurent point à l'entour, mais les champs n'y sont pas non plus très-fertiles. Il y a trois ans qu'on n'a vu le phéno-mène. Il s'était auparavant manifesté pendant trois années de suite. On présume que c'est une source cachée ou perdue, qui reprend momentanément son cours de ce côté. Peut-être vient-elle d'Olendon où des eaux se perdent, ou de l'un des coteaux qui dominent le village, ou enfin, du lit même du Laison, qui est peu éloigné et un peu plus élevé. Quant aux contes répandus sur de prétendues eaux de mer, sur des poissons salés, rien n'est plus absurde. L'eau même est tellement claire, que le nom de *Noire-Mare* peut paraître un contre-sens. On ne voit de noir en ce lieu que le dernier limon quand le sol se retrouve à sec.

Voilà la vérité qu'ont altérée deux écrivains qui n'avaient pas vu les lieux. Il y a deux cent cin-quante ans que l'on redit les mêmes sottises sur la foi de ces deux savans.

L'ancien *logis* d'Ernes n'est point du tout remarquable, et nous ne le notons qu'en passant. Il sert de demeure au maire et à un autre particulier.

L'église est de plusieurs époques. Le chœur était roman de transition, mais il a été successivement dénaturé. On y reconnaît de vieux corbeaux et un petit portail cintré. La tour carrée est un travail d'assez pur gothique primordial. La nef est insignifiante, et le portail assez beau, mais neuf. L'église est dédiée à S. Laurent, et la fête a lieu dans l'été. La jeunesse alors se réjouit, et le vieux pasteur ne trouble point ses jeux. Sa tolérance est chère à son troupeau. Il se nomme François-Gabriël Hilaire Wattier.

Le cimetière est bien tenu, et contient un if et trois petites tombes. Dans le chœur sont également trois pierres d'anciens seigneurs du nom de *Sarcilly d'Ernes*.

Le maire, M. Pierre Crespin, est un des administrateurs qui ont montré le plus d'empressement à nous seconder. M. Crespin fut autrefois receveur particulier des finances à Falaise. Son adjoint est M. Petit. Ernes paie 5,676 fr. 62 c. d'impôts.

COMMUME DE FAVIÈRES.

« Favières, dit Roquefort, veut dire un champ » semé de fèves. » Nous ne voyons rien qui s'oppose à ce qu'on adopte cette étymologie. Le nom tient à quelque remarque locale qui remonte probablement à une époque fort reculée.

Favières a pour abornemens Ifs , Ernes , Escures , Donville et Grisy.

Son territoire embrasse 177 arpens métriq, ou 217 acres, sur lesquels 12 arp. à-peu-près sont en maisons, jardins, friches, et le reste en champs de labour, très-dégarnis et de médiocre valeur ; les meilleurs fonds sont de 1,200 fr.

La commune est étroite, allongée et serrée de toutes parts ; le village, insignifiant, s'étend sur les deux côtés du chemin d'Escures à Ernes ; la ferme d'Ilande, qui en est détachée au sud, forme le seul petit hameau qui en dépende dans la campagne.

Une fontaine ou citerne, nommée le *Blanc-Fossé,* située à cinq cents pieds de l'église, est l'unique ressource des habitans, qui sont privés d'eau ; ils y attachent une grande importance.

Ils ont une petite carrière de moëllon plat sur le chemin d'Ernes. Ils en construisent leurs maisons.

La culture se fait avec 18 chevaux, 40 vaches et 100 moutons.

Trente-quatre maisons renferment 144 habitans, tous laboureurs, à l'exception d'un ou deux toiliers. Cinq ans ont offert 9 naissances sur 8 décès. Quinze enfans vont apprendre à lire au dehors.

Le chemin principal est celui de Croissanville à Falaise, qui passe à l'extrémité du territoire, du côté d'Ernes. Un autre vient du côté de Caen, et se rend à St.-Pierre-sur-Dive.

L'église, ou plutôt la chapelle, sans flèche, sans ornemens, et avec un cimetière qui n'est pas plus grand qu'elle, est ce que nous avons vu jusqu'ici.

de plus simple et de plus nul. C'était une petite annexe élevée par une demoiselle d'Ifs, il y a cinquante ans. La patronne est la Mère-de-Dieu. Les habitans sont réunis à Escures pour le spirituel.

Le maire de Favières, M. Blaise, nous a donné presque tous nos détails. L'adjoint est M. Ch. Petit. La commune paie 1,316 fr. 19 cent.

COMMUNE D'ESCURES.

ESCURES, *è Curià* ou *de Escuris*, *de Scuris*, semble être un nom romain qui rappelle un lieu ouvert au public, une place publique, ou même un camp. Escures, dans le moyen âge, d'après Roquefort, s'employait aussi pour désigner une métairie, une ferme, une petite maison de campagne [1].

Nous ne voyons point le nom de Seiffrid d'Escures sur la liste des conquérans, et cependant son fils Raoul est cité parmi les seigneurs normands qui obtinrent des fiefs de Guillaume aussitôt après l'invasion, *qui immediatè prœdia à conquestore tenuerunt* [2]. Seiffrid d'Escures fut peut-être retenu en Normandie par quelque service dont le prince l'avait chargé. Raoul, « homme lettré, éloquent, » agréable, » quitta le monde pour se rendre reli-

[1] Nous recourons souvent, pour nos étymologies, au *Glossaire de la Langue romane*, par Roquefort, et nous y trouvons les plus précieuses indications. Ce travail est un vrai trésor pour ceux qui se livrent à l'étude du vieux langage et des antiquités françaises.

[2] Collection de Duchesne, page 1030.

gieux, et, malgré sa haute naissance, passa hum-
blement par tous les degrés de son ordre. Abbé de
St.-Martin de Séez, en 1089, il fut plus tard forcé
de quitter la Normandie pour se soustraire aux
cruautés du méchant Bellême; et ayant passé en
Angleterre, où il avait de grands domaines, il y
fut reçu favorablement par le roi Henri, qui le
nomma d'abord à l'évêché de Rochester, puis le
plaça ensuite sur le siége de Cantorbéry. Ce prélat
fit plusieurs belles actions, et contribua, entre
autres, à rétablir l'union entre le roi son bienfaiteur
et les seigneurs normands, vers l'année 1118. Il
mourut en Angleterre, en 1122, aimé et honoré de
ses contemporains. Son frère Seiffrid avait été abbé
de Glocester et évêque de Chichester[1].

Nous voyons de cette même famille, en Angleterre,
une Éva de Clinton, fille de Roger d'Escures, qui
fit une donation à l'abbaye de Tichefeld, en Sou-
tampton, dans le 12ᵉ siècle; un Thomas d'Escures,
qui combla de nouveaux dons ce même établissement; et enfin, un Mathieu d'Escures, qui est cité
par Madox, dans le livre de l'échiquier anglais[2].

En France, nous trouvons un Simon d'Escures,
de Escuris, signant au bas d'une charte pour l'abbaye d'Ardenne, en 1191[3]; et douze ans plus tard,
ce même Simon d'Escures est désigné comme le
premier maire qu'ait eu la ville de Caen, lors de
son affranchissement. M. l'abbé de la Rue cite un
extrait des rôles normands, déposés à la Tour de

---

1 Orderic Vital, page 678, et *Gallia Christ.*, page 718.
2 *Monasticon Anglicanum*, pages 662 et 664, tome I.ᵉʳ
3 *Gallia Christiana*, page 93.

Londres, desquels il résulte que le vicomte de Caen remit à Jean-Sansterre, en novembre 1203, plusieurs effets précieux « tirés du trésor de Simon » d'Escures, alors maire de Caen. » Celui-ci les avait reçus auparavant, en dépôt, de ce roi, à ce qu'il paraît[1]. Simon d'Escures est, du reste, le dernier membre de cette famille distinguée que nous ayons rencontré dans nos histoires. Nous ne savons si cette race a également disparu chez nos voisins.

Escures est évidemment le lieu d'où sont partis tous ces seigneurs. A Séez, on indique la paroisse de Saint-Germain-du-Marché, *sancti Germani de Marcheio*, comme ayant jadis porté le nom d'Escures, *de Scurris*. Mais une paroisse de ville n'est point une seigneurie. Il n'y avait en Normandie d'autres seigneurs d'Escures que ceux de la commune qui nous occupe.

Escures a pour abornemens, au nord, Magny-la-Campagne; à l'est, Donville; au sud, Favières; au nord-ouest, Ifs-sur-Laison.

Le cadastre y a relevé une surface de 475 arpens mét., ou 582 acres, qui se divisent, 1.° en 443 arp. de labour; 2.° en 8 arp. de pâtures; 3.° en 5 arp. de bois taillis; 4.° en 19 arp. de maisons, jardins, &c.

Une colline élevée, où l'église se trouve bâtie, domine sur tout le bassin de la Dive, au levant, et ce point est de tout le pays le plus digne d'arrêter le voyageur. Le village est au-dessous, au nord, s'allongeant vers la plaine de Magny. Le hameau de Cauvigny en est seul détaché. Les habitations, comme celles de Favières, sont construites en moël-

---

[1] *Recherches sur Caen*, tome Ier, pages 129, 132.

lon. Il n'y a ni ruisseau ni rivière, mais des puits et une fontaine dite *des Marquais*, dont les eaux, que l'on croit être un peu sulphureuses, forment un abreuvoir sur Cauvigny.

On cultive la terre en trois ou quatre saisons, comme dans les environs. La tourte de rabette et les fumiers y servent d'engrais. Les grains sont le blé, l'avoine et l'orge; les fourrages sont le trèfle et le sainfoin. Vingt-quatre chevaux, 60 vaches et 260 moutons communs composent tout le bétail et les animaux d'exploitation. Les meilleurs fonds ne valent, dit-on, que 40 fr. de revenu l'acre, et se vendent au plus 1,600 fr.; les plus mauvais, sur le coteau, ne valent pas 8 fr. de produit; un acre de bois peut se louer 30 fr., et un acre de prés, 70 fr. Quatre mille pommiers donnent un cidre estimé. Le sol est gras, et là recommence un peu le Pays-d'Auge, surtout vers Magny. La végétation des bois n'est point vigoureuse; on voit quelques chênes dans un taillis appartenant au maire.

L'industrie est presque nulle. On compte huit métiers de toiliers et un peigneur de lin. « Les » femmes, pendant sept mois, cueillent dans les » champs des herbes pour leurs vaches, et filent » pendant l'hiver pour les fabricans de toile. » Ce dernier travail est presque toujours ingrat.

Cent soixante-seize habitans composent 49 ménages, parmi lesquels on a vu, de 1821 à 1826, un mouvement de 24 naissances sur 17 décès. L'air passe pour être sain, et il y a peu de maladies contagieuses. Vingt enfans vont s'instruire au dehors, en hiver.

Parmi les chemins, celui de Caen à St.-Pierre et celui de Mésidon à Jort, sont les principaux. Le premier est mauvais, et le second, mieux encaissé, mieux ferré, se soutient plus aisément. Une particularité remarquable, c'est que ce second chemin porte le nom de *Chemin Chaussé*, et va se confondre, à Jort, avec le premier chemin *Haussé*, que nous avons vu venant des environs de Caen, pour se diriger de-là vers l'Hyémois. Y avait-il une seconde voie romaine, arrivant de Lisieux par Mésidon, dans ces campagnes ? C'est une question que nous laissons à résoudre à nos voisins de l'arrondissement de Lisieux... Les habitans d'Escures montrent peu d'empressement pour soigner leurs chemins.

Au-dessous du village, au nord, dans un champ nommé *les Chambrelans*, on découvrit, il y a deux ans, un très-beau casse-tête gaulois, en pierre grise, de près de 7 pouces de longueur sur 2 d'épaisseur. Ce casse-tête, chose assez remarquable, était entre deux lits de glaise, et rien à l'entour ne semblait avoir été remué. M. de Malherbe l'a fait déposer au cabinet de la ville, et il est devenu l'un de ses ornemens principaux. Le champ voisin des *Chambrelans* porte le nom de *la Bataille*.

Sur la hauteur, près de l'église, au point où la vue s'étend le plus vers le midi sur tous les bords de la Dive et sur les campagnes de l'Hyémois, on montre un emplacement que l'on désigna de tout temps sous le nom de *Camp de César*. « On y voyait, » nous a dit le maire, avant le partage des communaux, des retranchemens de 15 à 20 pieds » de profondeur, en carré. Les habitans y ont

» trouvé d'anciens puits, et ont remarqué des fon-
» demens de maisons à peu de distance. Ils y ont
» pareillement recueilli de vieux morceaux de po-
» terie lors du défrichement. On a toujours eu
» l'opinion, parmi eux, que ce point avait été au-
» trefois extrêmement fortifié. »

Nous consignons fidèlement ici tous ces renseignemens, obtenus sur les lieux, parce qu'ils nous
paraissent très-dignes d'être conservés dans cet ouvrage. L'ancien nom d'*Escures*, celui de *Camp de
César* appliqué au point culminant de cette contrée,
le passage d'un *chemin Chaussé* aux pieds même de
la colline, ne nous permettent guère de douter qu'il
n'y ait eu encore sur ce point un petit établissement
romain. Malheureusement, nous n'avons point en
ce moment de monnaies pour appuyer ces traditions
nombreuses. Le temps en pourra faire découvrir.
Le beau casse-tête gaulois est provisoirement du
moins un indice que ce lieu fut très-anciennement
habité. Le champ de *la Bataille* rappelle aussi infailliblement quelque souvenir.

L'ajoint a découvert dernièrement un beau puits
très-bien maçonné, au fond duquel se trouvait un
vase que l'on a cassé.

La ferme principale est sur l'emplacement de
l'ancien manoir seigneurial. Il était fortifié, gardé
par des fossés, et l'on y voit encore deux espèces de
petites tours, entre lesquelles était une porte basse
où s'attachait un pont-levis. M. de Malherbe, qui
en est aujourd'hui propriétaire, a établi sa demeure
au-dessous, dans une jolie maison entourée de jardins et de cours. M. de Malherbe est maire de la

commune, et c'est à sa complaisance que nous devons la plupart des documens que nous avons offerts. Son frère aîné, comme lui né dans la commune, mais résidant à Vendœuvre depuis quelque temps, s'est fait connaître dans le monde par plusieurs *Romans* et *Nouvelles* qui ont obtenu des succès; l'un des romans, intitulé: *les Revenans de Bérézule*, a même eu trois éditions. La famille des Malherbe est très-nombreuse et très-connue en Normandie. On désigne aujourd'hui cette branche sous le nom de *Malherbe-d'Escures*.

La nef, la tour et le portail de l'église sont modernes. Le chœur, plus large, offre deux lancettes, une dentelure sous la corniche, une petite porte de côté à ogive et bourrelets, tous caractères de l'époque de transition, vers 1200. Un fort bel if, aux rameaux très-étendus, couvre le cimetière. Entre quatre à cinq tombes, on remarque celle d'une dame *du Breuil-de-Belzunce*, morte en 1814.

Les patrons sont S. Pierre et S. Paul. Le desservant se nomme M. Esnault.

L'adjoint est M. J. L. M. Taillebosq.

Les impôts se montent à 1,921 fr. 05 cent.

RÉCAPITULATION.

L canton de Coulibœuf renferme 17,757 arpens métriques ou hectares, formant 21,870 acres, de mesure ancienne. Sur ce nombre, 14,767 arp. sont en terre de labour, 1,689 arp. sont en prés et pâtures, 565 arp. sont en bois, et le reste en maisons, jardins,

dins, chemins, bruyères, friches, &c. Presque tout
le territoire est en plaine.

Ménages, ... 2,771.
Habitans, ... 10,461.
Naissances pour cinq années, de 1821 inclusive-
ment à 1826 exclusivement, ... 1,059.
Décès pendant le même période, . . . 885.
Accroissement, ... 174.
Chevaux, ... 1,210.
Vaches, ... 2,895.
Bœufs d'engrais, ... 300.
Moutons communs, ... 9,335.
Moutons mérinos, ... 575.
Moulins à blé, ... 21.
Tournans, ... 34.
Moulins à huile, ... 3.
Moulins à papier, ... 1.
Tuileries, ... 4.
Teintureries, ... 2.
Fours à chaux, ... 4.
Tisserands et toiliers, ... 119.
Bonnetiers, ... 120.
Teinturiers, ... 4
Filassiers, moissonneurs, ... 432.
Taupiers, ... 57.
Maçons, tailleurs de pierre, ... 68.
Rubanniers, ... 8.
Cordiers, ... 6.
Sommes rapportées dans le pays par les filassiers-
moissonneurs, ... 150,000 fr.
Masse approx.ve d'affaires industr.les 130,000 fr.
Quant à l'agriculture, dont nous ne pouvons

évaluer les produits, nous nous bornerons à rappeler ici les noms des principaux cultivateurs, et
ceux de quelques-uns des propriétaires qui conservent ou administrent le mieux leurs domaines :
ce sont MM. Brouck, à Vignats ; de la Roque, à
Crocy ; la Moissonnière, au Marais ; le comte Alex.
de Beaurépaire, à Louvagny ; DE VAUQUELIN-DES-
CHESNES, à Ailly et Ste.-Anne ; Gallot et Bouquerel,
à Perrières ; Charles de Vauquelin, à Sacy ; le comte
Leforestier de Vendœuvre, à Vendœuvre ; Lemerle, à Grisy, &c., &c.....

L'industrie étant presque nulle, on ne peut
nommer que M. Isabelle, papetier, à Crocy ;
M. Lemaître, teinturier, à Coulibœuf ; MM. Porcher et Pitrou, fabricans d'huile, à St.-Quentin.

Le nombre des instituteurs est de . . .   18.
Celui des institutrices, de . . . . . .   3.
Celui des enfans des deux sexes qui reçoivent des
leçons primaires, de . . . . 1,142. *
Les impôts directs s'élèvent à 106,999 fr. 46 c.
Falaise, le 23 septembre 1829.

F. GALERON.

---

* Le rapport avec la population est de *un à neuf* à-peu-près ;
ce qui est mieux que pour les premiers cantons. On remarque
que dix-huit communes ont des instituteurs, et que douze en
sont privées. Quelques-unes sont très-petites, et il serait difficile d'y entretenir un maître ; d'autres en auraient un pressant
besoin. En somme toutefois, si les instituteurs de ce canton
étaient aussi éclairés qu'ils devraient l'être, ce pays pourrait
faire quelques progrès. Il est plus avancé que le Bocage. La
facilité des relations, et surtout le grand nombre des émigrans-
voyageurs, doivent hâter le développement de cette petite
contrée. Son histoire ancienne et ses souvenirs littéraires surtout, sont aussi plus riches que ceux du petit coin de Bocage
que nous avons parcouru d'abord.

NOTES ET RECTIFICATIONS.

PAGE 10, aux Notes 1 et 4, lisez *Anglicanum*.

Page 17, ligne 31. La contenance de cette commune, et de presque toutes celles des deux premiers cantons, est en général incomplète ou erronée. A la fin de l'ouvrage, dans la septième partie, nous la rectifierons d'après un relevé que nous a promis M. Simon, ingénieur en chef du cadastre pour ce département.

Page 18, lignes 21 et 25, lisez *Varet*.

Page 64, lignes 3, 4, 5. Au Mesnil-Villement, il y a plus d'activité et d'industrie que nous n'en avons signalé. Il y existe deux ou trois tanneurs et plusieurs maçons qui vont travailler dans les campagnes voisines.

Page 85, ligne 11. Depuis l'impression du travail sur cette commune, M. Alex. de Beaurepaire nous a communiqué une note extraite du livre de l'échiquier anglais, par Madox, de laquelle il résulte que dans la 26.ᵉ année du règne de Henri II, Alain de Fourneaux était cité parmi les barons de l'échiquier. Ce fait vient à l'appui de ce que nous avons avancé.

Page 89, ligne 12. Quelques personnes nous ont assuré que la fameuse Charlotte Corday descendait des anciens seigneurs de ce lieu. Ce fait nous paraît sujet à contestation.

Page 92, ligne 24. Les appartemens ne sont doubles que dans les pavillons.

Page 106, ligne 10. La monnaie d'or de *Justinien* a été donnée à la ville par M. de Morchêne.

Page 166, ligne 33. Nous avons omis de mentionner, à Sousmont, d'anciennes carrières calcaires abandonnées, situées à Aisy, et désignées dans le pays sous le nom de *Grottes d'Aisy*. Elles sont profondes, et leur entrée est presque effrayante. On ne pénètre plus guère dans ces cavernes souterraines.

Page 182, ligne 18. Louis XVI disait du contrôleur-général Turgot : « C'est le seul qui aime mon peuple avec moi. »

Page 220, ligne 21 des Notes. M. Aug. Le Prévost nous communique un extrait d'un itinéraire du roi Jean-Sansterre en Normandie, donné par *Th. Duffus Hardy, Esq.*, dans l'Ar-

chéologia, v. 22. Nous y lisons que Jean séjourna à Falaise les
8 et 9 juillet 1199; les 4 et 5 juin 1200 ; le 5 novembre 1201 ;
les 24, 25 février, 10 et 11 août 1202; les 30, 31 janvier,
10, 11 avril, 4, 5, 6, 9 mai, 8, 9 août, 13, 16 et 27 septembre 1203. — Ce document est précieux pour l'histoire de
Falaise. Les voyages fréquens faits en l'an 1203, se rattachent
infailliblement à la captivité d'Arthur, que l'on détenait à
Falaise, et que le gouverneur du château ne voulut point
consentir à faire périr. M. Le Prévost a droit à nos remercîmens
pour cette communication importante.

Page 232, sur la Note. Nous donnons ici le texte même de
la charte, dont nous avons en main deux copies authentiques;
l'une tirée du chartrier du Mesnil-Soleil, communiquée par
M. de Morchène, notaire ; l'autre tirée du chartrier de M. de
Biasdefer, qui nous l'a confiée. La première fut faite par les
tabellions de Falaise, en 1575 ; la seconde est un relevé dé-
livré par le notaire Sabinne, en 1776.

Nous citons en latin :

« Universis sanctæ matris ecclesiæ filiis ad quos præsens
carta pervenerit Jordanis filius Eudini filii Fouqueti de Cou-
lonces militis salutem in Christo; scitote fratres carissimi quod
cum essem in exercitu domini regis *antè civitatem Carnotensem
contrà gentem northi perfidam et crudelem*, victus et captus Deo
permittente fui cum pluribus aliis militantibus ; Arlea vero de
Arenis avia mea misit nuntium pro liberatione meâ impetrandâ
quod facilè impetravi ab inimicis mediante solutione ducen-
tarum librarum Cœnomannensium et annuli auræi; pro quâ
solutione faciendâ parochiani homines de Arenis et de Ver-
cevillâ et de Damblainvillâ se taxavérunt ultra terminos con-
suetos et balteum cum equo et armis novis mihi dederunt :
ego vero pro remuneratione dictarum rerum dedi et concessi
in puram et perpetuam donationem totam terram vacuam non
clausam, tam in fundo pratorum quam in costis et pascuis
sitam in dictis locis juxtà ripariam de Ante et circà, usque
ad Bellam-fontem per medium vallis à terminis parochiæ de
Vibrayo usque ad crucem Damblainvillæ ab utroque latere
dictæ ripariæ, quam quidem terram jure hæreditario mihi per-
tinebat et erat de juridictione feodorum meorum ; et ut dicti
homines mecum in communi illam donationem teneant in per-

petuum istam cartam eis concessi, et de sigilli mei muni-
mento roborari, promittendo eis super evangelium contrà
omnes alios homines garantisare et defendere si opus fuerit
ut eam terram liberè et quietè mecum in perpetuum teneant
et possideant in communi, vel si opus sit exambiare eis ad
valorem...... »

C'était en 897 que Chartres fut assiégé par Rollon, et il est
curieux de voir à cette époque, qui précéda de si peu de
temps l'invasion de notre pays, un seigneur d'Éraines traitant
la *gent du Nord* (les Normands) de race perfide et cruelle.
Dans ce même temps à-peu-près, les Parisiens mettaient dans
leurs litanies : *A furore Normannorum, libera nos, Domine...*
Les lieux portent encore les noms qu'ils avaient il y a 932 ans.

Page 243, ligne 9. Nous n'avons point présenté l'assolement de M. Fleury comme un modèle à suivre, mais comme
une amélioration. La culture trop multipliée de l'orge fatigue
et épuise la terre. Nous devons cette explication aux personnes
qui ont eu l'idée que nous engagions les cultivateurs à adopter
comme le meilleur, l'assolement cité dans cette page.

Page 264, ligne 29. *Le manoir de la Hoguette* a été récemment restauré et embelli par M. Loriot.

Page 309, ligne 21. Outre la *Maison aux Fées*, on connaît
encore un *Four aux Fées*, le long de la chaîne de Vignats. Ce
fait nous est signalé par M. Éloi Alix.

Page 330, ligne 22. Ce n'est pas en l'an XI, mais en 1800
que fut supprimé le canton de Crocy. (Note de M. Heuzé,
avocat.)

Page 367, ligne 28, *lisez* : Vingt-sept ans.

Page 379, ligne 1.re des Notes. M. le maire nous a envoyé,
depuis l'impression, des détails qui sont presqu'en tout conformes à ceux que nous avions donnés.

Page idem, ligne 16, *lisez* : Louvigny.

Page 402, ligne 20, *lisez* : *Brenmule*, et non *Brenmale*.

Page 474, 475, lignes 29 et suiv. Nous avons, par erreur,
attribué à Sousmont les carrières du Mont-Robert, qui sont
sur Saint-Quentin. Elles occupent huit ouvriers, et sont très-
estimées.

Page 481, ligne 24, *lisez* : Laissés dans nos champs.

Page 492, ligne 11, *lisez* : Guillaume, *au lieu de* Robert,
comme lui.

TABLE

DES DIVISIONS DU SECOND VOLUME.

TROISIÈME PARTIE.

QUATRIÈME PARTIE.

TABLE.

FIN DE LA TABLE.

Falaise. BRÉE l'aîné, Imprimeur du Roi.

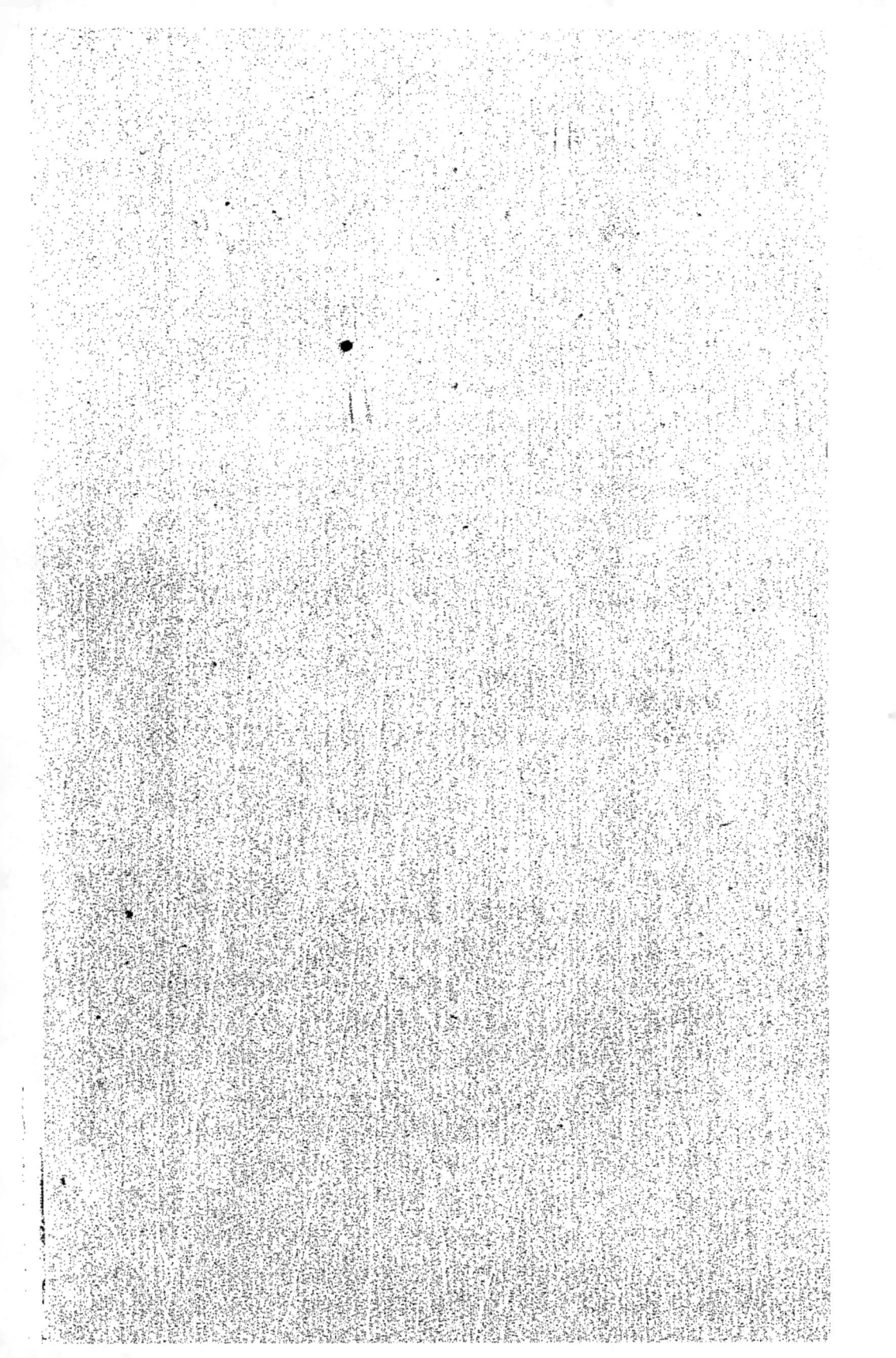

www.ingramcontent.com/pod-product-compliance
Lightning Source LLC
Chambersburg PA
CBHW070625270326
41926CB00011B/1814